U0463117

本辑编辑委员会(按姓氏笔画排序)

王泓之　王瑞剑　叶依梦　包康赟　朱禹臣
刘继烨　金雨萌　郑淑凤　柯　达　钟鑫雅
侯婷婷　聂清雨　徐　成　康　骁　谢可晟
潘　程

本辑主编

崔　斌

本辑审稿和校对编辑(按姓氏笔画排序)

王泓之　王瑞剑　叶依梦　朱禹臣　刘继烨
李　旭　李昊林　杨佩龙　张玉琢　柯　达
聂清雨　徐　成　郭镇源　康　骁　谢可晟
潘　程

声　明

　　本刊的各篇文章仅代表作者本人的观点和意见,并不必然代表编辑委员会的任何意见、观点或倾向,也不反映北京大学的立场。特此声明。

《北大法律评论》编辑委员会

中文社会科学引文索引（CSSCI）来源集刊

北大法律評論
PEKING UNIVERSITY LAW REVIEW
第 21 卷 · 第 1 辑（2020）

《北大法律评论》编辑委员会　编

北京大学出版社
PEKING UNIVERSITY PRESS

图书在版编目（CIP）数据

北大法律评论. 第 21 卷. 第 1 辑/《北大法律评论》编辑委员会编. —北京：
北京大学出版社，2021.10

ISBN 978-7-301-32905-4

Ⅰ. ①北⋯　Ⅱ. ①北⋯　Ⅲ. ①法律—文集　Ⅳ. ①D9-53

中国版本图书馆 CIP 数据核字（2022）第 030712 号

书　　　　名	北大法律评论（第 21 卷·第 1 辑）	
	BEIDA FALÜ PINGLUN（DI-ERSHIYI JUAN·DI-YI JI）	
著作责任者	《北人法律评论》编辑委员会　编	
责 任 编 辑	许心晴　　王　晶	
标 准 书 号	ISBN 978-7-301-32905-4	
出 版 发 行	北京大学出版社	
地　　　　址	北京市海淀区成府路 205 号　　100871	
网　　　　址	http://www. pup. cn	
电 子 信 箱	law@pup. pku. edu. cn	
新 浪 微 博	@北京大学出版社　　@北大出版社法律图书	
电　　　　话	邮购部 010-62752015　发行部 010-62750672　编辑部 010-62752027	
印 刷 者	北京虎彩文化传播有限公司	
经 销 者	新华书店	
	787 毫米×1092 毫米　16 开本　18.5 印张　356 千字	
	2021 年 10 月第 1 版　2021 年 10 月第 1 次印刷	
定　　　　价	58.00 元	

未经许可，不得以任何方式复制或抄袭本书之部分或全部内容。

版权所有，侵权必究

举报电话：010-62752024　电子信箱：fd@pup. pku. edu. cn

图书如有印装质量问题，请与出版部联系，电话：010-62756370

《北大法律评论》第 21 卷·第 1 辑(总第 40 辑)

目　　录

Peking University Law Review
Vol. 21, No. 1 (2020)

Contents

Comments

Translation

《北大法律评论》(2020)
第 21 卷·第 1 辑·页 1—20
Peking University Law Review
Vol. 21，No. 1，2020，pp. 1-20

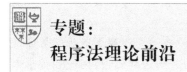

专题:
程序法理论前沿

从马赛克理论到完美监控理论:大数据侦查
法律规制的理论演进

艾　明[*]

From Mosaic Theory to Perfect Surveillance Theory：
Theoretical evolution of legal regulation of
big data investigation

Ai Ming

内容摘要: 马赛克理论和完美监控理论是法治国家在强化大数据侦查等新型侦查手段法律规制过程中创设的重要理论。从发展渊源来看,完美监控理论是在马赛克理论的基础之上发展而来。马赛克理论侧重关注新型侦查手段对个人权利的侵害,完美监控理论侧重防范政府因监控能力的显著增强而萌发的恣意监控冲动。马赛克理论和完美监控理论的作用主要体现在,为法治国家和地区运用既有规制理论和体系,强化对大数据侦查等新型侦查手段的法律规制提供正当化论证。我国可以结合自身的侦查措施规制体系,借鉴二理论,完善对大数据侦查手段的法律规制。

＊ 法学博士,西南政法大学刑事检察研究中心教授,博士生导师。本文为 2018 年司法部国家法治与法学理论研究项目"国家监察体制改革中的证据制度完善研究"(课题编号:18SFB2023)的阶段成果。

关键词：马赛克理论　完美监控理论　大数据侦查　技术侦查　法律规制

作为一种新兴的侦查手段，近年来，大数据侦查的法律规制成为学界研究的热点。[1]基于大数据侦查的易侵权性，学者的共同见解是，我国应当加强对大数据侦查的程序法控制。这一见解与部分法治国家和地区的法律实践趋势相吻合，值得肯定。惟不足之处在于，对强化大数据侦查法律规制的理论基础，国内尚缺乏全面、系统的研究。与之相比，在大数据侦查法律规制方面，部分国家和地区已经积累了不少典型案例和规制理论。其中，对大数据侦查法律规制影响甚巨者，莫过于马赛克理论和完美监控理论。

鉴于马赛克理论和完美监控理论在规制大数据侦查中发挥的重要作用，笔者欲系统梳理二理论产生的重大影响，在此基础上，提出针对我国现状的完善建议，俾能为强化我国大数据侦查的法律规制提供理论借鉴。

一、马赛克理论的起源及在德国刑事诉讼领域的运用

（一）马赛克理论的起源

马赛克理论最早起源于德国刑法领域，作用在于如何认定"国家机密"。1893年，在处理整合从埃姆登（Emden）到基辅（Kiel）的海岸要塞结构是否构成"国家机密"问题时，德国帝国法院提出了马赛克理论（Mosaiktheorie，也称作拼图理论）。该理论认为，综合数则业已公开（或者至少是一般人可取得）的个别事实，进而自行推论出一个新的、迄今仅有少数人知悉且具保密需求的事实全貌，并予以揭露，亦可成立泄密罪。"将零碎的情报资料，予以交付或公开，但就相关资料经过整理之后加以拼凑组合，有可能推理出机密情报的总体形象或意义者，也有构成机密侵害的可能，而应纳入法益保护的范围。"[2]

德国联邦宪法法院承继了马赛克理论，在其后的判例中指出：这种经过精细综合加工的报导，如果有别于一般在外面流通的其他个别资料，形成一种新的情报知识，而且就其内涵意义，对于国防利益具有重要性者，将被认为是一种国家机密。

马赛克理论提出后，成为德国实务界实质解释"国家机密"的重要理论，并对瑞士、法国、荷兰等国产生了重要影响。有意思的是，美国刑法实务界在认定"国家机密"时，并未接受德国的马赛克理论，而是坚持自身的"分类指定"方式。

---

〔1〕　代表性论文有程雷：《大数据侦查的法律控制》，载《中国社会科学》2018年第11期，第156—180、206—207页；裴炜：《数据侦查的程序法规制——基于侦查行为相关性的考察》，载《法律科学（西北政法大学学报）》2019年第6期，第43—54页；胡铭、龚中航：《大数据侦查的基本定位与法律规制》，载《浙江社会科学》2019年第12期，第12—20、155页。

〔2〕　苏俊雄：《论"国家机密"法益与新闻自由的保护》，载台湾《政大法学评论》1993年总第48期，第165页。

二战期间,有一名德国人受德国政府委托,从报纸杂志、新闻专业手册、统计资料及通讯资料中,收集美国汽车及航空工业的生产资料,从而准确推测出当时美国军工产业的状况。美国法院并未判决该德国人有罪,理由在于,就一般可得到的资讯来源,处罚从事阐释的过程,并非法律的意旨。[3] 或许正是由于传统上美国法院对马赛克理论持拒斥态度,美国联邦最高法院在卡彭特(Carpenter)案中并没有直接援引该理论作为加强大数据侦查等新型科技侦查手段法律规制的理论基础,而是发展出完美监控理论。

(二)在刑事诉讼领域的运用

正是由于马赛克理论早已深植德国联邦宪法法院内心,在1998年处理长期监视是否合宪时,联邦宪法法院援引了该理论进行论证。在该案中,侦查机关对宪法诉愿人于公共领域的活动情况进行了长期监视,宪法诉愿人抗辩侦查机关采取的措施没有法律依据,侦查机关则认为,德国《刑事诉讼法》规定的侦查概括条款(第163条第1项)可以作为运用长期监视的法律授权依据。

联邦宪法法院在判决中指出,《刑事诉讼法》规定的侦查概括条款只能作为警察"偶发、短暂监视"的法律授权依据,不能作为长期监视的法律授权依据。"长期监视的运用会组织起一个紧密的资料网,因而可掌握嫌疑人的人格发展、生活动态,因此需要一个程序法上的特别授权基础。"[4]

为回应这则判决,德国立法机关于2000年修改《刑事诉讼法》时,增订第163条f,对长期监视措施进行了特别授权规定。于2007年修法时,将该措施定位为强制处分措施,予以较严格的程序规制。[5]

在2005年"全球定位系统侦查方法案"中,宪法诉愿人认为侦查机关集合使用的多项秘密监控侦查措施[6],可能会产生"一个整体人格图像",因此"措施整体"都需要特别授权。联邦宪法法院认为,本案中,侦查机关采取的每一项秘密监控措施都依据法律要求获得了授权,这已经提供了程序保障,并不需要为侦查机关集合使用多项秘密监控措施再设立一个法律特别授权规范。"立法者毋宁相信,绝对为宪法所不容许的、可能建构关系人整体人格图像的'全面监

---

　　[3]　Circuit Court of Appeals New York, *US v. Heine*,1945,151 f 2d. 813;Supreme Court, *Corin v. US*,312 US 19.

　　[4]　BGHSt44,13 f=BGH NStZ 1998,629.转引自吴梓榕:《一般侦查措施的合宪控制》,台湾政治大学法律学研究所2009年硕士学位论文,第45页。

　　[5]　2007年修法前,长期监视的令状原则上由检察官核发,2007年修法后长期监视改采相对法官保留原则,进一步加强程序规制。

　　[6]　本案宪法诉愿人为恐怖组织"红色旅"的一名成员,因涉嫌恐怖活动犯罪,侦查机关对其采取了多项秘密监控措施,包括:(1)秘密录影监视;(2)在共同被告人所有、宪法诉愿人也经常乘坐的轿车上装设无线发报器,监听共同被告人职业上使用的无线电报;(3)监听宪法诉愿人住宅邻近之电话亭以及共同被告人住宅的电话线路;(4)邮件检查;(5)秘密监视宪法诉愿人、共同被告人所使用的车辆;(6)对宪法诉愿人、共同被告人所使用的车辆装设GPS进行追踪,时间长达3个月。

控',透过一般程序法上之保障,即便没有特别法律规制,原则上亦能够加以排除。"[7]

2008年,在"资讯科技基本权"判决中,联邦宪法法院认为,侦查机关采取的秘密线上搜索措施,能够产生当事人的人格图像,从而严重干预一般人格权的特别形式——保障资讯科技系统私密性与完整性的基本权,因此需要法律的特别授权依据,且要符合明确性原则和比例原则。"在资讯科技系统上秘密存取数据,将使国家获取远超传统信息源的海量数据。这些海量数据可能包含关于个人生活方式、私人和业务上的往来信件、私人文件、图像文件或音频文件以及日记簿形式记录的详细信息。这种内容丰富的海量数据足以推断出当事人的整体人格图像。"[8]2017年,德国增修《刑事诉讼法》时,专门增加了秘密线上搜索的法律规定,该规定充分吸收了联邦宪法法院判决的精神。[9]

二、对马赛克理论的借鉴:以日本和我国台湾地区为例

(一)日本的"GPS侦查判决"

日本借鉴马赛克理论的典型案例是平成二十九年(2017年)日本最高法院作出的"GPS侦查判决"[10]。在该案中,日本最高法院认为,GPS侦查属于强制侦查,应由法官核准使用。鉴于侦查机关违反了司法令状原则,GPS侦查所直接收集的证据及与其有密切关联性的证据应被排除使用。根据剩余有证据能力之证据,认定被告人仍有罪。[11]

日本强制侦查的判断基准有三种学说:"有形力说""压制个人意思+限制权益说"[12]和"重要权益侵害说"。目前,"重要权益侵害说"是主流学说。[13]

---

〔7〕 "全球定位系统侦查方法案"判决,江嘉琪译,《德国联邦宪法法院裁判选辑(十三)》,中国台湾地区"司法院"2011年印行,第29页。

〔8〕 伯阳:《一般人格权之具体体现:新创设的保障IT系统私密性和完整性的基本权利——联邦法院对"在线搜查"作出的判决》,刘志军译,载南京大学—哥廷根大学中德法学研究所编:《中德法学论坛》2008年第6辑,南京大学出版社2008年版,第43页。

〔9〕 王士帆:《当科技侦查骇入语音助理》,载台湾《台北大学法学论丛》2019年总第112期,第212—217页。

〔10〕 该案基本事实为:2012年2月至2013年9月,被告人A与共犯等人,涉嫌多起毁损、盗窃及侵入住宅案件。负责侦查上述案件的警察,在确认被告人等人的位置后,于2013年5月23日至同年12月4日,在未取得被告人A、共犯B及被告人A认识的女性同意的情况下,于其经常使用的数台轿车、摩托车上,装设16个GPS系统,多次取得这期间内被告人A等人车辆的移动信息。

〔11〕 颜榕:《简评日本最高法院2017年3月5日判决——GPS侦查的合法性》,载台湾《月旦法学杂志》2018年第7期,第257—258页。

〔12〕 "有形力说"和"压制个人意思+限制权益说"请参见林裕顺:《任意侦查·半推半就——强制与任意处分之区别》,载日本刑事法学研究会主编:《日本刑事判例研究(一)》,台湾元照出版有限公司2012年版,第6—10页。

〔13〕 侵害重要权益当然包括压制个人意思。参见〔日〕田口守一:《刑事诉讼法》(第七版),张凌、于秀峰译,法律出版社2019年版,第56页。

在该案中，日本最高法院以四点理由认为 GPS 侦查侵害了宪法保障的重要权利，构成强制侦查。

第一，GPS 侦查"可以检索、掌握侦查对象车辆无时无刻的位置信息，且其性质上也不限于对公共道路为之，个人隐私应受有效保障之场所与空间也包括在内，而可对于特定车辆及其用户所在位置与移动状况，极为详细地加以掌握"，"必然伴随着对于个人行动持续地监控，故可对个人隐私产生侵害"。第二，与过往侦查方式不同，需将能够造成此种侵害的机器秘密装置于个人所持有携带的物品。第三，属于由公权力对"私领域"侵入之侦查方式。第四，借由秘密装置可能侵害个人隐私之设备于所持物品，可合理推论，这是违反个人意思而侵入"私领域"的侦查手法。[14]

崛江慎司教授在评论该判决时认为，最高法院之所以认为 GPS 侦查构成强制侦查，主要原因在于该侦查方式"持续性地监控个人行动"造成隐私侵害。援引的相关理论是"马赛克理论"——单一片断的信息虽然看起来没有什么价值，但累积大量这样的信息，将其加以分析并建构其关联性后，如同马赛克般可拼凑出完整的画面，可以提供重要的情报。判决虽未明确援用该理论，但应可推论受到该理论的影响。[15]

（二）我国台湾地区的"妨害秘密罪判决"

2017 年，在台上字第 3778 号判决中，我国台湾地区法院援引了马赛克理论，认定违法使用 GPS 进行监控的侦查人员成立妨害秘密罪，并指出，作为一种新型侦查措施的 GPS 侦查，在法律性质上属于强制侦查，应当遵守强制侦查法定原则。[16]

在该案判决中[17]，法院借鉴马赛克理论，认为运用 GPS 追踪是对车辆使用者隐私权的重大侵害。判决指出，由于使用 GPS 追踪器，侦查机关可以连续多日、全天候持续而精确地掌握该车辆及其使用人的位置、移动方向、速度及停留时间等活动行踪，且追踪范围不受时空限制，亦不局限于公共道路上，即使车辆进入私人场域，仍能取得车辆及其使用人的位置信息，且经由所搜集的长期

[14]　范耕维：《现行法下 GPS 追踪定位侦查行为之合法性与立法方向》，载台湾《政大法学评论》2019 年总第 157 期，第 136—137 页。

[15]　同前注[11]，第 264 页。

[16]　2017 年台上字第 3778 号判决。

[17]　该案基本事实为：被告人甲为"海岸巡防总局南部地区巡防局"52 岸巡大队士官长，任该单位司法组组长，具有司法警察身份。2014 年 6 月 28 日晚，甲为查缉走私的私烟，将 GPS 追踪器装设于告诉人乙使用的货车下方底盘，用以接收其所在位置的经纬度、地址及停留时间等行踪数据，进而知悉乙的行踪轨迹。同年 7 月 4 日下午 3 时 51 分，甲至乙货车停放的房前空地，欲取回先前安装的 GPS 追踪器，不料被乙及家人察觉。乙立即报警，甲旋遭逮捕。随后，乙对甲提起妨害秘密罪告诉（依卷内 GPS 追踪器行动轨迹记录打印资料显示，自 6 月 28 日起至 7 月 4 日止，共 7 日均处于定位状态，有 40 余笔资料）。

而大量的位置信息进行分析比对,可以窥知车辆使用人的日常作息及行为模式,难谓不属于对于车辆使用者隐私权的重大侵害。使用GPS追踪器较之现实跟监追踪(人力跟监),除取得的信息量较多以外,就其取得数据可以长期记录、保留,且可全面而任意地监控,并无跟丢可能等情观之,二者仍有本质上的差异,难谓上述信息亦可经由跟监方式收集,即谓无隐密性可言。

法院判决中的这段论述,很明显借鉴了马赛克理论。有学者在评论本则判决时就认为,本则判决理由就"积沙成塔"之资料搜集,就比较法上的观点来看,借鉴了马赛克理论。亦即,如同马赛克拼图,乍看微不足道、琐碎的图案,拼聚一起呈现一个宽广、全面的图像。个人对于零碎的信息或许主观上并没有隐私权遭受侵害之感受,但大量信息累积仍会对个人隐私权产生严重危害。因此车辆使用人对于车辆行迹不被长时间且密集延续地搜集、记录,应当认为仍具有合理之隐私期待。[18]

三、马赛克理论的发展——美国卡彭特案中的完美监控理论

前已述及,美国法院一直拒斥马赛克理论,这种状况直到2012年的琼斯(Jones)案才出现转机。在该案中,侦查机关无令状使用GPS监控琼斯的车辆28天,初审法院以GPS产生的行踪轨迹记录认定琼斯贩毒罪名成立。琼斯向哥伦比亚特区联邦巡回上诉法院提起上诉,联邦巡回上诉法院撤销了该判决,认为使用该行踪轨迹记录违反了宪法第四修正案。在判决理由中,联邦巡回上诉法院借鉴了马赛克理论,认为运用GPS长时间追踪个人全部行动,将显著地揭露更多个人隐私,这远甚于监控个人的个别活动。

检察官不服提起上诉。联邦最高法院作出判决,认为本案中侦查机关运用GPS进行追踪属于宪法第四修正案意义上的搜查。尽管就结论而言,联邦最高法院与联邦巡回上诉法院的见解一致,但在阐述理由时,却出现了明显不同。联邦最高法院仍然拒绝借鉴马赛克理论,而是运用了传统的"财产权物理侵入"理论,认定运用GPS进行追踪属于宪法意义上的搜查。[19]

2018年,联邦最高法院顺应潮流,在卡彭特案中借鉴了马赛克理论,并以此为基础,提出了自己的完美监控理论(near perfect of surveillance)。

（一）卡彭特案的基本案情

2011年,警方逮捕了4名嫌疑人,此4人涉嫌参与发生在底特律便利店的系列抢劫案。其中一名男子承认,在过去四个月里,这伙人在密歇根州和俄亥俄州抢劫了9家不同的便利店。该男子指认了15名参与抢劫的同伙,并向

---

[18] 林裕顺:《GPS侦查法治化研究》,载台湾《月旦裁判时报》2018年第2期,第14页。

[19] *United States v. Jones*, 565 U.S. 400 (2012).

FBI 提供了他们的手机号码。FBI 随后查看了他的通话记录,以确定案发前后他拨打的电话号码。

基于这些信息,联邦检察官根据《存储通讯法案》(Stored Communication Act)向法院申请命令,以获取宪法诉愿人卡彭特和其他几名同伙的手机基站记录。[20] 联邦地方法院核发了两项命令,要求卡彭特的电信运营商公开抢劫案发生的四个月期间,卡彭特手机起始呼叫和结束呼叫的基站记录。第一份命令要求 MetroPCS 电信公司披露 152 天的手机基站记录,该公司依据命令交出了 127 天的手机基站记录,包括 186 页的位置信息。第二份命令要求 Sprint 电信公司披露 7 天的手机基站记录,该公司交出了 2 天的手机基站记录,主要涉及卡彭特手机在俄亥俄州东北部两天的"漫游"情况。依据两份法院命令,警方共获得 12898 个基站位置信息,这些信息记录了卡彭特的移动状况——平均每天 101 个数据。

审判前,卡彭特提出证据排除动议。他认为,警方对这些基站记录的调取违反了宪法第四修正案的令状原则和相当理由要求。地方法院驳回了动议。在审判中,卡彭特的 7 名同伙指认他是抢劫案的主犯。此外,FBI 的一名特工提供了关于基站记录的专家证言。该特工解释说,每次手机接入无线网络时,运营商都会记录下使用的手机基站和特定扇区的时间。根据这些信息,警方绘制了地图,地图显示卡彭特的手机就在 4 起被指控的抢劫案发现场附近。卡彭特被判罪名成立,并被判处超过 100 年的监禁。

卡彭特提起上诉,联邦第六巡回法院维持原判。第六巡回法院依据联邦最高法院在史密斯(Smith)案和米勒(Miller)案[21]中提出的"自愿公开理论"和"第三方原则",认为卡彭特对这些位置信息缺乏合理期待的隐私,因为他与电信运营商共享了这些信息,这些记录不受宪法第四修正案的保护。

(二) 联邦最高法院的判决理由

联邦最高法院多数派见解认为,本案中,警方获取卡彭特手机基站记录的行为,属于宪法第四修正案规定的搜查,主要理由如下:

(1) 第四修正案不仅保护有形的财产利益,也保护某种合理期待的隐私。本案中的数据信息——第三方保存的个人位置信息——并不完全符合既存的先例,鉴于手机基站记录反映出的个人位置信息的特殊性,联邦最高法院拒绝在本案中适用史密斯案(传送给电话公司的已拨电话号码不存在合理期待的隐

---

[20]　《存储通讯法案》2703 条(d)规定,当有特定及具体事实认为有合理根据(reasonable grounds)证明调取的记录与正在侦查中的犯罪之间具有关联性和实质性,亦即侦查机关依据具体特定事实(specific and articulable facts),认为有线或电子通讯内容或其他信息,与正在侦查中的案件具有关联性和实质性时(relevant and material),得申请法院核发命令(court order)。

[21]　*Smith v. Maryland*, 442 U. S. 735(1976). *United States v. Miller*, 425 U. S. 435 (1979).

私)和米勒案(银行持有的财务记录不存在合理期待的隐私)中的见解。

检方主张,本案应适用第三方原则,因为手机基站记录,就像史密斯案和米勒案中的记录一样,是"业务记录",由电信运营商创建和保存。联邦最高法院指出,第三方原则源于这样一种观念,即个人在知情状况下与他人共享信息时,其对隐私的期待会降低。然而,在史密斯案和米勒案中,联邦最高法院并不仅仅考虑了分享信息的行为,还考虑了(警方)"收集的业务记录的性质"。[22] 检方机械地将第三方原则运用于本案中,没有意识到,从性质而言,手机基站记录与上述两种业务记录欠缺可比性。

(2)基于第三方原则派生的"自愿公开理论"也不应在本案中被运用。首先,手机及手机所提供的服务是"日常生活中无处不在、不可或缺的一部分",携带手机是人们参与现代社会生活的必要条件。其次,手机基站记录的生成和存储具有被动性和持续性,记录的生成和存储并不需要用户的积极行动。手机通过自身操作自动产生基站记录,由于记录生成和存储的自动性、被动性和持续性,难以推定用户自愿承担完整展示物理性位置移动的风险。

联邦最高法院认为,本案中的手机基站记录,更类似于琼斯案中的 GPS 信息——详细、繁多,容易编辑。相比 GPS 信息,手机基站记录甚至提供了更多的隐私信息,因为这种记录可以让警方随时回溯追踪一个人的行踪轨迹,给警方实施完美监控(near perfect of surveillance)创造了机会。

(3)本案中,警方获取手机基站记录的行为,属于宪法第四修正案规定的搜查,警方仅以法院命令而不是司法令状获取记录有违宪法要求。

最终,联邦最高法院驳回第六巡回法院的判决,将本案发回重审。

(三)联邦最高法院提出的完美监控理论

在卡彭特案中,联邦最高法院虽然借鉴了马赛克理论,但如果仔细研读判决可以发现,联邦最高法院并不是单纯照搬马赛克理论,而是在此基础上发展出关注点不同的完美监控理论。具体而言,马赛克理论侧重关注的是对个人权利的侵害,卡彭特案判决中,联邦最高法院虽然也用了不少笔墨描述这种个人权利的侵害性,如"警方绘制 127 天内手机的位置图,可以全面记录手机持有者的行踪。与 GPS 数据信息一样,这些基站记录提供了一个窥视个人私密生活的窗口,通过这个窗口,警方得以窥探公民'家庭、政治、职业、宗教和性的社会联系'"。但联邦最高法院的关注点显然不止于个人权利侵害方面,而是进一步扩展到某种担忧,即如果不强化对这些新型侦查手段的法律控制,警方会因监控能力的显著增强而萌发恣意监控的冲动,进而对公民和社会形成完美监控,

---

〔22〕 联邦最高法院认为,史密斯案和米勒案,第三方存储的业务记录蕴含的个人隐私信息有限。而在本案中,电信运营商存储的详尽的位置信息,蕴含着个人重大的隐私利益,二者有天壤之别。

演变为奥威尔《1984》中的"老大哥"。

联邦最高法院的这一论说主线在判决理由中是清晰可见的。例如,判决意见第二部分,联邦最高法院在回顾宪法第四修正案的发展历史后指出:首先,第四修正案旨在保障"生活的隐私"不受"专断权力"的侵犯(*Boyd v. United States*,116 U. S. 616,630 (1886))。其次,与之相关的是,制宪者的一个核心目的是在严密的警察监控中设置障碍(*United States v. Di Re*,332 U. S. 581,595 (1948))。紧接着,联邦最高法院举 *Kyllo v. United States* 案说明,在将第四修正案适用于新型监控技术时,最高法院始终牢记制宪时的初心。随着现代科技的发展,警方的监控能力有所增强,最高法院试图"保证维持第四修正案制定时个人隐私对抗政府的程度"。

随后,联邦最高法院重点从执法成本角度(监控便利性)分析,收集手机基站记录等大数据侦查手段会给警方实施完美监控提供便利,为遏制这种态势,有必要加强对这类侦查手段的法律规制。联邦最高法院指出,在数字化时代来临之前,侦查机关虽然会对嫌疑人进行短期监控,但受制于监控技术的低下,对嫌疑人进行长期监控是较为困难和代价昂贵的,故而,不论从意愿上还是从实践上,侦查机关都很少采取长期监控行动。但是进入数字化时代以后,手机追踪非常简单、廉价、高效,只需点击一个按钮,警方就会不费吹灰之力获得每一个手机用户的历史位置信息以及由此衍生的深层信息,形成近乎完美的监控。如果对这种侦查手段不施以第四修正案的限制,警方就很可能不加节制地运用这种监控权力,从而对公民形成一种无休止的绝对监控。

联邦最高法院指出,过去由于信息存储技术不发达,要想重现每个人的位置信息是非常困难的。现在大容量地存储手机基站信息已成为可能,而这种信息具有历史追溯性,通过收集、分析这些信息,警方可以追踪一个人的过往行踪,只需要电信运营商遵守信息保留政策,这些政策要求电信运营商需保存此类记录长达 5 年。至关重要的是,因为在美国高达 4 亿部手机的位置信息被不断记录——不仅仅是那些属于可能会被调查的人的手机,这种新发现的追踪能力覆盖了每一个人,这为警方随时追踪、监控某个特定的人提供了便利和可能。鉴于这类信息的收集和存储具有不可避免性和自动性特点,如果简单适用第三方原则,无疑为警方借助第三方之力实施完美监控大开方便之门。为对抗警方可能的专横权力,应当对警方收集手机基站记录的行为施以宪法第四修正案的限制。

从上述意见可以看出,在卡彭特案中,联邦最高法院不仅借鉴了马赛克理论,加强对公民个人隐私权益的保护,而且注意到新型监控技术的发展给警方实施完美监控提供了前所未有的便利,实有必要加以法律上的严格规制,以遏制警方的这种监控冲动,防止警方的监控权力演变为一种专横恣意的权力。实际回顾历史,联邦最高法院的这种见解并非毫无来源。在 *United States v. Garcia* 案[23]中,联邦第七巡回上诉法院的波斯纳(Posner)法官就曾提出了警告:"如果哪一天警方决定要对车辆着手实施大规模监控(mass surveillance)时,那将是考虑是否将第四修正案适用于 GPS 定位追踪的时刻了。"在凯洛(Knotts)案[24]中,联邦最高法院也曾提出了这一问题:如果对这个国家的公民进行 24 小时天罗地网式的监视(dragnet-type law enforcement)成为可能,应该适用不同的宪法原则。

对联邦最高法院积极运用马赛克理论和完美监控理论,分析论证警方收集犯罪嫌疑人手机基站记录的性质,美国舆论普遍持赞赏态度,认为本案是数字时代联邦最高法院关于个人隐私保护最重要的论述,对宪法第四修正案的理解有重大突破。[25]

四、马赛克理论和完美监控理论运用实践的经验总结

在运用马赛克理论和完美监控理论规制大数据侦查等新型侦查手段的过程中,上述国家和地区的相关经验值得认真总结,这些经验能为我国完善大数据侦查的法律规制提供有益借鉴。

(一)两种理论的作用是为强化规制提供正当化论证

需要明确的是,无论是冠名为大数据侦查还是新型科技侦查,均只是侦查术语,不是法律概念。对这些新型侦查手段的法律规制,不是另起炉灶,重构一套规制体系,而是应将其吸纳到一国或地区既有的规制理论和体系中来。

通过比较法考察可以发现,各国或地区在加强对大数据侦查等新型侦查手段的法律规制时,均借助了自身成熟的规制理论和体系。马赛克理论和完美监控理论的作用主要体现在,为各国或地区运用既有规制理论和体系,强化对大数据侦查等新型侦查手段的法律规制提供了正当化论证。

例如,德国对侦查手段的既有规制理论和体系是基本权利干预理论。如果一项侦查手段在性质上构成基本权利干预,就应当遵守相应的立法要求:一是法律保留原则,必须以法律的形式对该侦查手段进行特别授权规定;二是法官保留原则,原则上该侦查手段的审批委诸法官进行;三是比例原则,依据该手段对基本权利的干预程度,进一步从其他方面(如罪名适用范围、使用期限、资料销毁等)作合乎比例的程序规制。[26]

---

　　[23]　*United States v. Garcia*, 474 F.3d 994(2007).

　　[24]　*United States v. Knotts*, 460 U.S. 276(1983).

　　[25]　Adam Liptak, "In Ruling on Cellphone Location Data, Supreme Court Makes Statement on Digital Privacy", *N.Y. Times*, June 22, 2018.

　　[26]　参见林钰雄:《刑事诉讼法(上册)》,台湾新学林出版社 2017 年版,第 456—457 页。

在对长期监视和秘密线上搜索这两种新型侦查手段进行规制时，德国立法者均受到了马赛克理论的影响，认定这两种新型侦查手段已经构成基本权利干预，故在立法时需要遵守法律保留原则、法官保留原则和比例原则的要求。

日本对侦查手段的既有规制理论和体系是任意侦查/强制侦查的二分法，如果一项侦查手段在性质上属于强制侦查，就应当遵守强制侦查法定主义和司法令状原则。在看待GPS侦查的法律性质时，日本最高法院借助马赛克理论认定，GPS侦查是强制侦查，应由法官核准使用，并吁请立法机关尽快对GPS侦查进行立法规制。我国台湾地区的做法如出一辙，如果一项侦查手段在性质上属于强制侦查，就应当具备制定法上的特别授权基础，并由法官核准使用。在看待GPS侦查的法律性质时，我国台湾地区"最高法院"亦借助马赛克理论认定，GPS侦查是强制侦查，应当遵守强制侦查法定原则和司法令状原则。

美国对侦查手段的既有规制理论和体系是宪法第四修正案规定的搜查扣押条款，如果一项侦查手段在性质上属于宪法意义上的搜查扣押，应当接受相当理由和司法令状的规制。在看待警方获取手机基站记录的法律性质时，美国联邦最高法院借助完美监控理论认定，警方获取犯罪嫌疑人的手机基站记录属于宪法意义上的搜查，应当遵守相当理由和司法令状的规定。

（二）是否构成权利侵害或形成完美监控应考虑信息的质量和收集手段

在运用马赛克理论分析新型侦查手段是否构成权利侵害，以及运用完美监控理论分析警方作为是否达致完美监控时，上述国家或地区法院考虑的因素主要有：数据信息的性质，警方获取数据信息的数量，警方获取此类信息的便利性、自动性和持续性程度。

首先，就数据信息自身的性质而言，如果警方汇聚大量的某种数据信息进行分析，能轻易地发现特定人其他方面的衍生信息，如他（她）的社会交往、宗教信仰、人际关系、兴趣爱好等，以致可以形成一个整体的人格图像，那么警方对这种信息的获取构成权利侵害或完美监控的可能性就较大。

例如，警方获取一个人的行踪轨迹和位置信息就较有可能构成权利侵害。德国联邦宪法法院就认为，长期监视的运用会组织起一个紧密的资料网，因而可掌握嫌疑人的人格发展、生活动态。在琼斯案中，哥伦比亚特区联邦巡回上诉法院认为，汇聚个人的行踪轨迹和位置信息进行分析，可以推知该人的信仰或性倾向等关系个人极度私密的事项。在卡彭特案中，联邦最高法院认为，手机基站记录提供了一个窥视个人私密生活的窗口，通过这个窗口，警方得以窥探公民"家庭、政治、职业、宗教和性的社会联系"。

相反，如果分析某类数据信息不容易发现特定人其他方面的衍生信息，那么构成权利侵害的可能性就不大，对警方获取这类信息的法律规制可以适当宽松。如米勒案中的银行财务记录，美国联邦最高法院就认为不存在合理期待的隐私,警方获取这类信息不属于宪法意义上的搜查。

其次,就获取数据信息的数量而言,如果警方获取数据信息的数量较多,以致能聚沙成塔,如拼凑马赛克般勾勒出某特定人的整体人格图像,那么警方的这种信息获取行为构成权利侵害或完美监控的可能性就很大。正如前述德国联邦宪法法院的"资讯科技基本权"判决,鉴于秘密线上搜索具有的这种干预性质,德国立法者对该措施采取了最严格的法律规制。[27]

在 2014 年的莱利(Riley)案中,针对警察是否可在逮捕被告人的情况下无令状附带搜查其智能手机这一问题,美国联邦最高法院认为,"手机不仅以数字的形式包含了众多此前只能在家中找到的敏感记录,还囊括了大量以任何形式在家中也无法找到的记录"。据此,联邦最高法院否定逮捕附带搜查可适用于智能手机,搜查犯罪嫌疑人的智能手机需要单独遵守相当理由和司法令状要求。[28]

监控持续的时间是测量获取数据信息数量的重要因素。例如,德国以"持续不间断地超过 24 小时"或者"超过二日",作为区分一般监视和长期监视的标准,如果构成长期监视则要接受较严格的法律规制。在琼斯案中,联邦巡回上诉法院指出,28 天的 GPS 追踪时间过长,已侵犯当事人合理期待的隐私,因此,此种侦查行为要接受相当理由和司法令状的规制。在卡彭特案中,美国联邦最高法院指出,调取当事人 7 天的手机基站记录,构成宪法意义上的搜查,应遵守相当理由和司法令状要求。

最后,就获取数据信息的便利性、自动性和持续性程度而言,如果警方获取此类数据信息越便利、越具有自动性和持续性,那么构成完美监控的可能性就越大。

在卡彭特案判决中,美国联邦最高法院专门对比了凯洛案和琼斯案中的信息收集和监控模式。在凯洛案中,警方使用传呼机(beeper)对当事人进行追踪,联邦最高法院认为这种追踪断断续续,警方只是有限使用了传呼机发出的信号,使嫌疑车辆保持在警察视线范围内,这是一种初步的追踪,性质上属于"增强"的视觉监视,并不构成搜查。而在琼斯案中,警方使用 GPS 进行追踪,联邦最高法院认为,FBI 特工在琼斯的车上安装 GPS,并对车辆进行远程监控,持续监控了车辆 28 天的移动,由于对一辆车进行 GPS 追踪能追踪车内人的"每一个移动",因此这种追踪方式是一种更全面的监控模式,构成宪法意义上的搜查。

对于卡彭特案中警方收集手机基站记录的行为,联邦最高法院指出,就像

---

[27]　同前注〔9〕,第 217 页。

[28]　刘广三、李艳霞:《美国对手机搜查的法律规制及其对我国的启示——基于莱利和伍瑞案件的分析》,载《法律科学(西北政法大学学报)》2017 年第 1 期,第 183—184 页。

琼斯案中的 GPS 追踪一样，手机位置信息是详细的、广泛的，不需费力就可收集和编辑。与传统的调查工具相比，手机追踪非常简单、廉价、高效，只需点击一个按钮，警方就会不费吹灰之力获得每一个手机用户的历史位置信息以及由此衍生的深层信息。有学者在解读此判决时就指出，法院多数见解似从"资讯本质之揭露性（包含广度、深度、全面性）"及"资讯收集之自动化性质（不可避免性）"二个角度，得出个人对此等资讯隐私，具有合理隐私期待，而限缩第三方原则适用范围。[29]

（三）马赛克理论和完美监控理论的关注点各有侧重

由于法律传统和法律体系不同，上述法治国家和地区在理论运用方面，各有侧重。德国是马赛克理论的发源地，该理论发端于刑法领域，核心作用是帮助判断是否有法益被侵害，这一作用与德国规制侦查手段的理论体系具有天然契合性。

德国规制侦查措施的理论体系是基本权利干预理论，要论证对某项侦查措施为何需要进行强化的法律规制，要回答两个问题：该项措施是否干预了基本权利？干预了何种基本权利？传统侦查措施如讯问犯罪嫌疑人、搜查扣押，往往以有形的直接强制力实施，较为容易分辨侦查措施的干预性。早期产生的监控型侦查措施，如监听，虽然不是以有形的直接强制力实施，但是其对宪法明文规定的通信秘密和通信自由的侵犯是非常明显的。晚近产生的大数据侦查等新型侦查措施则在上述两个问题上面目模糊：第一，这些措施都不是以有形的直接强制力实施的，干预特征不明显；第二，其所干预的基本权利没有在宪法上得到清晰的明文规定。

为了解决上述问题，德国联邦宪法法院从两方面进行了努力：一是先后通过判决创设了一般人格权、资讯自决权、资讯科技基本权等新兴基本权利，明确新型侦查措施所干预的权利性质；二是借鉴刑法中的马赛克理论，认为警方收集的虽然只是特定人的公开信息或者公共活动信息，但经由大量的信息收集，可以如马赛克般拼凑出该特定人的整体人格图像，这已经侵害了一般人格权、资讯自决权等新兴基本权利，构成公权力干预。

日本规制侦查措施的理论体系是任意侦查/强制侦查的二分法，其中，"重要权益侵害说"是判断强制侦查的主流学说。由于认定强制侦查时首先要判断是否有重要权益被侵害，因此，在"GPS 侦查"判决中，日本最高法院顺理成章地借鉴了马赛克理论，分析论证 GPS 侦查对宪法保护的个人隐私造成重要侵害，是一种强制侦查。

---

〔29〕　温祖德：《调取历史性行动电话基地台位置资讯之令状原则》，载台湾《月旦法学杂志》2020 年第 2 期，第 139—140 页。

对马赛克理论,美国联邦最高法院起初持拒斥态度。在琼斯案中,哥伦比亚特区联邦巡回上诉法院已率先借鉴了马赛克理论,认定警察安装 GPS 追踪嫌犯车辆的行为构成宪法意义上的搜查。联邦最高法院虽然最终认同上诉法院的结论,惟在判决理由中并没有采纳马赛克理论,而是运用了传统的"财产权物理侵入"理论。直到卡彭特案,联邦最高法院才开始受到马赛克理论的影响,但在判决中也并没有全盘照搬该理论,而是在此基础上提出了完美监控理论,将关注点扩展到某种担忧,即如果不强化对这些新型侦查手段的法律控制,警方会因监控能力的显著增强而萌发恣意监控的冲动,进而对公民和社会形成完美监控。

五、完善我国大数据侦查法律规制的思路和建议

近年来,大数据侦查等新型侦查手段在我国蓬勃兴起,加强对大数据侦查的法律规制亦成为学界的研究热点。笔者不揣浅陋,拟借鉴马赛克理论和完美监控理论的运用经验,提出完善我国大数据侦查法律规制的思路和建议。

(一)我国大数据侦查法律规制的不足

总体而言,对大数据侦查等新型侦查手段的法律规制,我国最大的不足在于缺乏清晰的、一以贯之的规制理论和体系,从而导致实践中无法对新出现的侦查手段作准确的法律性质定位,并辅之以相应规格和相应密度的法律规制。

德国以基本权利干预理论作为核心规制理论,只要新出现的侦查手段构成对基本权利的干预,就要"享受"相应的配套规制待遇——法律保留、法官保留和比例原则。日本以强制侦查法定主义作为核心规制理论,只要新出现的侦查手段属于强制侦查,也要接受相应的规制要求——司法令状和比例原则。美国以宪法第四修正案作为核心规制理论,只要新出现的侦查手段属于宪法第四修正案意义上的搜查扣押,就要遵守宪法的诫命——相当理由的启动门槛和司法令状。

反观我国,由于缺乏得到理论界和实务界共同认可的核心规制理论,对新出现的侦查手段,欠缺统一的分析工具,无法得出一致结论,往往成为讼争焦点。以卡彭特案中的收集手机基站记录为例,我国实务中有的侦查机关依据技术侦查措施收集此类信息[30],有的侦查机关则依据调取证据规定收集此类信

---

[30] 就手机轨迹而言,被告人周某成 176×××3034 的手机号系联通号码,接收联通信号,其 152×××0219 的手机号码系移动号码,接收移动信号,两手机号的手机轨迹系采用技术侦查措施,通过上述两个手机号所接收的不同信号及所经过的不同运营商所建的基站点而得出的活动轨迹。参见周某成盗窃一审刑事判决书,广东省珠海市金湾区人民法院刑事判决书,(2019)粤 0404 刑初 166 号。

息[31],而技术侦查措施和调取证据所受到的法律规制密度明显不同。

在立法上,也因为欠缺清晰的、一以贯之的规制理论,导致对新型侦查手段的立法规制处于无序状态。以秘密线上搜索为例,德国联邦宪法法院以基本权利干预理论为依据,认为该侦查手段构成基本权利干预,应当遵守法律保留原则、法官保留原则和比例原则。德国立法机关迅速落实联邦宪法法院的指示,于2017年增修刑事诉讼法时,专门增加了秘密线上搜索的法律规定,增修的《刑事诉讼法》将第100b条作为采取秘密线上搜索措施的法律授权依据,并规定了具体的发动要件和程序要求。

反观我国,对类似秘密线上搜索侦查的网络远程勘验手段,连第一个规制要求——法律保留原则都未能满足。目前我国网络远程勘验手段的法律授权依据是最高人民法院、最高人民检察院、公安部制定的《关于办理刑事案件收集提取和审查判断电子数据若干问题的规定》(以下简称《电子数据规定》)和公安部制定的《公安机关办理刑事案件电子数据取证规则》(以下简称《电子数据取证规则》)。[32] 这两份规定均是非法律性质的规范性文件,效力层级较低,以此作为干预性极强的网络远程勘验手段的授权依据,没有达到法律保留原则的要求。

再以GPS追踪为例,利用GPS进行侦查在我国侦查实务中并不鲜见。惟对此新型侦查手段,法律上是否有特别授别依据不无疑问。若将利用GPS进行追踪视为技术侦查措施的一个具体种类[33],则此种新型侦查手段就具有了刑事诉讼法上的特别授权依据。但技术侦查措施的另一个特点是实施主体的特定性,即必须由设区的市一级以上公安机关负责技术侦查的部门实施(专门的技侦部门)。但从侦查实务而言,许多利用GPS进行追踪的侦查行为,并不是由负责技术侦查的部门实施的,而是由具体侦查部门实施的,因此,这种情况下的GPS追踪又不能归为技术侦查措施,如此一来,具体侦查部门直接使用GPS进行追踪似乎欠缺刑事诉讼法上的特别授权依据。

(二)我国大数据侦查法律规制的整体思路

如欲完善我国大数据侦查的法律规制,要先建立一个较为清晰的规制理

---

[31]　参见高建芳盗窃一审刑事判决书,安徽省繁昌县人民法院刑事判决书,(2019)皖0222刑初225号。

[32]　《电子数据规定》第9条第3款规定:"为进一步查明有关情况,必要时,可以对远程计算机信息系统进行网络远程勘验。进行网络远程勘验,需要采取技术侦查措施的,应当依法经过严格的批准手续。"《电子数据取证规则》第27条规定:"网络在线提取时需要进一步查明下列情形之一的,应当对远程计算机信息系统进行网络远程勘验……"

[33]　《公安机关办理刑事案件程序规定》第264条第1款规定:"技术侦查措施是指由设区的市一级以上公安机关负责技术侦查的部门实施的记录监控、行踪监控、通信监控、场所监控等措施。"如将GPS追踪归属为行踪监控措施,则可将其视为技术侦查措施的一个具体种类。

论,并以此理论作为规制大数据侦查的首要分析工具,借助它来识别不同种类的大数据侦查行为的法律性质,在此基础上再辅以相应的规制要求。

前已指出,在规制侦查手段时,法治国家和地区都有一个核心的规制理论,这些核心规制理论都是依据自身的法律传统而概括总结的。目前,我国无论是直接借鉴德国的基本权利干预理论,日本的强制侦查法定主义,还是美国宪法第四修正案对搜查扣押的要求,都因为欠缺相应的法律传统,而显得不太现实。[34] 惟一可行的办法是,立足自身法律传统和国情,提炼总结核心规制理论。

纵观我国刑事诉讼法,对侦查手段(含刑事强制措施)的规制密度可以划分为五个层次:

第一层次的规制密度最高,以逮捕措施为典型代表。在我国,逮捕措施要交由公安侦查机关之外的人民检察院批准,并且法律具体规定了启动逮捕措施的三个条件:罪行条件、证据条件和社会危险性条件。

第二层次的规制密度次之,以技术侦查措施为典型代表。在我国,技术侦查措施是一项得到刑事诉讼法特别授权的侦查措施。实施技术侦查措施要受到特定犯罪、严格批准手续(设区的市一级公安机关负责人批准)、使用期限等条件的限制,规制密度明显比一般侦查措施高。

第三层次的规制密度再次之,以搜查、查封、扣押为典型代表。在我国,搜查、查封、扣押也是得到刑事诉讼法特别授权的侦查措施。实施这些措施时并无特定犯罪的限制,批准手续也较为宽松(县级公安机关负责人批准)。

第四层次以讯问犯罪嫌疑人、询问证人、勘验、检查为典型代表。在我国,上述措施是得到刑事诉讼法特别授权的侦查措施。实施这些措施时并无特定犯罪的限制,批准手续更为宽松(多由办案部门负责人批准)。

第五层次以《刑事诉讼法》第115条侦查概括条款和第54条调取证据概括条款为授权依据的其他侦查措施。[35] 这类措施往往属于侵害性轻微的任意性侦查措施,没有刑事诉讼法上的特别授权依据,通常由办案人员自行决定实施。

明晰我国侦查手段规制密度层次后,可以此结构作为分析大数据侦查等新型侦查手段法律规制的理论框架。

其一,可以排除第一层次的规制,第一层次的规制专属于逮捕措施,大数据侦查等新型侦查手段显然有别于逮捕,不能以逮捕措施的规制密度要求大数据侦查。

---

[34] 例如,对强制侦查措施的使用,我国学术界一直呼吁应当借鉴域外经验,实行司法审查,但立法者并没有采纳这种观点。

[35] 关于侦查概括条款的功能参见艾明:《刑事诉讼法中的侦查概括条款》,载《法学研究》2017年第4期。

其二，排除第一层次的规制后，大数据侦查等新型侦查手段的法律规制只能落入第二至第五层次的规制密度，即技术侦查措施/非技术侦查措施规制密度。易言之，如果经分析认为，某项大数据侦查手段属于技术侦查措施，就应当为其"匹配"技术侦查措施的规制密度。如果某项大数据侦查手段不属于技术侦查措施，则向下寻求第三至第五层次的规制密度。

将新兴的大数据侦查手段纳入技术侦查措施进行规制，有法律上的依据。《刑事诉讼法》第151条："批准决定应当根据侦查犯罪的需要，确定采取技术侦查措施的种类和适用对象。"由此可见，技术侦查措施有其具体种类，并且种类保持开放性。[36]

在判断某项大数据侦查手段是否属于技术侦查措施时，可将马赛克理论和完美监控理论作为实质意义上的分析依据。[37] 基本原则是：如果某种大数据侦查手段高概率会描绘出特定相对人的"整体人格图像"，达到完美监控的程度，则该手段就属于技术侦查措施，应当遵守技术侦查措施的规制要求。具体运用时，应当重点考虑三个相关因素：

（1）数据信息的敏感性因素。如果侦查机关收集、调取的数据信息属于敏感个人信息，则描绘出相对人"整体人格图像"，达到完美监控程度的可能性就较大，较有可能属于技术侦查措施。我国《个人信息保护法》第28条第1款规定："敏感个人信息是一旦泄露或者非法使用，容易导致自然人的人格尊严受到侵害或者人身、财产安全受到危害的个人信息，包括生物识别、宗教信仰、特定身份、医疗健康、金融账户、行踪轨迹等信息，以及不满十四周岁未成年人的个人信息。"实践中，已经出现警察擅自向第三人提供敏感个人信息致当事人损害的负面事件[38]，因此，应当加强对这类数据信息收集、调取的法律规制。

（2）监控的时间（数据信息数量）因素。德国和美国都将监控的时间作为判断是否加强法律规制的重要因素，尽管两国在具体设定的时间方面并不一致。德国立法者认为，超过二日的持续监控，构成长期监控，需要受到较为严格的法律规制。在卡彭特案判决中，美国联邦最高法院认为，侦查机关调取被告人连续7天的手机基站记录，已经构成完美监控。我国应借鉴相关经验，并结

---

〔36〕 前述列举的《电子数据规定》第9条第3款规定，进行网络远程勘验，需要采取技术侦查措施的，应当依法经过严格的批准手续。可见，新兴的网络远程勘验也被纳入技术侦查措施的具体种类。

〔37〕 《公安机关办理刑事案件程序规定》第264条规定的技术侦查措施概念只能作为形式意义上的分析依据，例如其规定的记录监控，就只具有形式判断意义。单纯以形式意义上的分析依据作为判断基准，可能会不当扩大技术侦查措施的种类。如人们在现代社会中生活，会产生大量的活动记录，侦查机关一旦收集、调取这些活动记录，就属于记录监控类的技术侦查措施，此举显然有扩大化嫌疑。

〔38〕 付中：《宁波一民警违规帮忙查住址引发感情命案，被判缓刑》，载《法制晚报》2018年5月8日。

合自身实际,设立一个较为明确的时间期限,如果大数据侦查等新型侦查手段的运用,逾越了此时间限制,应将其划为技术侦查措施,适用较严格的法律规制。此外,收集数据信息的数量因素,亦可作为参考因素。如果大数据侦查等新型侦查手段的运用,虽然没有逾越时间限制,但收集特定相对人的数据信息数量明显巨大,也可认为达到完美监控程度,应考虑适用技术侦查措施的法律规制。

实务中,我国制定的司法解释已经将具体的数据信息数量作为判断侵犯公民个人信息"情节严重"的依据。如 2017 年两高制定的《关于办理侵犯公民个人信息刑事案件适用法律若干问题的解释》第 5 条:"非法获取、出售或者提供公民个人信息,具有下列情形之一的,应当认定为刑法第二百五十三条之一规定的'情节严重'……(四)非法获取、出售或者提供住宿信息、通信记录、健康生理信息、交易信息等其他可能影响人身、财产安全的公民个人信息五百条以上的;(五)非法获取、出售或者提供第三项、第四项规定以外的公民个人信息五千条以上的……"这些实务经验应当吸收到大数据侦查等新型侦查手段的法律规制中。

(3) 数据信息收集的难易因素。就该因素而言,如果侦查机关获取某类数据信息越便利、越具有自动性和持续性,那么构成完美监控的可能性就越大。反之,侦查机关收集某类数据信息需要花费很高的成本,收集的信息内容间断不连续,很难自动收集,那么构成完美监控的可能性就较小。例如,一般的人力跟踪监视,侦查机关需要投入较多资源,收集的信息内容呈间断性特点(经常容易脱梢),这种侦查手段就不需要升高至技术侦查措施的程度进行规制。但如果侦查机关是主动装设 GPS 进行监控,由于投入的资源很少,收集的信息内容持续且不间断,应当认为这种侦查手段属于技术侦查措施的范畴,需要调高法律规制的程度。

(三) 完善我国大数据侦查法律规制的具体建议

综合考虑上述因素,至少应将下列大数据侦查手段归为技术侦查措施,实施较严格的法律规制。

(1) 主动装设 GPS 进行持续追踪的侦查行为。这种侦查行为可以持续不间断地收集特定相对人的位置信息和行踪信息,进而对相对人实施完美监控,必须加以严格的法律规制,否则,容易诱发侦查机关恣意监控的冲动,不利于保障公民权利。当然,在某些盗抢机动车案件中,侦查机关在征得被害人同意的情况下,通过监控自身装设的 GPS,进而发现车辆行踪和位置,循线破案,这种侦查手法不属于技术侦查措施,因为这种侦查手法不具有主动侵入性,且已得到被害人的同意,可以刑事诉讼法中的侦查概括条款作为实施依据。

(2) 调取手机基站记录的侦查行为。持续调取特定相对人手机基站记录的行为,也可以收集一定时期特定相对人的位置信息,从而监控相对人的行踪,这一点已如卡彭特案所示。故而，也应将此类侦查行为归为技术侦查措施，实施严格的法律规制。例外排除的有两种情况：第一种情况，侦查机关收集犯罪现场附近某一时段海量的手机基站记录，经数据信息碰撞和分析，发现可疑手机号码的侦查行为。实施这种侦查行为的目的主要是为了发现特定的犯罪嫌疑人，并没有对特定相对人进行监控，故应排除。第二种情况，调取犯罪嫌疑人少量的手机基站记录，以印证其他证据的侦查行为。实施这种侦查行为的目是查清犯罪嫌疑人于实施犯罪行为时的时空位置，以印证其他证据，由于收集的手机基站记录是少量的，并不会对犯罪嫌疑人造成侵害。

（3）运用视频监控持续监控特定相对人行踪的侦查行为。目前在侦查实务中，利用视频监控进行侦查已成为一项重要的侦查手段。视频侦查最主要的作用是，发现未知名嫌犯在案发时段的行踪轨迹，从而为排查嫌犯身份创造条件。这种情况下，侦查机关运用视频监控的目的，是为了查清未知名嫌犯的真实身份，并没有对特定相对人形成监控，因此可将其排除于技术侦查措施之外。但如果侦查机关已经查明嫌犯身份，仍利用公共视频监控持续监控特定嫌疑人的行踪活动情况[39]，这种侦查手段应归属于技术侦查措施。因为运用完美监控理论审视，这种侦查手段的监控力度远超 GPS 侦查和调取手机基站记录，其不仅监控特定相对人的行踪轨迹，还能呈现特定相对人的活动情况，根据举轻以明重的法理，更应归入技术侦查措施。

将上述侦查手段归入技术侦查措施范畴，实施较严格的法律规制后，应当对技术侦查措施的概念予以一定程度的修正。目前，技术侦查措施的概念特意强调实施部门的特定化，即由设区的市一级以上公安机关负责技术侦查的部门实施。[40] 换言之，设区的市一级以上公安机关负责技术侦查的部门实施的四大类监控措施才是技侦措施，其他部门实施的类似措施就不是技侦措施。以实施主体不同作为区分技侦／非技侦措施的标准不尽合理：一是不利于保障公民权利，仅因实施主体的不同，将某些实质意义上的技侦措施划为非技侦措施，降低了法律规制的密度。二是有碍侦查效率，随着科技的发展和普及，很多监控类的侦查措施完全可以由非技侦部门的立案侦查部门负责实施，例如，主动装设 GPS 进行持续追踪的行为和运用视频监控持续监控特定相对人行踪的行为。如果仍然固执坚守技侦措施实施部门的特定化，反而不利于立案侦查部门及时开展侦查工作，有碍侦查效率。

----

〔39〕　随着各大城市"天网工程"的深入建设，利用公共视频监控系统持续不间断监控特定人于城市公共道路的行踪活动情况，已不存在技术障碍。

〔40〕　我国在设区的市一级以上公安机关设技侦支队，在省、自治区、直辖市公安机关设技侦局或技侦总队。

　　对调取少量记录特定人社会公共活动的数据信息,如航班出行、公共交通、购物快递等数据信息,可将其划入第三层次到第五层次的法律规制密度。盖因这类侦查行为虽从形式上看属于记录监控,但实质上对特定相对人的权利侵害较小,亦不可能形成完美监控,不应将其等同技术侦查措施予以规制。

（审稿编辑　王瑞剑）

（校对编辑　杨佩龙）

《北大法律评论》(2020)

第 21 卷・第 1 辑・页 21—36

Peking University Law Review

Vol. 21, No. 1, 2020, pp. 21-36

论行政公益诉讼之本质及其立法模式选择

——以诉讼目的为视角

高俊杰*

The Essence of Administrative Public Interest Litigation and Its Legislative Mode
—From The Perspective of Litigation Purpose

Gao Junjie

内容摘要:行政公益诉讼在本质上是有权主体直接以促进公共利益或者维护客观法律秩序为目的而提起的他益型诉讼,不包括公民、法人或者其他组织以私益为目的而提起但客观上具有公共利益效果的私益诉讼。行政诉讼目的不同于《行政诉讼法》之目的,行政诉讼目的应是以保障权益和监督行政互为补充的二元结构,主观诉讼以保障权益为直接目的,但在客观结果上实现了对行政的监督;客观诉讼以监督行政为直接目的,但在根本上促进了对公民权益的保障。作为客观诉讼的一种,行政公益诉讼弥补了我国以主观私益保护为核心的传统行政诉讼制度在监督行政和保障权益方面的不足,尤其是强化了司法对行政的监督,高度契合了我国行政诉讼保障权益和监督行政的二元目的。因此

---

* 法学博士,深圳大学法学院副教授。本文受国家社会科学基金青年项目"公用事业特许经营的政府规制研究"(17CFX014)资助。

而言,行政公益诉讼嵌入到行政诉讼制度框架中有其逻辑自洽性,与民事公益诉讼有着云壤之别,未来行政公益诉讼制度的立法完善应坚持将行政公益诉讼作为行政诉讼之特殊类型。

关键词:诉讼目的　公益诉讼　监督行政　保障权益

一、问题的提出

我国行政公益诉讼制度得到最高立法机关首肯肇始于 2015 年 7 月第十二届全国人民代表大会常务委员会第十五次会议通过的《全国人民代表大会常务委员会关于授权最高人民检察院在部分地区开展公益诉讼试点工作的决定》(下称《授权决定》)。之后,法院受理并裁判的检察行政公益诉讼案件数量激增,为建立检察行政公益诉讼制度提供了有益的实践经验。[1] 根据《授权决定》提出的"试点期满后,对实践证明可行的,应当修改完善有关法律"之规定,第十二届全国人大常委会第二十八次会议于 2017 年 6 月 27 日决定对《行政诉讼法》作出修改,将检察机关提起行政公益诉讼正式写进《行政诉讼法》,增加"人民检察院在履行职责中发现生态环境和资源保护、食品药品安全、国有财产保护、国有土地使用权出让等领域负有监督管理职责的行政机关违法行使职权或者不作为,致使国家利益或者社会公共利益受到侵害的,应当向行政机关提出检察建议,督促其依法履行职责。行政机关不依法履行职责的,人民检察院依法向人民法院提起诉讼"作为第 25 条第 4 款,并自 2017 年 7 月 1 日起施行。

修法是行政公益诉讼制度在法律上得以最终确立的标志,同时也意味着检察机关提起行政公益诉讼作为一种特殊的行政诉讼类型被立法者嵌入了现行行政诉讼的制度架构之中。修法以来,检察机关提起行政公益诉讼的诸多实践对于监督行政机关依法行政发挥了重要作用,在行政公益诉讼的受案范围、案件管辖、举证责任配置、诉讼程序等方面也积累了丰富的实践经验,已经初步形

---

〔1〕 根据《最高人民检察院关于检察机关提起公益诉讼试点工作情况的中期报告》,"至 2016 年 9 月,各试点地区检察机关共在履行职责中发现公益案件线索 2982 件,办理公益诉讼案件 1710 件,其中办理诉前程序案件 1668 件、提起诉讼案件 42 件",其中,"行政公益诉前程序案件 1591 件,有关行政机关回复意见 1348 件(尚未到一个月回复期的 243 件),行政机关纠正违法或履行职责 1214 件","各试点地区检察机关提起的 42 件诉讼案件中,行政公益诉讼 28 件、民事公益诉讼 13 件、行政附带民事公益诉讼 1 件"。根据《检察日报》2017 年 2 月 26 日第 01 版"检察机关提起公益诉讼案件数量井喷:发挥总指挥作用"报道的数据,截至 2016 年 12 月底,各试点地区检察机关共办理公益诉讼案件 4378 件,其中诉前程序案件 3883 件,提起诉讼案件 495 件,在提起诉讼的 495 件案件中,有民事公益诉讼 57 件、行政公益诉讼 437 件、行政附带民事公益诉讼 1 件。原最高人民检察院检察长曹建明在十二届全国人大常委会第二十八次会议上关于《中华人民共和国行政诉讼法修正案(草案)》和《中华人民共和国民事诉讼法修正案(草案)》的说明中也指出,截至 2017 年 5 月,试点地区检察机关共办理公益诉讼案件 7886 件,其中诉前程序案件 6952 件、提起诉讼案件 934 件。

成了检察机关提起公益诉讼的制度体系。[2] 另一方面,行政公益诉讼受案范围如何扩大,检察机关在行政公益诉讼中的法律地位如何,行政公益诉讼的原告资格可否拓宽,在个案中法院如何裁判及其履行问题等制度建设还有待于进一步明确。

囿于现行《行政诉讼法》第 25 条第 4 款的高度概括性,检察公益诉讼实操层面存在的诸多问题主要依靠"两高"发布司法解释、通知、意见或者由地方立法作出个别回应。[3] 对此,有学者提出,"检察公益诉讼的立法,仅靠制定司法解释、地方条例等解决具体操作的部分难题是不够的,民事诉讼法、行政诉讼法关于当事人地位、诉讼权利和诉讼程序等基本规定是无法改变的,需要思考在现有立法框架内进行突破,单独进行检察公益诉讼的立法"。[4] "这些位阶和效力低于法律的规则文本对社会组织和行政机关办理公益诉讼案件的保障、规制较少,对检察院和法院办理公益诉讼案件的保障、规制较多。……地方性法规变通司法解释的规定有利有弊,在公益诉讼规则难言完备的语境下,为防止规定动作变形、自选动作无序,推动单独立法已刻不容缓。"[5] 与此同时,在2020 年全国两会期间,也有多位代表委员从切身感受出发提出了公益诉讼专门立法的建议,主张"在立法模式上,建议加快研究对公益诉讼单独立法的必要性和可行性,适时针对公益诉讼单独立法"。[6]

在立法模式的具体选择上,尽管检察机关提起行政公益诉讼作为行政诉讼制度的特殊类型被载入了《行政诉讼法》条文之中(民事公益诉讼亦然),但是仍存在与之相悖的民事行政公益诉讼应统一立法之意见。第一,"授权决定"没有对民事公益诉讼与行政公益诉讼做区分,而此后"两高"发布的相关司法解释、通知或者意见也没有刻意对两类公益诉讼分别规定,很大程度上体现了民行合一的趋势。第二,就地方实践看,深圳市人大常委会于 2020 年 8 月 31 日公布的《深圳经济特区生态环境公益诉讼规定》(自 2020 年 10 月 1 日起实施)也是

---

〔2〕 修法之后,特别是 2018 年 3 月 2 日《最高人民法院、最高人民检察院关于检察公益诉讼案件适用法律若干问题的解释》(2020 修正)出台之后,审判机关的受理与裁判活动有了明确依据,办案质效明显提升。检察机关的立案数在 2017 年到 2018 年大幅增加,2018 年增加的立案量是 2017 年下半年立案量的 10.4 倍,2019 年 1 月至 10 月的立案数比 2017 年下半年增长近 10 倍。参见刘艺:《我国检察公益诉讼制度的新发展与新挑战——基于 2017～2019 年数据的理论反思》,载中国政法大学法治政府研究院编:《中国法治政府发展报告(2019)》,社会科学文献出版社 2020年版,第 280—314 页。

〔3〕 例如,浙江省人大常委会于 2020 年 5 月 15 日通过《关于加强检察公益诉讼工作的决定》,上海市人大常委会同年 6 月 18 日表决通过《关于加强检察公益诉讼工作的决定》,都对现有公益诉讼受案范围有所扩大。

〔4〕 田凯:《检察公益诉讼立法要破立并举》,载《检察日报》2020 年 11 月 5 日,第 5 版。

〔5〕 刘加良:《公益诉讼单独立法的必要性与可能方案》,载《检察日报》2020 年 11 月 12 日,第 7 版。

〔6〕 蒲晓磊:《公益诉讼专门立法缘何呼声渐起》,载《法制日报》2020 年 06 月 30 日,第 5 版。

将环境民事公益诉讼和环境行政公益诉讼纳入同一文本之中,且在原告资格、诉讼程序等方面未做严格区分。[7] 第三,学理上亦不乏对民行合一的支持,例如,有学者指出"民事公益诉讼与行政公益诉讼总是相伴而生,程序和内容大量重叠,造成环境诉讼领域司法资源紧张,将民事与行政公益诉讼一体化作为独立的诉讼模式加以实践是当前社会的迫切需求"[8],有学者则进一步提出立法架构的设想,即"公益诉讼单独立法的成果应和民事诉讼法和行政诉讼法严格地形成'一般法'和'特别法'的关系,其名称可确定为'中华人民共和国公益诉讼特别程序法',其条文数量不能多于行政诉讼法,其基本构成可分为总则、民事公益诉讼、行政公益诉讼、附则四章"。[9]

由此可见,未来行政公益诉讼的立法模式仍面临选择,需要在理论上加以探讨。本文旨在从行政诉讼目的视角论证行政公益诉讼嵌入行政诉讼制度的逻辑自洽性,提出行政公益诉讼作为特殊类型的行政诉讼,在立法定位上应与民事诉讼有所区别。期待本文的讨论对我国行政公益诉讼制度之完善有所助益。

二、行政公益诉讼之定位:他益型客观诉讼

通说认为,公益诉讼起源于罗马法,是相对于私益诉讼而言的保护公共利益的诉讼。[10]近现代意义上的公益诉讼则发轫于美国的环境保护领域,首见于 1969 年《密歇根州环境保护法案》,后 1970 年《清洁空气法》则通过公民诉讼条款明确赋予民众借助联邦法院督促政府执法的权利,逐步发展为"检察长诉讼"制度并传播到其他国家。[11] 尽管时代背景不同,诉权主体有异,但二者在目的上却是一致的,即保护公共利益。另一方面,"从诉权产生的原因来看,诉权经历了从单纯的诉权主体利益的保障到不但保障诉权主体的利益,同时保障社会公共利益,即诉权的权能不但能提起主观诉讼,还能提起客观诉讼"。[12] 行政公益诉讼以监督行政为直接目的,通过对行政违法的事前防控和事后监督使不特定的主体普遍受益,是典型的以保护公共利益为目的的客观诉讼。

---

[7] 环境诉讼研习社:《全国首个环境公益诉讼地方立法,有这些创新》,https://mp. weixin.qq.com/s/GZ6yqPU_2I76lSz3UBWs9g,最后访问时间 2020 年 8 月 26 日。

[8] 金维钰:《环境民事与行政公益诉讼一体化研究》,载《西部学刊》2020 年第 14 期,第 90 页。

[9] 同前注[5]。

[10] 周枏:《罗马法原论(下册)》,商务印书馆 1996 年版,第 886 页。

[11] 秦前红:《检察机关参与行政公益诉讼理论与实践的若干问题探讨》,载《政治与法律》2016 年第 11 期,第 83—84 页。

[12] 周永坤:《诉权法理研究论纲》,载《中国法学》2004 年第 5 期,第 17 页。

（一）主观诉讼与客观诉讼之分

普遍认为，主观诉讼和客观诉讼最早是由 20 世纪初的法国学者莱昂·狄骥创立的学术概念，后经德国、日本学者借鉴而成为大陆法系国家学术研究中对行政诉讼划分的主要类型。[13] 由于各国诉讼体制和行政诉讼制度产生的历史文化背景有别，主观诉讼与客观诉讼的制度设计及内涵亦不尽相同。例如，日本行政诉讼制度侧重于相对人权利的保护，是"为对于违法之行政处分，而毁损人民之权利者的救济手段"[14]；而法国的行政诉讼制度则侧重于客观法律秩序的维护，是围绕撤销诉讼来建构的，旨在确保行政权的合法行使。[15] 因此，主观诉讼与客观诉讼的区分标准在日本是诉讼标的，而在法国则是诉讼目的。尽管学理标准不一致，分类的结果在功能意义上却达到了异曲同工之效，即"无论是从诉讼目的抑或是诉讼标的的性质出发，主观诉讼的核心功能在于保障公民的合法权利和利益，客观诉讼的核心功能在于维护公共利益和客观法律秩序"。[16] 通说认为，主观诉讼和客观诉讼呈现出如下具体差别：

第一，诉讼对象不同，主观诉讼的对象通常为行政相对人与行政机关因利害冲突而产生的实际争议，当事人提起主观诉讼不需要法律的特别授权；而客观诉讼的对象不属于"法律上的争讼"，仅限于法律特别规定的事项，当事人提起客观诉讼需要法律的明确授权。[17]

第二，原告资格不同，主观诉讼的原告或是行政行为的直接相对人，或是其利益受到行政行为实际影响的主体，否则便不具有起诉资格；客观诉讼的原告资格要宽泛得多，"任何利害关系人，哪怕只是同这种行为之间有一种道德的、间接的关系，都可以向行政法院提出起诉"[18]。

第三，诉讼目的不同，主观诉讼在于为原告的主观权利提供保护，不允许任何人为主张他人利益或者与自身不直接相关的公共利益而启动诉讼程序；客观诉讼则在于通过监督行政行为的合法性来确保客观的行政法秩序不受破坏，对行政行为的合法性进行裁判本身就是目的。

第四，判决效力不同，法院在主观诉讼中的裁判任务是通过对当事人权利

〔13〕 参见蔡志方：《欧陆各国行政诉讼制度发展之沿革与现状》，载蔡志方：《行政救济与行政法学》（一），台湾三民书局 1993 年版，第 3 页。

〔14〕 〔日〕美浓部达吉：《行政裁判法》，邓定人译，中国政法大学出版社 2005 年版，第 8 页。

〔15〕 参见刘艺：《构建行政公益诉讼的客观诉讼机制》，载《法学研究》2018 年第 3 期，第 39—42 页。

〔16〕 马立群：《主观诉讼与客观诉讼辨析——以法国、日本行政诉讼为中心的考察》，载《中山大学法律评论》2010 年第 2 辑，第 257 页。

〔17〕 参见林莉红、马立群：《作为客观诉讼的行政公益诉讼》，载《行政法学研究》2011 年第 4 期，第 5—6 页。

〔18〕 〔法〕莱昂·狄骥：《公法的变迁·法律与国家》，郑戈、冷静译，辽海出版社、春风文艺出版社 1999 年版，第 151 页。

义务的确定以定分止争,故而判决效力仅及于争议的各方,具有相对性;客观诉讼判决对于行政法秩序的确定在效力上则具有绝对性,及于任何人。[19]

（二）行政公益诉讼系他益型诉讼

"公益诉讼是指,针对侵害国家利益或者社会公共利益的行为,当法律上没有直接利害关系的主体,或者是有直接利害关系的主体但其不愿提起诉讼时,由法律授予没有直接利害关系的特定主体提起的非自利性诉讼。"[20]"非自利性诉讼"的界定明确将那些借助对个人权益的救济而达到公益保护之效果的行政诉讼排除在行政公益诉讼的范畴之外。然而,从既有的研究看,学界对此问题是存在争议的。例如,我国学界自 2011—2016 年每年评出的"十大公益诉讼案件"中共计 22 件行政公益诉讼案件[21],仅北京市丰台区源头爱好者环境研究所诉福建省林业厅向"归真堂"公司活熊取胆违法颁发许可证案、邹宗利诉全国社保基金理事会拒不履行政府信息公开义务案、山东省庆云县检察院诉庆云县环保局不履行职责案、贵州省锦屏县人民检察院诉锦屏县环保局怠于履行职责案、安徽蚌埠市淮上区检察院诉蚌埠市国土局行政不作为案和湖南养天和大药房诉国家食药监总局不当推广"电子监管码"案以维护公益为直接目的,其余16 件皆是以直接实现私益救济为目的而客观上具有公益效果的行政诉讼。二者区别何在?仅以早期在相关媒体报道和学术研究中皆被称为行政公益诉讼的乔占祥诉铁道部票价上浮案(2001 年)[22]和施建辉、顾大松诉南京市规划局

---

〔19〕 参见王名扬:《法国行政法》,中国政法大学出版社 1988 年版,第 570、667 页。

〔20〕 同前注〔15〕,第 39 页。

〔21〕 分别是:刘云诉湖南省地质矿产勘探开发局因色盲被拒录公务员案(2011)、李燕诉国土资源部、教育部和科技部政府信息公开案(2011)、林莉红诉深圳海关收缴其境外所购图书具体行政行为违法案(2011)、中华环保联合会诉修文县环境保护局不履行政府信息公开法定职责案(2011);公民"被乙肝"失去公务员录取资格案(2012)、大学生申请公开"微笑局长"工资案(2012);王录春诉财政部拒绝公开民航基金信息案(2013)、董正伟、周筱赟诉铁道部拒绝公开 12306 订票网站招标详情案(2013)、吴有水诉广东省卫生与计划生育委员会拒绝公开社会抚养费信息案(2013)、刘菲诉北京市房山区公安局计生捆绑不上户违法行政(2013)、莆田绿萌滨海湿地研究中心诉防城港市环保局拒绝公开环评信息案(2013)、北京市丰台区源头爱好者环境研究所诉福建省林业厅向"归真堂"公司活熊取胆违法颁许可证案(2013);邹宗利诉全国社保基金理事会拒不履行政府信息公开义务案(2014)、高名迎、郑雨福诉福建平潭公安局因强制拆迁非法拘留案(2014)、河北如果爱公司诉民政部信息公开案(2014)、董正伟诉国家铁路局公开火车票退票费成本信息案(2014);深圳市斯维尔科技公司诉广东省教育厅指定独家参赛软件行政垄断纠纷案(2015)、山东省庆云县检察院诉庆云县环保局不履行职责案(2015)、贵州省锦屏县人民检察院诉锦屏县环保局怠于履行职责案(2015);岳阳检察机关督促、支持野生动物保护公益诉讼案(2016)、安徽蚌埠市淮上区检察院诉蚌埠市国土局行政不作为案(2016)、湖南养天和大药房诉国家食药监总局不当推广"电子监管码"案(2016)。

〔22〕 参见北京市第一中级人民法院行政判决书(2001)年一中行初字第 149 号、北京市高级人民法院行政判决书(2001)年高行终字第 39 号。

批准建设紫金山观景台案(2001 年)[23]为例予以区分说明：

　　在乔占祥案中,原告通过购买车票使自身权益受到铁道部"通知"的直接影响后再行起诉,从表面看,原告起诉的目的是主张自身的主观私益,但意图通过起诉在客观上达到保护公共利益的法律效果;在紫金山案中,两原告的合法权益并未受到被诉行政行为的直接影响,其起诉的目的并不在于主张自身权益,而是以维护自然景观不被人为破坏这一公共利益提起的诉讼,故而突破了当时《行政诉讼法》对原告资格的设定,未被法院受理。从上述区别看,乔占祥案是具有公益诉讼效果的行政私益诉讼,紫金山案则是直接以社会公共利益为目的的诉讼。杨建顺教授将这两种不同类型的诉讼称为间接公益诉讼(效果上的公益诉讼)和直接公益诉讼(目的上的公益诉讼)[24],而林莉红教授则将之称为自益形式的公益诉讼和他益形式的公益诉讼[25]。

　　在传统主观行政诉讼严格要求原告必须与被诉行为或者不作为存在利害关系的前提之下,间接公益诉讼/自益形式的公益诉讼是个人在直接以公共利益为目的提起诉讼而不得的情况下而采取的"退而求其次"之举,并没有突破主观行政诉讼对原告资格的限定和追求个人主观权益保障的制度目标,本质上仍是传统类型的诉讼形式。在这类案件中,维护公共利益这一真实意图隐藏在原告寻求个人权益保护这一外在目的之下,因为法院不得基于对原告起诉"真实目的"的客观判断而限制其起诉[26],所以法院受理这类案件表面上也是为个人权益提供救济。当行政公益诉讼制度在法律上确立之后,仍将其纳入公益诉讼的范畴则容易造成行政公益诉讼概念的过分泛化。这是因为虽然主观行政诉讼"突出追求个人利益的保护,但是,在这个过程中却间接地收到了保障公共利益的效果,即'维护和监督行政机关依法行使行政职权',推进行政主体依法行政。在这层意义上,可以说任何一个行政诉讼都是公益诉讼"。[27] 相比较而言,间接公益诉讼/自益形式的公益诉讼中原告扮演的是被救济对象而非违法行政的监督者,只是其寻求救济的行为在客观上实现了对违法行政的监督;在直接公益诉讼/他益形式的公益诉讼中,法律赋予原告启动行政诉讼程序的权利,"其目的只是为了借助个人之力以落实司法审查制度之功能,个人等于是扮

　　[23]　参见蒋德:《紫金山要建观景台,两大学教师向法院提起行政诉讼》,载《法制日报》2001年 10 月 23 日,第 001 版;郑晋明:《拔掉"南京人绿肺上的尖刀"——南京市决定拆除紫金山观景台前前后后》,载《光明日报》2002 年 1 月 24 日,第 A02 版。

　　[24]　杨建顺:《〈行政诉讼法〉的修改与行政公益诉讼》,载《法律适用》2012 年第 12 期,第 63页。

　　[25]　同前注[17],第 3—4 页。

　　[26]　参见何海波:《行政诉讼法》(第二版),法律出版社 2016 年版,第 254 页。

　　[27]　同前注[24],第 63 页。

演参与行政监督者的角色"〔28〕。

（三）行政公益诉讼系客观诉讼

据上文分析可知,间接公益诉讼或曰自益形式的公益诉讼虽然具有追求公共利益之效果,但功能上仍然是以个人权益保护为直接目的的主观诉讼。与之相反,行政公益诉讼应当是客观诉讼,以维护公共利益或者监督行政为直接功能,是有权主体根据法律的规定针对侵害社会公共利益或者对公共利益有侵害之虞的行政行为而向法院提起的他益诉讼。理由如下:

（1）行政公益诉讼是以维护社会公共利益为目的而提起的诉讼,既可以在公共利益有受损之虞时为防止其实际发生而提起,也可以在损害已实际发生时为防止损害进一步扩大而提起,因而其事先防御功能大于事后救济功能;

（2）行政公益诉讼的防御性使其区别于传统行政诉讼"无纠纷无诉讼"的启动模式,只要行政行为侵害社会公共利益或者对之有侵害之虞即可启动,并不以具体纠纷的存在为前提;

（3）行政公益诉讼以追求公共利益保护为直接目标,原告无需与被诉行为存在直接利害关系,也无需承担败诉的后果,若其为维护公共利益作出了特别牺牲则可在胜诉时获得一定奖励,这一点早在罗马法中就得到了认可〔29〕;

（4）为防止因原告不承担败诉风险导致滥诉,行政公益诉讼遵循严格的法律主义,例如日本被认为属于公益诉讼的民众诉讼和居民诉讼都只有在"法律上有规定时,限于法律规定者,才能够提起"〔30〕,再如台湾地区《行政诉讼法》第9条规定,"人民为维护公益,就无关自己权利及法律上利益之事项,对于行政机关的违法行为,得提起行政诉讼,但以法有特别规定者为限"。

三、主客观诉讼视角下行政诉讼目的再探讨

行政诉讼目的是指"以观念形式表达的国家进行行政诉讼所期望达到的目标,是国家基于对行政诉讼固有属性的认识预先设计的关于行政诉讼结果的理想模式"。〔31〕自1989年《行政诉讼法》颁布,学界对行政诉讼的目的定位形成了多种不同观点。2014年《行政诉讼法》修订后,行政诉讼具有"解决争议、监督行政和保障权益"的三元目的似已定论。然而,行政诉讼制度本身的目的不同于《行政诉讼法》立法之目的,"解决争议、监督行政和保障权益"实为《行政诉讼法》之目的。从行政诉讼制度"民告官"的本质而言,行政诉讼目的应是二元

---

〔28〕　翁岳生主编:《行政诉讼法逐条释义》,台湾五南图书出版公司2002年版,第27页。

〔29〕　根据周枏先生的研究,在古罗马"公诉又分为市民法公诉和大法官公诉。前者是由市民法所规定,被告所付的罚金归国库,但起诉者可得一定的奖金。后者为大法官等谕令所规定,被告所付罚金,归起诉者所有"。同前注〔10〕,第886页。

〔30〕　参见日本《行政事件诉讼法》第42条规定,转引自前注〔24〕,第67页。

〔31〕　杨伟东:《行政诉讼目的探讨》,载《国家行政学院学报》2004年第3期,第36页。

的,即保障权益和监督行政。

（一）有关行政诉讼目的论之争议梳理

关于行政诉讼的目的,在 1989 年《行政诉讼法》制定过程中主要有两种意见:第一种意见认为,行政诉讼目的主要是监督行政机关依法行政,保护行政相对人的合法权益;第二种意见认为,行政诉讼目的主要是解决争议,为维护行政管理提供法律手段和途径。受当时的社会经济背景影响,立法者最终采纳了第一种意见,但也吸收了第二种意见的合理成分,将行政诉讼目的定位为"保护公民、法人和其他组织的合法权益,维护和监督行政机关依法行使行政职权"。[32]然而,将"维护行政机关依法行使职权"作为行政诉讼目的,与行政诉讼乃救济制度的本质不符,且有行政与司法沆瀣一气侵犯相对人权益之嫌疑,故而饱受批评。随着法治进程的推进,1989 年《行政诉讼法》愈加无法适应社会经济发展和公民维权的需求,在各种修改《行政诉讼法》的声音中,不能也不宜将"维护行政"作为行政诉讼目的成为理论界的共识,不同版本的《〈行政诉讼法〉修改建议稿》均删除了这一规定。[33] 2014 年修订后的《行政诉讼法》第 1 条在采纳学理意见的基础上,明确将"解决行政争议,保护公民、法人和其他组织的合法权益,监督行政机关依法行使行政职权"作为立法目的。在立法演进的过程中,有关行政诉讼目的论的争议围绕"解决纠纷""监督行政"和"保障权益"主要形成了三种不同观点:

（1）唯一目的论。张树义先生提出"中国行政诉讼的唯一目的是保护公民、法人和其他组织的合法权益",理由在于① 相对于强大的政治国家或权力,用法律保障弱小的个人权利符合宪政要求;② 行政诉讼是以保障相对人的合法权益为目的而产生的;③ 保障权益是行政诉讼"民告官"性质的应有之义;④ 行政职权无须通过行政诉讼加以维护。[34]

（2）二元目的论。二元目的论不承认解决争议应作为行政诉讼目的,认为行政诉讼的目的是保障权益和监督行政。理由在于,行政诉讼的目的不同于《行政诉讼法》的目的,后者的目的是指"行政诉讼法立法者确定的,制定和实施行政诉讼法所要达到的目标和所要实现的任务",保障行政人民法院公正、及时审理行政案件毋宁是《行政诉讼法》的目的,而非行政诉讼目的。[35]

（3）三元目的论。这种观点认为,解决争议、监督行政与保障权益都是行政诉讼目的,并呈现出多层次性:解决行政争议是行政诉讼的直接目的或者初

---

〔32〕　参见姜明安:《行政诉讼法》(第三版),北京大学出版社 2016 年版,第 61—62 页。

〔33〕　马怀德:《保护公民、法人和其他组织的权益应成为行政诉讼的根本目的》,载《行政法学研究》2012 年第 2 期,第 11 页。

〔34〕　参见张树义:《冲突与选择——行政诉讼的理论与实践》,北京时事出版社 1992 年版,第 14 页。

〔35〕　参见于安、江必新、郑淑娜:《行政诉讼法学》,法律出版社 1997 年版,第 32 页。

级目的,在行政诉讼目的中处于最低阶位;监督行政是体现行政诉讼本质特征的目的,是第二级或中级目的;保护权益则是行政诉讼的根本目的,处于行政诉讼体系中最高的阶位。三者相互联系,形成一个统一的系统,低位阶的目的同时也是促成高位阶目的得以实现的手段。由于将保障人权作为行政诉讼的终极目的,故而该观点亦被称为一元目的主导下的多元目的论。[36]

(二)本文观点:行政诉讼二元目的论

唯一目的论强调了行政诉讼对于保障人权的重要价值,但是有两点不足:其一,行政诉讼目的作为国家对行政诉讼所导致的预期结果,是国家对行政诉讼价值选择的结果,其本质是国家意志的反映,带有预先性、主观性和价值取向性,基于我国公民权和行政权关系的现实状况,行政诉讼所体现的国家主观意志必然是多重价值的博弈,"作为复杂系统或制度安排中一环的行政诉讼,其建立往往并非基于一种目的,而常常是多重目的"[37],故而唯一目的论与我国行政诉讼制度建立的现实环境相脱节;其二,单纯强调行政诉讼的权益保障目的与我国现行的行政诉讼制度设计不符,我国以"行政行为合法性审查"为核心的行政诉讼制度构造本身就体现了行政诉讼对监督行政的追求。

三元目的论亦有两点不足之处。其一,该观点主要是从《行政诉讼法》第1条寻找理论依据的,没有正确理解行政诉讼目的与《行政诉讼法》目的的关系,将二者混为一谈,特别是将解决争议作为行政诉讼目的实际上混淆了行政诉讼目的与行政诉讼功能,"任何一种诉讼程序都是为解决争议而生,当然具有解决争议的功能……'实质性'解决行政争议是一种司法政策,不是也不可能是行政诉讼立法目的之一"[38]。其二,保障权益与监督行政在行政诉讼目的中的价值位阶并非一成不变,监督行政并非在任何时候都是保障权益的手段,如原告申请撤诉而法院裁定不予准许时,行政诉讼的显性目的就不再是对个体权益的保护,而转变为通过对行政违法行为的监督以维护公共利益。此外,之所以认为将解决争议作为行政诉讼目的并不准确,是因为行政诉讼目的作为国家意志的体现具有主观性,而解决争议作为诉讼的客观功能并不受国家意志的影响。立法可以为司法者履行职能创造条件,但"围绕司法者构造的行政诉讼制度却不是为保障司法者的利益,在诉讼程序中的司法者并没有自己的利益"[39]。

笔者赞同行政诉讼二元目的论,即保障权益和监督行政,二者为一个硬币的不同两面,即主观诉讼虽以保障权益为直接目的,但在客观结果上促进了对

---

[36] 胡卫列:《行政诉讼目的论》,中国检察出版社2014年版,第142—161页。

[37] 同前注[33],第12页。

[38] 章剑生:《行政诉讼"解决行政争议"的限定及其规则——基于〈行政诉讼法〉第1条展开的分析》,载《华东政法大学学报》2020年第4期,第94页。

[39] 谭宗泽:《行政诉讼目的新论——以行政诉讼结构转换为维度》,载《现代法学》2010年第4期,第55页。

依法行政的监督;客观诉讼虽以监督行政为直接目的,但在根本上实现了对公民权益的保障。正如有学者指出"依法行政正是通过对行政权取得、行使和违法责任追究的全方位控制,将行政权纳入法治化轨道,使行政权服从于人民的意志和利益,从而把'执政为民'落到实处,切实保护并不断扩展公民的合法权益"[40]。在此意义上,任何为个人权益提供救济的主观诉讼都将在客观上起到监督行政的作用,而任何直接以监督行政为出发点的客观诉讼所取得的公益效果只有让人民所享才真正有其价值。

四、行政公益诉讼系特殊类型的行政诉讼

行政公益诉讼是独立的诉讼形式,还是行政诉讼的特殊类型? 将行政公益诉讼嵌入现行行政诉讼制度的道理何在? 笔者认为,将行政公益诉讼嵌入现行行政诉讼制度具有逻辑自洽性,与我国行政诉讼监督行政和保障权益的二元目的高度契合,其"并非是对传统行政诉讼模式的彻底改造而只是对其进行必要的补正,将作为行政诉讼的类型之一,助力行政诉讼制度在合宪的轨道上运转"[41]。

(一)行政公益诉讼与行政诉讼二元目的之契合

行政公益诉讼作为客观诉讼不仅可以通过拓宽原告资格来强化司法对行政的监督,而且通过对公共利益的追求能够在客观上实现对个人权益的增进,促成了行政诉讼监督行政与保障权益二元目的的有机统一。

1. 行政公益诉讼通过拓宽原告资格强化行政监督

代议制的典型特征是政府不是由人民直接选举产生而是由议会间接选举产生,因而代议制下的民主主要通过政府恪守议会意志来体现,即要求政府严格依法行政,做"议会立法的传送带"[42]。然而,基于部门利益或某些政治诉求,政府并非能够在任何时候都遵循依法行政的原则,行政诉讼的作用就在于通过个案对政府违反立法的行为予以事后监督,并以此惩前毖后来捍卫立法权威和人民主权。在主观诉讼模式中,行政诉讼制度以保障权益为核心目的,对行政违法的监督是通过个体权益的事后救济间接实现的。然而,政府滥用权力侵害公共利益的行为有时并未使任何特定主体的权益受到实际影响,因而主观行政诉讼模式在监督侵害公共利益的违法行政方面显得力不从心。

通过行政诉讼达到保障行政法治的目的,最终实现行政既不任意侵犯公民合法权益,又能积极、能动服务于社会的宗旨,是一项要求极高的法治理想,它

---

[40] 袁曙宏:《法治规律与中国国情创造性结合的蓝本——论〈全面推进依法行政实施纲要〉的理论精髓》,载《中国法学》2004 年第 4 期,第 6 页。

[41] 朱学磊:《论行政公益诉讼的宪法基础——以传统行政诉讼模式的合宪性危机为线索》,载《现代法学》2016 年第 6 期,第 30 页。

[42] Richard B. Stewart, "The Reformation of American administrative law", *Harvard Law Review*, vol. 88, no. 8, 1975, pp. 1667-1813.

需要具备诸多的条件。其中,在维持诉讼必要的结构特性之前提下,使起诉资格具有足够的开放性十分重要。[43] 当前设计的检察公益诉讼制度是刑事诉讼中的国家追溯主义对行政诉讼的类推适用[44],既符合检察机关作为法律监督机关的宪法定位,也符合司法制约行政的权力分立体制,其本质是"民众等基于诉讼信托方式,把公共利益维护的重任交由检察机关行使"[45]。另一方面,"检察机关在获取证据、举证能力、技术手段以及对法律法规的理解等方面,基本上与行政机关保持平衡,符合权力对等和抗衡的法治精神"[46],可以有效地避免公民或者社会组织因调查取证难、无力与行政机关抗衡而不愿诉、不敢诉和不能诉的实际难题,因而能更加有效地实现保障公共利益、监督行政违法的诉讼目的。然而,这并非意味着提起行政公益诉讼的原告资格由检察机关所独享,公民和社会组织亦有提起行政公益诉讼的资格。

首先,公民个人提起行政公益诉讼是其实现《宪法》第 3 条规定对社会文化生活的民主管理权以及第 41 条规定的对国家机关的监督、批评、建议权的有力途径。对于公民个人原告资格的担忧主要集中在两个方面:一是理性经济人的假设使得个人在公共利益的维护方面"都企图在其他受害者寻求救济的努力中搭便车,而且相当理性地拒绝提起诉讼"[47],二是个人滥诉将会对行政效率造成难以估量的损害。笔者认为,监督行政违法是宪法赋予公民的基本权利,根据权利可以自愿放弃的法理,立法并不能因为公民基于搭便车心理不愿提起行政公益诉讼便剥夺其应有的权利;同时,"在注重投入产出的市场经济社会里,不计诉讼成本而去滥诉的可能性是极小的。因为诉讼是要成本的,没事找事或以诉讼为乐的情况极难出现"[48]。所以,以上两点担忧都难以成立。

其次,赋予社会组织行政公益诉讼的原告资格是公民民主管理权和民主监督权的延伸,是公民以集群方式实现个体利益的有效形式。因为相较于个人与行政机关的力量悬殊,"社会团体作为一种自愿结合的组织性力量,在表达利益、参与政治方面和个人相比具有不可替代的优越性"[49]。随着经济发展与社会物质条件的变化,当前很多法律纠纷越来越复杂,有时需要专业组织参与以提供技术支持,如在环境污染案件中,环保组织相对其他主体来说具有专业的

---

[43] 同前注[31],第 37 页。

[44] 王太高:《论行政公益诉讼》,载《法学研究》2002 年第 5 期,第 49 页。

[45] 姜涛:《检察机关提起行政公益诉讼制度:一个中国问题的思考》,载《政法论坛》2015 年第 6 期,第 22 页。

[46] 孙长春、唐子石:《行政公益诉讼为何由检察机关提起》,载《人民日报》2015 年 4 月 2 日,第 07 版。

[47] Cass R. Sunstein, *After the Rights Revolution: Reconceiving the Regulatory State*, Harvard University Press, 1993, p.49.

[48] 同前注[44],第 49 页。

[49] 黎军:《论通过行业协会实现公众参与》,载《政治与法律》2006 年第 4 期,第 85 页。

环保知识,对污染程度的测算、污染物品的采集等更为熟悉。[50]

最后,检察机关并非在任何时候都能有效完成监督行政和维护公益的诉讼目的。一方面,因检察机关提起的公益诉讼主要由民行检察部门承担,该部门普遍存在人员少、力量薄弱、法律业务水平不高等问题,在承担繁重的传统监督任务的同时难以有效应对业务量将会突飞猛增的新型公益诉讼工作;另一方面,若提起公益诉讼时证据涉及专业知识,如化学分析、矿物学、生态学等专业知识,则检察机关普遍缺乏这些专业知识,需要依赖于专业性的社会组织。[51]

综上,行政公益诉讼作为学界为回应"如何监督政府在公共利益领域的违法行为"等问题而创制的概念[52],允许不特定主体将任何行政违法行为起诉至法院而不论是否存在直接利害关系,恰好弥补了主观行政诉讼的上述不足。在此意义上,允许公民、法人或者其他组织将任何行政违法行为起诉至法院而不论是否存在利害关系,就是在拓宽公民参与公共事务管理的渠道,维护宪法确立的人民民主监督权利。[53]

2. 行政公益诉讼通过追求公益增进个体权益

耶林早在 1872 年就指出,"公共利益在由个人接近权利实现的情形下,就不再仅仅是法律主张其自身的权威、威严这样一个单纯的概念上的利益,而同时也是一种谁都能感受得到,谁都能理解得到的非常现实、极为实际的利益……即一种能够保证和维持个人所关注的交易性生活的安定秩序的利益"。[54] 根据康德关于"人是目的,永远不可把人当做手段"[55]的醒世箴言,"公共利益之目的在于人权价值的高扬和实现,一切背弃人权精神的公共利益,必须予以舍弃。公共利益具有功利性价值,而人权则具有目的性价值,无论如何,公共利益的增益决不能以剥夺人权或牺牲人权为代价"[56]。因此,任何法律制度都应当以实现维护公共利益和个体权益的有机统一为目标。不以公共利益为基础的个体权益犹如无根浮萍,而以损害个体权益为代价的公共利益则不具有正当性;对个体权益的保障必须有助于增进公共利益,而对公共利益的

---

[50] 同前注[11],第 90 页。

[51] 史绪广:《行政公益诉讼运行中的难点》,载《中国检察官》2017 年第 5 期,第 70 页。

[52] 由于其他国家无论是学术研究还是立法条文都鲜有使用"行政公益诉讼"一词,故而有学者指出"行政公益诉讼"是我国行政法学者独创的概念。章志远:《行政公益诉讼中的两大认识误区》,载《法学研究》2006 年第 6 期,第 153 页。

[53] 参见同前注[41],第 25—26 页。

[54] R. V. Thering, Der Kampf um's Recht 49(Vienna, Mauz'sche, 10th ed, 1889),转引自〔意〕莫诺·卡佩莱蒂编:《福利国家与接近正义》,刘俊祥等译,法律出版社 2000 年版,第 67 页注①。

[55] 〔德〕康德:《实践理性批判》,韩水法译,商务印书馆 2003 年版,第 95 页。

[56] 范进学:《定义"公共利益"的方法论及概念诠释》,载《法学论坛》2005 年第 1 期,第 17 页。

追求也必须能够促进个人权益的发展。就此而言,对公共利益的追求和对个体权益的保护互为手段和目的。

在行政公益诉讼中,个人权益的保障是通过对公共利益的保障来间接实现的。一方面,从个人与集体关系演变的历程来看,19世纪中叶以前,商品经济尚不发达,个人可以在自己所掌握的生存空间内获得有效的生活必需品,有学者称之为"个人自求多福"的时代,个人利益与集体利益关系疏远。19世纪中叶以后,产业革命所带来的社会大生产导致生产资料被高度集中以及城市化进程加快,迫使个体生存越来越依赖于社会团体的力量,个人利益与集体利益必然开始相互交织,权利的社会化程度亦随之呈现。[57] 现代科技发展的日新月异和经济全球化进程的一日千里,进一步加深了权利的社会化程度,使得个体与集体之间的关系愈加密切,如环境污染、公共卫生、公共安全等虽是典型的公共利益,却与一般民众生活、健康、生命的生存权、发展权等权利息息相关。在这种情况下,主张公共利益的事实也必然会产生促进个体权益的客观效果。另一方面,行政公益诉讼是一种通过对公共利益的追求实现个体权益增长的制度,"既然公共是由个体构成的,公共利益也是个人利益的某种组合,并最终体现于个人利益……就和不存在超越个人的社会或国家一样,超越个人的'公共利益'也同样是不存在的;否则,我们就堕入了无法自拔的诡辩论陷阱"。[58] 就此而言,任何以促进公共利益为目标的举措在根本上都在于增加个体福祉,非如此,将无以证明所谓"公共利益"的正当性。

（二）行政公益诉讼系对传统主观诉讼的补正

"完整的行政诉讼制度,既应当有对公民、法人和其它组织合法权益的救济,也应当有对国家和公共利益的保护,这在理论上表现为行政诉讼是主观诉讼和客观诉讼的统一体。"[59]具体而言,主观诉讼的原告资格以个人权益实际受到影响为标准,因而被认为是"建立在与生俱来的偏见上,在这套理论下,对个人或集体享受的经济利益大开方便之门,与此同时对公众或大部分公众'零散性'的利益给予不当的区别对待"[60]。这意味着"从公民角度来说,在行政机关违法但不会给公民权益造成现实损害的情况下,利害关系要件成为阻挡公民通过法院行使申诉权、控告权的障碍"[61]。现实情况却是,行政机关的许多权力与其说是影响特定个人的,不如说是影响一般公众的,这时它对公共利益做了错事而没有对任何具体个人做了错事。如果没有人有过问这件事的资格,那

---

[57]　参见陈新民:《公法学札记》,法律出版社2010年版,第39页以下。

[58]　张千帆:《公共利益是什么?——社会功利主义的定义及其宪法上的局限性》,载《法学论坛》2005年第1期,第29页。

[59]　于安:《行政诉讼的公益诉讼和客观诉讼问题》,载《法学》2001年第5期,第16页。

[60]　同前注[54],第83页。

[61]　参见同前注[41],第28页。

它就可以无视法律并逍遥法外。因此,"法律必须设法给没有利害关系或没有直接利害关系的居民找到一个位置,以便防止政府内部的不法行为"。[62] 这种允许没有直接利害关系的主体以防止政府不法行为为目的而提起的诉讼便是区别于传统主观诉讼的客观诉讼。

就我国行政诉讼的实践而言,1989 年《行政诉讼法》第 2 条明确行政诉讼的原告资格为"合法权益"标准,即"公民、法人或者其他组织认为行政机关和行政机关工作人员的具体行政行为侵犯其合法权益,有权依照本法向人民法院提起诉讼",第 41 条则重申"原告是认为具体行政行为侵犯其合法权益的公民、法人或者其他组织"。根据上述规定,行政诉讼是以个体权利救济为目标的主观诉讼,只有权利受到侵害者才有启动行政诉讼程序的权利。2014 年修订后的《行政诉讼法》所确立的"利害关系"标准仍是在不改变主观诉讼这一制度本质的前提下对行政诉讼原告资格认定标准的进一步放宽。有学者就此指出,"纵然我国行政诉讼制度是围绕合法性审查建立,客观上具有监督行政机关依法行使职权、维护客观法律秩序之功能,但其本质特征不属于客观诉讼。司法权仅仅是以公民权利救济作为杠杆,间接起到监督行政的作用"[63]。

"权利永远被人们交往行为所处于其间的社会结构所决定。"[64] 自 1989 年《行政诉讼法》制定至今,伴随着政府法治建设的推进,越来越多的公民开始以积极的姿态参与社会公共事务的管理并自觉承担政府行为监督者的角色。尽管我国宪法明确规定了公民对国家机关和国家工作人员的申诉、控告或者检举的权利,但是鲜有立法对政府不予回应公民检举、举报的行为应当承担何种责任作出具体规定,这使得公民对行政行为的申诉、控告、检举权难以落到实处。传统的主观诉讼模式要求原告资格以"利害关系"为标准,不允许任何人为维护公共利益而提起诉讼,无法为公民对政府在公共利益领域的违法行政进行"申诉、控告、检举"提供有效的制度保障。于是,创设一种原告资格不受"利害关系"限制的客观诉讼制度,允许与行政违法行为无直接利害关系的主体提起行政公益诉讼,既是对传统主观行政诉讼的有益补充,也是监督政府违法行政的有力屏障。2017 年《行政诉讼法》修正将检察公益诉讼写进法律条文促使我国行政诉讼制度实现了主观诉讼与客观诉讼的真正合体。

五、代结语:行政公益诉讼的立法模式选择

行政公益诉讼制度的建立,弥补了我国传统行政诉讼在实现监督行政这一

---

〔62〕 参见〔英〕威廉·韦德:《行政法》,徐炳等译,中国大百科全书出版社 1997 年版,第 364—365 页。

〔63〕 同前注〔16〕,第 261 页。

〔64〕 谢晖:《论新型权利生成的习惯基础》,载《法商研究》2015 年第 1 期,第 45 页。

制度目的方面的不足,强化了司法对行政的监督,是司法改革和法治建设进程中的重要事件。尽管行政公益诉讼和民事公益诉讼有保护公共利益的功能,而且在原告主体范围方面亦有一致性,但是行政公益诉讼在保护公共利益之外还担负着监督行政机关依法行政的目的,这导致二者在制度定位以及诉讼对象、诉讼程序、裁判形式等具体制度架构上有云泥之别。因此,在立法模式的选择上,行政公益诉讼之立法完善仍应在完善行政诉讼制度的整体框架内进行,不宜将行政公益诉讼与民事公益诉讼混同。即使是制定统一的《公益诉讼法》,也应在肯定二者共同性的基础上,在诉讼程序、举证责任、裁判形式等方面予以区别规定,坚持将行政公益诉讼作为行政诉讼的特殊类型来对待。

耶林曾言,"目的是全部法律的创造者,每条法律规则的产生都源于一种目的,即一种实际的动机"[65]。对行政诉讼的制度构造而言,"目的论研究的意义主要在于它可以为行政诉讼制度设计提供一种基本理念。目的论观点不同,就会创造出不同的行政诉讼制度设计"[66]。例如,1989 年《行政诉讼法》将维护行政作为诉讼目的,于是行政诉讼判决中设有维持判决;2017 年修订的《行政诉讼法》删除了维护行政之目的,相应地,维持判决也从判决体系中被剔除。从行政诉讼监督行政和保障权益的二元目的出发,未来行政公益诉讼立法应着重在扩大受案范围、拓宽原告资格、明确举证责任和审理程序等方面予以完善。围绕上述有关问题,学者们已经提出诸多有价值的建议,笔者在此将不再予以重复。

总体而言,由于"通往法治的道路并不见得因此一马平川,因为法治镶嵌在一个社会的政治、经济和文化结构中,决非几人之力就能成功"[67],健全符合中国国情的行政公益诉讼制度也需要一个过程,需要立法、司法、行政乃至全社会的共同努力。作为"法治建设中的一个可喜的信号"[68],行政公益诉讼能否在监督行政和保障人权方面展露锋芒,还有待于实践的检验和立法的进一步完善。

(审稿编辑　康　骁)

(校对编辑　聂清雨)

---

〔65〕 转引自〔美〕E. 博登海默:《法理学:法律哲学与法律方法》,邓正来译,中国政法大学出版社 2004 年版,第 114 页。

〔66〕 胡肖华:《行政诉讼目的论》,载《中国法学》2001 年第 6 期,第 50 页。

〔67〕 何海波:《行政法治,我们还有多远》,载《政法论坛》2013 年第 6 期,第 43 页。

〔68〕 裴志勇:《一个可喜的信号——评公益诉讼走上法庭》,载《人民日报》2001 年 9 月 5 日,第 10 版。

《北大法律评论》(2020)

第 21 卷·第 1 辑·页 37—61

Peking University Law Review

Vol. 21，No. 1，2020，pp. 37-61

民事诉讼中"诉讼请求"概念的再认识

——兼论诉讼请求与诉讼标的之关系

宋史超[*]

Reconsideration of the Concept "Litigation Claim" in Civil Procedure

—And the Relation between Litigation Claim and Subject Matter

Song Shichao

内容摘要：诉讼请求是我国民事诉讼规范中的重要概念，但长期以来含义模糊、使用泛泛，已产生诸多困扰司法实践的问题，也给民事诉讼理论研究带来了混乱。对诉讼请求概念的不同理解，可归纳为"诉讼标的说"和"诉的声明说"。历史考察表明，两种理解在中国民事诉讼法变迁过程中相伴而生、平行发展，呈现混合交织的关系。从功能主义出发，起诉、诉讼请求变更与增加、重复起诉制度中的诉讼请求概念，应以具体诉讼制度目的为本位做不同解释。利用这一解释方法得出的结论是，民事诉讼规范体系中的诉讼请求的内涵不是统一的，而是"因地制宜"的。概念的澄清不能解决全部问题，但这是走向教义学的必由之路。同时，对诉讼请求的解释方案对以诉讼标的为代表的基础理论研究

---

[*] 中国人民大学法学院博士研究生。本文受中国人民大学科学研究基金（中央高校基本科研业务费专项资金资助）资助，项目批准号：21XNH016。

也有启示和反思作用。

关键词:诉讼请求 诉讼标的 诉的变更 起诉 重复起诉

改革开放四十多年来,中国民事诉讼法学依托生气勃勃的民商事审判实践,在"重刑轻民""重实体轻程序"的薄弱基础上,逐步形成了以大陆法系理论为基本框架、整合本土经验和比较法知识的民事诉讼法学理论。不过,由于理论渊源与取材的多样性,"中国民事诉讼法学理论从源头上就没有完成法律概念与法律规范之间的匹配与整合"[1],规范、裁判、学理三者互相脱节,民事诉讼法学面临碎片化发展而无法指导实践的危机。基本概念的漂浮不定对这一危机难辞其咎——作为规范组成的基本概念的多义与混用,大大损害了规范对理论与实践的最大公约意义。

本文拟以"诉讼请求"这一民事诉讼法学中最基本的概念为例,尝试通过澄清概念来弥合民事诉讼理论和实践间的裂痕,助力民事诉讼法学走出危机。本文的基本思路是:尽管"诉讼请求"是民事诉讼规范中高频使用的术语[2],但其含义模糊和泛泛使用已产生诸多问题与困惑,最终形成了一个引发民事诉讼法体系"系统紊乱"的本土问题。解决这一问题的方法是,首先查证概念的发生史,其次以功能主义的方法调试这一概念所连接的不同制度,最终实现概念的正本清源和体系的内部融洽,并借此反思基础理论研究。

一、"诉讼请求"概念引发的混乱

(一)"诉讼请求"与规范适用

"法律概念是法律规范的基础,也是进行法律思维和推理的根本环节"[3],诉讼请求是一个被《民事诉讼法》及其司法解释广泛运用的概念,只有对其内涵进行科学、统一的界定,实务者才能有效地适用含该概念的法律规范。但遗憾的是,对诉讼请求概念的理解分歧已经造成了遍及起诉到裁判全过程的"同案不同判"问题。下文例举了诉讼请求概念不明给审判实务造成的几个"重灾区",以揭示诉讼请求的概念问题在司法实践中引发的混乱。

1. 起诉条件和诉状要求

对于起诉条件和诉状要求,《民事诉讼法》第 122 条要求起诉"有具体的诉讼请求和事实、理由",第 124 条要求起诉状记明"诉讼请求和所根据的事实与

---

〔1〕 傅郁林:《改革开放四十年中国民事诉讼法学的发展——从研究对象与研究方法相互塑造的角度观察》,载《中外法学》2018 年第 6 期,第 1434 页。

〔2〕 现行《民事诉讼法》有 11 个条文使用了"诉讼请求",《最高人民法院关于适用〈中华人民共和国民事诉讼法〉的解释》(以下简称《民诉法解释》)则有 33 个条文使用了"诉讼请求"。

〔3〕 雷磊:《法律概念是重要的吗?》,载《法学研究》2017 年第 4 期,第 74 页。

理由"。何为(具体的)诉讼请求?实践中对起诉条件和诉状要求的理解并不统一,分歧的核心是,诉讼请求是否应具有"法律性"。

肯定"法律性"的观点认为,这里的诉讼请求应含有实体法的评价。[4] 例如,有裁判认为,在请求权竞合的情况下原告应选定实体法律关系,否则属于诉讼请求不明确、应驳回起诉。[5] 相反观点则认为,原告并不需要在起诉阶段明确实体法律关系,只需提出社会生活意义上的诉求。如实务中,被告答辩称,原告究竟是侵权之诉还是反不正当竞争之诉不明、理应驳回起诉,但法院认为原告起诉合法,没有采纳这一抗辩。[6] 起诉条件和诉状要求中的诉讼请求概念界定不清、运用不统一,影响了当事人起诉、法院立案的要件构成和门槛高低,同时也对案由制度的运作产生了间接影响。[7]

2. 变更诉讼请求

《民事诉讼法》第 54 条规定"原告可以放弃或者变更诉讼请求",但司法实践中对变更诉讼请求的尺度把握并不一致,一个重要原因就是对诉讼请求的概念未达成共识。

依照《民事诉讼法》和《证据规定》[8]等司法解释,变更诉讼请求只有时间限制,但实践中变更诉讼请求的范围和门槛十分混乱。如对于给付之诉中的给付金额变更,有法院认为,即使是在举证期限届满后,调整给付金钱数额的,不构成变更诉讼请求、不应予以限制[9];但对于上诉人调整给付金额的,有法院认定属于二审变更诉讼请求、应不予审理[10];有法院却直接默许在二审中调整给付金额[11]或以并非新增独立的诉讼请求为由允许变更[12]。而对于涉及诉讼请求内容和性质的更替,如将支付赔偿金变更为继续履行合同,有法院以不

---

〔4〕 倾向于此立场的理由见邹碧华:《要件审判九步法》,法律出版社 2010 年版,第 67 页。

〔5〕 "本案存在合同关系和侵权关系的竞合。一审依法释明,要求嘉谟呈公司就合同之诉和侵权之诉择一主张,而嘉谟呈公司拒绝作出选择,因此其主张的诉讼请求不明确,其提起本案诉讼不符合起诉条件,依法应驳回起诉。"见广西壮族自治区南宁市中级人民法院(2019)桂 01 民终 5042 号民事裁定书。

〔6〕 参见浙江省舟山市中级人民法院(2019)浙 09 民初 4 号民事判决书。

〔7〕 对原告诉状中诉讼请求要求的不同,影响到民事案由确定主体的问题。参见赵慧、魏敬贤:《论民事诉讼案由的确定主体》,载《政法论丛》2010 年第 5 期,第 35 页。

〔8〕 《最高人民法院关于民事诉讼证据的若干规定》于 2001 年制定,2019 年修改,在需要区分时,本文分别将它们称为《旧证据规定》《新证据规定》,在没有特别说明时,由于本文为回溯性研究,《证据规定》即指《旧证据规定》。

〔9〕 "原告诉请项目不变,只是在法庭辩论终结前金额增加了,不属于增加、变更诉讼请求,并不为法律所禁止。"见湖南省渌口区人民法院(2012)株县法民一初字第 321 号民事判决书。类似观点见云南省昭通市中级人民法院(2018)云 06 民终 2292 号民事判决书。

〔10〕 参见吉林省高级人民法院(2016)吉民申 1249 号民事裁定书、河北省邢台市中级人民法院(2018)冀 05 民终 4026 号民事判决书。

〔11〕 参见湖南省高级人民法院(2015)湘高法民一终字第 413 号民事判决书。

〔12〕 参见四川省高级人民法院(2018)川民申 4235 号民事裁定书。

超越同一法律关系为由许可[13];有的法院则认为,诉讼请求变更导致案由变更的,应驳回起诉、告知另行起诉[14]。

学者试图从变更原因、诉讼目的等角度提出规制诉讼请求变更的方案。[15]但讨论绕不开的问题仍然是诉讼请求的概念。另外,在发回重审等较为特殊的审判程序中,澄清诉讼请求的内涵也是确定变更诉讼请求尺度的先决性问题。[16]

3. 增加诉讼请求

《民事诉讼法》第 143 条规定,"原告增加诉讼请求,被告提出反诉,第三人提出与本案有关的诉讼请求,可以合并审理"。虽然增加诉讼请求并非像变更诉讼请求一样是当事人的权利,法院对是否准允增加诉讼请求有裁量权。[17]但对诉讼请求的不同理解,同样影响了法院对变更诉讼请求申请的裁量。

以一审普通程序案件为例,原诉讼请求是要求偿还数笔借款,增加的诉讼请求是偿还两笔其他打款,有的法院拒绝处理[18],有的法院并不排斥[19];对于新增加诉讼请求与原请求"并非同一法律关系"的,不少法院不予处理、驳回另诉[20];有的法院认为虽然不是同一法律关系但基于同一法律事实发生的,应当允许增加[21];最高人民法院有判决认为"一案一审"没有法律依据,即使增加诉讼请求构成新的法律关系的,亦应进行审理[22]。另外,对于二审程序,司法解释还创设了"独立的诉讼请求"的概念[23],进一步提高了增加诉讼请求制度的复杂性。

增加诉讼请求制度,究竟是诉的变更制度的代名词,还是一诉之内原告主张的有限调整,实践中各行其是的根源仍在于对诉讼请求概念的不同理解。

---

[13] 参见浙江省三门县人民法院(2013)台三健商初字第 36 号民事判决书。

[14] 参见广东省宝安区人民法院(2013)深宝法少民初字第 349 号民事裁定书。

[15] 代表性成果有:张卫平:《诉讼请求变更的规制及法理》,载《政法论坛》2019 年第 6 期,第 58 页;许尚豪、欧元捷:《诉讼请求变更的理念与实践——以诉讼请求变更原因的类型化为切入点》,载《法律科学(西北政法大学学报)》2015 年第 3 期,第 112 页;马丁:《论诉状内容变更申请之合理司法应对》,载《中外法学》2017 年第 5 期,第 1267 页。

[16] 参见陈杭平:《发回重审案件当事人变更诉讼请求之探析——以〈民诉法解释〉第 251 条和第 252 条为起点》,载《华东政法大学学报》2015 年第 6 期,第 21 页。

[17] 参见全国人大常委会法制工作委员会民法室编:《中华人民共和国民事诉讼法条文说明、立法理由及相关规定》,北京大学出版社 2012 年版,第 228 页。

[18] 参见辽宁省溪湖区人民法院(2017)辽 0503 民初 1047 号民事判决书。

[19] 参见河南省扶沟县人民法院(2019)豫 1621 民初 2782 号民事判决书。

[20] 如安徽省高级人民法院(2019)皖民终 126 号民事判决书、广东省高级人民法院(2017)粤民终 1872 号民事判决书、河南省宛城区人民法院(2019)豫 1302 民初 7099 号民事判决书。

[21] 参见黑龙江省北林区人民法院(2018)黑 1202 民初 2992 号民事判决书。

[22] 参见最高人民法院(2017)最高法民终 664 号民事判决书。

[23] 《民诉法解释》第 328 条:在第二审程序中,原审原告增加独立的诉讼请求或者原审被告提出反诉的,第二审人民法院可以根据当事人自愿的原则就新增加的诉讼请求或者反诉进行调解;调解不成的,告知当事人另行起诉。双方当事人同意由第二审人民法院一并审理的,第二审人民法院可以一并裁判。

4. 小结

分析起诉和诉状、变更诉讼请求、增加诉讼请求三个具体的诉讼制度可以看到,诉讼请求概念的界定不清已经给司法实践制造了不少混乱。除此之外,还有不少诉讼制度也因诉讼请求的概念而受累。如《民事诉讼法》第 207 条将裁判超出诉讼请求的作为再审理由,那么法院未超出给付金额但依另一实体法律关系进行裁判,是否属于"判非所请",就存在争议[24];《民诉法解释》第 247 条将前后两诉诉讼请求相同、后诉诉讼请求否定前诉裁判结果作为认定重复诉讼的标准,对这里的诉讼请求进行解释,也是适用该标准时必不可少的。诉讼请求概念的界定问题,已成为适用《民事诉讼法》与司法解释的"拦路虎"。

(二)"诉讼请求"与理论建构

诉讼请求概念界定不清,除了给程序法的适用带来诸多困难以外,还影响了诉讼标的等民事诉讼法学理论的发展。受大陆法系民事诉讼法学的影响,我国民事诉讼法学对诉讼标的理论情有独钟,长久以来以"诉讼标的是民事诉讼的核心"[25]的观念构建民事诉讼法学的大厦;同时,受民事诉讼法使用诉讼请求、不用诉讼标的的影响,司法判例的积累只丰富了诉讼请求相关制度,并未直接哺育诉讼标的理论的发展。厘清诉讼请求概念与诉讼标的等民事诉讼理论的纠葛关系,才能为诉讼标的等民事诉讼法学基础理论的发展扫除障碍。

以诉讼标的为核心"串连"整个民事诉讼过程进而构建起学科体系,是民事诉讼法学的经典研究思路之一。[26] 虽然新近围绕诉讼标的的讨论仍集中于实体法说、诉讼法说、相对论、不要说等"德日旧战场",但部分学者已经认识到,阻碍中国诉讼标的发挥中枢作用的,并非外国法的学说,而是以诉讼请求为代表的本土制度,并指出诉讼请求概念对诉讼标的理论有干扰作用。[27] 干扰主要来自诉讼请求对诉讼标的的地位的僭越和功能的代位。

诉讼标的的核心地位,主要体现在它是诉的合并、诉的变更、诉讼系属、既判力的判断基准。[28] 如前所述,《民事诉讼法》第 54 条、第 143 条只规定诉讼请求的变更、增加和合并审理,而不是诉讼标的的变更、增加和合并。虽然习惯上也将这两条的规定称之为诉的变更、增加和合并审理,但简单认为"诉讼请求

---

〔24〕 最高人民法院(2015)民申字第 2944 号民事裁定书。对此案的讨论见任重:《释明变更诉讼请求的标准——兼论"证据规定"第 35 条第 1 款的规范目的》,载《法学研究》2019 年第 4 期,第 140 页。

〔25〕 江伟、韩英波:《论诉讼标的》,载《法学家》1997 年第 2 期,第 3 页。

〔26〕 江伟教授指出,诉讼标的几乎与所有的诉讼制度和理论都有关系。见江伟、邵明、陈刚:《民事诉权研究》,法律出版社 2002 年版,第 385 页。

〔27〕 参见任重:《论中国民事诉讼的理论共识》,载《当代法学》2016 年第 3 期,第 43 页。

〔28〕 Vgl. Rosenberg/Schwab/Gottwald, *Zivilprozessrecht*, 18. Aufl, Verlag C. H. Beck 2018, § 93 Rn. 2-3;参见江伟主编:《民事诉讼法专论》,中国人民大学出版社 2005 年版,第 71 页。

是诉讼标的的通俗表达"并不能站得住脚。法律术语本就泾渭分明,简单地认为前者是后者的通俗表达,既不符合文义解释优先的解释原理,也欠缺实质依据。传统通说亦认为,"诉讼标的与诉讼请求是两个不同的概念,既不能混淆,也不能互相代替"[29]。

而对于诉讼系属和既判力规则,《民事诉讼法》的规定并不完备[30],两制度的具体要件主要由《民诉法解释》第 247 条一体规定。该条将诉讼标的与诉讼请求并列,即采用"三同说"判断诉讼系属和既判力为基础的重复起诉。而学界向来以当事人同一、诉讼标的同一的"二同说"[31]为判断重复起诉之通说——诉讼标的本来就是最小的审判单位,诉讼标的的相同即是重复诉讼。然而,即使认为《民诉法解释》第 247 条的规定本身有误,它也仍然是我国判断重复诉讼的核心规则,司法实务中判断重复起诉,再也不能只看诉讼标的、不看诉讼请求了,诉讼标的和诉讼请求的关系问题也因此显形化、尖锐化了。[32] 如果前后两诉诉讼标的相同,但诉讼请求并不相同、后诉请求也未否定前诉裁判结果,则必须在"二同说"与"三同说"中二选一。除此之外,如前所述,诉讼标的对处分原则的基准作用——"按处分原则的要求,诉讼标的由当事人提示并确定"[33]也会被诉讼请求的相关制度所虚置。[34]

虽然我国学者也很早就注意到诉讼标的和诉讼请求两个概念在理论界和实务界"各自为政"的现象[35],但对两者关系的探讨还刚刚起步[36],远未形成共识。可以说,在一个以诉讼标的为核心的民事诉讼理论体系内外,还存在着

---

[29] 常怡主编:《民事诉讼法学(第三版)》,中国政法大学出版社 1999 年版,第 165 页。

[30] 《民事诉讼法》第 155 条只规定了"生效裁判",但未规定生效裁判发生的效力是什么。

[31] 严仁群教授指出,比较法上也普遍更认可"二同说",见严仁群:《既判力客观范围之新进展》,载《中外法学》2017 年第 2 期,第 541 页;即使《民诉法解释》出台后,有力观点仍认为"三同说"不如"二同说",见张卫平:《重复诉讼规制研究:兼论"一事不再理"》,载《中国法学》2015 年第 2 期,第 58 页。

[32] 新近对重复起诉的研究注意到,必须先决性地"澄清'诉讼标的''诉讼请求'两项客体要素的具体内涵与相互关系",才能厘定既判力的客观范围。参见袁琳:《民事重复诉讼的识别路径》,载《法学》2019 年第 9 期,第 157 页。

[33] 唐力:《对话与沟通:民事诉讼构造之法理分析》,载《法学研究》2005 年第 1 期,第 50 页。

[34] 《民事诉讼法》第 200 条规定,原判决、裁定超出诉讼请求的,法院应当再审。

[35] 参见赵秀举:《诉讼请求的比较分析》,载江伟主编:《比较民事诉讼法国际研讨会论文集》,中国政法大学出版社 2004 年版,第 449 页。

[36] 截至 2021 年 2 月 28 日,以"诉讼标的+诉讼请求"为篇名,在"中国知网"可以检索到相关主题文献 4 篇:丁芳:《诉讼标的与诉讼请求的关系研究》,华北电力大学(北京)2017 年硕士论文;程春华:《论民事诉讼中诉讼标的与诉讼请求之关系——兼论法官对诉讼请求变更及诉讼标的释明权之行使》,载《法律适用》2014 年第 5 期;姚晓霞、曲建军:《诉讼标的与诉讼请求关系探析》,载《辽宁商务职业学院学报(社会科学版)》2004 年第 2 期;姚飞:《诉讼请求与诉讼标的不是一回事》,载《法学》1982 年第 12 期。

诉讼请求概念的顽强生长,而且后者还在民事诉讼规范中使用得更加频繁。如果再不澄清诉讼请求的概念、厘清其与诉讼标的的关系,一个以诉讼标的为基石搭建的民事诉讼法学体系就有被虚置的危险。从这个意义上讲,诉讼请求俨然已是影响我国民事诉讼法学体系完善发展的"危险的概念"。

(三)小结

诉讼请求概念的问题,既是适用民事诉讼法及司法解释中面临的实践问题,也是对民事诉讼法学的理论构建有举足轻重影响的理论问题。[37] 虽然这一概念牵扯甚多,但正视并解决这一问题给司法实践和理论研究带来的增量贡献是巨大的。在民事诉讼法教义学时代[38]即将到来的背景下,对诉讼请求的概念进行整理、重述,才能为教义学工程扫清障碍。

二、"诉讼请求"概念的历史查考

欲知其事,必知其史。厘定诉讼请求概念,必须考察这一概念在中国民事诉讼法制发展史上的变迁。下文将先介绍学界对诉讼请求概念的基本认识,然后按历史阶段回顾相关认识的发展演变过程。

(一)基本认识:对诉讼请求的两种解说

诉讼请求是自 1982 年《民事诉讼法(试行)》颁行以来就被立法采用的概念,虽然它没有像诉讼标的一样得到民事诉讼法学界的重视,但长期以来也形成了若干种不同的解说[39],其中最有影响力是"诉讼标的说"和"诉的声明说"。[40]

"诉讼标的说"认为,(对被告的)诉讼请求就是诉讼标的。如张卫平教授指出,诉讼请求包括对法院的审判请求和对被告的请求两类,而对被告的请求即为与诉讼标的等值的狭义诉讼请求。[41] 而对于为何在内涵一致的情况下仍保留了两个概念,一般解释为:诉讼请求是站在当事人的视角,诉讼标的是站在法

---

〔37〕 "我们一方面需要对现实问题进行研究,解决在法治事业中所遇到的迫切的现实问题。但另一方面,为了我们法学学科建设,对一些最基础的理论、基本的概念也必须予以研究,而且这方面的研究,某种意义上更为重要。"林来梵:《问题意识的问题》,http://www.aisixiang.com/data/119669.html,最后访问日期:2021 年 2 月 28 日。

〔38〕 对民事诉讼法进入教义学时代的必要性,见严仁群:《民诉法之教义学当如何展开》,载《比较法研究》2018 年第 6 期,第 26 页;吴泽勇:《民事诉讼法教义学的登场——评王亚新、陈杭平、刘君博:〈中国民事诉讼法重点讲义〉》,载《交大法学》2018 年第 3 期,第 171 页。

〔39〕 朱建敏博士认为我国民诉学界对诉讼请求有七种不同定义,见朱建敏:《民事诉讼请求研究》,武汉大学 2010 年博士学位论文,第 6 页。但这些定义更多是文字上的不同,按实质内涵来看,仍归属于诉讼标的和诉的声明两大阵营。

〔40〕 参见段厚省:《民事诉讼标的论》,中国人民公安大学出版社 2004 年版,第 15 页。

〔41〕 "从广义上讲,诉讼请求是向法院提出的,要求法院予以判决的请求(当事人希望法院对其请求作出与之相应的确认、给付、形成这些具体的判决)。而狭义的请求仅仅指原告向被告主张的法律上的利益。诉讼标的只在狭义上与诉讼请求等值。"张卫平:《民事诉讼法》(第五版),法律出版社 2019 年版,第 198 页。

院的视角。[42] 同时,根据处分原则,法院的审判对象由当事人划定,两者在内容上是等同的。李浩教授、陈刚教授亦大致认为诉讼标的和诉讼请求没有本质区别。[43] 新近观点中,任重博士批评了"形式化"地理解诉讼请求[44],似乎亦倾向于"诉讼标的说"。"诉讼标的说"体现了整合诉讼标的理论的努力,更符合理论优化的需要:如果能将诉讼请求解释为诉讼标的,则前文提出的"诉讼请求僭越诉讼标的的地位"问题也就成为一个伪问题了。

　　"诉的声明说"则认为诉讼请求是原告希望法院判给的具体内容[45],是社会生活评价而非法律评价,即等同于德日法所言的诉的声明(诉的申请)。[46] 按"诉的声明说",诉讼请求就是"判令被告腾出北京市海淀区永定路 X 号的二居室房屋"[47]"被告向原告赔偿迟延支付股权转让款产生的滞纳金损失 14400元,本案诉讼费由被告自行负担"[48]之类的社会经济意义上的请求,并不包含法律定性的判断,因此与诉讼标的的概念(特别是旧实体法说下的诉讼标的的概念)并不相同。还有观点认为,诉讼标的是实体法的权利或法律关系的主张或声明,诉讼请求是结合案件对声明或主张的具体化。[49] 虽然在德国法上,法典所使用的请求权和理论界使用的诉讼标的是划等号的,但朱建敏博士考证认为,我国的诉讼请求概念来自德国法上的诉的声明[50],诉讼请求应当是生活意义上的请求,而非法律意义上的请求。

　　目前尚未出现直接比较这两种理解的文献,但在上世纪对变更诉讼请求范围的讨论中,这两种理解发生了碰撞。对于变更诉讼请求是否包括变更诉讼标的,肯定论者的核心观点就是"变更诉讼请求的实质是变更诉讼标的"[51],相反

---

　　〔42〕 "诉讼请求与诉讼标的,是从不同侧面进行考查而得出不同结果的同一事物。诉讼请求是从诉讼中一方当事人(一般是原告,也包括反诉的被告)的角度看问题的。对原告来说,要进行诉讼,必须提出实体上的诉讼请求,这一诉讼请求不是别的,就是原告请求人民法院予以解决的同对方当事人发生争执的实体法律关系。"姜亚行:《论民事诉讼中的变更诉讼请求》,载《法律科学(西北政法学院学报)》1990 年第 2 期,第 44 页。

　　〔43〕 李浩:《民事诉讼法学(第三版)》,法律出版社 2014 年版,第 117 页;洪冬英主编:《民事诉讼法学》,北京大学出版社 2012 年版,第 24 页,该部分由陈刚教授执笔。

　　〔44〕 任重博士将这种"不考虑请求权基础而恒定存在的诉的声明"的理解称之为"形式化地理解诉讼请求",同前注〔24〕,第 139 页。

　　〔45〕 参见邵明:《民事诉讼法》,中国人民大学出版社 2016 年版,第 43 页。

　　〔46〕 诉的声明、诉的申请都是对德文 prozessualer Antrag 的汉译,两者没有区别。译为申请者,如谢怀栻先生、周翠教授;而台湾学者多使用诉之声明。考虑到近来研究多使用"诉之声明",笔者下文亦从之。但应明确,Antrag 原意为 Gesuch、Forderung,可见申请的译法实际更准确。

　　〔47〕 北京市海淀区人民法院(2015)海民初字第 06615 号民事判决书。

　　〔48〕 北京市海淀区人民法院(2017)京 0108 民初 18620 号民事判决书。

　　〔49〕 参见李龙:《民事诉讼标的的基本概念与民事诉讼的基本理念》,载《现代法学》1999 年第 1 期,第 39 页。

　　〔50〕 同前注〔39〕,第 10 页。

　　〔51〕 同前注〔42〕,第 44 页。

观点则认为"诉讼标的与诉讼请求并非一回事"[52]。但遗憾的是,这一讨论并未深入下去。目前,"诉讼标的说""诉的声明说"基本都还处在自说自话的状态。

（二）20 世纪 50 年代

新中国成立后,废除"六法全书"使新中国的法律、法学与民国传统完全决裂。在"另起炉灶"的要求下,新中国的民事诉讼法和其他部门法一样,一方面总结实践经验并将其上升为规范,一方面移植苏联法律和法学。这也是诉讼请求概念在中国萌生的时期。虽然这一时期民事诉讼的资料很少,但我们还是能对当时诉讼请求概念的使用情况略窥一二。

这一时期民事诉讼规范尚未成型,在 50 年代民事诉讼程序规范集大成者的 1956 年最高人民法院《各级人民法院刑、民事案件审判程序总结》中,未出现诉讼请求的概念。当时也没有民事诉讼法教学材料对这一概念进行解读。[53]但当时译介的两本苏联民事诉讼教材中出现了相关概念。

1956 年翻译引进的苏联学者阿布拉莫夫的《苏维埃民事诉讼》中,隐约出现了诉讼请求概念的影子。该教材持实体法说的诉讼标的论:"原告人向被告人提出、并且要求法院作出判决的那种实体权利的请求就叫诉的标的"[54];进而认为,《苏联民事诉讼法》第 76 条第 5 项"原告人在提起诉讼时,应当指明自己的请求"中的"请求",即是实体权利的请求,也就是诉讼标的。[55] 而在诉的合并这一章节,其更干脆认为诉的合并等于诉讼请求合并:"当某一个人向某一个被告人提出若干个诉讼请求时,也可能发生诉的合并。这种诉的合并叫做客体的合并。"[56]而对于诉的变更,该书指出,苏联法原则上禁止诉的变更,但对于"选择请求"例外地允许变更诉的标的。[57] 可见,阿布拉莫夫书中虽然对诉讼请求概念没有专门界定,但其使用的请求、诉讼请求等术语内涵似乎接近诉讼标的。

同时期翻译的克列曼的《苏维埃民事诉讼》对我国《民事诉讼法》的影响更大。但令人不解的是,该书全篇基本没有使用诉讼请求的概念,而是使用了"请求",这究竟是作者原意抑或出于翻译原因就不得而知了。该书并没有明确讲

---

〔52〕 汤维建:《也论民事诉讼中的变更诉讼请求——兼与姜亚行同志商榷》,载《法律科学(西北政法学院学报)》1991 年第 2 期,第 84 页。

〔53〕 这一时期的民事诉讼法学体系教科书和专著很少,了解这一时期民事诉讼制度的公开文献,主要是高校编写的学习资料,如中国人民大学审判法教研室汇编的《中华人民共和国民事诉讼参考资料汇编》。

〔54〕 〔苏〕阿布拉莫夫:《苏维埃民事诉讼(上)》,中国人民大学审判法教研室译,法律出版社 1956 年版,第 207 页。

〔55〕 参见同前注〔54〕,第 206 页。

〔56〕 同前注〔54〕,第 215 页。

〔57〕 参见同前注〔54〕,第 208 页。

解诉讼请求和诉的关系。[58] 作者仅在起诉制度中提到了诉讼请求,并认为诉状应记载诉讼请求的内容、无需记载实体法律关系,这说明起码对于起诉制度中的请求,克列曼书认为其并非实体法请求权,而是社会经济意义上的请求。从这个意义上看,克列曼书的用法更接近于"诉的声明说"。[59]

50 年代后期以来,因为一些特殊原因,民事诉讼制度几近消亡,诉讼请求概念伴随着民事诉讼法制一起被历史湮没了。止步于 50 年代的诉讼请求概念呈现两个特点:一方面,诉讼请求还没有得到民事诉讼规范和审判实践的普遍使用;另一方面,两部苏联民事诉讼法学的译介或多或少地提及了诉讼请求概念,虽未将其作为专门术语使用,但已初步显现出"诉讼标的说"和"诉的声明说"的对立,这或许起源于不同苏联学者所采的诉讼标的理论不同。可以说,今日诉讼请求概念的分歧,在六十余年前就理下了伏笔。

（三）1982—2000 年

1982 年《民事诉讼法（试行）》颁行后,诉讼请求的概念在立法上和理论上都受到空前重视。《民事诉讼法（试行）》共 205 条,但在文本中出现了 10 次诉讼请求,1991 年颁行的正式民事诉讼法也沿袭了这一特点。这一时期诉讼请求的概念得到了民事诉讼规范的采用,同时也被学者更多地使用,但概念本身并没有得到专门研究,立法和司法解释对其使用也比较随意。

紧随试行民事诉讼法的制定,1982 年出版的柴发邦、江伟、刘家兴、范明辛编写的《民事诉讼法通论》（以下简称《通论》）代表第一代民事诉讼法通说登上历史舞台。《通论》对诉讼请求概念也未做出专门界定,但个别章节将诉讼请求和诉讼标的做了区别处理。在"诉的要素"这一章,《通论》专门指出,"在民事诉讼中,不允许当事人变更诉讼标的""变更诉讼请求,只是请求数额的增加、减少,或者是标的物的更换,而在诉的性质上并未发生变化"[60],这也是当今"诉的声明说"的主要源头。而对于起诉条件中诉讼请求的理解,也倾向于不必明确实体法依据。[61]《通论》的表述,是"诉的声明说"的主要源流。

---

[58]　值得注意的是,克列曼将资本主义国家的实体法说和诉讼法说的诉讼标的理论归结为唯事实论和唯法律论,并认为"苏维埃的民事诉讼法只把能使一个诉讼与另一诉讼区别开来的事实请求作为诉的根据"。见〔苏联〕克列曼:《苏维埃民事诉讼》,王之相、王增润译,法律出版社 1957 年版,第 174 页。可以推测的是,倾向于诉讼法说诉讼标的理论的克列曼,会认为诉的声明和诉的事实是确定诉讼标的的标准。

[59]　参见同前注[58],第 175、184 页。

[60]　柴发邦、刘家兴、江伟、范明辛:《民事诉讼法通论》,法律出版社 1982 年版,第 193 页。

[61]　"所谓具体的诉讼请求,即det指明通过人民法院向被告具体请求什么,是请求人民法院判令被告履行一定民事义务,还是仅请求人民法院确定他和被告之间是否存在一定的民事法律关系。"同前注[60],第 278 页。考虑到确认之诉中诉的声明就是诉讼标的,而"民事义务"更接近于不要求实体法依据,所以这种解读还是倾向于不明确实体法律关系。

但是,同时期也不乏将诉讼请求和诉讼标的划等号的观点。在 1983 年出版的《民事诉讼法教程》一书中,将诉讼客体的合并定义为"提出的多宗诉讼请求在同一诉讼程序中审理"[62],这似乎认为诉讼请求等于诉讼客体(诉讼标的)。但自相矛盾的是,该书同时在讲解变更诉讼请求的章节又指出我国实践中一般不允许变更诉讼标的。[63] 80 年代翻译的苏联民事诉讼法教科书同样将诉讼请求和诉讼标的做了等同处理。[64] 对于诉的合并制度,究竟是表达为诉讼标的的合并,还是表达为诉讼请求的合并,也存在争议。[65] 这一现象究竟是来自论者自己的思考,还是早期苏联民事诉讼法的影响,就不得而知了。90 年代对诉讼请求变更的论争表明,当时对两种理解的分歧已经浮上表面。

总而言之,1982 年制定《民事诉讼法》是另一次"另起炉灶",立法者在立法中大量使用了诉讼请求的表达,但并未同步地对其专门研究和界定,学界也并未意识到这会在将来成为一个问题。理论上,多数说将诉讼请求理解为当事人的具体权利主张,但对其与诉讼标的的关系仍存在不同理解。

(四)2000 年至今

2000 年以来,诉讼请求的概念在立法和司法解释中得到更广泛的使用。"诉的声明说"和"诉讼标的说"仍在并存发展。不过,将诉讼请求理解为诉讼标的的声音在增长。

第一,这一时期的部分司法解释将变更实体法律关系的现象称为"变更诉讼请求"。《旧证据规定》第 35 条规定,"诉讼过程中,当事人主张的法律关系的性质或者民事行为的效力与人民法院根据案件事实作出的认定不一致的,不受本规定第三十四条规定的限制,人民法院应当告知当事人可以变更诉讼请求。"显然,第 35 条意在引导原告变更主张的实体法律关系,而非调整诉的声明,而按照实体法说的诉讼标的的理论,声明相同、实体法律基础不同,构成两个诉讼标的。因此,将诉讼请求理解为(旧说意义上的)诉讼标的,有了规范层面的直接证据。这一时期,也有其他司法解释和审判总结明确用诉讼请求指称实体法律关系,明确将当事人主张的实体关系变化的现象,称为

---

〔62〕　参见柴发邦主编:《民事诉讼法教程》,法律出版社 1983 年版,第 196 页。

〔63〕　参见同前注〔62〕,第 200 页。

〔64〕　"提出由这些机关审理的实体权利要求,法律和其他规范性文件都把它称作诉讼请求"。"诉讼标的,也就是原告人对被告人提出并由法院对案件作出判决应予解决的那种具体的实体权利要求。"见〔苏联〕多勃洛沃夫里斯基等:《苏维埃民事诉讼》,李衍译,法律出版社 1985 年版,第 166、169 页。

〔65〕　常怡主编:《新中国民事诉讼法学研究综述》,长春出版社 1991 年版,第 195 页。

"变更诉讼请求"。[66]

第二,对外国民事诉讼法的译介加强了"诉讼标的说"。这一时期,日本民事诉讼法的传播在中国产生了较大影响,而日本法追随德国法传统,认为诉讼标的和诉讼法请求权(prozessualer Anspruch)是同义词。或许是直译的缘故,民诉学者一般将其译为"诉讼上的请求"[67];而对于"当事人请求法院判给的内容",日译汉著作基本使用"请求趣旨""诉的申请""诉的声明"的译法,没有一本将其翻译为"诉讼请求"。或许是因为"诉讼上的请求"与"诉讼请求"看上去很有相似性,有学者认为"在德国和日本,诉讼标的和诉讼请求是同一个概念"[68]。故在日本著作的影响下,诉讼请求等于诉讼标的的"观感"无形中被加深了。

（五）小结

自苏联民事诉讼法进入新中国伊始,诉讼请求就出现于中国民事诉讼法学中,但遗憾的是,在 50 年代对苏联民事诉讼法的译作中,这一概念就有随意使用的问题。1982 年试行民事诉讼法制定后,诉讼请求成为实定法上所使用的术语概念,但缺乏定义与界定,通说大致认为"诉的声明"是诉讼请求的立法原意,但很快出现了不同声音,至今未达成共识。与立法中频繁使用诉讼请求概念形成鲜明对照的是,立法者和理论界对诉讼请求从未做过专门研究和界定。实务家和理论界都抱着实用主义的态度,"不假思索"地使用诉讼请求术语。

三、"诉讼请求"概念的重述与界定

对诉讼请求概念的历史查考说明,将诉讼请求理解为区分此诉与彼诉的"诉讼标的"和原始意义上当事人诉求的"诉的声明",在历史上都有因可查、有据可循。但针对同一法条、同一概念存在两种理解,并不符合程序法治原则下法的安定性和可预测性的要求,以及消除分歧裁判的现实需要。本文拟在厘清

---

[66] 《最高人民法院关于适用〈中华人民共和国合同法〉若干问题的解释(一)》第 30 条:债权人依照合同法第一百二十二条的规定向人民法院起诉时作出选择后,在一审开庭以前又变更诉讼请求的,人民法院应当准许;《最高人民法院关于审理民间借贷案件适用法律若干问题的规定》第 23 条第 1 款:当事人以订立买卖合同作为民间借贷合同的担保,借款到期后借款人不能还款,出借人请求履行买卖合同的,人民法院应当按照民间借贷法律关系审理;2019 年《全国法院民商事审判工作会议纪要》第 45 条:当事人在债务履行期届满前达成以物抵债协议,抵债物尚未交付债权人,债权人请求债务人交付的,因此种情况不同于本纪要第 71 条规定的让与担保,人民法院应当向其释明,其应当根据原债权债务关系提起诉讼。经释明后当事人仍拒绝变更诉讼请求的,应当驳回其诉讼请求,但不影响其根据原债权债务关系另行提起诉讼。

[67] 参见〔日〕中村英郎:《新民事诉讼法讲义》,陈刚、林剑锋、郭美松译,法律出版社 2001 年版,第 110 页;〔日〕高桥宏志:《民事诉讼法——制度与理论的深层分析》,林剑锋译,法律出版社 2003 年版,第 22 页;〔日〕新堂幸司:《新民事诉讼法》,林剑锋译,法律出版社 2008 年版,林剑锋译,第 216 页。

[68] 李浩:《民事诉讼法学》(第三版),法律出版社 2014 年版,第 117 页。

诉讼请求与其他概念的关系后,选取使用诉讼请求概念的三个重要诉讼制度进行整理重述,为界定诉讼请求概念投石问路。

重述的标准是:第一,从民事诉讼法解释论层面提出解决方案,即坚持民事诉讼法的表达本身是不可动摇的;第二,坚持实质解释论和功能主义取向,在文义范围内,最符合制度目的、最能实现制度功能的解释方案就是最合理的;第三,坚持司法解释并非解释论的当然依据,而是印证解释论的素材;但如果相关诉讼制度在民事诉讼法层面没有规定,则暂时地、可推翻地将司法解释作为解释的对象;第四,涉及诉讼标的理论时,既重视作为通说的旧说,也考虑新说。

（一）诉讼请求与其他概念的区别和联系

在思维层面影响诉讼请求概念的一个重要原因是相邻概念间错综复杂的关系。对诉讼请求、诉讼标的、诉的声明、实体法请求权、诉讼法请求权等长期混用的概念进行辨析,才能为概念的界定扫清障碍。

诉讼请求、请求权、诉的声明都属于原告向法院和被告提出的一定主张、要求,但内涵各有侧重。诉的声明是本来意义上的、社会经济意义上的要求,而请求权则直接体现了原告主张在民事实体法上的定性。例如,对于一个简单的诉请返还借款的案件,诉的声明就是"要求被告××返还×××元",请求权则是"贷款人对借款人在《民法典》第 675 条意义上的借款返还请求权"。相较而言,诉的声明是当事人进行诉讼的直接动因,而请求权则是实体法对这种诉求的处理与加工。可以说,诉的声明是更本源的:当事人诉诸法院寻求民事司法救济,其最本质的愿望是纯粹经济利益的;请求权则更技术化,但其揭示原告诉求的法律根据的作用是前者所不具备的。这就是诉的声明和请求权的区别。

在请求权概念的原产地德国,请求权最初就只有实体法请求权（私法请求权）的意思,即要求特定人为或不为一定行为的权利,是一种相对性的民事权利。[69]《德国民法典》和《德国民事诉讼法典》都使用了这一概念,在当时的观念下,请求权既是一种民事权利,又是民事诉讼中的审判对象（诉讼标的）,实体法和程序法的用语是共通的。[70] 但后来随着诉的类型的扩展和对诉讼法自身规律认识的深入,民事诉讼法学认识到以实体法请求权为诉讼标的有诸多弊端,转而认为作为诉讼标的的请求权并非实体法请求权[71],诉讼标的应另有界定标准,因此发展出诉讼法说的新诉讼标的理论。但由于《德国民事诉讼法典》

---

〔69〕 参见〔德〕布洛克斯、瓦尔克:《德国民法总论（第 33 版）》,张艳译,中国人民大学出版社 2014 年版,第 269 页。

〔70〕 Vgl. Christoph Althammer, *Streitgegenstand und Interesse*, 2012, S. 36.

〔71〕 彪罗（Bülow）在一百多年前就指出,"立法上用'请求权'概念替代了'法律事件'（Rechtsangelegenheit）或者'法律问题'〔拉丁文:quaestio〕（Rechtsfrage）作为民事诉讼审理和判决的对象,这就源源不断地产生了模糊不清和相互混淆。"见〔德〕康拉德·赫尔维格:《诉权与诉的可能性——当代民事诉讼基本问题研究》,任重译,法律出版社 2018 年版,第 169 页。

仍使用请求权的用语,学说无法抛弃请求权概念本身,而只能重构请求权的涵义、扩展请求权的类型。支持新说学者从解释论的角度出发,将该法典中的请求权解读为诉讼法请求权(prozessualer Anspruch)而非实体法请求权(materieller Anspruch)。[72] 简略地说,在德国法上,诉讼标的就是请求权,但过去是实体法请求权,现在是诉讼法请求权。这就是诉讼标的和请求权的关系。

众所周知,对诉讼标的的界定主要有旧实体法说和新诉讼法说两种学说,前者实际上将诉讼标的等同于实体法请求权或实体法律关系[73],后者则不再考虑原告请求的法律评价,以诉的声明、案件事实两个要素为判断标准。虽然新说通常被表述为"诉的声明+案件事实",但实际上,无论是旧说还是新说都需要案件事实这一界定因素。两种学说的根本分歧点就在于,抽离最小审判单位时,是否要考虑实体法标准。[74] 换言之,新旧两说都认为原告的主张决定审判的对象(这也是处分原则的要求),但对于如何理解原告主张,有诉的声明和实体法请求权这两种不同理解。一定程度上,新说、旧说的核心对立就是实体法请求权和诉的声明的对立。

不过,诉的声明和请求权在对立的同时,也并非全无交叉之处。我国的民事诉讼法教材常常在持诉讼标的旧说的前提下,将诉的声明和诉讼标的描述为"质"与"量"的关系[75],并认为诉的声明不同并不影响诉的同一性,实体法请求权才是识别诉的标准。这种表达并不正确。

认识实体法请求权与诉的声明的正确关系,应当分情况而定:诉的声明不同,往往实体法请求权也不同,如原告将损害赔偿要求变更为删除链接、停止侵权的要求,这既是诉的声明的变化,也构成实体法请求权和诉讼标的的变化。[76] 因为损害赔偿和停止侵权是实体法上的两种请求权。而在请求权竞合的情况下,原告可能不变更诉的声明而变更请求的实体基础,这属于诉的声明相同、实体法请求权不同的情况。而调减诉的声明的数额,在德日法上被拟制

---

〔72〕 Vgl. Christoph G. Paulus: *Zivilprozessrecht*, 4. Aufl., 2010, S. 53.

〔73〕 很多教科书中一般把实体法说的诉讼标的的表述为"实体法律关系",但确认之诉或形成之诉才是针对法律关系,给付之诉的对象就是实体请求权。其实,《通论》中是做了正确表述的,但后来被不加区分诉的类型地简称为"实体法律关系",以致失去了精确性。因此,本文坚持中国的"旧实体法说"和德日的"旧实体法说"没有区别。参见同前注〔60〕,第 193 页。

〔74〕 在表述旧说时,只说"请求权",而不说"请求权+案件事实",这是因为请求权的构成要件事实是固定的,其对应的案件事实也是特定的,诉讼法说不存在这个问题。即使是不表述案件事实的诉讼法一分肢说,也需要回到案件事实。Vgl. Rosenberg/Schwab/Gottwald(Fn. 28), § 93 Rn. 17.

〔75〕 参见常怡主编:《民事诉讼法学》,中国政法大学出版 1994 年版,第 128 页。

〔76〕 参见任重对"陈喆(琼瑶)诉余征(于正)案"的诉讼标的的分析,同前注〔27〕,第 44 页。

排除出诉的变更的范围。[77] 简言之,诉的声明不同,实体法请求权也就不同;个别情况下,实体法请求权不同,诉的声明未必不同。两者不是完全对立的关系。

综上,诉讼请求与其他概念的关系可总结如下:就诉讼请求概念,主要存在诉讼标的和诉的声明两种理解;两者的核心区别,不是"质"与"量",而是是否有"法律性";对于诉讼标的,存在实体法请求权为标准的旧说和诉的声明、案件事实为标准的新说;请求权的内涵经历了历史变迁,过去只是实体法请求权,而当今存在实体法请求权、诉讼法请求权两种类型。认为比较法上诉讼请求就是诉讼标的的观点[78],混淆了诉讼请求与诉讼法请求权。

(二)起诉和诉状中诉讼请求之重述

《民事诉讼法》第122条第3项和第124条第3项要求起诉须具备的"具体的诉讼请求",官方释义没有正面澄清其内涵。[79] 这里的诉讼请求,是(单纯社会经济意义上的)诉的声明,还是(经过实体法评价的)请求权? 以及不同理解是否与诉讼标的理论的不同有关? 不同理解所带来的实务操作问题是,起诉时当事人是否要在诉状中明确自己主张的实体法依据。考察三个层面的因素,《民事诉讼法》第122、124条中的诉讼请求应被解释为诉的声明,且这一结论不因采用的诉讼标的理论不同而有所不同。

第一,要求原告选定实体法律关系不合乎起诉和立案阶段的任务。在"有案必立、有诉必理"的立案登记制改革思路下,起诉和立案阶段要让民事争议"先进来",原告与法院之间的关系是诉状受理。[80] 一般而言,识别法律关系的性质是实体权利成立审查阶段的任务,如果实体法的定性争议涉及管辖或当事人适格问题,这些问题上也应作为诉讼要件交由审判庭以审判方式判断。[81]而且,当事人主张的实体法请求权也不一定正确,期望在立案阶段就依此确定管辖的想法也是不切实际的。将起诉条件中的"诉讼请求"理解为诉讼标的,不符合立案登记制改革的趋势,会无实益地增加原告起诉的难度。《新证据规定》第53条强化了法院依职权确定案件法律关系的权力,法院甚至可以不经原告的诉讼行为而按照自己对法律关系的认知进行审理,在此情况下要求原告在起

〔77〕 现《德国民事诉讼法》第264条、《日本民事诉讼法》第143条。

〔78〕 参见同前注〔68〕,第117页。

〔79〕 同前注〔17〕,第200页。

〔80〕 参见段文波:《起诉程序的理论基础与制度前景》,载《中外法学》2015年第4期,第880页。

〔81〕 真正的立案登记制下,起诉和立案阶段不应审查诉讼要件。参见张卫平:《民事案件受理制度的反思与重构》,载《法商研究》2015年第3期,第9页;同前注〔80〕,第902页;耿宝建:《立案登记制改革的应对和完善——兼谈诉权、诉之利益与诉讼要件审查》,载《人民司法(应用)》2016年第25期,第55页。

诉时就明确法律关系更是缺乏实益。

第二,案由制度不要求原告明确实体法律关系。在我国民事诉讼体制内,案由制度内嵌于起诉制度中,案件在起诉立案阶段就会被识别为特定案由,而案由基本是按照实体权利类型来设计的。但这并不意味着当事人在起诉时就要选择法律理由。案由制度仍应为法院内部管理制度。当事人可以选择较为抽象的、不足以识别诉讼标的的二级案由、一级案由,如"物权纠纷""担保物权纠纷"。[82] 原告为了强化自己主张的有理性(Schlüssigkeit),完全可以在诉状中列举多个实体法依据,立案庭应在依职权审查原告陈述的案件事实和实体法依据后确定案由。若在审判过程中发现所立案由与真实法律关系不一致,由法院案管部门协调变更案由即可。[83] 总而言之,案由本质上是法院内部案件管理的制度,其并不能课加当事人以说明义务。

第三,从比较法的角度看,不要求申明实体法律关系是大势所趋。这一点上,中国法和德国法的对比最能说明问题。《德国民事诉讼法》立法之初,受请求权概念的影响,要求当事人在诉状中记明请求权的标的、原因,以及一个特定的声明。[84] 该规定至今未被修改,但通说和实务都不要求原告明确自己的实体请求权,而是将第一项"请求权的标的"与第三项的"诉的声明"做同一理解,将"请求权的原因"理解为"案件事实"。[85] 可见,德国法就起诉在法典文本上使用了请求权的概念,但通说和实务都摒弃了明确实体法请求权的做法;相比之下,中国法在文本上本来就未要求原告明确请求权或法律关系,故在解释论上更无作肯定解释之必要。将中国起诉条件中的"具体的诉讼请求"与德国法上"一个特定的声明"做同一理解,正是两国起诉制度不谋而合之体现。

第四,不要求明确实体请求权,不受诉讼标的理论影响。在诉讼标的新说下,审判自始至终不需要固定实体法请求权,因此起诉时不需要明确实体法请求权。但即使坚持旧说,明确实体请求权也并非立案阶段的任务,实体法律关

---

[82] 参见《最高人民法院关于印发修改后的〈民事案件案由规定〉的通知》(法[2011]42号)。

[83] 《旧证据规定》施行时期的做法是"当事人在诉讼过程中增加或者变更诉讼请求导致当事人诉争的法律关系发生变更的,人民法院应当以查明的当事人之间实际存在的法律关系性质作为确定案由的依据,并决定是否变更案件的案由",罗东川、黄建中:《〈民事案件案由规定〉的理解与适用》,载《人民司法(应用)》2008年第5期,第23页;在"新证据规定"第53条施行时期,法院可以按照自己认定的法律关系主动变更案由。

[84] 德文为"die bestimmte Angabe des Gegenstandes und des Grundes des erhobenen Anspruchs, sowie einen bestimmten Antrag"。汉译见《德意志联邦共和国民事诉讼法》,谢怀栻译,中国法制出版社2001年版,第61页。

[85] Vgl. Rosenberg/Schwab/Gottwald(Fn. 28),§96 Rn. 17-18. 因此,实际上法条"请求权的标的"的表述在实践中已沦为具文。Vgl. Musielak/Voit/ Foerste, 16. Aufl. 2019, ZPO § 253 Rn. 24.

系的明晰和确定往往需要审前准备程序乃至庭审程序进行到一定程度。[86] 如果在起诉阶段就确定实体法请求权,无疑给原告及时调整自己的诉讼策略增加了困难,可能造成原告过频变更主张乃至重新起诉。比较法上,实务中旧说占主导的日本和我国台湾地区基本也不要求在起诉阶段明确实体法理由。[87] 简言之,新说不需要明确实体请求权,是因为诉讼从始至终不拘泥于实体法请求权;旧说不需要明确实体请求权,是因为在起诉阶段明确实体法请求权不符合诉讼进行的规律。

总而言之,在立案登记制改革背景下,并不要求原告在起诉阶段明确自己的实体法律基础;案由制度也不要求当事人选定自己主张的实体法律性质;无论采取何种诉讼标的理论,将诉讼请求理解为实体法请求权均不符合起诉的制度目的与功能;反之,若将其理解为诉的声明,有利于破除"起诉门槛高阶化"问题、保障原告的诉权,且与德日法的发展趋势不谋而合。[88]

(三)诉讼请求变动之重述

1. 变更诉讼请求

《民事诉讼法》第 54 条规定,"原告可以放弃或者变更诉讼请求"。可见,《民事诉讼法》赋予变更诉讼请求和放弃诉讼请求一样的自由,这意味着原则上应对这里的诉讼请求尽可能做限缩解释,以免过度冲击诉讼进程。以下从实践中常见的三种诉讼请求变更的类型出发,探讨其中诉讼请求概念的应有之义。

第一种类型是诉的声明的数额的变化,这在我国也被称为"量的变化"。[89] 例如,原告在侵权损害赔偿诉讼中将自己主张的赔偿数额从 1000 元提高到 2000 元。给付数额的变化,并没有涉及新的实体法请求权,在诉讼标的旧说下不构成诉的变化;严格按照新说的定义,这理应属于诉讼标的的变化,但德国、

---

[86] "最高人民法院不仅经允许当事人在起诉时未选择请求权基础的情况下,于庭审中再行选择,还曾在公报案例的实体审理中采纳了全面审理、依职权选择请求权基础的学说。"见曹志勋:《民事立案程序中诉讼标的的审查反思》,载《中国法学》2020 年第 1 期,第 299 页。

[87] 不能认为德国不要求记载的原因在于新诉讼标的的理论,实务中旧说占主流的日本不要求确定实体法律理由,见〔日〕新堂幸司:《新民事诉讼法》,同前注〔67〕,第 157 页;台湾地区存在争议,但采旧说的学者,亦以无律师强制代理为由,不要求当事人明确法律关系,见杨建华、郑杰大:《民事诉讼法要论》,北京大学出版社 2013 年版,第 207 页。

[88] 新近对诉状的研究,都认为原告无需在诉状中确定实体法律关系。参见纪格非:《论我国民事起诉状的功能转型与内容再造》,载《现代法学》2013 年第 6 期,第 143 页;刘敏:《功能、要素与内容:民事起诉状省思》,载《法律科学(西北政法大学学报)》2014 年第 3 期,第 165 页;曹志勋博士亦明确指出这两条中的诉讼请求应理解为诉的声明,参见同前注〔86〕,第 303 页。

[89] 《德国民事诉讼法》第 264 条。这里所谓的"扩张或限制自己的声明对象"既包括"量变(Quantitativ)"也包括"质变(Qualitativ)",前者如提高损害赔偿的标的额,后者如由现在给付调整为将来给付。可见,中国、德国都有"量变、质变"的说法,但内涵不同。Vgl. MüKoZPO/Becker-Eberhard, 5. Aufl. 2016, ZPO § 264 Rn. 13-16.

日本《民事诉讼法》的拟制性规定都认为给付数额的变化不构成诉的变更。[90] 从这种变更的实质来看，并不涉及新的权利，原则上也不会增加新的案件事实，不会给被告的防御和法官的审判带来明显负担。允许诉的声明数额的变化，应当是最没有疑问的。原告可以变更诉讼请求，首先指的就是原告可以调整请求给付的数额。

第二种类型是诉的声明的整体的替换（或称为诉的声明的项目的变化）。其所涉案件事实可能不变，例如同样针对被告违约的事实，原告将诉讼请求由继续履行调整为主张违约金条款；也可能涉及不同的案件事实，如一开始要求对方继续履行，之后认为被告还有欺诈情形，转而主张撤销合同。在实体法说诉讼标的理论下，变更前后成立的实体法请求权都不同；在诉讼法说诉讼标的理论下，前后诉的声明不同。因此在不同诉讼标的理论下，都构成诉讼标的的变化。这种变化是否在《民事诉讼法》第54条允许的范围之内呢？

是否允许诉的声明的整体替换，要平衡考虑两种价值：越提倡纠纷一次性解决，越倾向于肯定这种变化；越重视诉讼安定性和攻击防御平衡，则越倾向于禁止这种变化。就变更诉讼标的的合法性问题，比较法多在肯定同时又加以限制，以防原告借此突袭被告：德国法的思路是将决定权交给被告和法官，规定在被告同意或法院认为有助于诉讼时，准许作出诉的变更；日本法的思路是提高变更要件的门槛，确立"请求基础不变更"的标准。

从《民事诉讼法》第54条的表述来看，变更诉讼请求是当事人的程序权利，申请变更诉讼请求是与效性而非取效性诉讼行为，《民事诉讼法》对变更诉讼请求没有任何限制，目前司法解释也不再限制变更时间。[91] 在这种情况下，如果允许变更诉讼标的（尤其是新说意义下的），无疑会对诉讼进程造成冲击，给被告的防御和法官的审判带来障碍，也会让审前准备程序功亏一篑进而架空期日审理。在《民事诉讼法》"只赋权，不规制"的大思路下，变更诉讼请求几乎没有任何门槛可言，将这里的诉讼请求解释为诉讼标的是危险的。1982年《民事诉讼法（试行）》制定前后的资料也表明，其立法本意就是"禁止变更诉讼标的，允许变更诉讼请求"[92]，那么再将这里的诉讼请求解释为诉讼标的是说不过去的。因此，无论是实质解释还是历史解释，这里的"变更诉讼请求"都不应被理解为"变更诉讼标的"，特别是按照新、旧诉讼标的的理论都被识别为不同诉讼标

---

〔90〕　同前注〔77〕。

〔91〕　《旧证据规定》第34条规定，当事人增加、变更诉讼请求或者提起反诉的，应当在举证期限届满前提出。"新证据规定"废除了这一条，见《最高人民法院关于修改〈关于民事诉讼证据的若干规定〉的决定》第54项，其他司法解释也未限定期限。

〔92〕　同前注〔60〕，第197页。

的的情况。

第三种类型是单纯的法律观点变化,即在诉的声明和案件事实不变的前提下改变诉讼主张的实体法依据,从而变更自己主张的实体请求权。例如同样是返还物的请求,原告的实体法基础可以从所有物返还请求权变换为占有返还请求权。这种变更,在旧诉讼标的理论下构成不同诉讼标的,但在新说下则属于同一诉讼标的。仅变更实体法基础并不会导致新的事实或证据进入诉讼,对诉讼进程冲击并不大,允许亦无不可。但问题是,在诉的声明不变的情况下,法官本就有权选择适用的实体法(请求权基础),不需要原告变更诉讼请求在"法官知法"原则下直接释明当事人就法律问题进行辩论,是更简单有效的解决方案。司法解释也采纳了类似立场,《新证据规定》53 条改变了《旧证据规定》35 条释明变更诉讼请求的做法,允许法院酌量处理。[93] 参酌 53 条的规定,对单纯的法律观点的变化不走变更诉讼请求的路径,而是以"法官知法"、纳入争点等柔性方法处理,更为恰当。

总之,对于"原告可以变更诉讼请求",基于《民事诉讼法》"只赋权,不限制"的基本规定,必须对这里的诉讼请求进行限缩解释,将其理解为诉的声明的数额而不能理解为诉讼标的,这也更符合立法的历史原意。原告可以在诉讼中调整给付数额,但不能做超越诉讼标的的变更。这一结论虽然有复古和保守的嫌疑,但却是坚持解释论立场的必然结果。反过来,这也揭示了立法增设真正意义的诉的变更制度的紧迫性。

2. 增加诉讼请求

对于增加诉讼请求,《民事诉讼法》第 143 条规定,原告增加诉讼请求,法院可以合并审理。这里的"诉讼请求",应当作何理解?

首先应区分变更诉讼请求和增加诉讼请求。增加诉讼请求是指增加诉讼请求的项数,而非增加请求的金额。[94] 如人格权侵权案件中,原告主张精神损害赔偿的数额从 1 万元变化为 2 万元,属于变更诉讼请求;诉讼请求由精神损

---

〔93〕《旧证据规定》第 35 条:诉讼过程中,当事人主张的法律关系的性质或者民事行为的效力与人民法院根据案件事实作出的认定不一致的,不受本规定第三十四条规定的限制,人民法院应当告知当事人可以变更诉讼请求。《新证据规定》第 53 条:诉讼过程中,当事人主张的法律关系性质或者民事行为效力与人民法院根据案件事实作出的认定不一致的,人民法院应当将法律关系性质或者民事行为效力作为焦点问题进行审理。但法律关系性质对裁判理由及结果没有影响,或者有关问题已经当事人充分辩论的除外。存在前款情形,当事人根据法庭审理情况变更诉讼请求的,人民法院应当准许并可以根据案件的具体情况重新指定举证期限。修改理由见最高人民法院民事审判第一庭:《最高人民法院新民事诉讼证据规定理解与适用(下)》,人民法院出版社 2020 年版,第 502 页。

〔94〕 例如,诉讼请求由承担违约金调整为承担违约金、支付利息,属于增加诉讼请求而非变更诉讼请求,见广东省广州市荔湾区人民法院(2015)穗荔法民二初字第 617 号民事判决书。

害赔偿一项,变化为精神损害赔偿、公开赔礼道歉两项,则属于增加诉讼请求。从规则上讲,虽然经常并称两者为变更、增加诉讼请求,但规则是否一致还取决于立法安排。德国法上,诉的增加(嗣后的诉的合并)适用诉的变更的规定;[95]但我国《民事诉讼法》对两者采取的规则截然不同。对于变更诉讼请求,《民事诉讼法》的态度是"只赋权,不规制";而对于增加诉讼请求,《民事诉讼法》则规定可以合并审理,即亦可以不合并审理。因此,对第143条中"诉讼请求"的解释,并不能照搬对第54条的解释。

应当将这里的诉讼请求解释为诉讼标的。最简单的原因在于,即使是基于同一案件事实追加请求,因为请求本身就是最小审判单位、都可以单独起诉,属于两个诉讼标的[96],故无论是采取何种诉讼标的的理论,增加诉讼请求只能是增加诉讼标的。而增加诉讼请求的数额属于另一制度——变更诉讼请求。其次,这一解释也符合《民事诉讼法》第143条的条文结构。该制度同时包含增加诉讼请求、反诉、第三人提出独立的诉讼请求,而反诉和第三人提出独立的诉讼请求[97]都构成一个独立的诉讼标的,这也佐证了增加诉讼请求实为诉讼标的的追加,否则无法解释三个性质不同的制度为何会被安排到同一条文。

将增加诉讼请求解释为增加诉讼标的,也不会妨碍诉讼进程。不同于与效性诉讼行为性质的变更诉讼请求,增加诉讼请求属于取效性诉讼行为,法院应斟酌合并审理是否有利于纠纷的彻底解决、是否会妨碍庭审的集中和高效、是否会造成被告防御困难,审慎作出合并审理的决定,从而实现不同价值的平衡。法院在裁量过程中,应兼顾不冲击诉讼进程和扩大纠纷解决作用两个价值:"如果原告提出的新的诉讼请求所依据的事实和理由与本诉大体相同,则从扩大诉讼容量,节约司法成本的角度可以考虑合并审理"。[98] 在"法院可以合并审理"这一灵活的规则框架下,允许增加诉讼标的也不会造成问题。

因此,《民事诉讼法》第143条中的增加诉讼请求应当被理解为增加诉讼标的。由于不涉及请求权竞合,采用新说抑或旧说并不影响规则适用。法院对于原告增加的诉讼标的,应考虑与原诉讼标的的牵连性、是否拖延原请求审理后裁量是否合并审理。另外,依照司法解释的规定,增加诉讼请求的申请应在法庭辩论结束前提出;二审中增加诉讼请求的,同样应审查牵连程度决定是否允许,但二审"禁止增加独立的诉讼请求"所设置的牵连性标准显然要高于一审。

---

[95]　Vgl. Rosenberg/Schwab/Gottwald(Fn. 28), § 98 Rn. 6.

[96]　参见同前注[27],第44页。

[97]　参见刘东:《"有独立请求权"的类型化分析——以民事诉讼法第56条第1款为中心的研究》,载《政法论坛》2016年1月,第30页。

[98]　张卫平等主编:《新民事诉讼法条文精释》,人民法院出版社2012年版,第283页。

（四）禁止重复起诉中诉讼请求之重述

本文对诉讼请求的解释学分析的对象主要是民事诉讼法而非司法解释。但禁止重复起诉（既判力）是《民事诉讼法》中长期缺位，而《民诉法解释》第247条完整规定了禁止重复起诉的构成要件和法律效果。有鉴于此，下文"破例地"尝试对《民诉法解释》中的诉讼请求概念作出界定，这或许能为未来在民事诉讼法中规定既判力制度做理论准备。

在前《民诉法解释》时期，学界判断重复诉讼的主流观点是"二同说"：当事人相同、诉讼标的相同。[99]《民诉法解释》第247条"当事人相同、诉讼标的相同、诉讼请求相同或者后诉的诉讼请求实质上否定前诉裁判结果"的规定，将诉讼标的和诉讼请求并列，显然要求对诉讼请求作出不同于诉讼标的的界定。为妥善解释同一法条中诉讼请求与诉讼标的的并列的现象，学界提出了多种方案。

第一种方案将这里的诉讼请求理解为诉的声明，同时将第2项中的诉讼标的界定为实体法律关系（实体法请求权）。这也是目前最能"讲得通"的解释方案，因为如果将诉讼请求和诉讼标的做等同理解，那么同时规定这两个要件就没有意义了。而且从司法解释制定过程来看，该条基本照搬了台湾学者关于判断重复起诉的见解，"诉讼请求相同或者后诉的诉讼请求实质上否定前诉裁判结果"不过是台湾学者"前后两诉之起诉声明相同、相反或可代用"[100]的翻新表达而已。诉讼请求理解为诉的声明似乎是唯一可行的解释方案。但这种解释方案亦有难以自圆其说之处。

根据第247条第3项，重复起诉分为反复起诉和矛盾起诉。对于"诉讼请求相同"的情况，出现的是部分请求问题。如在侵权纠纷中，如果当事人先后以同一侵权损害赔偿请求权两次起诉主张损害赔偿金，且不存在后发损害的情况下，按照第247条的标准，虽然前后两诉诉讼标的相同，但后诉声明既不与前诉声明重复，又不与前诉胜诉判决矛盾，法院不应将这种起诉判定为重复起诉，即产生部分请求被无限允许的问题。[101] 而对于矛盾起诉，司法解释采用"后诉的诉讼请求实质上否定前诉裁判结果"而非"后诉的诉讼请求否定前诉裁判结果"的表达，似乎传达出这样的倾向：即使前后两诉实体法主张不同，但后诉的诉讼

---

〔99〕　参见邵明：《现代民事诉讼基础理论：以现代正当程序和现代诉讼观为视角》，法律出版社2011年版，第233页。

〔100〕　参见杨建华、郑杰夫：《民事诉讼法要论》，同前注〔87〕，第194页。

〔101〕　近来，学者的定量分析表明，实务中允许部分请求的观点仍占多数。参见占善刚、刘洋：《部分请求容许性的"同案不同判"及其规制——基于107份裁判文书的文本分析》，载《华东政法大学学报》2019年第2期，第182页。

请求的实际效果能架空前诉裁判的,也属于重复诉讼。司法实践的做法也佐证了这一判断。[102] 但这种做法恰恰与第 2 项"诉讼标的相同"和诉讼标的的通说背道而驰。[103] 可见,作为最符合规范文义的方案,其在反复起诉上无限允许部分请求,既判力范围过窄;在矛盾起诉上,与实践中的大多数做法相比,既判力范围也偏窄。

第二种方案同样将诉讼请求理解为诉的声明,但将第 247 条第 2 项中的诉讼标的理解为事实关系而非法律关系,向扩大既判力范围的结论靠拢,以解释实践中实体法律关系不同但亦应认定为重复起诉的情况。有观点认为,一定程度上不应再将 247 条第 2 项中的诉讼标的理解为法律关系,而应该倾向于案件事实[104];第 3 项则为诉的声明层次的判断,实质为"诉的声明相同或相反"。该种方案基本回归了德国目前通行的二分肢说判断思路,[105]进行案件事实、诉的声明的两要件的审查后即确定前诉对象并判断后诉与前诉是否重复,并不考虑实体法律关系是否同一。这一方案实际上采取了诉讼法说的诉讼标的的理论,但将诉讼标的理解为"事实关系",无论如何都是在文本上难以得到支持的。另外,它也不能解决部分请求被无限允许的问题。

第三种方案则将 247 条第 3 项中的诉讼请求理解为实体法请求权,从而回到诉讼标的的旧说和既判力"二要素说"的立场。这一方案基于实践长期以来对"实体法律关系"的内涵理解偏宽[106]、实际上将诉讼请求作为最小审判单位[107]的传统,将诉讼请求视为诉讼标的的这一学理概念的实务表达。考虑到作为诉讼标的的实体法律关系大于或等于实体法请求权,这种解释方案的最终判断标准仍然是实体法请求权,实质上还是采用了旧说。[108] 这种解释思路不失为在《民

---

[102]　比如,对于民诉学者经常举的违约和侵权竞合的例子,最高院判决认为:"大通民贸公司有权选择要求金成公司承担违约责任或者要求其承担侵权责任。2015 年 7 月 3 日,大通民贸公司选择要求金成公司承担侵权责任以维护其权益,其诉讼主张已经经过人民法院审理,不应重复起诉。"见最高人民法院(2018)最高法民申 2363 号裁定书。

[103]　法院"通常是在案件满足'当事人相同'和'后诉请求实质上否定前诉裁判结果'的情况下,对'诉讼标的的相同'的含义加以调整"。见郭家珍:《论民事重复诉讼识别规则的适用——以"后诉请求实质上否定前诉裁判结果"要件为对象》,载《河南财经政法大学学报》2019 年第 2 期,第 66 页。

[104]　同前注[103],第 70 页。

[105]　二分肢说下的操作方法见陈晓彤:《既判力理论的本土化路径》,载《清华法学》2019 年第 4 期,第 148 页。

[106]　在前后两诉非"重复关系"而是"矛盾关系"时,实务中扩大化理解尤为明显。参见陈杭平:《诉讼标的理论的新范式——"相对化"与我国民事审判实务》,载《法学研究》2016 年第 4 期,第 188 页。

[107]　同前注[27],第 45 页。

[108]　参见张卫平:《重复诉讼规制研究:兼论"一事不再理"》,载《中国法学》2015 年第 2 期,第 58 页;参见同前注[32],第 159 页。

诉法解释》施行后维护"二同说"解释方案。同时,由于部分请求案件中前后两诉实体法请求权相同,这一方案也将使部分请求不合法。但如前文所言,这一解释方案同样无法解决第 247 条第 2 项、第 3 项之间的关系:如果认为第 2 项中的诉讼标的是实体法律关系而与实体法请求权有所不同,则延续了对诉讼标的旧说的一个陈年误解;如果认为第 2 项中的诉讼标的和第 3 项中的诉讼请求是一回事,则反推说明第 247 条第 2、3 项的规定是重复的,亦不符合文义解释的原理。

综上所述,关于第 247 条的解释方案,列表如下:

	"诉讼标的相同"中的"诉讼标的"	"诉讼请求相同或后诉请求实质上否定前诉裁判结果"中的"诉讼请求"	效果	问题
方案一	实体法律关系(实体请求权)	诉的声明	诉讼标的旧说	无法禁止部分请求;无法解释既判力扩大化现象
方案二	案件事实	诉的声明	诉讼标的新说	无法禁止部分请求;不符合文义解释原理
方案三	实体法律关系(实体法请求权)	实体法请求权	诉讼标的旧说	不符合文义解释原理

这三种解释方案都存在顾此失彼之处,根源在于第 247 条"三要素说"的内在矛盾性:在大陆法系国家,诉讼标的就是诉的客体,就是识别诉讼同一性的标准;诉的声明是判断诉讼标的的标准之一,因此无法与诉讼标的成立并列关系。[109] 在诉讼标的旧说为通说的语境下,侧重诉讼标的既判力范围较小,侧重诉的声明则既判力范围较大,两者存在紧张关系,这也是通说解释方案产生问题的根源。但在"三要素说"下,解释者要么虚化诉讼标的的概念,以发挥诉的声明的作用(方案二);要么虚化诉的声明的概念,将诉讼请求和诉讼标的作同一理解(方案三)。"三要素说"内部矛盾决定了诉讼请求涵义的难以确定——任何一种解释方案都不周全,存在这样或那样的问题。

目前来看,将第 247 条第 3 项中的诉讼请求理解为诉的声明,是比较符合文义解释原理的方案,尽管这与实践中既判力范围偏大的现象脱节。未来在民事诉讼法中规定重复起诉,建议仍回到"当事人相同、诉讼标的相同"的二要素

---

[109] 如果采用旧说的诉讼标的理论,诉讼标的是实体法请求权,无论诉讼请求是诉的声明还是诉讼标的,实际上都只需要诉讼标的的一个要素判断就够了;如果采新说的诉讼标的理论,诉讼标的靠诉的声明和案件事实确定,将诉讼请求解释为诉的声明是多余的,将诉讼请求解释为实体法请求权是矛盾的。

说；如果为了避免诉讼标的学说争议或明示扩大既判力的范围，也可以采用"当事人相同、案件基本事实相同、诉讼请求相同或后诉的诉讼请求实质上否定前诉裁判结果"的新三要素说。

四、结论与启示

（一）"诉讼请求"概念的基本界定

诉讼请求是民事诉讼实践和理论都绕不开的核心概念，它的特殊地位本质上来自于我国民事诉讼法的立法选择。在概念形成过程中，由于苏联法、本土法、德日法等不同渊源的先后影响，同时受后发法治国家"概念法学"滋养不足的客观条件限制，形成了今天概念界定和使用混乱的局面。目前学界就诉讼请求概念的界定形成了"诉讼标的说""诉的声明说"两大阵营。

在解释与适用实定法为法学中心任务的当下，厘定诉讼请求的概念，应以历史解释为参考，并坚持功能主义导向——哪一种解释方案更符合诉讼制度的目的、能更好地发挥诉讼制度的功能，就采用哪一种解释方案，而不应拘泥于传统或学说。在这一研究思路下，可以对若干代表性诉讼制度中的诉讼请求概念作出界定。

在起诉制度中，考虑到立案登记制改革和固有的"起诉条件高阶化"问题，应将起诉条件和诉状内容中的诉讼请求解释为诉的声明，不要求原告明确实体法基础；在诉讼请求变更中，考虑到《民事诉讼法》对诉讼请求变更缺乏规制，现阶段将其理解为只允许诉的声明的数额变更、不允许诉讼标的的变更为宜；而对于增加诉讼请求，应理解为诉的声明的项数增加而非数额增加，基于《民事诉讼法》第143条的规定，由法院裁量决定是否允许诉讼标的的增加；而在重复起诉制度中，因诉讼标的与诉讼请求并列规定，目前出现了三种解释两者内涵的方案，原则上应将这里的诉讼请求解释为诉的声明、诉讼标的的解释为实体法律关系，但因司法解释规定的内在矛盾还存在遗留问题。

以制度功能为核心标准，对不同诉讼制度中的诉讼请求概念作分化理解，可以澄清分歧、指导实践，最终助力于诉讼制度功能的实现。但也应承认，厘定诉讼请求的概念只能解决最棘手的问题，不同诉讼制度还面临着各个性化的问题，仍需要解释论的完善乃至规范本身的完善、修改。

（二）"诉讼请求"概念对理论的反作用

界定民事诉讼规范中的概念，一方面可以解决民事诉讼规范适用的问题，同时对民事诉讼基础理论的研究也有反作用。作为与诉讼标的等基础理论密切联系、相伴相生的概念，诉讼请求概念的界定，能够为基础理论的研究提供如下反思或命题：

第一，反思诉讼标的旧说的通说地位。德日法上重视旧说，是受德国民法和《民事诉讼法》共用温特沙依德的请求权概念的传统制约。而对我国《民事诉讼法》的文本并未使用请求权的概念，而是使用诉讼请求的概念，在一开始就坚持了诉讼法概念的独立性。[110] 对代表性诉讼制度的研究也表明,在大部分情况下,都应将民事诉讼规范中的诉讼请求解释为诉的声明而非实体请求权,都是比较合理的。诉讼标的旧说,尽管目前仍处于通说地位,但在诉讼规范上并无确凿依据,而且《民法典》也未普遍采纳请求权的概念。旧说是德日法特有的一个"历史包袱"。

第二,以诉的声明为核心内涵的诉讼请求,是贯穿诉讼全过程的中枢概念。研究表明,将诉讼请求界定为诉的声明在大多数情况下是可行的。民事诉讼法使用诉讼请求概念的传统决定,起诉、诉讼请求的变更与增加、书写判决书、承认诉讼请求、禁止重复起诉等都以诉的声明为核心展开。遥观当代德国通行的诉讼法说诉讼标的的理论,也是以诉的声明和案件事实为判断标准的,这对我们的启示是:虽然以诉讼请求为主线建设民事诉讼法解释论还有很多工作要做,但中国民事诉讼立法"天生亲近"诉讼标的的新说。[111]

第三,学说讨论可以"百舸争流",但立法选择只能"一以贯之",贪多求全只会造成内部矛盾。《民诉法解释》第247条将诉讼标的和诉讼请求并列即是败笔例证。未来对民事诉讼法和司法解释的修改,仍应尊重民事诉讼法使用概念的传统,慎重在同一问题上使用有交叉或竞争关系的概念。在民事诉讼法及司法解释中广泛使用诉讼请求的用法,符合本国立法的传统。而在理论研究不足、尚未达成共识的情况下,在立法中盲目引入诉讼标的、请求权等概念反而可能造成更大的混乱。

诉讼请求是中国民事诉讼法中当之无愧的基石性概念,同时也是被研究者历来忽略的"灯下黑"地带。本文从规范解释论的立场提出诉讼请求概念的界定方案,其正确性和有效性需要具体诉讼制度的批判和修正。建设融贯基础理论和比较法知识的教义法学,是包括民事诉讼法学在内的所有部门法学的任务,而对规范概念的考察和界定,只是为教义学时代的来临做修桥补路之功。至于诉讼请求能否成为民事诉讼法的"一根主线",并促进程序法的严整统一,还有待时间和实践的检验。

(审稿编辑　崔　斌　朱禹臣)

(校对编辑　朱禹臣)

---

[110] 民法学界在2000年之后才开始从德国等地引进请求权的概念和理论,并逐渐压倒原有的民事权利、义务与责任理论,而诉讼请求的概念直接来自1982年《民事诉讼法(试行)》。旧实体法说的诉讼标的理论,在德国有潘德克顿法学的历史传统和民法典、民事诉讼法典的文本支持,但在中国并不存在这些因素。

[111] 更慎重的观点认为,"缺乏中国程序法体系化理论解读和对实务情况定量研究的前提下,暂时笔者尚无法证成诉讼法说在我国具有赖以生存的制度土壤"。见曹志勋:《德国诉讼标的实体法说的发展——关注对请求权竞合的程序处理》,载《交大法学》2018年第1期,第44页。而诉讼请求概念的厘清,或许有助于"中国程序法体系化理论解读"的推进。

《北大法律评论》(2020)
第 21 卷・第 1 辑・页 62—86
Peking University Law Review
Vol. 21, No. 1, 2020, pp. 62-86

论信义义务的法律性质

赵廉慧[*]

The Legal Nature of Fiduciary Duty

Zhao Lianhui

内容摘要:信义义务是存在于信义关系中的一种特殊义务,信义关系的特点决定了信义义务是约定不足的一种补充机制,是限制受托人滥用裁量权的较佳机制,该义务虽然有约定的基础,但本质上属于法定义务。由于信义义务——无论是忠实义务还是善管注意义务,都无法通过立法和合同详尽规定,是否构成信义义务违反更依赖于司法的裁量。信义义务的边界可以通过约定进行适当调整。信义义务有着非常广泛的适用范围。

关键词:信义义务　信任　法定性　抽象性　任意性

目前,包括信托法在内的信义关系法(fiduciary law)原理的适用范围和解释力在不断增强,无法忽视。虽不能说信义关系这种新范式已有能力取代契约关系所代表的旧范式进而产生法律领域的"科学革命",但对信义义务特别是对其性质和功能进行梳理已经变得非常必要。为了讨论方便,本文主要讨论信托法当中的信义关系,间或会涉及其他信义法律关系。

---

* 法学博士,中国政法大学民商经济法学院教授。

一、信义义务产生的基础:信任和信义关系

(一)信任的演变

信任是信义关系的基础。社会学家对信任进行了深入的研究。德国著名社会学家卢曼指出,信任可以被区分为人格信任和系统信任两种。人格信任是对某个具体的人的信任,亲族、领地、同乡会、行会等内部存在的信任都属于人格信任,人格信任属于一种传统形态的信任;而系统信任则是指对于匿名者构成的制度系统的信任。[1] 美国加利福尼亚大学洛杉矶分校社会学教授楚克(Lynne G. Zucker)则认为,信任的建立有三个渠道:一是基于个人之间的互动和交往而建立的信任(process-based);二是基于血缘或地缘等共同性而建立的信任(characteristic-based);三是基于法律制度如严格的组织治理结构、信息强制披露等现代制度而建立的信任(institutional-based)。[2] 前两者相当于卢曼所称的人格信任,而第三种则类似于卢曼的系统信任。

传统观念中的信任是心理的、道德的、伦理的和感性的,比如英国经典的小说和影视剧为我们勾勒出这样的形象——一个在主人公身处困境的时候执行遗嘱或者信托的敬业守信的师长或者律师,一个德高望重的父执,一个集权威、智慧、魅力与判断力于一身的老族长等具有道德感的人物。这种信任关系来源于人的血缘、地缘、业缘和信仰等纽带,具有某种人身关系的属性。

而在现代社会,信任是基于现代的合同观念和法律秩序而产生的,是制度性的、专业化的、非个人化的,更多体现为对知识和技能的信任。在现代社会中,不仅是对某人之人格和品行的信任,更是对其专业能力及抽象的制度本身的信任。可以看出,信任在不同的背景下有不同的含义。传统型的信任和现代型的信任的差异决定了历史上和现代信托法中受托人义务规则的差异。

当然,不管是什么类型的信任,都是以信息不对称、能力和专业技能的不平等以及影响力的施加为基础的[3]。据美国学者总结,构成信义关系的法律关系包括:信托受托人和受益人之间;董事与公司之间;清算人与公司之间;律师与客户之间;合伙人之间;代理人与委托人之间;证券经纪人与客户之间;高级雇员与公司之间;医患之间;父母与子女之间;教师与学生之间;神职人员与求教的教众之间。在英美法上有判例支持这些关系为信义关系[4]。信托可以被

---

[1] 参见〔德〕尼克拉斯·卢曼:《信任:一个社会复杂性的简化机制》,瞿铁鹏、李强译,上海人民出版社世纪出版集团 2005 年版,第六章、第七章。

[2] 转引自王涌:《无信任则无慈善》,载《新世纪周刊》2011 年第 26 期,第 84—85 页。

[3] 有学者提出判断信义关系存在的线索:(1) 影响力的施加(influence or undue influence);(2) 裁量权(discretion)等。See Robert Flannigan, "The Fiduciary Obligation", *Oxford Journal of Legal Studies*, vol. 9, no. 3, 1989, pp. 301-322.

[4] 参见〔美〕塔玛·弗兰科:《证券化:美国结构融资的法律制度》(第二版),潘攀译,法律出版社 2009 年版,第 2 页,潘攀所撰"中译文通释"。

视为信义关系的范式（paradigm）[5]，本文的讨论主要限定在信托法的范围之内，在必要的时候有所扩展。

（二）信任在社会中的重要作用

信任本身就具有减少代理成本的功能。一旦有了充分的信任，即使信息不对称，交易当中的道德风险和逆向选择也不会发生或者很少发生，缔约成本、信息披露成本、履约成本都会大幅度下降。例如，从信托产生的历史来看，无论是从罗马法上遗嘱信托产生的历史还是英国法上"从用益（use）到信托"演变历史来看，信托最初在法律上都是不能被强制执行的，信托目的的实现靠的是当事人之间的信任，特别是依赖受托人的良心、道德和宗教约束。在罗马法中，信托最初被用来确保资格欠缺者，例如不能满足罗马市民法之形式要求的人，不能取得罗马市民资格的人（外国人）[6]等，使之得到原本不能取得的利益。信托法的发展始终处在罗马法的普通市民法院体系之外，也在大多数私法救济所演进形成的告示系统之外，也即，遗嘱信托最初是不被罗马法所承认的，并非罗马法中的典型制度。这和英国信托法产生之时的场景类似，例如中世纪英国的土地法禁止遗赠土地，并实行长子继承制，英国国会在 1279 年通过的《死手律》禁止对教会捐赠土地等[7]，而人们创设出来"用益"以确保原本不能取得财产的人——如非长子、教会等取得财产，委托人把财产转移给自己信任的人，比如亲戚、朋友，信得过的乡绅贵族等，让这些受托人为了受益人的利益持有财产，从当时英国普通法上看，持有财产的人是信托财产完全的财产权人（legal owner），受益人的权利不被当时的法律所承认，普通法法院不会向无辜的受益人提供救济。但是，由于委托人和受托人之间信任的存在，基于道德和良心，更基于宗教的约束，多数受托人会自我执行（self-enforce）这个信托，使受益人的权利得以实现。在法律不存在的时候，信任可以产生约束力——虽然，相比于法律规则的强约束而言这只是一种软约束。

在信托法产生之后，法律给当事人特别是受托人施加了强制性的约束[8]，法定的信义义务甚至被理解为控制代理成本问题的主要手段[9]。但是，信任

---

[5] See R. P. Austin, "Moulding the Content of Fiduciary Duties", in A. J. Oakley (ed.), *Trends in Contemporary Trust Law*, Oxford Clarendon Press, 1996, p. 169.

[6] 参见〔英〕大卫·约翰斯顿：《罗马法中的信托法》，张淞纶译，法律出版社 2017 年版，第 9 页。

[7] 参见余辉：《英国信托法：起源、发展及其影响》，清华大学出版社 2007 年版，第 48—51 页。

[8] 法院强制执行当事人的安排使之产生对抗第三人的类似财产权的效力，就使得信托超出了一般的契约关系。See John Morley, "The Common Law Corporation: The Power of the Trust in Anglo-American Business History", *Columbia Law Review*, vol. 116, 2016, p. 2153.

[9] See Robert H. Sitkoff, "An Economic Theory of Fiduciary law", in Andrew S. Gold and Paul B. Miller (eds.), *Philosophical Foundations of Fiduciary Law*, Oxford University Press, 2014, p. 200.

并非不再必要,信任和法律产生互动,仍然起到非常关键的作用。

（三）信义关系的"家族群"

笔者认为,在我国法的背景下,信义关系大多是在某种明示或者默示的委托法律关系的基础之上[10]形成的财产法律关系群,代理、居间、行纪、合伙、公司、信托等均属于这个大家族的成员。根据传统民法理论中的委托代理二元区别论(the theory of separation)的观点[11],委托关系是包括代理关系在内的信义法律关系的基础法律关系,根据委托人对受托人的授权(authority),接受委托的人可以成为其代理人[12],也可以成为其行纪人、居间人、信托受托人、合伙人、公司法中的董监高等。委托关系是合同法律关系,但是通过这种合同构建的法律关系并非完全是合同法律关系,如通过合同创设物权、通过协议组建公司、通过合同设立信托等。如果认同理论上存在一个信义关系法(fiduciary law)的话,这个法律领域最典型的规则就是信托法的规则。

（四）信义关系的特点

不论是传统的信义关系还是现代的信义关系,都具有以下特点:

第一,所涉双方信息不对称和能力不对等。在民事领域,教师、医师、律师,即传统上所谓"三师",至今在日语中唯有此三者能被尊称"先生"(另外还有代议士),师生、医患和律师/客户关系在知识、信息、技能、权力方面存在不同程度的不对等,不平衡,为信义关系之典型。在商事领域,无论是信托、代理、还是公司和合伙企业中,受托人或管理人(公司法中的董事等,信托和证券基金等法律关系中的受托人,代理法中的代理人等)一方也总是处于知识、技能和信息等方面的优势地位。在社会领域,慈善事业和其他社会基金的管理越来越专业化、中介化,慈善组织(社会组织)和受托机构管理着数额巨大的慈善财产、养老基金、住房公积金、公共维修基金,这些慈善组织和受托机构也处在非常重要的地位。

第二,一方对另外一方产生"信赖"或者依赖(dependence)。由于社会化分工的原因,财产事务的管理越来越具有专业性和复杂性,一方主动或者被动地将其事务委托于另外一方。在规则层面,对受托人情感、伦理道德的信赖退居其次,对其专业技能、契约精神和遵守法律的信赖甚至依赖变得更为重要。

---

[10]　把委托合同作为信义关系的基础法律关系的时候,还需要进行适当的限定。法定的信义关系,如父母与子女之间的关系,并不存在委托关系作为基础。另外,信义关系的产生并不需要双方有直接的委托合同关系,例如,信托受托人的近亲属和委托人之间并不存在委托合同关系,但是受托人的近亲属在某些情况下要受信义义务的约束。有日本学者认为委托合同本身就是一种信义关系。参见樋口範雄『フィデュシャリーの時代』,有斐閣1999年版,168頁。

[11]　参见〔英〕施米托夫:《国际贸易法文选》,赵秀文译,中国大百科全书出版社1993年版,第371页。

[12]　在英文背景下,代理内部的类型比较复杂,其中有全权代理(discretionary mandate),有所谓的长期代理权(durable powers of attorney)等,其与信托的差异已非常有限。

　　第三,受信赖的一方对受托事务管理有不同程度的裁量权和控制权[13]。在这种法律关系之中,为了借用专业人士之力提升事务管理的效率,都需要"受托人"享有一定的裁量权。可以说,裁量权的行使是信义关系的本质特征。[14]受托人的义务内容和普通债权债务关系中主要以物的给付义务为内容不同,主要是管理和决策义务,这些义务在实质上构成了受托人的权限和职权。违反通常义务(非信义义务)的情形,就像是一个人该如何驾驶汽车,其行为标准相对明确;而对一个人该如何管理信托财产会因环境和时间之不同而产生极大不同。所以,"受托人"职责和义务的履行与裁量权的行使如影随形。

　　第四,为了限制受托人滥用裁量权,法律为受托人施加法定义务。受托人裁量权是必要的,但是,为了保护本人的利益免受管理人的侵害,除了通过当事人约定或者法律直接规定来限制受托人的职权和行为范围之外(这是早期信托法所采取的策略),原本可以采取以下几种方法:(1)只选择无利害关系的人为管理人;(2)以奖赏引诱管理人不滥用其权限;(3)控制管理人;(4)对管理人加以监督;(5)同业协会制定规范或者行政机关发布行政命令等其他方法。但是这些方法并不能完全消除管理人滥用权限的可能性,在现代社会也不能仅仅靠受托人的道德和宗教观念自我执行,也不能像古典信托法一样严格限制受托人的裁量权,因此才有设置法定的信义义务之必要[15]。按照西特考夫(Sitkoff)教授的表述,裁量权的授予(empowerment)造成代理成本问题——裁量权的滥用,信义义务则成为受益人利益的首要捍卫者。[16]

　　理解信义关系的这些特点,对理解信托关系的法律规则、特别是受托人信义义务的特点和法律规则非常重要。

二、信义义务的合同法基础

（一）合同法上的义务类型和信义义务

　　如前所述,信义关系大多存在着合同基础,基本上是建立在明示或者默示的委托合同的基础之上的。换言之,信义关系"生长于"合同关系之上。[17]

---

　　[13]　See George T. Bogert, *Trusts*(6th ed), West Publishing Co., 1987, p. 2.

　　[14]　参见〔英〕格雷厄姆·弗戈:《衡平法与信托的原理(上下)》,葛伟军等译,法律出版社2018年版,第651页。

　　[15]　参见谢哲胜:《信托法》,台湾元照出版公司2007年版,第56—58页。

　　[16]　See Robert H. Sitkoff, "Fiduciary Principles in Trust Law", in Even J. Criddle, Paul B. Miller, Robert H. Sitkoff (eds.), *The Oxford Handbook of Fiduciary Law*, Oxford University Press, 2019, p. 42.

　　[17]　准确地讲,大部分信义关系是建立在法律行为的基础之上的。因为信托设立的方式不仅包括合同,还有遗嘱和宣言这样的单方法律行为。不过,由于信托的现实形态主要是契约,再加上"契约"强大的隐喻功能(我们经常用契约自由代替意思自治),所以这里表述为信托建立在合同的基础上。

先从合同关系看。合同法上的义务不仅仅是约定义务,至少包括约定义务、法定义务和基于诚实信用原则而产生的义务[18]三种类型。第三种义务(基于诚实信用原则而产生的义务)因其不属于约定(意定)义务,向来被归类为法定义务(民法理论把约定义务以外的民事义务笼统地称为"法定义务")。基于诚实信用原则而产生的义务多产生于合同前、中、后整个过程,当事人之间建立了一种相对密切的社会联系,但是这种义务并非约定,而是基于诚实信用原则[19]由法院创设的义务。之所以说根据诚实信用原则产生的义务是法院创设的,是因为法律中的诚实信用原则确立了抽象的义务,还需要通过法院裁量权的行使而具体化。基于诚实信用原则而产生的义务在承认当事人自利的基础上,要求当事人对对方履行照顾、保护等方面的义务。这种义务在合同法理论上被称为附随义务,而成熟的附随义务(成熟的标志是大量被司法认可)会被具体化、法定化,成为狭义的法定义务(如侵权法上的保护义务、保密义务等)。

信义义务和合同法上基于诚实信用原则产生的义务非常类似。二者有类似的道德基础,都要求当事人诚信行事(*bona fides*,good faith)[20],都属于非具体的义务,属于抽象的法律约束,需要在实践中通过判例和解释而具体化,因而很大程度上属于司法的创设,均对司法提出了较高的要求。

合同法上基于诚实信用原则而产生的义务对应信托法上以忠实义务为核心的信义义务。二者的不同之处在于:为了使合同目的得到顺利实现,诚实信用原则只要求当事人对对方的利益给予合理的关注和照顾,其本质仍然是利己的;而信托法中的信义关系和信义义务要求受托人为了受益人的利益行事,不能考虑自己的利益,是利他的。信义关系(fiduciary relationship)不同于合同关系,合同关系中双方处于平等的地位,当事人之间的利益是对立的,最多只有根据诚实信用原则而产生的附随义务,而这种义务的内涵是在不直接让渡自己的

---

[18] 罗马法之后,善意(bona fides)就具有"用来确定由这些法律关系产生的个别义务的标准"的作用。参见〔德〕迪特尔·梅迪库斯:《德国债法总论》,杜景林、卢谌译,法律出版社 2004 年版,第 118 页。目前的民法理论承认合同法上的附随义务是基于诚实信用原则产生的义务。参照北川善太郎『債権総論』,有斐閣 1996 年版,28 页;参见江平主编:《民法学》,中国政法大学出版社 2007 年版,第 470 页。

[19] 〔德〕迪特尔·梅迪库斯:《德国债法总论》,同前注[18],第 4—6 页。

[20] 几乎所有的英美法的信托法著作和法律在定义"fiduciary"的时候都用"good faith"或者类似表述,说明二者具有大致相同的基础。例如,UTC § 801. Duty to Administer Trust. Upon acceptance of a trusteeship, the trustee shall administer the trust in good faith, in accordance with its terms and purposes and the interests of the beneficiaries, and in accordance with this [Code]. 另外,Restatement of trust law (3d) § 76 也有类似规定。探讨信义关系的经典作品中也是如此定义信义关系,See James Edelman, "The Role of Status in the law of Obligation", in Andrew S. Gold and Paul B. Miller (eds.), *Philosophical Foundations of Fiduciary Law*, Oxford University Press, 2014, p. 23. 我国《信托法》甚至直接用诚实信用来指代信义义务(《信托法》第 25 条),虽然混淆了诚信原则所产生的义务和信义义务,但是也确能反映两种义务存在类似的内核。

利益的前提下顾及对方的利益，使之不受不必要的损害。也就是说，即使是合同法中发展出诚实信用原则，这也是以承认合同关系的利己性为前提的。而信义关系和信义义务要求受托人为了受益人的利益行事，至少在形式上，受托人的行为是利他的，受托人为了受益人的利益应履行积极管理和处分的行动义务。信义义务体现了一种更高的要求，具体体现在：信义义务是一种利他的义务；而且，这种义务已经被法定化，信托法和其他信义法（fiduciary law）大都明文或者默示承认类似的规则。

当然，基于信义关系而产生的义务和基于诚实信用原则而产生的义务的区分并非截然，而是渐进的，无法划出清晰的界限。信义关系甚至"受信人（fiduciary）"这些词汇和罗马法上的"诚实信用"一词在语源上相同，都表示受信任的人要对他人负起"最大善意（utmost good faith）"、特别的信任（special confidence）与诚意（candor）的责任。[21] 可以认为，诚实信用原则是适用于整个民商法领域的原则，而信义义务、特别是其中的忠实义务可以被看作是诚实信用原则在民事特别领域（如商法领域）的特别形态，二者共享要求当事人秉承诚实和善意行事的内核。

（二）信义义务产生于合同约定的不足

理想的合同关系被认为能准确地、详尽无遗地规定合同当事人的权利义务，当事人只需严格按合同的要求行事。如果当事人能这样通过合同清晰约定双方的权利、义务和责任，信义义务就没有存在的必要。正是因为合同是不完备的，无人可以签订"完美的合同"，信义义务就产生了。[22]

罗马法上的严法合同和诚信合同的区分提供了绝佳的例证。严法合同的债务人只需严格依照合同的规定履行义务，凡合同未规定的事项，债务人无需履行。对合同的解释，只能以合同所载的文字含义为准，法院针对严法合同纠纷，只需要按照合同强制执行即可，没有任何裁量的余地。而与此相对的，诚信合同则承认合同在调整合同关系时人们预见能力的不足。诚信合同的债务人不仅要承担合同规定的义务，而且要承担诚实、善意的补充性义务。如合同未规定的事项照通常人的看法应由债务人履行，债务人应为履行。显然，诚信合同比之严法合同，对当事人提出了更高的要求，因为诚信合同的当事人不仅要承担合同规定的义务，同时要具备善意诚实的内心状态。这是由诚信合同的特点所决定的。这些合同中的几种类型如合伙、委任、雇佣，具有很强的人身信任

---

〔21〕 *Black's Law Dictionary*, 6th edition, p. 625.

〔22〕 See Frank H. Easterbrook & Daniel R. Fischel, *The Economic Structure of Corporate Law*, Harvard University Press, 1996, pp. 90-93. 中译本参见〔美〕弗兰克·伊斯特布鲁克、〔美〕丹尼尔·费希尔：《公司法的经济结构》（中译本第二版），罗培新、张建伟译，北京大学出版社 2014 年版，第 90—93 页。

性质,在这些合同的履行中,当事人的相互信任以及由此产生的合作精神,比严密的合同条款起着更大的保障作用。[23] 现代经济学的非完备合同理论(incomplete contract theory)提供的论证异曲同工。[24]

合同关系中诚实信用原则在某种程度上起到了对合同法上任意性规则和当事人约定规则不足的补充作用。同样,信义关系中的信义义务和诚实信用原则产生于同样的道德基础,也有把道德规范上升为法律规范的功能,起到了填补当事人约定不足的作用。

(三)信义义务并非约定义务

在我国,虽然信托关系大多是通过委托人和受托人之间缔结合同的方式构建,但是,信义义务主要体现为受托人对受益人的义务(虽然不能排除对委托人的义务),这种义务无法简单地理解为受托人对受益人的约定债务。

信托的结构中存在三方主体:委托人、受托人和受益人。现实中虽然主要存在的是自益信托(委托人=受益人),但是从法律身份上委托人和受益人的法律角色是不同的。委托人作为信托合同当事人设立信托之后,主要以监督者的身份存在,在信托存续期间受托人主要履行对受益人的义务,而受益人却并非信托合同的当事人,所以几乎无法从合同关系导出信义义务。[25] 当然,或许可以用第三人利益合同理论来解释受益人如何突破合同的相对性原理取得合同权利的,但是信托不是第三人利益合同,这在理论上早有定论。况且,受托人对受益人的义务内容也超出了委托人和受托人之间通过信托文件所约定义务的范畴。把受托人的信义义务仅仅当作对委托人的义务的观点,暗含着受托人和委托人是合同的当事人,所以其义务来源于信托合同约定这样的逻辑。但是在事实上,受托人的核心义务只有受益人能强制执行,受益人是受托人义务所指向的权利人,虽然这个权利人并非信托合同的当事人。

无论是从我国的信托监管规章还是信托实务,都强调信托的结构中受托人以信托财产为限向受益人承担的并不是约定债务,借以揭示商事信托作为一种投资者风险自负的权益型投资之显著特点。[26] 例如,《信托法》第 34 条规定,"受托人以信托财产为限向受益人承担支付信托利益的义务",《信托公司管理

---

[23] 参见徐国栋:《民法基本原则解释:成义法局限性之克服》,中国政法大学出版社 1992 年版,第 81 页。

[24] 未来不可预测,人们不可能在合同中做出完美的约定。这样,一方享有剩余权利就成为必然。See Grossman, Sanford J. & Hart, Oliver D., "The Costs and Benefits of Ownership: A Theory of Vertical and Lateral Integration", *Journal of Political Economy*, 1986, pp. 691-719.

[25] 道垣内弘人『信託法理と私法体系』,有斐閣 1996 年版,21 页。在对委托人关系上,根据我国信托法,受托人对作为信托合同当事人的委托人负有信义义务可以说有一定合同法的基础。但是在普通法上,特别强调信托并非合同,例如,在美国经典的信托法著作中给信托下定义的时候强调信托中存在的信义义务是受托人对受益人的信义义务。*Supra* note [13], pp. 1-2.

[26] 因此,受托人对受益人不存在所谓"兑付"义务,因此才有"打破刚兑"之说。

办法》第 3 条干脆规定:"信托财产……不属于信托公司对受益人的负债",二者都揭示了受托人对受益人义务的特殊性;虽然说信托财产不是受托人对受益人的负债并不意味着受托人对受益人的义务不是债务,但是如果非要把受托人的义务理解为一种债务履行的话,从内容上看这种债务也只能理解为一种方法之债或行为之债(obligations de moyen)而非结果之债(obligations de résultat),受托人谨慎管理义务类似侵权法上的注意义务,而并非委托人可以在信托文件中详尽约定行为标准的约定之债。而受托人的忠实义务不管当事人是否在合同中加以约定都必然存在,其非约定性殊为明显。

在债法上,按照债的发生(法定和约定)和债的标的的划分是两种截然不同的划分,但是对行为之债这样一种特殊劳务之债的关注比较少。实际上,民法中重点关注的是财物之债,对劳务之债关注得比较少,对劳务之债当中的行为之债关注得更少。行为之债中,无法明确约定债务人履行的结果,是否构成债的完全履行多数场合无法根据合同的明确约定判断,因此这种债的成立虽然是通过合同,但是,债务人的义务更多地要靠客观的法定标准来衡量。特别是在金融领域,信托受益人的权利和股权具有类似性,信托受托人的义务和公司管理者的责任具有类似性,很难完全用约定的方式确定管理者广泛繁复的行为范围。[27] 也就是说,在我国的信托实务中和现有规则下,信托受托人对受益人的义务并非完全的约定之债。

三、信义义务的法定性

由于信托关系大多是通过委托人和受托人签订信托合同(这里不讨论用遗嘱或宣言的形式设立信托,无论遗嘱还是宣言都是法律行为)来构建,把信托当事人之间的关系理解为合同关系,把受托人的信义义务理解为约定义务,把违反信义义务理解为违约都是非常自然的误解。但是,信托法上受托人的义务是包括约定义务和信义义务在内的义务群,违反信托有可能构成违约,但是不必然是违约,更多的可能是对信义义务这种法定义务的违反。

(一)信义义务的抽象性

《信托法》存在大量关于受托人义务的规定。[28] 除了第 25 条第 1 款规定

---

[27] 详见赵廉慧:《信托法解释论》,中国法制出版社 2015 年版,第 443 页以下。

[28] 《民法典》第 84 条规定了营利法人之"受信人"的信义义务,该条规定:"营利法人的控股出资人、实际控制人、董事、监事、高级管理人员不得利用其关联关系损害法人的利益。利用关联关系给法人造成损失的,应当承担赔偿责任。"该条可以被理解为是民商法中关于信义义务的最高位阶的法律规定,但遗憾的是,该规定是残缺不全的,第一,它只规定了受信人义务中的忠实义务中的一部分——关联交易,甚至连关联交易的这一部分规定本身也是不完全的。第二,此条只是针对受信人关联交易给法人造成损失的情形的责任,而受信人违背信义义务并不以给法人带来实际的损害为条件。

了受托人有"遵守信托文件"的约定义务之外,其余举凡忠实义务、善管注意义务、分别管理义务、亲自执行义务等,都是法定的义务。2019 年 11 月最高人民法院公布的《全国法院民商事审判工作会议纪要》的引言中也承认信义义务首先是一种法定义务。

信托法关于受托人义务规定经常被抱怨具有抽象性、不具可操作性,无法产生清晰准确之预期,于是就有人草率地建议修改法律,完善相关规定,以达到法的实现的效果。其实,这是一种误解,对立法的迷信是其根源。一个没有经过谨慎论证的崭新立法可能会带来更多的混乱和不公。笔者虽然不反对修改法律使信义义务的规则更具体和详尽,监管规则和行业自治规则也正在使受托人的义务具体化,但受托人义务规则的抽象性是不可避免的。

如前所述,民事义务的产生主要有三种方式:当事人的约定(约定义务)、法律的直接规定(狭义法定义务)和司法创设(法定义务)。由于信义关系的特殊性,通过当事人详尽约定确定受托人义务以及通过立法规定受托人义务的明晰规则是很难实现的。第一,当事人仅有有限理性。在约定义务方面,信托行为当事人(委托人和受托人)在知识、信息、专业技能方面是不对称的。特别对于委托人而言,无论其如何努力规划,都无法通过完美合同条款保护自己和受益人。更何况,信义义务主要是针对受益人的义务,而受益人并不是信托行为当事人,不可能通过事前的约定保护自己的利益。所以,受托人义务不能仅仅是约定义务。第二,立法者的有限理性。为了保护委托人和受益人,现代信托法基本上都把受托人义务规定为一种法定义务。即使当事人没有对受托人的义务进行详尽的约定,受托人的行为应当符合法律对其设定的基本要求。但是,要求立法对受托人的行为标准作出事无巨细的规定是不现实的。立法者也是人,而人的理性是有限的:过分严厉的受托人行为标准会限制受托人的裁量权,不利于受托人积极履行职责;而过分宽松的受托人义务对受托人不能产生实质的约束。立法者面对社会生活的复杂性无法扮演全知全能的上帝角色。这是法典化必然要面临的困境。英国的詹金斯委员会(Jenkins Committee)曾经在其公司法修改报告中指出:"将董事义务法典化不仅在立法技术上不可行,即便当事人能将董事义务完备规定,也会因成文法所固有的滞后性而出现法律漏洞。"[29]信托受托人义务也是如此。

类似问题在公司法、信托法为代表的财产管理法领域和侵权法领域广泛存在。由于人类行为的复杂性,注意义务的标准无法用一个详尽的法典加以概括规定。行为自由和社会秩序之间一直存在着紧张关系,在抽象的受托人义务的

---

〔29〕　Jenkins Committee:Report of the Company Law Committee,1962,p.30.转引自林少伟:《英国现代公司法》,中国法制出版社 2015 年版,第 10 页。

规范之下,立法、行政监管部门等当然可以努力归纳受托人行为的类型,作出规范的受托人行为指引,但就受托人的某一特定行为是否违反了信托义务,仅仅靠立法是无能为力的。即使对作为消极义务的忠实义务,虽有不少国家的立法和判例对忠实义务类型化进行了尝试[30],但是仍然无法穷尽违反忠实义务的类型。而且,在具体案件中判断忠实义务是否成立,仍然是法院的艰巨任务。

需要强调的是,在说信义义务是法定义务的时候,其内涵不仅仅是指该义务由法律作出规定,而更重要的是指通过司法的干预对受托人滥用裁量权的行为进行限制。[31] 对于如何把立法确定的抽象法律义务转变成受托人的具体行为规则,实体法似乎很难胜任。因此,应明确承认法院必要的裁量权,让人民法院在立法和合同确立的规则框架中,根据具体情形,综合平衡各种价值,作出裁决。[32] 通过司法创造性的、可累积的劳动,逐渐形成比较清晰的规则。这也是使纸面上的规则变成"活法(living law)"的必经之路。

(二) 信义义务的边界:约定和法定的互动

对于信义义务到底是一种约定义务还是法定义务,一直存在争议。英国著名信托法学者潘纳(Penner)教授在其教科书中明确指出,这种义务和责任绝非合同义务和违约责任。[33] 而实践中,由于信托和其他信赖关系多以合同的方式构建,人们多把这种关系和合同关系混为一谈,在出现纠纷的时候仅仅按照违约处理。这对保护受益人的利益而言是不充分的,也是不恰当的。[34] 信义义务是针对那些对于别人的事务手握裁量权的人所施加的一种特别的法定义

---

[30]　例如,《美国统一信托法》(UTC)作为示范法,其第802条用大量的条文界定忠实义务的边界和违背忠实义务的例外,但是对将违背忠实义务的行为类型化几乎没有作为。《日本信托法》第31条将违反忠实义务的行为类型化为:(1)将信托财产归属于固有财产或者将固有财产归属于信托财产;(2)将信托财产归属于其他信托财产;(3)在从事信托财产和第三方交易之时,成为第三方的代理人;(4)就固有财产所负债务以信托财产设定担保;以及其他就信托财产的行为使受托人或其利害关系人与受益人产生利益冲突。但是,仍然不能穷尽违反忠实义务的类型。

[31]　我国实务界的一个常见误解是,信托文件(特别是信托合同)规定的义务是约定义务,如果信托文件授予受托人广泛的裁量权限,即使给信托财产带来损害,受托人也可以其享有裁量权作为抗辩。事实上,信托法上以忠实义务为中心的信义义务是法定义务,也即受托人的裁量权行使要受法院的干预,受托人享有就信托事务管理的宽泛的裁量权,但是这种裁量权的行使要受法院的裁量权的限制。因此需要再次强调:不能把信托义务降格为约定义务。美国法上关于法院对受托人的裁量权加以干预的最近案例为:In re Estate of Alexis, 744 N. W. 2d 514(Neb. Ct. App. 2008)。

[32]　对于人民法院滥用这种裁量权的担心,个人以为没有必要过分夸大,如果建立"遵循先例"的原则,确立法官的"论理"义务,恰恰构成对法院裁量权滥用的限制。不管是大陆法系还是普通法系,承认法官的裁量权,逐渐确立判例的约束力,都是一种必然。

[33]　潘纳教授以一种半开玩笑的口吻说,"如果你能在分析案件之时把握并牢记其间的区别,你就可以自命为这个领域的专家了,因为法官们和评论者经常把这二者混为一谈"。J. E. Penner, *The Law of Trusts*(4th ed), Oxford University Press, 2005. p.23, p.342.

[34]　参见许浩:《渣打理财账户余值归属再起纠纷》,载《中国经营报》2012年4月23日,B2版。

务。信托受托人、代理关系中的代理人或者公司的董事在行使裁量权的时候若从事利益冲突的行为，或者从事了超过其裁量权范围的行为，就违反了信义义务。

潘纳教授认为，理解信义义务的关键是，若他们违背的义务不是信义义务的话，他们的行为可能是完全正确的。例如，受托人有把受托财产投资于股票上的权能，他把自己持有的股票卖给信托财产的时候可能并不违反信托的约定，因为信托条款允许他买卖股票。他所违反的是信义义务，因为他在决定股票价格的时候很明显会有利益冲突。这就是信义义务的功能——他可以使一个原本可能是完美和适当的行为转变成一个错误的行为，原因就在于他的行为会导致利益冲突。[35] 因此，当一个行为无论如何考虑都是错误的时候就用不着再考虑信义义务，比如在信托合同中原本就明确禁止受托人投资于股票的时候，受托人的行为构成信托约定义务的违反（违约）而非对信义义务的违反。因此在行为违反合同的时候，就没有必要把这种行为处理成违反信义义务。[36]

信托法上信义义务发展演进的过程，体现出了信义义务和约定义务的互动关系。根据美国信托法教授约翰·朗拜因教授的研究，信托法从古典时代到现代社会的发展过程中，出现一些重要的变化，例如信托财产从不动产变成金融资产，受托人从个人转变成机构，由此受托人的信托事务中的包括投资在内的主动管理职权或者裁量权在扩张（empowerment），而限制受托人裁量权的方法已经不再适合恢复到古典时代的禁止和限制（disempowerment），而是通过信义义务的方式制约受托人的裁量权。在信托法发展的早期，受托人谨慎义务的规则是：除了信托文件有授权和法律有授权，受托人原则上没有投资权等裁量权（prudent man rule）；在现代社会，受托人义务的规则是除了信托文件有限制或者法律有限制的情形之外，受托人原则上有广泛的裁量权（prudent investor rule）。[37] 法律关于受托人义务的规则是抽象的缺省性规则（default rule）：在传统信托法上，虽然受托人原则上没有被授予宽泛的权限如投资权或者出售不动产的权利，但是委托人可以在信托文件中授予其种权利；在现代信托法中，虽然原则上受托人享有广泛的投资权等裁量权，但是，委托人可以在信托文件中限制他这样做。不同时期缺省规则的差异在当事人没有特别约定的场合才显现出来。在现代社会，既然受托人享有广泛的剩余权利——裁量权，因此就负有更广泛的剩余义务——信义义务，尽管信托文件没有约定受托人有某种行

---

[35] *Supra* note [33], pp. 342-343.

[36] 对违反信义义务所提供的救济是衡平法上的救济，而衡平法的救济遵循一个原则，就是只有在其他的救济（普通法上的救济）是不充分的时候才能启动。

[37] See Langbein, John H., "*The Rise of the Management Trust*", Yale Law School Legal Scholarship Repository, 2004, pp. 52-57.

为义务,但是,如果这是作为一个受托人应当从事的行为(如下文案例中所示的设定止损线),当事人没有去做,信托文件也没有特别约定排除这种行为义务,受托人仍然构成义务违反。

概括起来,信义义务作为受托人义务的一部分,是当事人无法明确约定的、约束受托人剩余裁量权的"剩余义务",当事人的约定改变着受托人信义义务的边界。

(三) 两种主要信义义务的法定性

受托人义务的"车之两轮"分别是忠实义务和善管注意义务,受托人的其他义务都和这两个主要义务有关。

一般认为,信义义务的核心是忠实义务,即受托人不得从事利益冲突行为的义务。那么善管注意义务是不是信义义务呢?英国学者潘纳在其信托法著作中没有明确回答,但是从其表述中可以看出他认为信义义务主要是指忠实义务。英国的弗戈(Virgo)也认为受托人的主要义务是忠实义务,受托人负有的一系列与管理信托和处分信托财产相关的义务并不是信义义务。[38] 但是,美国学者伊斯特布鲁克和费希尔(Easterbrook & Fischel)则认为,善管注意义务也属于信义义务。他们从法经济学的视角出发,认为如果受托人按照某一客观的标准从事受托行为能得到特定数额的补偿的话,违反善管注意义务是没有达到应当达到的行为标准却得到赔偿,而违反忠实义务则是从事该行为得到了超出预定数额的补偿。二者同样属于代理成本问题和利益冲突行为,这些行为都减少了受益人的利益。[39] 法经济学的解释在建立统一的分析框架方面具有一定的说服力,但该理论混淆了忠实义务和善管注意义务的界限。从法律上区分忠实义务和善管注意义务还是十分必要的,二者的实质差异非常明显(正如法经济学可以尝试用同一个分析框架分析侵权和违约,但是二者仍然存在着巨大的差异)。法学者可以轻易把积极从事向自己(一方)输送利益的行为和消极地不付出努力减少信托财产利益的行为混淆在一起,却不能轻易地认定二者同样属于利益冲突违反的行为。忠实义务是受托人义务中的消极方面,主要是限制受托人不得从事利益冲突的行为;善管注意义务主要涉及受托人义务的积极方面,目的是确定受托人的行事规则。

在承认忠实义务和善管注意义务之间巨大差异的前提下,笔者认为,善管注意义务和忠实义务都产生于不对等的信义关系,而和普通侵权法中的善管注意义务判然有别;这两种义务都阐述限制受托人裁量权滥用的必要性。姜雪莲

---

[38] *Supra* note〔33〕, pp. 22-25. 另参见同前注〔14〕,第648页。

[39] *Supra* note〔22〕, p. 103. 美国著名的信托法学者朗拜因教授也认为信义义务包括忠实义务和谨慎管理义务。See Langbein, John H., "*Mandatory Rules in the Law of Trusts*", *Northwest University Law Review*, vol. 98, no. 3, pp. 1105-1128。

在研究忠实义务的时候,指出忠实义务的产生也是来自对受托人裁量权的控制的必要性。如前所述,信托产生初期,受托人的义务主要是消极的,对信托财产甚至没有处分的自由,更谈不上有裁量权,也就谈不上对裁量权的限制;后来,信托受托人取得了比较多的裁量权,包括处分和分配的裁量权,如果受托人滥用这些裁量权向自己和自己的关系人输送利益,即构成裁量权滥用,此种裁量权滥用不是善管注意义务所能够容纳的,于是,独立于注意义务的忠实义务就产生了。[40] 同样的逻辑,如果受托人滥用裁量权或者不当运用这种裁量权,比如投资权,此时违反的是善管注意义务。善管注意义务作为一种法定的义务,其主要功能也是控制受托人裁量权的滥用或者不当行使。总之,善管注意义务和忠实义务都属于当事人无法约定的剩余义务和法定义务,因而都是信义义务。

1. 忠实义务是法定义务

忠实义务是最具代表性的信义义务,是信义义务的核心。不管信托文件中是否约定受托人的忠实义务,忠实义务都一直存在。忠实义务的规范基本上属于禁止性规范,都是受托人不得从事的利益冲突行为。信托法、公司法和代理法中,关于忠实义务的规范大致可以被类型化为禁止自我交易、禁止双方代理、禁止竞争行为、禁止从受托财产中取得约定以外的利益、禁止利用受托人的地位所取得的机会为自己或者关联人谋取利益、禁止取得回扣等。[41] 由于忠实义务在法律上已经被类型化,所以对忠实义务为法定义务的争议较小。

为了保护受益人的利益,忠实义务的规则是无过错责任的规则,受托人甚至无法通过证明自己无过错免除责任。

2. 善管注意义务亦为法定义务

善管注意义务的标准和侵权法上侵权人的注意义务标准类似,都是一种客观的、抽象的标准,是受托人作为受托人应当承担的义务。受托人注意义务的内容当然可以通过约定加以明确,但是,当信托合同没有明确地约定受托人义务之时,原则上受托人的义务是尽力而为而非得到某种结果,即他应当采取处在该位置上的人所应当采取的注意标准处理受托事务。若低于这个标准,则属

---

〔40〕 参见姜雪莲:《忠实义务的功能:以学说为中心》,载《中国政法大学学报》2016 年第 4 期,第 123—133 页。

〔41〕 关于自我交易和信托财产及固有财产之间的交易,"陈智军和叶凡被举报内部认购高额收益的理财产品,涉嫌利益输送……宏源证券在处理内部认购的理财产品时,可能挪用了其他专户的资金,亦是其高管被调查的原因之一。"王晓璐:《传宏源部分产品认购资金来自政府人员违规输送利益》,载《财经》2013 年 10 月。关于提成和回扣,参见吕方锐:《国内信托业第一案:甘肃信托高额提成惹出贪污官司》,载《华夏时报》2017 年 11 月 10 日,第 007 版;调查。关于内幕交易,参见闫晶滢:《证监会严查内幕交易 吉林信托被罚没 8746.64 万元》,载《证券日报》2017 年 12 月 29 日,第 B3 版。

于义务违反,即便信托文件没有为受托人约定有如此义务。善管注意义务和忠实义务(忠实义务至少可以类型化)相比更为抽象,下面通过一个真实案例加以分析。

> 案例:2007年12月,某信托公司发行证券投资集合资金信托计划,一年后信托计划出现投资亏损,几名投资者诉至法院。投资者主张,信托公司及投资顾问在操作中存在满仓操作,高买低卖的行为,并且在股市出现反弹行情时"踏空",信托计划没有设置止损制度,由此可见信托公司没有尽到恪尽职守、谨慎、有效管理信托财产的义务,存在严重过错,对信托财产的大幅亏损负有不可推卸的责任。信托公司则主张,2007年10月开始沪深股市大幅剧烈下跌,信托财产严重亏损,并非受托人的过错造成的。由于该产品没有约定进行整体止损,仅约定了投资单只证券的止损,信托公司无权进行整体止损操作,投资损失是市场行情所致。[42]

社会经济结构复杂化、专业分工细化,使得人们在社会活动中对专业技能和专业知识服务的需求增加。信托公司等受托人作为取得国家许可的资产管理资格的专业机构,工作性质具有高度的专门性。判断受托人处理信托事务是否尽到了善管注意义务,要参照同业的管理能力和业绩,看其是否符合相同职业或行业中一个合格的且具有普通谨慎的从业人员在相同或相似条件下所应采取的行为标准。该标准不是统一的,在不同的职业或行业领域有不同的标准。本案中的信托公司应当以最大的努力关注和研究资本市场、证券交易,做到像一个具有相当知识和经验的专业资本市场参与者所能达到的注意程度。在进行证券投资之前,应以合理的注意,对投资对象进行充分的调查、研究论证,并在投资操作中谨慎行事,遵守分散投资等原则,不从事投机冒险的证券投资活动。

在本案的情形中,需要看一个合理的管理人在这种情况下是否存在整体止损的义务。信托文件没有规定受托人的整体止损义务并不能排除受托人有这样的义务——受托人有概括的剩余管理权,同时即意味着其应承担概括的管理义务。而且,在确定损失的时候,应区分因市场带来的不可避免的损害和因受托人怠于履行义务而带来的损害。

具体而言,在判断一个受托人是否存在违反义务行为之时,首先看信托文件中的约定,有能力的委托人可能会通过信托文件的详尽约定受托人义务的方式控制受托人。即使信托文件没有约定受托人的义务范围,也应看受托人的行为是否违反该行业的受托人的一般的行为标准,还要看该受托人本身是否有超

---

[42] 本案例摘编自李宪明:《信托制度司法实践的主要问题与对策建议》,载王丽娟主编:《中国信托业年鉴(2011—2012)》,中国金融出版社2012年版,第469—470页。

越一般行为标准行事的义务。特别是在营业信托中,还要看受托人的行为是否具有下列特点:是否违反信息披露义务、特别是关于信托的风险的披露;有没有不当地诱导委托人购买信托产品;是否进行必要的风险承受能力评估;是否从事了利益冲突的行为(很多违反忠实义务的行为同时也构成对注意义务的违反);是否违反了监管机构关于信托产品管理的相关规范等。

2014年4月,银监会发布了《关于信托公司风险监管的指导意见》[43](业界称之为"99号文"),从中可总结出来对信托业"七个尽责"的要求:产品设计尽责、尽职调查尽责、风险管控尽责、产品营销尽责、后续管理尽责、信息披露尽责及风险处置尽责,这是对信托公司作为营业信托的受托人事前、事中和事后谨慎管理义务的细化,可作为判断受托人是否履行了谨慎义务的重要参考。另外,中国信托业协会2018年组织制定了《信托公司受托责任尽职指引》,该"指引"分别规定了总则、尽职调查与审批管理、产品营销与信托设立、运营管理、合同规范、终止清算、信息披露、业务创新、自律管理及附则十部分,对信托公司受托人的尽职管理义务进行了细致的规定。[44] 为司法判断是否构成谨慎义务违反提供了更明晰的标准。

在本案中,如果在信托文件中设置整体止损是信托公司控制风险的一般做法,该信托公司没有在信托文件中约定整体止损即为违反义务。

另外,在"甘孜州农村信用联社股份有限公司、四川科亨矿业(集团)有限公司合同纠纷二审民事判决书"中,最高人民法院认为,"合同法、信托法以及金融监管部门有关规范性文件规定了委托合同或信托合同受托人应承担的法定履职和尽职义务,即使当事人之间所签订的合同中未作约定,如受托人违反该法定履职或尽职义务并因其过失给委托人造成损失的,亦应根据其过错情形承担相应的民事责任"[45],即资管业务中受托人的受托义务具有法定性,这是最高人民法院较早明确承认信义义务为法定义务的案例。但不能改变我国法院整体上仍然把信义义务认为是约定义务,把违反信义义务按违约对待的现实。

四、信义义务的任意性

信义义务既然属于法定义务,信义义务的相关法定规则如何能同时又是任

---

〔43〕 银监办发[2014]99号。

〔44〕 该"指引"虽然主要是关于谨慎义务的规定,但是似乎并没有特别区分忠实义务和谨慎义务。

〔45〕 参见甘孜州农村信用联社股份有限公司、四川科亨矿业(集团)有限公司合同纠纷二审民事判决书,(2017)最高法民终880号。另外在"中信信托有限责任公司等营业信托纠纷二审民事判决书"中,审理法院认为:"对风险的提示说明义务系受托人的法定信义义务,谭业峥作为受益人,其自身对风险的了解程度并不必然导致中信信托公司充分提示说明义务的减轻或免除",也认为信义义务为法定义务。参见中信信托有限责任公司等营业信托纠纷二审民事判决书,(2018)京03民终13860号。

意性规则？这似乎是一个非常令人困惑的问题。

信义义务作为对受托人行为的限制，无法提供绝对清晰的行为标准和欲禁止行为的清单，只能是抽象的规定，这给当事人进行约定留下必要空间。信义义务和传统法定义务的主要区别在于，当事人对信义义务的具体内容和标准可以进行一定的约定。如果承认信托法为私法的本质，我们既需要法定的规则来保护弱势的一方，也仍然需要承认除了某些不可完全约定削减之核（irreducible core）外，其绝大多数的规则具有任意法属性。[46]

我国《信托法》上关于信义义务的部分规则属于任意性规则，当事人可以通过意定的方式加以部分修改，但是不能完全排除，后者则体现了信义义务的强制性。

第一，关于善管注意义务。信托法关于谨慎义务的规定为强制性规定，受托人的谨慎义务是客观的义务。由于法律无法提供明晰的行为标准，受托人可以在信托文件中明确约定自己行为的边界和义务的边界。善管注意义务的内容可以通过约定加以明确和具体化，既可以通过约定的方式加以强化（比如，受托人允诺自己有超出一般受托人的管理能力，没有达到如此标准，则构成义务违反），也可以通过约定予以减轻。所以，信托法上关于受托人义务的法定规则属于可以通过约定加以变更的任意性规则。

第二，关于忠实义务。忠实义务是一种高度法定化的义务。但即便是如此严格的规则，也可以通过约定加以改变。忠实义务的本质是限制受托人从事利益冲突的行为，如果能保证信托目的、受益人或者信托财产的利益不受损害就不应采用过分严苛的信义义务，过分刻板的信义义务将会限制受托人灵活管理信托，也会导致很多交易无效，这不利于受益人利益的保护[47]。

《信托法》第 28 条但书规定了利益冲突行为禁止的例外规则。只要在程序上对委托人或者受益人进行了知情告知（informed consent），并以公平的市场价格进行交易（fair dealing），原本禁止的违反忠实义务的行为就被"正当化"了。而知情告知是一种约定和协商的意定机制。可以看出，就算是信义义务中最严格的忠实义务，也有通过约定加以减轻的可能。当然，忠实义务的核

---

〔46〕《美国统一信托法》第 105 条重申了该法原则上是任意性规定（default rule），但是该条详细规定了作为例外的强制性规定（mandatory rules），一共有 14 种情形，其中第二种情形即是关于受托人义务的规定，该条确定受托人依照信托条款和信托目的，为了受益人的利益诚信行事（in good faith）的义务是强制性的。See, UNIFORM TRUST CODE § 105. 但即便如此，也不能由此认为受托人的信义义务无法容纳信托当事人一定程度的意思自主因素的介入，只要这种介入不构成对信托的不可削减之核——"诚信行事"的削减即可。日本学者能见善久教授主张受托人义务的规则属于任意规则，日本信托法学者编写的信托法注释书"条解"中亦采此种见解。参见〔日〕能见善久：《日本新信托法的理论课题》，赵廉慧译，载《比较法研究》2008 年第 5 期，第 153—160 页；道垣内弘人编著『条解信託法』，弘文堂 2017 年版，201 页。

〔47〕 *Supra* note〔37〕，pp. 52-57.

心——诚实行事（good faith）在不少国家的法理中是不可约定削减的，正如合同法中的诚实信用义务是无法削减的一样。不过，如果把忠实义务理解为对形式意义上利益冲突行为的禁止，若能通过正当程序防止这种行为发生实质侵害，可以理解为忠实义务也可以通过知情同意这样的一个约定机制加以削减。

美国学者塔玛·弗兰科（Tamar Frankel）主张，信义义务的规则多应被视为是任意性规则，受托人在经过两个程序后可以免责：第一，受托人必须清晰告知委托人，就某些被免责的事项，委托人不能再依赖受托人，委托人必须自己保护自己；第二，受托人必须向委托人提供因其地位所能取得的一切信息以便委托人作出独立的免责决定。[48] 似乎可以认为，履行知情同意（informed consent）程序对于约定减轻忠实义务和善管注意义务都是适用的。[49]

在讨论信托法中的约定义务和法定义务的关系的时候，民法中的一般原理仍然是适用的。信托法中一般法律规则毋宁被看作是委托人设立信托之时的一种"背景知识"。信托法是对委托人和实务家设立信托实践的一种反应，如果实务中人们不断排除一般信托法规则的适用，则暗示着信托法的一般规则可能也需要修改。[50] 问题是，当事人在信托文件中可以在多大程度上修改或者排除受托人在信托法上的一般义务？

需要强调的是：我们承认信义义务的规则有所谓任意化的倾向，但不应该允许受托人全面免除自己的信义义务，否则，受托人可以对受益人不承担任何信义义务，这样有违信托之本质，也不利于对受益人的保护。在信义关系中，受托人不承担任何信义义务的信义关系是不可想象的。最低限度的忠实义务和善管注意义务是受托人义务不可削减之核心。[51]

作为参考，《美国统一信托法》就受托人免责的约定之效力做了如下规定：（a）一个减免受托人违反信托责任的信托条款达到以下程度是不可强制执行的：（1）减免受托人以恶意或者严重漠视信托目的和受益人利益的方式违反信托的责任；（2）该条款是基于滥用受托人与委托人之间的私密或者信赖关系而添加到信托文件中的。（b）受托人起草或提议的免责条款因滥用其信赖关系

---

[48] Tamar Frankel, "Fiduciary Duties as Default Rules", *Oregon Law Review*, vol. 74, 1995, pp. 1210-1215.

[49] 目前也有观点认为，在传统的信托法领域中（主要指民事信托），受托人的谨慎义务不能被商业判断规则减缓；还应该坚持只为受益人利益（sole interest rule）的规则，而不是像公司法中转向为了受益人的最大利益规则（best interests rule）。See *supra* note [16], pp. 41-45.

[50] Sir W. Goodhart QC, "Trust law for the twenty-first century", in A. J. Oakley (ed.), *Trends in Contemporary Trust Law*, Oxford Clarendon Press, 1996, pp. 257-263.

[51] David Hayton, "The irreducible core content of trusteeship", in A. J. Oakley (ed.), *Trends in Contemporary Trust Law*, Oxford Clarendon Press, 1996, p. 47.

或者私密关系无效,除非受托人能证明根据当时情形来看该条款是公平的,而且和委托人就该条款的存在及其内容做了充分的说明沟通。[52] 很显然,该规则是把违反忠实义务和谨慎义务的免责约定做一体调整,都强调诚实(honest)和善意(good faith)是信托法不可约定排除之核;更重要的是,受托人义务并非完全不可减免,而只是一个程度问题。另外的一个例证是,《日本信托法》的修改(2006年)体现了任意规则化的倾向,但是从对其具体的条文(第29条2项、第30条以及第34条)的解释看,当事人只可以通过信托行为减轻受托人的义务,而不能全面免除,否则所设定之"信托"是否为真正的信托就成了问题。

五、信托法是信义关系的基本法

信托是一个具有普遍性的概念,不限于任何特定的法律领域,在一个人为另一个人的利益或者为实现特定目的而持有财产的任何领域中都可以适用信托观念[53]。《信托法》是商事信托、民事信托和公益信托共同的一般法和基本法,这一点是有明确的规范基础的。而且,理论上,信托法一直可以被看作是包括代理法、公司法、合伙法等在内的信义法(fiduciary law)的范式(paradigm)。[54] 信托法所提供的受托人信义义务规则、受益人保护规则在整个信义关系法的领域内均有类似的体现。

(一)信义关系在民商事领域的广泛应用

例如,在非常广阔的民事领域,存在诸如遗嘱执行人、监护人、财产代管人、破产管理人、接管人、托管人等制度设置,把这些法律关系都简单地认定为信托关系可能是草率的,但是,承认其为信义关系似无异议。在原理上,信托法是信义法的典型,正如买卖合同是合同法的典型一样。另外,信义法原理可以在第

---

〔52〕 该条文的英文原文:Uniform Trust Code, SECTION 1008. EXCULPATION OF TRUSTEE.

(a) A term of a trust relieving a trustee of liability for breach of trust is unenforceable to the extent that it:

(1) relieves the trustee of liability for breach of trust committed in bad faith or with reckless indifference to the purposes of the trust or the interests of the beneficiaries; or

(2) was inserted as the result of an abuse by the trustee of a fiduciary or confidential relationship to the settlor.

(b) An exculpatory term drafted or caused to be drafted by the trustee is invalid as an abuse of a fiduciary or confidential relationship unless the trustee proves that the exculpatory term is fair under the circumstances and that its existence and contents were adequately communicated to the settlor.

〔53〕 Donovan W. M. Waters, "The Institution of the Trust in Civil and Common Law", *Collected Courses of the Hague Academy of Institutional Law*, Martinus Nijhoff Publishers, 1995, pp. 279-281.

〔54〕 See *supra* note 〔5〕, p. 169.

三方交易平台所持有的交易资金、外汇保证金交易中的保证金、律师持有的客户资金等广泛领域有者非常强大的解释力。

（二）信义关系在商事金融领域的广泛应用

通常认为，我国目前从事营业信托活动的机构有三大类：第一类是信托公司，被称为"信托综合店"，根据《信托法》和《信托公司管理办法》等法律法规开展各种形式的营业信托活动；第二类是基金管理公司等，属于"信托专营店"，根据《信托法》《证券投资基金法》和《基金管理公司管理办法》等法律法规开展公募的证券投资基金信托业务。第三类，保险公司、银行等也可以成为企业年金信托的受托人，可以兼营部分信托业务，被称为"信托兼营店"。但是，值得关注的是，基金公司、资产管理公司、保险公司、银行甚至信托公司在现实中适用的基本上是其各自监管部门制定的相关行政规范和部门规章，在司法领域，信托法基本上被闲置。这样，委托人和受益人仅靠合同法保护，信托关系仅仅被视为一种新型的有名合同，这对于受益人（金融投资者）的保护是十分不充分的。

解释上，证券法和商业银行法等的规范表明了"业"之分离以及分业监管的观念。这些规范只是从业务监管的角度明确禁止商业银行从事信托业。作为强制性规定，也只能算作是管理型强制性规定。判断某一法律关系之属性及效力的权利属于人民法院，其他行政机关或监管机关都没有这个权力。分业经营分业监管的现实，也要承认商业银行等其他机构客观上兼营信托业的事实，在法律关系上承认其为信托关系，向商业银行的理财部门施加信托受托人的义务，更好地保护投资者作为受益人的利益。

证券法等规定的分业经营、分业监管的要求不能改变资管业务属于信托业务、资管关系属于信托法律关系这一基本法律定性。证券法等确立了银行业、证券业、保险业和信托业等的分业经营分业监管的体制，这只是从监管的角度确立了行政部门在行业监管方面的分工，也确立了各个金融行业的主营业务，但是不能否认信托公司以外的金融机构所"兼营"的资管业务中的法律关系属于信托或者至少是法律关系[55]。《信托法》作为信托基本法，信托法的原理和原则应在上述广义的营业信托领域充分地运用和体现。资产管理行业整体上属于广义的信托业，其各个行业在功能划分、监管体制、监管规则上应有一个统一的、高阶位的规划，否则法出多门，无法保证规则的统一和体系的协调，也会导致业界适用规则方面的混乱，无助于整个行业的健康有序发展。为此，应逐

---

〔55〕　刘燕教授在其论文中指出资管业务组织形态主要采取公司法、信托法、代理法和合伙法等，这些在英美都被称为信义法律关系。参见刘燕：《大资管"上位法"之究问》，载《清华金融评论》2018 年第 4 期，第 25—28 页。笔者和刘燕教授并无争议，只是在具体表述上，笔者以为基于信托法法理的相对完善，可以认为信托法是信义关系的基本法，在其他具体法律规定不明的场合，或者基于监管原因不能明确是信托法律关系的资管业务，在出现纠纷的场合都可以适用或者参照适用《信托法》，特别是信托法的救济。

步确立《信托法》作为资产管理领域的基本法地位,并在时机成熟之时制定信托业法,完善资产管理行业的顶层设计[56]。

（三）信义关系在其他社会领域的应用

信托法还能起到重要的社会功能。目前学界重视的是信托法之交易法侧面的研究,重视信托法作为一种商业制度的重要作用,但其在社会领域所能发挥的巨大功能为我们所忽视。

第一,慈善法作为调整第三领域社会关系（the third sector）的基本法,信托法理在慈善法中具有核心的地位。作为慈善事业两大组织基石的慈善信托和慈善组织都属于信义法：且不说慈善信托本身就属于信托法,慈善组织（法人）的治理结构和行为规则都要遵照信义法理。

第二,我国的年金制度包括以下几种内容:（1）基本养老金。这是作为社会保障制度之一环的根据《社会保险法》而确立的强制性的养老金制度。在过去很长的一段时间,基本养老保险仅仅包括针对企业员工的养老保险,现在并轨之后,事业单位和机关单位也开始适用基本养老金。除了针对有固定"职业"的人的基本养老保险之外,还有覆盖广大城乡居民的基本养老保险。基本养老金在法律上采取保险的保障机制,但是,在保险基金的管理方面,还是应当以信托原理对各方参与机制进行整理。（2）单位年金,包括企业年金、事业年金和机关年金等。单位年金是基本养老金的有益补充。（3）个人年金。完全由个人选择加入的年金计划（如个人年金保险）,目前还很少见。目前,运用信托法原理梳理年金管理体制的研究还比较少,甚至连谁是这个年金信托的委托人、受托人和受益人还存在很多误解,更遑论受托人的职责、义务和责任。[57]

另外,在住房公积金、公共维修基金等等的投资管理方面,都应适用信托法原理,确立基金（资金）管理者的受托人地位,借以强化对受益人利益的保护。我国社会基金余额非常巨大,且关系到社会生活的方方面面,但基金财产归属不明、法律关系不明、责任主体不清、管理体制混乱、监管不力,导致管理效力低下,制度目的无法实现,产生基金被挪用、滥用和浪费等严重后果。目前在该领域内,不仅缺乏完备的法律制度,更极度缺乏体系化的法律原理作为分析和解决问题的基础。信托法理在社会领域内运用的研究,正当其时。

---

〔56〕 2019 年 11 月 8 日,《全国法院民商事审判工作会议纪要》由中华人民共和国最高人民法院印发,其中第 88 条【营业信托纠纷的认定】的第 2 款规定,"根据《关于规范金融机构资产管理业务的指导意见》的规定,其他金融机构开展的资产管理业务构成信托关系的,当事人之间的纠纷适用信托法及其他有关规定处理",承认了非信托公司的机构因从事资管业务而产生的纠纷可以适用信托法,是一大进步。当然,司法的立场确定并不意味着本文对这一观点的学理论证丧失必要性。

〔57〕 参见中国人民大学信托与基金研究所:《中国信托业发展报告（2019）》,中国经济出版社 2019 年版,第五章:信托法律法规评述（赵廉慧执笔）。

（四）信义法提供了独特的民事救济

信托法中的信义义务原理还为当事人提供了一种更为有效的救济。在《信托法》还未出台的 2000 年，最高人民法院运用推定信托的理论为当事人提供救济："本案争议商标是由轻工业品公司基于东明公司的委托和要求而在国内办理注册的。轻工业品公司是相关商标的名义上的权利人，TMT 公司是相关商标的实质上的权利人，在轻工业品公司请求查扣 TMT 公司出口产品的情况下，TMT 公司以委托人的身份请求将 TMT 商标归还该公司，有充分的事实依据。原审法院根据民法通则的有关规定判决将商标权返还 TMT 公司是正确的，但原审判决认定存在委托关系，未考虑该商标是以被委托人名义注册并管理的这一事实，未认定存在信托关系，所作认定欠当。"[58]之后，也有法院判决注意到信义义务的特殊性，认为其不受诉讼时效的限制[59]，"而本案中戴有羽作为分管技术的副厂长与风机厂之间形成受信任关系，戴有羽对风机厂负有忠实义务，即不得处于其职责和个人利益相冲突地位，利用其受信任人地位从厂里获取利益，因而，其取得的购房款系为风机厂所代为持有的。即戴有羽是该笔款项名义上的使用人，风机厂是该笔款项实质上的权利人……因此，戴有羽对该房屋负有返还义务，亦即风机厂可对该房产主张返还的物权性权利，该权利不受诉讼时效限制"[60]。这两个案件的论证逻辑虽然都有不少可商榷之处，但至少都注意到了信义关系和信义义务的特殊之处。

我国《信托法》上最具有代表性的救济是归入权，其规范基础是第 26 条，该条规定："受托人除依照本法规定取得报酬外，不得利用信托财产为自己谋取利益。受托人违反前款规定，利用信托财产为自己谋取利益的，所得利益归入信托财产。"根据该条，凡是受托人利用信托财产为自己谋取约定信托报酬以外利益的，其取得的利益都归信托财产。归入权制度有不当得利等传统救济制度无法替代的一些功能。

第一，在规范的层面，《信托法》第 26 条的规定就不同于不当得利。不当得

---

[58] 广东省轻工业品进出口（集团）公司与 TMT 贸易有限公司商标权属纠纷二审民事判决书，最高人民法院，(1998)知终字第 8 号。

[59] 在英国，根据其 1980 年时效法，两种类型的违反信托行为不受诉讼时效的限制：(1) 违反信托是欺诈性的（a fraudulent breach of trust）；(2) 受托人为其自身的利益保留信托财产。针对其他的违反信托行为的请求受 6 年诉讼时效的限制。See The Limitation Act 1980，s. 21. 在美国不存在统一的时效法，如纽约州没有统一的关于违反信义义务的诉讼时效的规定，在多数案件中，当事人请求衡平法救济（equitable remedies）的诉讼时效是 6 年，See IDT Corp. v. Morgan Stanley Dean Witter & Co., 879 NE2d 268. 而当事人请求法定救济（legal remedies）的诉讼时效为 3 年。可以看出，违反信义义务的诉讼时效虽然并非不受诉讼时效限制，但的确存在一些特殊之处。

[60] 沈阳玻璃钢风机厂与戴有羽借款合同纠纷案二审民事判决书，(2008)沈中民三终第 1445 号。

利以给一方带来损害为条件,而归入权则否,这是归入权制度超越不当得利制度最核心的部分。即使受托人没有给信托财产带来损害,受托人利用信托财产取得的非法利益,仍然应按照"入库"原则归入信托财产。即归入权不以损害为条件,返还的范围以"取得的利益"即"利得"为准。[61]

笔者曾经主张通过改造不当得利制度和无因管理制度来容纳信托法所能提供的特殊救济。[62] 根据之前的研究,我国的司法实践和传统的不当得利理论并不能容纳"利得"大于"损失"这种特殊的情况。《最高人民法院关于贯彻执行〈中华人民共和国民法通则〉若干问题的意见(试行)》第 131 条规定:返还的不当利益应当包括原物和原物所生的孳息,利用不当得利所取得的其他利益扣除劳务管理费用之后应当予以收缴。主导性学说也认为该条规定确立了这样的原则:在所取得的利益与所受的损失不一致时:利益小于损失的以利益为准;利益大于损失的以损失为准;但超出损失的利益在扣缴劳务及管理费后,由法院收缴。[63] 王泽鉴教授也采类似的观点,"不当得利法上应返还的范围,损害大于利益时,应以利益为准,利益大于损害时,则应以损害为准。"至于"超过客观价值的获利究应归属于谁,实非不当得利所能解决"[64]。通过对传统民法规则的解释无法达到让违反义务(特别是忠实义务)的人返还所得收益的效果。

《民法典》第 122 条关于不当得利的规定如下:"因他人没有法律根据,取得不当利益,受损失的人有权请求其返还不当利益",是一个比较抽象的规定,和之前《民法通则》第 92 条的规定相比,进步仅仅在于《民法典》中是从请求权的角度作出的规定,并无根本差异。传统民法关于不当得利的理论无论如何发展,似乎都无法包括信托法中所提供的独特的救济。

第二,在应然的层面,归入权如果能理解为一种类似拟制信托的制度的话,我国信托法关于归入权的行使要件就显得十分不完善。例如,第 26 条规定是"利用信托财产为自己取得利益",这就把利用其作为受托人的地位、取得的信息和机会为自己谋取利益的情形排除在外,对受托人显得格外"仁慈"和宽松。《信托法》应该参照《公司法》第 148 条关于归入权的规定,把很多并非利用信托财产但是违反忠实义务而取得财产的行为包含在内,最典型的是利用"公司机会"为自己牟利的行为("利用职务便利为自己或者他人谋取属于公司的商业机会")。

信托本身所蕴涵的衡平观念是很多财产法救济的基础。我国虽然缺乏衡

〔61〕　根据对不当得利相关规范的解释,不当得利的返还范围以损失为准。

〔62〕　赵廉慧:《作为民事救济手段的无因管理——从准无因管理制度的存废谈起》,载《法学论坛》2010 年第 2 期,第 149—154 页。

〔63〕　佟柔主编:《中国民法》,法律出版社 1990 年版,第 465 页。

〔64〕　王泽鉴:《不当得利》(第二版),北京大学出版社 2015 年版,第 254 页。此说应是台湾地区通说和裁判之观点。

平法的传统,但是并不缺乏对衡平法的救济理念和该理念所代表的救济方式的需求。应以发展拟制信托等法理为契机,整合我国民事救济理论。[65]

信托法是信义关系法的典型。信托法提供了一种财产交易和管理制度,其中关于信义关系的法律规定和相关法理,都为我们提供了一种分析和解决大量的信义关系所产生问题的工具和逻辑,因此,应强化《信托法》作为所有调整信义关系的基本法的地位,对其所确立的关于信义义务的原理、理念和救济方式在所有民商事和社会法领域加以灵活适用。

六、结语

信义义务产生的基本逻辑是:(1) 信义关系双方的地位不对等,一方对另一方存在依赖关系;(2) 被依赖的一方对对方的事务有裁量权;(3) 为了限制这种裁量权的滥用,不能仅仅靠当事人的约定进行限制,立法对被依赖的一方施加法定信义义务是现代信义法中的最核心策略;(4) 立法的规则不可避免具有抽象性,很多时候需要司法在个案中确定信义义务的内涵。

"信义义务是一种法定义务"这一简单的命题包含复杂的、看似自相矛盾的内涵,有时可能会具有误导性,最后对本文的论证做简单的归纳和重申。

第一,确立信义义务作为法定义务的"法",不仅仅是信托法等成文法。信义义务具有较大的抽象性,更需要通过司法裁量在个案判断是否违反信义义务。在英美信托法的历史上,不存在成文的信托法,可以认为最初是由判例法创设了信义义务。即使在存在成文信托法的我国,信托法对信义义务的规定仍然只可能是抽象的,信义义务规则的实施仍然在很大程度上依赖司法在个案中的裁量。

第二,不同类型的信义关系中的信义义务存在差异。在反对把信义义务作为约定义务、反对把违反信托法视为违约的不当观念的同时,须注意信义法中包含各种复杂的类型。在信托法内部,商事信托、民事信托和慈善信托中的信义义务就存在不小的差异。例如,和民事信托的自然人委托人相比,机构投资者委托人更有能力保护自己,其与受托人的关系朝着短臂交易(arm's-length transaction,或译为"公平市场交易")的方向无限靠近,允许当事人通过更多的

---

[65] 英美法在信托管理每一阶段都提供了全面与特别有效的司法监督方案,而在民法法系国家,这些救济行为或者不存在、或者必须通过通常的预备行动。比较法学家往往忽略了这些程序上的差别,他们仅仅以实体财产权对立的概念来解释英美信托法及其与民法法系的区别。所以学者警告说,在民法法系国家由立法部门大笔一挥是难于推行信托法的。参见 R. B. Schlesinger, H. Baade, M. Damaxlca and P. Herzog, *Comparative law: Cases, Text and Materials*, 5th edition, 1988,转引自〔美〕乌戈·马太,《比较法律经济学》,沈宗灵译,张建伟校,北京大学出版社2005年版,第147页,注3。

约定以减轻受托人的义务可能是合理的。[66]

第三,信义义务是法定义务,但是不等于当事人的约定没有存在空间。无论是忠实义务还是谨慎义务,都可以通过事前的约定和事后的协商进行一定的减轻,只有"信义义务之核"不可以通过约定排除而已。英语文献中的确把信义义务称为"mandatory rule"而非"default rule",但不能以此证明信义义务的规则不具有任意性。强制性规则/任意性规则、法定规则和备用性规则二元划分和很多二元划分一样,只是提示性的,很多规则都兼具强制性和任意性两种属性,只是在某一时点某一种属性占比更高一些而已。

(审稿编辑　叶依梦)

(校对编辑　叶依梦)

---

[66] 英国有学者甚至认为,在商业法和衡平法的互动中,商业律师一直有把衡平法驱逐出商业领域的冲动。在商事领域,不像非商业领域那样需要伦理规则的介入,商事合同相关的法律需要确定性,如此商人才能对其商业交易的法律后果保有信心;裁量性救济和衡平法原则可能会妨碍商业领域的确定性,应加以避免。See Alastair Hudson, *Equity and Trusts*, 7th edition, Routledge, 2013, p. 1039. 即使不赞同他的观点,我们似乎也应该容忍商事信托中的当事人通过合理约定来"裁剪"受托人的信义义务。

《北大法律评论》(2020)

第 21 卷・第 1 辑・页 87—106

Peking University Law Review

Vol. 21，No. 1，2020，pp. 87-106

论信用体系的规范构造

——交易成本理论的视角

范良聪　童禹杰[*]

The Normative Structure of Credit System
—A Perspective From Transaction Cost Theory

Fan Liangcong　Tong Yujie

内容摘要：不管是以个体信用、市场征信还是公共信用的形式存在，信用本质上都是一种治理工具，其有助于降低交易过程中的成本并促进合作。作为一种治理工具，信用的治理效果取决于"交易结构"与所选"信用工具"之间的匹配程度。这种匹配意味着信用体系的选择存在两个阶段，一是不同的信用体系提供的信用工具在治理同一问题时效果不同，因此需要考虑信用工具与所调整法律关系的交易成本结构的匹配程度；二是因为信用体系的运行本身存在成本，因此还需要考虑不同信用体系自身运行的成本结构。只有结合这两个层面，才能把握信用作为一种治理工具的全景，提炼出信用社会建设中个体信用、市场征信、公共信用三者各司其职又相互配合的规范构造。

---

　*　范良聪，经济学博士，浙江大学光华法学院副教授；童禹杰，浙江大学光华法学院硕士研究生。本文由范良聪形成思路框架，尤其是经济学方面的理论架构，童禹杰完成文献与法律规范的梳理和初稿撰写，而后再由范良聪完成修改稿。

关键词：信用　交易成本　交易结构　制度结构

引言

信用之于社会合作展开、社会经济发展、社会秩序持存的重要作用已经得到学界的高度认同。[1] 自党的十八大以来，覆盖政务诚信、商务诚信、社会诚信和司法公信的社会信用体系建设被视为市场经济体制和社会治理体制构建的关键环节，以前所未有的速度被推展开来；[2] 目前，社会信用体系建设已取得较为显著的成果，其在确保义务履行、提高行政效能、维护公共利益等方面发挥了重要作用。[3] 不过，《社会信用体系建设规划纲要》（以下简称《纲要》）对信用建设的内容进行了全面覆盖，这很容易让人忽视信用体系内部各个组成部分之间的关系。[4] 特别是随着失信联合惩戒制度的施行乃至被"滥用"或"误用"，社会信用体系建设对私权的侵犯及其与依法行政、比例原则、不当联结禁止等公法原则之间的冲突开始显现。因此，逐渐有学者开始反思社会信用体系建设的正当性和合法性问题。[5]

从对建设社会信用体系的"极力呼吁"到现在的"审慎反思"这一态度转变可以说明，社会信用体系的推进还有问题尚待厘清。例如，社会信用是什么，它与信用是何关系？为什么人们呼唤一个"信用社会"，最终却以一种政府主导的"社会信用"面貌出现，而学者对此似乎并不满意？进一步讲，一个理想的"信用

---

[1] 参见郑也夫：《社会品德与经济繁荣》，载《读书》1997年第11期，第121页；王若磊：《信用、法治与现代经济增长的制度基础》，载《中国法学》2019年第2期，第73页；张维迎：《法律制度的信誉基础》，载《经济研究》2002年第1期，第13页；〔美〕弗朗西斯·福山：《信任：社会美德与创造经济繁荣》，彭志华译，海南出版社2001年版，第61页以下。

[2] 党的十八大提出"加强政务诚信、商务诚信、社会诚信和司法公信建设"，党的十八届三中全会提出"建立健全社会征信体系，褒扬诚信，惩戒失信"，《中共中央、国务院关于加强和创新社会管理的意见》提出"建立健全社会诚信制度"，《中华人民共和国国民经济和社会发展第十二个五年规划纲要》（以下简称"十二五"规划纲要）提出"加快社会信用体系建设"。在此基础上，《社会信用体系建设规划纲要（2014—2020年）》与《国务院关于建立完善守信联合激励和失信联合惩戒制度加快推进社会诚信建设的指导意见》先后出台，社会信用体系的建设总体框架基本确立。

[3] 据报道，截至2019年2月，全国法院累计发布失信被执行人名单1322万人次，限制乘坐火车561万人次，限制乘坐飞机1941万人次，限制担任企业法定代表人及高管29万人次，366万名失信被执行人慑于联合信用惩戒主动履行了生效法律文书确定的义务。参见王庆凯：《2019年前两月中国6.3万失信主体退出黑名单》，http://finance.sina.com.cn/roll/2019-04-02/doc-ihsxncvh7735385.shtml，最后访问日期：2020年11月27日。

[4] 尽管《纲要》明确了"政府推动、社会共建"的原则，也提到了征信系统和信用服务市场的建设，但是该文件的实质在于推进由政府主导的"政务诚信、商务诚信、社会诚信和司法公信"四大重点领域所构成的公共信用体系的建设。毋庸置疑，公共信用体系是信用体系的重要组成部分，但它显然并非在所有场景中都必须居于主导地位。详见后文。

[5] 参见胡建淼：《对现实中三种管理事例的法治思考》，载《行政管理改革》2015年第12期，第26页；沈岿：《社会信用体系建设的法治之道》，载《中国法学》2019年第5期，第26页。

社会"应该是怎样的? 在这样一个理想的"信用社会"中,由政府所主导的信用体系应该如何定位? 目前,学界主要将"信用"视为一种履约能力的评价[6]、声誉机制[7]或信任关系[8]。对于"社会信用",既有观点或将其视为"制度信用"的一种类型,以与"人格信用"相区分[9];或者将其视为政府规制公民、法人及其他组织的一种工具,以与其他主体构建的信用工具相区分[10]。这些观点皆把握到了信用的某些面向,尤其是某些具体场景中的信用功能属性。然而,这些观点尚无法覆盖信用之所有面向,未能基于一个统一的理论框架阐释信用与社会信用的关系。有鉴于此,本文试图引入交易成本理论,为人们全面理解和把握信用的本质以及信用体系选择所需要考虑的规范要素提供一个逻辑一致的框架。

从学理与实践上讲,任何主体既可以自主搜集有关交往对象的行为记录、评价认可、品质特征等信用信息(个体信用),也可以求助于第三方尤其是政府部门与征信机构所集中建立和维护、覆盖范围更广的信用体系(公共信用和市场征信)[11]。这种基于提供主体不同所作的分类不仅有着扎实的伦理学基础[12],而且十分契合治理理论的本质及其要求[13]。作为一种治理工具,不同主体提供的信用体系不仅在调整各类法律关系中发挥作用的机制、效果与边界

---

〔6〕 这种观点流行于民法学界。例如,信用被视为是在社会上与其经济能力相应的经济评价。参见王利明主编:《民法·侵权行为法》,中国人民大学出版社 1993 年版,第 299 页。再如,信用被用于指称一般人对于当事人自我经济评价的信赖性。参见张俊浩主编:《民法学原理》,中国政法大学出版社 1991 年版,第 158 页。又如,信用被看作民事主体因所具有的偿付债务的能力而在社会上获得的相应评价。参见吴汉东:《论信用权》,载《法学》2001 年第 1 期,第 41 页;吴汉东、胡开忠:《无形财产权制度研究》,法律出版社 2001 年版,第 546 页。

〔7〕 参见戴昕:《理解社会信用体系建设的整体视角:法治分散、德治集中与规制强化》,载《中外法学》2019 年第 6 期,第 1472 页。

〔8〕 参见陈新年:《信用论》,经济科学出版社 2017 年版,第 20—21 页。不过也有学者对信用与信任之间的异同展开了辨析,参见赵磊:《商事信用:商法的内在逻辑与体系化根本》,载《中国法学》2018 年第 5 期,第 161 页。

〔9〕 沈岿:《社会信用体系建设的法治之道》,同前注〔5〕,第 31 页。

〔10〕 参见王瑞雪:《政府规制中的信用工具研究》,载《中国法学》2017 年第 4 期,第 158 页。

〔11〕 我国唯一一部有关信用体系建设方面的行政法规对这两种信用体系进行了明确区分。根据《征信业管理条例》第二条规定,该条例仅适用于规范依法设立的征信机构从事征信业务及相关活动,而不适用于国家机关为履行职责打造信用体系的相关活动。不过值得注意的是,本文所界定的市场征信体系的主体范围要广于该条例中所界定的征信机构。如后文所示,在本文中,所有可以在市场上为其他主体提供信用信息和工具服务的主体都可以成为市场征信的提供主体。

〔12〕 参见万俊人:《信用伦理及其现代解释》,载《孔子研究》2002 年第 5 期,第 5 页。

〔13〕 区别于管理,治理是指拥有正当权力来源的多元主体(包括政府与非政府主体)利用多元工具处理社会经济事务、定分止争的过程。治理意味着政府(或市场)主体不再是正当权力的唯一来源,政府干预(或意识自治)也不再是调整法律关系的唯一工具。它强调的是政府与非政府行动者的相互作用,突出的是多元主体在给定的一系列能够塑型权力并被权力所塑型的正式和非正式规则中设计并实施规则的过程。See The World Bank, *2017 World Development Report: Governance and the Law*, Washington DC, 2017, p.17.

有所不同,其被建立、维护、使用与改变的成本结构也各不相同。也因此,唯有让多元主体提供的多元信用工具皆成为市场经济与社会治理过程中的可选项,才能真正实现所谓的良法善治。

鉴于此,本文将信用体系分成个体信用、市场征信与公共信用三个组成部分,首先厘清信用作为一种治理工具所拥有的四重功能,而后基于交易成本理论的视角[14],分两阶段考察信用体系的选择问题:第一,不同信用体系选择的实然基础(本文之称为"一阶选择问题"),也即考察不同信用体系所提供的信用工具在不同场景中的治理效果,考虑其能否实现治理之目的;第二,不同信用体系选择的规范基础(本文称之为"二阶选择问题"),也即考察能够实现有效治理的信用体系本身的成本结构,考虑其运行是否可堪负荷。[15] 通过论述这两个阶段,本文旨在打通信用体系各组成部分皆为治理工具的内在关联,提炼出三大信用各司其职又相互配合的信用体系的规范构造。

一、信用的内涵及其工具价值

(一)信用作为一种承诺机制

在汉语中,信用有两层含义:第一,信贷活动;第二,履行约定,遵守诺言。相比于第一种局限于商事金融活动的解释,第二种解释将信用的适用范围扩展,其更易为学界所接受。我国的民法学者通常就是在这一层面上界定信用,把信用视为对民事主体履约、偿付能力的一种评价。这一含义还被逐渐推广到其他部门法中,比如将政府诚信或者司法公信视为相应主体践约守诺能力的一种评价。[16]

这种信用内涵因为得到"不完全合同"理论的支持而获得极强的逻辑自洽性。依据不完全合同理论,合同本质上是不完全的,因此合同的履行会面临诸多困难;进而因为预见到合同履行的困难,当事人订立合同并进行信赖投资的激励就会下降。在此情况下,引入一种能够缓解履行困难、信赖投资下降的机

---

〔14〕 交易成本是新制度经济学的核心概念,也是本文展开解释的核心范畴。在狭义上,它指的是利用价格机制的成本;在广义上,它指的是建立、维护、使用、改变制度和组织涉及的所有成本。使用交易成本概念的关键在于,把握研究对象的"交易(制度)结构"。本文在处理信用体系选择的实然基础时主要在第一个层面上使用这个范畴,因为这时需要考虑的核心因素是治理对象的交易结构,信用工具此时的功能在于降低交易过程的成本;本文在讨论信用体系的规范构造时主要在第二个层面上使用这个范畴,因为这时需要考虑的核心因素是不同信用体系构建、运行本身的成本结构。

〔15〕 可类比于信用体系立法选择过程的两个阶段,一是确立信用体系调整、规范哪些对象,二是确立信用体系本身的内容及其运行的基本框架和原则。同前注〔7〕。

〔16〕 参见潘荣伟:《政府诚信——行政法中的诚信原则》,载《法商研究》2003 年第 3 期,第 71 页;郑成良、张英霞:《论司法公信力》,载《上海交通大学学报(哲学社会科学版)》2005 年第 5 期,第 5 页。

制便极为必要。[17] 信用作为一种承诺机制便具备这一功能,成为不完全合同治理的一种工具。具体而言,交往对象的信用越高,履约能力越强,就越值得信赖,当事人与之交易面临的违约风险就越低,因此订立合同并进行信赖投资的意愿就越强,对于善意第三人而言更是如此。[18]

作为一种承诺机制,信用捕捉到了合同的重要属性,进而解释了为何《民法典》合同编不仅抽象地规定合同当事人应当遵循诚信原则(第 466 条),而且规定合同当事人除了全面履行约定义务,还应当遵循诚信原则履行通知、协助、保密等附随义务(第 509 条)。但是,仅以承诺机制来理解信用无法解释为什么《民法典》还会进一步规定,当事人在缔约过程中以及合同权利义务终止后也应遵循诚信原则(第 500 与 509 条),为何诚信原则会成为《民法典》外诸多法律的一般原则。[19]

(二) 信用作为一种声誉机制

为什么诚实信用原则应当贯穿于合同的所有环节乃至其他社会交往过程中呢? 从功能主义的角度看,这很可能是因为信用的作用远超其作为一种承诺机制而降低合同不完全导致的履约风险。如果诚实信用原则被视为对合同不完全乃至法律不完备的漏洞填补,那么如后文所示,信用不仅可以在交易的各个环节(比如合同的订立、履行、变更、终止)发挥作用,而且可以成为一种非正式的实施机制,促进各类法律的实施。鉴于此,有学者提出,不论在狭义上还是广义上,信用本质上是一种声誉机制,也即"理性行动者为选择交易对象和交易策略而可能运用到的各类信息机制的集中呈现"。[20] 从自古以来就存续的"人格信用"到现代意义上非人格的"制度信用"[21],二者本质皆旨在构建一种声誉机制,将"一次博弈"转变成"重复博弈"[22],实现交易的完成乃至法律的自我实施。

作为一种声誉机制,信用解决的核心问题是当事人之间的信息不对称。因为信息不对称,当事人可能作出短期行为,即为了眼前的利益而欺诈或"背叛"交易对象。约束这种短期行为的有效方式之一是转变"博弈结构",即将博弈从

---

[17] 不完全合同理论有两大流派,一派以奥利弗·哈特为代表,一派以奥利弗·威廉姆森为代表。前者强调合同不完全会导致信赖投入激励的不足,后者强调合同不完全会导致事后机会主义行为。不过二者都强调不完全合同会带来交易成本的上升,因此需要引入治理机制来缓解履行难题。参见聂辉华:《新制度经济学中不完全契约理论的分歧与融合——以威廉姆森和哈特为代表的两种进路》,载《中国人民大学学报》2005 年第 1 期。

[18] 赵磊:《商事信用:商法的内在逻辑与体系化根本》,同前注〔8〕,第 177 页。

[19] 典型的比如《反不正当竞争法》第 2 条规定,即经营者在经营过程中也应当遵守诚信原则。

[20] 同前注〔7〕,第 1472 页。

[21] 沈岿:《社会信用体系建设的法治之道》,同前注〔5〕,第 31 页。

[22] 同前注〔18〕,第 166 页。

一次博弈变成重复博弈,使得当事人因为未来收益的预期而放弃短期行为。[23]比如,在交易治理中,信用可以转变一个因信息不对称而导致"不完全"的合同结构,使得当事人因为继续履行合同的收益超过不履行合同的收益,从而缓解信息不对称导致的履行难题;而在其他领域(比如产品质量)的治理中,信用可以转变为一个因为信息不对称导致不完备的法律结构,使得当事人因为遵守法律的长期收益超过不遵守法律的短期收益,从而缓解法律不完备导致的监管难题。从这个意义上说,信用作为一种声誉机制,可以配合正式的法律实施机制改进法律的实施效果。[24]

(三)信用作为一种协调机制

尽管将信用视为一种声誉机制的观点把握了信用在交易治理之外的深层内涵,但是这种界定与作为承诺机制的信用一样,主要考虑的是信用的"激励"功能,其未能把握信用在激励之外的"协调"功能。此外,即使不考虑信用作为承诺与声誉机制有其作用边界和范围[25],有时即便这种承诺和声誉机制解决了信赖投资乃至合同和法律实施中的激励难题,当事人依然常常面临"多重均衡"选择的问题,即如何在几个一样好的选项中进行选择。例如在交通领域,只要所有车辆遵循一定的通行规则便可实现最优的秩序,不管这种规则规定车辆应该靠左行还是靠右行;此时,交通规则扮演着一个协调车辆驾驶人预期的"聚点"功能。但是如果在某种场合,对违反协调规则者实施制裁存在法律缺位,当事人也不存在未来会继续交往的预期,这时路上碰到的车辆应该如何选择通行? 一种可能的解决方案是,如果一个人"相信"对面车辆会靠右行,那他就靠右行,否则就靠左行;此时,相应的结果就取决于行动主体"相信"其他主体会如何行动。[26] 如果其他主体的行动证明其值得信任,那么协调难题就得以通过很低的成本予以解决。在这个意义上,信用不仅是对履约能力的一种评价,更是"参与经济和社会活动的当事人之间所建立起来的一种信任关系"。[27]

信用作为一种协调当事人预期的工具,可以迅速降低当事人的交往或议价成本。除了交通规则,许多其他领域的法律规则和社会规范也存在这种协调功

---

[23]　See Kreps, D. , R. Milgram, J. Roberts and R. Wilson, "Rational Cooperation in the Finitely Repeated Prisoners' Dilemma", *Journal of Economic Theory*, vol. 27, no. 2, 1982, pp. 245-252.

[24]　同前注[7],第1478—1479页。

[25]　比如,约翰·科菲就给出了一些非常依靠声誉资本而生存的信用中介市场上声誉机制失效的一些例子。[美]约翰·C. 科菲:《看门人机制:市场中介与公司治理》,黄辉等译,北京大学出版社2011年版,第20—48页。

[26]　严格意义上,这里的推演应该持续到无穷阶;也即,一个人相信遇到的另一个人会靠右行,而遇到的那个人相信这个人相信他会靠右行,进而这个人相信遇到的那个人相信这个人相信他会靠右行。

[27]　陈新年:《信用论》,同前注[8],第20—21页。

能，比如各种国家标准、度量衡与货币形式、格式合同等。具言之，合同的成立需要当事人达成合意，而所谓的合意实质为"当事人知晓其他当事人知晓自己知晓……合同条款"的意思表示，即当事人对于合同条款解释的一种"共同知识"（common knowledge）。如果双方信任彼此，即便合同条款本身有多个解释，双方的合意也很容易达成，因此合作或交易也就很容易实现。再比如，人们为什么相信商业票据所承载的信用？其债权债务关系的本质为什么没有因为票据流通而发生变化？这是因为，票据的流通不过就是债的移转：基于票据当事人的出票、背书、承兑等行为，当事人之间就形成了一种稳定的"信用链条"，而这个链条正是建立在有关该票据流通与支付功能的"共同知识"和信任关系的基础上。

（四）信用作为一种信号机制

尽管把信用等同于信任的观点捕捉到了信用的又一层关键内涵，但却存在泛化信用的倾向。[28] 完美的信任关系只存在于理想世界，因为"共同知识"的假设要求当事人完全理性并知晓所有信息。在现实世界中，一旦一方过度信任另一方，机会主义行为就很容易发生，尤其是在陌生人间一次性且所涉利益较大的场景中（比如网络借贷）。[29] 在这些场景中，信用的根本含义不在于一个人是否信任另一个人，而在于一个人是否"值得信任"。[30] 例如，用户为什么相信支付宝或微信支付，因而把货币存入这些企业管理的账户中？主要原因并非用户相信这些企业，而是用户认为它们与其他平台不同，值得信任。换言之，在这些情况下，信用确实与信任有关，但其主要源自信用主体可观察、可识别、可度量以及可比较的"可信度"（trustworthiness），也即信用在此处作为一种信号机制而出现。

理论上，与声誉机制相同，信用作为一种信号机制解决的核心问题也在于当事人之间的信息不对称。因为信息不对称，"坏人"就可以假装"好人"，劣等产品就可以伪装为优质产品；在此情况下，因为担心受骗上当，人们进入交易的积极性减弱，从而导致"劣币驱逐良币"的逆向选择问题。缓解逆向选择的途径有两种——市场机制和非市场机制，其核心皆在于如何生产有效的信息即所谓的信号，将两者区别开来。在市场领域，信息可以由市场主体自主搜集获得（个体信用），也可以借助专业第三方机构完成（市场征信）；在非市场领域，信息主要来自政府部门或者政府部门强制要求的信息披露（公共信用）。不管信息来

---

[28] 正如有学者所言，信用不同于信任，因为前者可以在后者缺失的环境下独立运行。参见赵磊：《商事信用：商法的内在逻辑与体系化根本》，同前注[8]，第 163 页。

[29] 有实验证据表明，无理由信任他人的人常常得不到足够的回报，也因此在竞争中处于不利地位。See Berg, J., J. Dickhaut, and K. McCabe, "Trust, Reciprocity, and Social History", *Games and Economic Behavior*, vol. 10, no. 1, 1995, pp. 122-142.

[30] 同前注[2]，第 75 页。

自何处,其缓解逆向选择问题的效力皆取决于信息的质量,也即这些信息反映信用主体可信度的程度。

在所有可得的信息中,最能反映信用主体可信度的无疑是衡量其履约能力和声誉程度的信息,比如名声、口碑、信誉等。这些信息之所以具有高价值,是因为它们常常是长期大量投入的结果。信用主体之所以愿意这样做,是因为这样可以将自己与其他没有投入的主体相区分,从而向潜在的交易或合作对象发送强有力且值得信任的信号。基于这些信号,信用主体便可以赢得更多的交易机会,这反过来又会刺激信用主体在培育自己的信用度、树立"讲信用"的形象上更积极地投入。由此,一个良性循环得以形成,信息不对称所带来的逆向选择也因为信用主体主动表征自己"讲信用"而得以缓解。

那么,作为信号机制的信用与作为承诺或声誉机制的信用有何差别?一方面,有效的信息并不局限于履约能力和声誉评价,任何可以帮助提升可信度的信息都可以成为有效的信号。[31] 另一方面,声誉作为一种信用信息并非在所有场合都能发挥信号作用,尤其是当声誉建立的代价不够大而欺骗或背叛可以带来极大收益时,"坏人"就可能选择不再继续装"好人";这时,我们就需要寻找更有价值的信号。[32] 总之,与作为声誉机制的信用更依赖未来的收益预期而抑制短期行为不同,作为信号机制的信用更强调信用主体如何借助一些信号,将自己与其他主体区分开来。

(五)信用作为一种治理工具

综上,信用是什么?从功能主义的视角看,信用至少拥有四层相互补充、不可漏缺的内涵:作为一种承诺机制、作为一种声誉机制、作为一种协调机制以及作为一种信号机制。它们发挥作用的机制、路径、范围以及条件都不大相同,且作用大小依情形而异。与协调和信号机制的功能属性不同,承诺机制与声誉机制更强调信用的激励功能,其可以有效缓解实施难题。尽管如此,承载着承诺与声誉的信用信息在很多场合也可以成为有效的信号,从而有助于缓解逆向选

---

〔31〕 从原理上讲,任何信息,只要其形成的代价足够高,都可以成为有效的信号,典型的比如学历;付出的代价越高,发送的信号就越可信。这也是为何可见的信用体系,不管是个体自己构建的,还是专业第三方与公共机构构建的,其覆盖的内容都要远超履约情况与声誉评价等信息的缘故所在。

〔32〕 比如,在证券市场上,当欺诈的潜在收益巨大时,声誉的信号价值就会弱化。这时就需要有其他补充信息,比如第三方提供的担保或者背书——证券发行人可以寻找市场上的中介机构来提供担保,而中介机构又可以依赖自己积累起来的声誉为发行人背书。当然,这种担保或者背书也有失效的时候,于是便有了政府干预的必要性,比如引入强制信息披露。有趣的是,沿着一样的逻辑,如果违反政府强制信息披露要求的代价不够高,那它同样无法构成有效的信号。因为这时,差公司可以很容易装好公司。从这个意义上讲,有效的信息披露制度必须辅以严厉的法律责任,唯有如此才能提高差公司假装好公司的成本,使得上市本身成为一个有价值的信号,筛选出真正的好公司。关于法律作为一种信号的理论解释,参见〔美〕埃里克·波斯纳:《法律与社会规范》,沈明译,中国政法大学出版社2004年版,第146页。

择难题。进而,协调功能的实现也常常需要依赖于某些信号,即"聚点"。总之,这四层内涵皆体现了信用在调整各类法律关系、降低交易成本方面的功能;也正为如此,本文将信用界定为一种治理工具,一种治理交易以及其他社会经济事务的工具。下文将基于该界定标准,围绕交易成本这一核心概念阐释不同信用体系选择的实然基础。

二、不同信用体系选择的实然基础

(一)分析起点:一个交易成本为正的世界

既然信用本质上是一种治理工具,那么为什么既存在个体信用,又存在公共信用,此外还有很多征信机构在发展市场征信?从直觉判断,难道不是所有主体共享一个公共信用体系更具规模效应,因而成本更低吗?从工具主义的视角看,既然不是成本的缘故,那原因可能就在于不同信用体系拥有不同的工具性价值,其可满足不同的治理需求。因此,把握信用体系各个组成部分之间的差异和联系,就需要考察作为治理工具的个体信用、市场征信、公共信用在不同场景治理功能的差异。

不证自明的是,在一个自给自足因而没有交往和交换的社会中,信用没有存在的必要;不过这并不意味着,在存在交往和交换的社会中,信用就有存在的必要。如果交往和交换可以无摩擦地完成,也即交往和交换过程中不发生任何成本,那么信用依然没有存在的必要。不难想象的是,这个过程中如果不存在因为信息不对称而导致的道德风险和逆向选择,不存在因为信赖投入不可转作他用而产生的敲竹杠难题,不存在因为搭便车而产生的合作难题以及因为合同不完全而产生的履行难题,那也就没有必要引入信用工具来解决相应的纠纷或摩擦。

实际上,这正是"科斯第一定理"的本质含义:如果交易成本为零,那么制度安排并不影响最终的结果。不过,正如科斯所言,交易成本为零是一个十分不切实际的假设,真实世界的运行处处存在摩擦,而且"这些摩擦导致的耗费颇巨,足以使得许多原本在价格机制运行零成本世界中的潜在交易遭到抑制";因此在这个意义上,规则设定者的任务应该是考察真实世界运行的成本结构,进而"考虑不同社会安排的运行成本"与总体影响,据此展开比较制度分析,并选出总效益最大的制度安排。[33] 就作为治理工具的信用体系的选择而言,立法者首先需要在了解真实世界交易组织的成本结构的基础上,实现交易结构与治

---

[33] Ronald Coase, "The Problem of Social Cost", *Journal of Law and Economics*, vol. 3, no. 1, 1960, pp. 1-44.

理工具的匹配,最小化交易组织过程中的成本。[34] 下文将以交易治理为例,区分交易前、交易中、交易后三个阶段,结合实例讨论交易结构对治理工具选择的影响,并阐释不同信用体系选择的实然基础。

(二)交易搜寻阶段信用工具的选择

在搜寻阶段,交易面临的最大困难源于信息不对称带来的风险。以买卖合同为例,经营者通常比消费者更为了解产品,这就可能导致市场上"坏"的产品挤出"好"的产品,产生逆向选择。然而,对于这种典型的市场失灵,交易双方并非束手无策。一种典型的补救机制是让"诚信"发挥作用,让"非正式的口头保证成为贸易和生产的前提"。[35] 比如,经营者常常会主动披露更多的产品信息,改变市场上的信息结构。经营者为什么要做这种看似吃力不讨好的事情?那是因为这样做可以让经营者树立"可信任"的形象,把自己与其他竞争者区分开来,从而为自己赢得更多、更好的交易机会。于是,如果这样做带来的收益超过了相应的成本,那么主动披露信息作为提升产品可信度的信用工具就成为一种行之有效的策略选择。类似的是,经营者还可以通过比如发布广告、建立商誉、提供质量保证(比如正品保证或"假一赔十")、约定退货等方式树立"可信任"的形象,以提升产品可信度。这意味着在特定交易环境中,由信用主体"分散供给"一些信用工具便可以缓解信息不对称带来的交易难题。

不过,经营者主动披露信息这一做法并不足以让消费者产生信任。比如,在交易场景发生变化的情况下(如旅游景点或线上交易),由于经营者知晓自己很难在将来再次遇到同一个消费者,进而无法预见未来相应的收益,于是其构建商誉、提供保证的激励就会迅速下降,甚至可能转而采取一些短期行为。一旦消费者预见到这一点,那么适用于个体信用、在某些交易环境中一度行之有效的信用工具就可能失效。这时,一个可以考虑的替代方案是寻找值得信任的第三方提供"信用担保"。于是,线下交易场景便涌现出致力于打造品牌和长期经营预期的经营者;在线上交易场景,便出现了第三方平台。这些商事主体基于自己所搜集的信用信息在市场上集中供应可改善产品可信度的信用工具,比如品牌商标、信用评价、履约保证等。这些主体之所以愿意这么做,是因为塑造品牌声誉、提升产品可信度或充当信用中介帮助其他主体提升可信度是有利可图的。[36] 于是,在个体信用体系提供的信用工具无法适应变化后的交易场景

---

[34] 参见〔美〕奥利弗·威廉姆森:《资本主义经济制度》,段毅才、王伟译,商务印书馆 2004 年版,第 68—78 页。

[35] See George Akerlof, "The Market for 'Lemons': Quality Uncertainty and the Market Mechanism", *Quarterly Journal of Economics*, vol. 84, no. 3, 1970, p. 500.

[36] 这些工具很多都旨在转变合同结构,使得一次交易重新变回重复交易。在博弈论学者的论证下,重复博弈关系有助于降低交易成本的观点已经得到一致认识。赵磊:《商事信用:商法的内在逻辑与体系化根本》,同前注[8],第 171 页。

的成本结构时,基于市场征信体系的信用工具开始承担"交易治理"的工作。

尽管如此,人们不大可能在个体信用体系无法行之有效的所有领域都找到扮演信用中介角色的商事主体。一旦这么做无利可图,由营利动机驱动的商事主体就可能缺位,因而基于市场征信体系的信用工具就会供给不足。不仅如此,在那些产品质量难以评价(比如幼儿教育服务)、伤害的因果关系难以证明(比如新型食品添加剂)或者未来才显示损害(比如不合格装修材料)等情形中,仅仅依靠商事主体的信用担保具有较大局限性;特别是在受害范围分散化且每个受害者受害程度较低的情况下,集体行动导致的搭便车难题常常会成为一道难以逾越的门槛。不仅如此,在潜在利益极大的情况下,商事主体之间还可能形成共谋,提供虚假的产品认证或品质保证。在此情况下,信息不对称带来的问题不仅没有解决,甚至可能变得更糟。[37] 为了应对这些因交易结构的变化而导致个体信用与市场征信皆失灵的情形,由政府部门集中提供的信用工具就有了介入的必要性和合理性。比如,《食品安全法》除了要求食品生产经营者保持诚信自律、保证食品安全并建立信用档案及征信系统之外,还确立了以安全标准、生产许可等一系列旨在提升食品经营者及其生产经营食品可信度的制度安排;又如,《电子商务法》《纲要》除了要求电子商务平台构建信用评价体系,还要求其建立主体身份标识和实名登记制度,不得进行虚假或引人误解的宣传。在这些情形中,由政府部门集中提供的信用工具成为有效缓解信息不对称难题的更好选择。

由此可见,不同类型的信用体系皆可以在缓解信息不对称带来的逆向选择、降低交易成本上发挥重要作用。不过这些信用体系是否可以在特定的场合发挥有效作用,还取决于它们提供的信用工具与这些交易场景的成本结构之间的匹配程度。在远距离、"一锤子"买卖等类型的交易结构中,个体信用体系提供的信用工具就可能失效;在度量、监督成本很高的交易结构中,市场征信体系提供的信用工具就可能失效;同样,政府部门也可能被利益集团绑架,与商事主体形成串谋,从而导致公共信用体系提供的信用工具失效。因此,信用体系选择的首要任务是识别不同情形中交易的成本结构。

(三) 交易议价阶段信用工具的选择

在议价阶段,比如当签订劳动合同的双方围绕工资展开议价时,由于用人单位一般观察不到劳动者能力和品质方面的信息,因此常处于劣势地位。尽管如此,劳动者通常会选择接受教育或者某种技能培训,如商品市场上的经营者通过树立品牌声誉来发送信号那般,向用人单位发送有关自己能力品质值得信任的信号,克服潜在的逆向选择问题。[38] 然而,在这个过程中,如果劳动者的

---

〔37〕　还可参见约翰·科菲提供一些关于证券市场的实例。同前注〔25〕。

〔38〕　See Michael Spence, "Job Market Signaling", *Quarterly Journal of Economics*, vol. 87, no. 3, 1973, p. 374.

人力资本拥有较强的"专用性",即投入后很难转移到其他领域使用,那么用人单位就可能因此获得谈判的优势地位,对劳动者实施"敲竹杠"。在此情况下,仅仅依靠用人单位自身的信用不足以解决谈判中的潜在不公,于是一种重要的议价组织——工会开始出现。工会有效缓解了劳动者与用人单位间议价能力的不对等,约束了用人单位基于优势地位签订不公平的劳动合同;与此同时,也正是因为预见到用人单位的行为会受到约束,劳动者便可以对自己的持续劳动与获得报酬形成合理预期,减轻其进行人力资本投资的顾虑。[39] 尽管如此,在一些极端情形中(比如用人单位垄断了劳动力市场),上述工具可能仍不足以保护劳动者权利,此时《劳动合同法》中的诚实信用原则、对用人单位解除劳动合同的限制以及《纲要》中保护劳动者合法权益的各项信用惩戒制度便成为有效的补充工具。总之,在交易议价过程中同样可以发现,不同类型的信用体系所提供的信用工具发挥了不同的缓解信息不对称作用,而且这些信用工具与交易场景的成本结构之间的匹配程度会影响到不同信用体系的治理效果。

（四）交易实施阶段信用工具的选择

在交易的实施阶段,信用作为一种承诺机制可以降低事后机会主义行为所导致的交易成本。与哈特的不完全合同理论重点关注事前机会主义行为会减弱信赖投资的激励不同,威廉姆森将不完全合同理论的重点置于事后机会主义行为导致的"交易失调",并强调了"可信的承诺"在事后的交易治理中的关键作用,以及交易结构和治理工具匹配的重要性。[40] 例如,借款合同订立后的风险主要源自信息不对称导致的道德风险,也即借款人在获得借款之后,可能不按约定而将其用于风险更高的领域。对此,贷款人当然可以在合同订立时就要求借款人提供财产抵押或其他担保方式,但是并非所有潜在的借款人都有能力提供担保。此时,借款人可以提供收入流水、过往的借贷记录以证明自己的履约能力,也可以利用声誉机制与贷款人建立长期借贷关系,还可以把借款合同嵌入"社会契约"之中,求助于互助会这种建立在熟人关系基础上的民间借贷形式。当然,当借款合同金额较大时,这些基于个体信用信息的信用工具都可能失效;在此情况下,引入一些专门提供信用服务、值得信任的中介提供信用担保便成为一种常见的选择。这些中介之所以愿意提供担保,是因为他们拥有借款人的信用信息(如品格、能力)、更好的分散风险手段(如可以借助差异化的利率

[39]　See Arman Alchian, Susan Woodward, "Reflections on the Theory of the Firm", *Journal of Institutional and Theoretical Economics*, vol. 143, no. 1, 1987, 110-137. 另一种保护人力资本专用性投资激励的方式是员工入股,这典型地体现在律所这种组织的运行中。See Eric Furubotn, "Codetermination and the Modern Theory of the Firm: A Property-Rights Analysis", *Journal of Business*, vol. 61, no. 2, 1988, pp. 165-181.

[40]　参见〔美〕奥利弗·威廉姆森:《治理机制》,王健、方世建等译,中国社会科学出版社2001年版,第133—134页。

甄别具有不同履约能力的借款人）或者更好的不良资产处理手段（如保证保险），甚至更好的履行合同手段（如利用社会性惩罚机制来实施合同）。另一方面，在这些基于市场信用信息的信用工具同样失效的情况下，由政府部门提供的强制执行与失信惩戒制度便有了发挥作用的空间。

综上，作为一种治理工具，不同类型的信用体系各有其信用工具组合，这些信用工具又各有其工具性价值，其"润滑"交易的功能贯穿交易过程的始终。以买卖合同为例，下表总结了不同交易阶段常见的治理工具选择。[41] 依照前文逻辑，这些工具本身并无优劣之分，只有是否适当之别，而其适当性的程度取决于治理工具与其调整的法律关系中交易成本结构的匹配程度。相应地，提供这些工具的不同信用体系同样只有是否适当之别。因此，对于旨在从治理视角考虑信用社会建设的立法者而言，考察各种法律关系的交易成本结构及其影响因素便成了第一要务。实际上，这种考察正是把握信用社会的规范构造的前提，因为只有完成了这种考察，立法者才能找出符合"适当性"原则的治理工具，进而在此基础上展开"必要性"与"相称性"审查。

表　常见的买卖合同治理工具

	个体信用	市场征信	公共信用
缔约前的搜寻	品格、声誉	品牌信誉评价、支付保障	信用名单、信用档案、征信平台
缔约时的议价	平价保证、质量担保	质量保险、正品保证	知情权和告知义务
缔约后的履行	约定退换货条款与违约责任	极速退款、无理由退换货	七日无理由退货、召回制度、失信惩戒

三、一个理想信用社会的规范构造

（一）信用体系的二阶选择问题

如前所述，作为一种治理工具，信用体系选择的实然基础在于信用工具与其试图调整的法律关系中交易成本结构的匹配度，最小化交易过程中的成本。不过，现实世界中可能存在多个满足适当性原则的信用工具——比如对于买卖合同，不论是缔约前、缔约时或缔约后，由个体信用体系、市场征信体系、公共信用体系提供的多种信用工具均可能实现这一目的（见上表）。此时，旨在构建信用社会的立法者应该如何进一步抉择呢？这就是目前在有关信用体系建设的

―――――――――――――――

〔41〕　由于篇幅所限，笔者难以在此对每一种合同或者法律关系展开全过程的分析，这也是为何前文在举例论证时会选择以不同的场景来讨论交易不同阶段面临的治理问题。相似的逻辑可以很容易类推到其他领域，包括社会事务的治理中。

讨论中被忽视或者与信用体系的"一阶选择"问题混为一谈的"二阶选择"问题。[42]

虽然已有学者通过质疑强制推行社会信用体系的合法性间接地讨论了"二阶选择"问题[43],认识到政府主导的信用体系建设不仅存在"有效边界"[44],而且公权力还可能被用于侵犯私益[45];但问题在于,仅此并不足以证伪政府主导信用体系建设的合法性。毕竟,所有的制度安排都存在缺陷,其设立、运行都存在成本。因此,更合理的做法是把所有的"替代选择"置于同一天平,并在此基础上展开比较。换言之,解决信用体系"二阶选择"问题的关键在于:因为每种信用工具的设立和运行皆有其成本,即便立法者选择了一种行之有效的信用工具,如果这种信用工具依赖的信用体系具有极高的设立和运行成本,因而不能通过必要性和相称性审查,那么此种选择依然没有意义。在此逻辑之下,正如科斯所言,问题的关键便在于将公共信用体系放在信用体系所有子系统并列的完整谱系中,"考虑不同社会安排的运行成本"。[46] 鉴于此,在基于治理效果完成了第一阶段的适当性分析之后,本部分将进一步考察信用体系运行的成本及其影响因素,提炼一个可作为信用体系规范选择依据的一般框架。

(二)信用体系运行的成本结构

任何一项制度的运行都有其成本,这些成本包括动用资源设立、使用、维护与改变"法律意义"上与"权利意义"上的制度所涉及的成本。[47] 如果某个制度安排是订立一个合同,那么相应的成本就包括搜寻伙伴的"信息成本"、就合同条款内容展开讨价还价的"议价成本"以及合同签订之后监督执行的"履行成本";如果这个制度安排是设立一项权利,那么相应的成本就包括对权利对象的"界定与度量成本"以及保护和执行权利涉及的各项成本,比如设立一个专门的机构(如法院)、配套制度(如登记)来保护和执行权利的成本;如果这个制度安排是设立一家企业,那么相应的成本就包括建立、维持或改变该组织尤其是与各生产要素所有者签订合同的成本以及运行该组织的成本,比如搜集信息进行决策、监督命令的执行、度量员工的绩效或协调资源在各部门之间的流转等活动耗费的成本。

---

〔42〕 同前注〔7〕,第 1480 页。

〔43〕 例见沈岿:《社会信用体系建设的法治之道》,同前注〔5〕,第 40 页;罗培新:《遏制公权与保护私益:社会信用立法论略》,载《政法论坛》2018 年第 6 期,第 180 页;韩家平:《关于加快社会信用立法的思考与建议》,载《征信》2019 年第 5 期,第 3—4 页。

〔44〕 沈岿:《社会信用体系建设的法治之道》,同前注〔5〕,第 32 页。

〔45〕 罗培新:《遏制公权与保护私益:社会信用立法论略》,同前注〔43〕,第 175—176 页。

〔46〕 同前注〔34〕。

〔47〕 这是对交易成本最广意义上的一种界定。参见〔美〕埃里克·菲鲁博顿、〔德〕鲁道夫·芮切特:《新制度经济学:一个交易费用分析范式》,姜建强、罗长远译,格致出版社 2015 年版,第 30—33 页。

作为一种治理工具,不管是伦理色彩浓厚的个体信用体系,还是由法律强制实施的公共信用体系,抑或出于营利目设立的市场征信体系,其设立、使用、维护、改变也存在成本;同时,不同信用体系提供信用工具的成本并不相同。下文先讨论信用体系设立、维护和改变的成本,而后考察使用的成本。

对于设立、维护、改变一个有效的信用体系而言,其成本主要体现在提升既有信用工具的可信度,或是增添新工具所需各项资源的投入成本。由于信用作为一种治理工具不仅是道德约束或法律解释的对象,而且是通过可观察、可识别、可度量、可比较的信息来刻画特定主体的可信度,因此影响信用体系设立的主要成本就是获取、生产信用信息的成本。这项成本取决于以下两项因素:

第一,信用信息的可识别度与构成有效信用肖像的信息数量。在可用的信用信息中,有些信息很容易被识别并进行一般化处理,比如信用主体的身份特征、收入和资产、交易记录、不良信用行为、违法违规情况等;此外,有些信息不容易被识别或是难以按照统一客观的标准记录,比如信用主体的品格特征、所获得的他人认可、关系网络等。显然,越是一般化、客观化的信息,可识别性越强;越是个性化、主观化的信息,可识别性越弱,其通常需要针对性的调查才能被获取。另一方面,构成一幅有效的信用肖像所需的信息数量会因情形而异。比如,有时仅仅需要一份稳定的收入就可以成为一个可信的担保人,有时可能还需要有足够的财产。因此,在给定信用体系的规模和效力的前提下,在可以构建一般化的信用评价标准或在所需有效信息数量较少的领域,构建信用体系的成本更低;与此相反,在那些信用信息更具个性化、人格化特征或在所需有效信息数量较多的领域,构建信用体系的成本更高。

第二,信用信息归谁所有或者由谁控制(谁可以更廉价地获得信用信息),以及构成一个完整有效的信用肖像的信用信息分散在多少主体手中。信用信息常常为不同主体所拥有或控制,存在多种来源渠道:银行等商事主体等皆拥有信用主体在市场上交易的信息,司法机关拥有失信记录与被执行人名单信息,行政机关拥有公民、法人和其他组织的各类公共信息;而信用主体拥有绝大多数个体信息,尤其是道德品质、关系网络等个性化信息。相应的是,由拥有信息的主体基于其所掌握的信息构建相应的信用体系成本较低;一旦涉及需要向其他主体获取信息,交易环节便会增加,信用体系构建的成本便会随之上升,特别是当有效的信用信息分散于诸多主体时。

信息分散带来的影响值得特别强调。政府部门作为一个整体拥有大量关于个体信用的信息,因此由其构建公共信用体系的成本是最低的;与此相反,由于任何一个市场主体所拥有的信用信息都不可能覆盖信用主体的所有活动领域,因此由其构建一个与公共信用体系规模和效力相当的市场征信体系就需要从其他主体(包括信用主体)那里获得大量信息,成本相应的就会更高。但是从现实看,情况似乎刚好相反。除了一直存在的信用中介行业,我国已出现多个覆盖范围较广的市场征信体系,甚至出现了信用体系建设方面唯一的一部行政法规即《征信业管理条例》。尽管这些征信体系的规模和效力仍然不尽如人意,但是相比姗姗来迟的公共信用体系而言,似乎更受市场和社会的欢迎。之所以会出现这种情况,是因为构成一个完整有效的信用肖像的信用信息分散于不同政府部门,使得设立一个统一有效的公共信用体系的努力遭遇了"反公地悲剧"难题:每个部门都因为对信用信息拥有"实际控制权"且拥有排他性的"支配权",同时又没有任何一个部门拥有对所有部门完整有效信息的支配权,导致信用信息陷入得不到充分利用的境地。[48] 换言之,构建一个完整有效的信用肖像的信息分散在越多主体手中,建立一个完整有效的信用体系的成本就越高。

另一方面,对于信用体系的使用而言,在数据时代,使用既存信用体系的边际成本几乎可以忽略不计,其平均成本还会因为规模经济的存在而不断下降。尽管如此,信用工具实施的方式及其成本耗费这一因素依然值得强调。一般而言,个体信用体系和市场征信体系的实施大都由私人完成的,其主要借助于社会性的实施机制(比如谴责或者声誉),仅有少量纠纷诉诸司法,而公共信用体系的实施则主要通过失信惩戒和司法执行实现。也因此,与个体信用体系和市场征信体系不同,公共信用体系的运行不仅涉及"行政成本",而且还可能因为被滥用、误用导致侵犯私益而带来巨大的"社会成本"。公共信用体系使用过程中的这些成本受诸多因素的影响、涉及多个系统的运行,其还可能因为所用信用工具的不同而存在差异,但其总成本必定高于个体信用体系和市场征信体系使用的成本。

(三)信用体系选择的规范基础

基于上述信用体系设立运行成本结构的分析,结合具体场景便可以获得不同情形中不同信用体系设立运行的相对成本大小。如此,假定不同信用体系提供的工具选择皆通过了"适当性"审查,可以实现给定法律事务的有效治理,那么根据必要性和相称性原则,立法者应当优先考虑设立运行成本最小的信用体系。具体说来,如果假定由个体分散提供的个体信用体系的设立运行成本为 a,由政府集中构建的公共信用体系的设立运行成本为 b,由市场主体出于营利动机而打造的社会征信体系的设立运行成本为 c,则对于给定场景,在治理工具选择时就可能面临三种情形:

1. $a < b$ 且 $a < c$(个体信用体系运行成本最低的情形)

这种情形常见于传统熟人社会的人伦关系中,正如费孝通先生在《乡土中

---

〔48〕 See Michael Heller, "The Tragedy of the Anti-commons: Property in the Transition from Marx to Markets", *Harvard Law Review*, vol. 111, no. 3, 1998, p. 648.

国》中所述:"这是一个'熟悉'的社会,没有陌生人的社会。"[49]尽管现代化的到来对传统的社会结构造成了冲击,但是许多领域(比如民间借贷)依然可见"熟人"圈子的活跃。[50]与传统的乡土社会相同,由于这些领域规模小、流动性低、交往频繁,基于长期交往或合作的信息和相互了解所形成的个体信用体系运转流畅,其得以成为双边乃至多边关系治理的利器。在这些场合,依托品格声誉、社会认可、长期合作关系等信息就足以评价信用主体的可信度。这些信息一般很难识别,不大会为"圈外"人所获得,而常以一种口耳相传的方式在"圈内"扩散与累积。现实生活中常见的场景就是民间借贷,出借人更多地依赖于自己搜集的有关借款人信用的信息,一般不会寻求政府与市场主体提供的信用信息。不仅如此,在这些场合,每个人都是信息的生产者,也是信息的使用者和控制者。在大多数情形中,这些信息已经融入日常生活与交易活动,因此"提供成本"可谓极低。与之相对应的是,将政府或者商事主体构建的信用体系应用于这些场合的代价高企,因此不是有效选择。

当然,这并非意味着其他两种信用体系在熟人社会中毫无作用。如果仅靠个人评价不足以确保交易安全从而违背了适当性原则,就应当考虑让公共信用和市场征信提供帮助,尽管后两者的设立运行成本更高。比如,当民间借贷涉及的面足够广,量足够大时,政府便可以通过登记制度构建一个信用信息系统,市场主体也可以通过积累交易记录、履约记录等来构建一个信用信息系统,以防止借款人隐瞒信息。其中,政府拥有更多非交易方面的信息,且覆盖面更广;而市场主体拥有更多交易方面的信息,不过其覆盖面相对狭窄。与此同时,政府拥有的公共信息通常分散在诸多部门,整合成本较高;市场主体拥有的信息通常比较集中,整合成本相对较低。此外,公共信息的获得一般无需付出对价,而市场信息的获得常常需要付出对价;与之相反的是,政府使用相关信用信息常常需要付出代价,而市场主体使用相关信息一般无需付出代价。这些因素共同决定了公共信用体系或市场征信体系谁可以在个体信用体系失效时成为次优选择。值得强调的是,政府与市场部门仍会在搜集难以识别的信用信息方面面临挑战;也正是在这类信息十分关键的场合,由个体分散提供的个体信用体系依然扮演着主导性治理工具的角色。

2. b<a且b<c(公共信用体系运行成本最低的情形)

与前一种情形相对,这种情形最常见于陌生人之间仅发生一次交往的场

〔49〕 参见费孝通:《乡土中国 生育制度》,北京大学出版社 1998 年版,第 9 页。

〔50〕 比如,罗伯特·埃里克森就生动地描述了现代社会中密切交往着的邻里是如何借助自发产生的非正式规范来解决纠纷的。参见〔美〕罗伯特·埃里克森:《无需法律的秩序——邻人如何解决纠纷》,苏力译,中国政法大学出版社 2003 年版,第 41—67 页。

合。[51] 在这些场合,当事人之间几乎没有任何信息基础,因此借助信息搜集确立信用形象的成本十分高昂(尤其是在需要搜集的信息数量很大时)。商事主体(如保险公司)虽然有一定的激励搜集相关信息并构建征信体系,但因为营利目的及经营范围所限,其常常无法覆盖所有领域和主体,尤其是非市场领域以及那些不会带来利润的主体。这时,政府作为已掌握所有公民遍布于各领域行为信息的主体,由其出面构建公共信用体系的成本就要显著低于由个体分散搜集信用信息的成本,以及为了获得更多信用主体的信用信息而不得不借助交易的商事主体构建征信体系的成本。在这些情形中,政府提供的公共信用就成了评价信用主体可信度的第一选择。现实中,这种由政府集中供应信用信息的优势在信用卡之类的制度中一览无遗:经营者即便与持卡人素不相识,即便不了解持卡人的道德品质,但是因为信用卡制度的存在,便可以放心地让持卡人刷卡消费。当然,如果政府提供的公共信用不足以确保交易安全,就应当让个体信用和市场征信提供帮助,尽管后两者的设立运行成本更高。

3. $c < a$ 且 $c < b$(市场征信体系运行成本最低的情形)

与前面两种情形不同的是,该情形中交易所需的信用信息相对集中地掌握在某个主体手中,使其可轻易构建起一定范围内行之有效的征信体系,典型代表为平台经济中的信用供给模式。通过格式合同获得大量用户的授权或者通过大量交易数据(或评价信息)的积累、共享与合作,平台获得了海量有效信息,因而扮演着信用中介的角色。据此,由市场构建信用体系的成本迅速下降,该成本不仅低于由政府出面搜集信息的成本,而且低于由个体分散搜集信息的成本。鉴于数据的巨大价值,越来越多的企业通过投入大量资源、创造诸多信用工具卷入了此类信息搜集与积累进程,市场征信体系的价值也因此越来越高,成为这些情形中评价信用主体可信度的主要依据。[52] 当然,出于商事主体的营利导向,其对信用体系的介入也会带来新的成本尤其是"代理成本"。一旦信用中介选择失信带来的收益超过预期的代价,它们还可能与信用主体形成合谋。[53] 在这些情况中,由个人分散提供的个体信用体系与政府提供的公共信用体系也就有了发挥作用的空间。

---

[51] 典型事例为埃里克森所描述的在高速公路上因车畜相撞而引发纠纷。同前注[50],第98—124页。

[52] 实际上,这个有意识的信用信息搜集过程一直存在着,这就是各类信用中介的生存之本。经济史学家的研究表明,交易规模的扩张与中介部门的壮大是密切相关的。参见 John Wallis, Douglass North, "Measuring the Transaction Sector in the American Economy, 1870—1970", in Stanley Engerman and Robert Gallman(ed.), *Long-Term Factors in American Economic Growth*, University of Chicago Press, 1988, pp.95-161;〔美〕阿夫纳·格雷夫:《大裂变:中世纪贸易制度比较和西方兴起》,郑江淮等译,中信出版社 2008 年版。

[53] 同前注[24]。

行文至此,在工具理性视角下、基于比例原则展开的信用体系选择的规范架构已然建成。该架构的核心在于,对给定情形中已经通过适当性审查的多个信用体系或信用工具的运行成本展开进一步审查和比较。值得强调的是,这种审查比较显然已经超越了传统比例原则的范畴;因为此处需要审查比较的不是政府主导的公共信用体系中某个信用工具相较于政府所掌握的其他工具是否合乎"比例",而是从整个社会的角度看,政府所构建的信用体系相较于其他主体所构建的信用体系是否合乎"比例"。经分析表明,一个理想信用社会的规范构造应该如何设定并无唯一答案,而是需要具体问题具体分析。作为一种治理工具,不同信用体系之间既相互竞争,又相互补充。这意味着对于一个旨在构建理想信用社会的立法者而言,只有在考察了真实世界中交易组织的成本结构,并接着考察不同信用体系运行的成本结构之后,才能在制度选择过程中找到一个与交易结构相匹配、同时运行成本最低的信用体系,实现善治。

四、结语

社会信用体系建设已被视为市场经济体制和社会治理体制构建的核心环节,是国家治理体系建设和治理能力现代化的重要组成部分。经分析表明,《纲要》确立以政府为主导的公共信用体系确实不仅应该在理想的信用社会中占有一席之地,而且应该在某些场合占据主导地位;但是,这并不意味着公共信用体系可以完全替代个体信用体系和市场征信体系。这种由公共信用体系完全主导的规范架构不仅会面临正当性和形式合法性的质疑,而且无法通过实质合法性审查。对于一个公正、完备、有效的信用体系的规范构造而言,个体信用、市场征信和公共信用三者应当各司其职、缺一不可、有机配置,并由交易主体相机抉择。[54]

这一规范架构也正是治理理论的内在要求。在国家治理体系建设的大背景中,这意味着旨在推进信用社会建设的立法者应该实现主导范式的转变,打破传统的"政府—市场"二分的模式,强调"政府—市场—社会"多中心互动的基本架构。[55] 在此情况下,立法者需要思考的基本问题不能再局限于公共信用体系是否可以解决市场失灵或者社会失调,而应当考虑:就法律试图调整的某种法律关系而言,哪一种或几种治理工具(包括但不限于信用工具)与其交易成本结构相匹配,且运行成本最低?这些治理工具之间存在什么关系?应该如何

---

〔54〕　同前注〔12〕。

〔55〕　参见〔美〕詹姆斯·布坎南、〔美〕戈登·塔洛克:《同意的计算:立宪民主的逻辑基础》,陈光金译,中国社会科学出版社2000年版;〔美〕埃莉诺·奥斯特罗姆:《公共事物的治理之道——集体行动制度的演进》,余逊达、陈旭东译,上海译文出版社2012年版。

安排才能相互促进,实现协同治理? 对这些问题的回答,离不开对真实世界交易组织和制度运行成本结构的详尽考察。就此而言,笔者十分赞同戴昕在评价社会信用体系相关争论之后提出的"唯有超越说法之争,直指'事理',才能以后者为基础,有效演绎'法理'",从而为构建公正有效的国家治理体系添砖加瓦。[56]

　　　　　　　　　　　　　　　　　　（审稿编辑　柯　达）
　　　　　　　　　　　　　　　　　　（校对编辑　柯　达）

---

〔56〕 同前注〔7〕。

《北大法律评论》(2020)
第 21 卷·第 1 辑·页 107—128
Peking University Law Review
Vol. 21，No. 1，2020，pp. 107-128

绘制法律图像学

陈　皓[*]

Province of Legal Iconography Determined

Chen Hao

内容摘要：传统法律史的研究多以文字文献作为研究资料，少数涉及图像资料的研究中，图像的功能也仅限于辅助文字文献。为探索法律史新的研究资料和研究方法，论文参读美学、艺术史学、图像学中的视觉形象和研究方法，探索以图像作为法律史新的研究资源，同时以法律图像为线索，重建整体法律史研究的可能性，并绘制法律图像学这一法学新生分支学科的研究空间。论文指出，与法律相关的历史和艺术图像，既是知识的载体，更是思想的表达；在共同的思想史背景下，借鉴艺术图像学研究方法，解读图像中的法律主题及其蕴含的历史和思想，可以建立法律史的艺术观念史参照系，建立以图像为主体的法律史研究，从而获得一种新维度的法律史认知。

关键词：图像学　法律史　艺术史

　　"距离"帮助我们获得对"此在"的认识，这种观点最早可以追溯到柏拉图在洞穴寓言中建立的"两个世界"。所谓科学，正是透过现象认识本质，在现实世

---

　*　法学博士，首都经济贸易大学法学院副教授。

界之外建立知识体系的世界。它是有意识地去建立新世界的。比如具体到法学的研究,实证的分析方法,建立了"抽象"与"具象"的距离,价值的分析方法,建立了"理念"与"现象"的距离。

而另外一类距离,是在无意识状态下产生的,那就是人的主观意识反映客观现象所必然产生的错位,人与认识对象的永远无可消除的距离。语言、文字和图像是主观反映客观的记录,可以说,由人完成的一切的记录,都是主观反映客观的载体。正是这种距离,赋予人文社会科学研究以魅力,在阅读这些记录时,我们不仅可以从中读出"客观",而且可以读出人在记录时必然留下的思想观念和情感倾向。正如历史哲学家柯林伍德所说,一切历史都是思想史。而其中最为珍贵的经典文献和艺术图像,正是人类思想的结晶,它们以不同的表达方式,表达了共同的思想主题。

传统法律史的研究多以文字文献的阅读和分析作为研究资料,少数涉及图像资料的研究中,图像的功能也仅限于辅助文字文献。为探索法律史新的研究资料和研究方法,本文参读美学、艺术史学、图像学中的视觉形象和研究方法,探索以图像作为法律史新的研究资源,同时以法律图像为线索,重建整体法律史研究的可能性,并绘制法律图像学这一法学新生分支学科的研究空间。本文指出,与法律相关的历史和艺术图像,既是知识的载体,更是思想的表达;在共同的思想史背景下,借鉴艺术图像学研究方法,解读图像中的法律主题及其蕴含的历史和思想,可以建立法律史的艺术观念史参照系,可以建立以图像为主体的法律史研究,从而获得一种新维度的法律史认知。

论文分为三个部分:第一部分,论述人文社会科学和艺术史中的图像研究以及潘诺夫斯基开创的艺术图像学方法;第二部分,从"法律中的图像"和"图像中的法律"两种研究路径,论述现有的法律和图像的研究成果;第三部分,界定法律图像学研究的内容和方法,从"法律思想史视野中的图像"和"法律制度史视野中的图像"两个角度,绘制法律图像学的研究空间。具体来说,就是从法律史知识主题出发,检索系列艺术图像,并参读文字文献,解析其中的历史和思想,获得对该知识主题的新的理解,形成以图像为主体的法律史研究。

一、图像学的缘起

(一)人文社会科学的图像研究

对视觉形象的跨学科的解读,在哲学、心理学中早已存在,特别是哲学中的美学理论,从柏拉图、亚里士多德、阿奎那到康德、黑格尔、尼采,一直延续至现代思想家福柯、德里达、海德格尔的著述。[1] 弗洛伊德也曾经通过达芬奇、米开朗基罗的画作,分析这些艺术家的人格,甚至性倾向。[2] 历史学和社会学中亦不乏以艺术作品为素材的研究。如葛兆光在"一般思想史"研究理念下关于图像证史的思考,《思想史研究视野中的图像》[3]《思想史家眼中之艺术史——读 2000 年以来出版的若干艺术史著作和译著有感》[4]《想象天下帝国——以(传)李公麟〈万方职贡图〉为中心》[5]。又如台湾学者李孝悌主编的文化史丛书,其中一本《中国的城市生活》,借助图像艺术作品的资源,挖掘和解读其中的社会文化历史,包括心态、意识、象征、仪式等。[6] 陈平原、夏晓虹主编的《图像晚清》,对《点石斋画报》中的图文予以编辑整理,导论中,编者论述了图像之于美术史、文学史、科学史、宗教史、社会史、风俗史等研究的可能性。[7]《看图说书——中国小说绣像阅读札记》[8]《左图右史与西学东渐——晚清画报研究》[9],均是此类调动图文两种资源对文学、文化、历史的阐发。文学领域图画

〔1〕 思想家的美学论述,如亚里士多德《诗学》,康德《论崇高感与优美感》,黑格尔《美学》,尼采《悲剧的诞生》《作为艺术的权力意志》,福柯《疯癫与文明》《词与物》中对绘画作品的解读,以及拉康《绘画中的真理》,德里达《定位中的真理的还原》,海德格尔《艺术作品的起源》,本亚明《机械复制时代的艺术作品》《摄影术小史》等,对于这些论说的汇编,参见伍蠡甫、胡经之主编:《西方文艺理论名著选编》,北京大学出版社 1985 年版;及〔美〕唐纳德·普雷奇奥西主编:《艺术史的艺术:批评读本》,易英等译,上海人民出版社 2016 年版。

〔2〕 〔奥〕弗洛伊德:《达芬奇的童年记忆》《米开朗基罗的摩西》《图腾与禁忌》等,参见〔美〕彼得·盖伊:《弗洛伊德传》,龚卓军等译,商务印书馆 2015 年版,第 345 页(第七章,讲述弗洛伊德以精神分析的方法探索艺术、文学和史前史的领域)。

〔3〕 葛兆光:《思想史研究视野中的图像》,载《中国社会科学》2002 年第 4 期,第 74 页。

〔4〕 葛兆光:《思想史家眼中之艺术史——读 2000 年以来出版的若干艺术史著作和译著有感》,载《清华大学学报(哲学社会科学版)》2006 年第 5 期,第 26 页。

〔5〕 葛兆光:《想象天下帝国——以(传)李公麟〈万方职贡图〉为中心》,载《复旦学报(社会科学版)》2018 年第 3 期,第 42 页。

〔6〕 李孝悌主编:《中国的城市生活》,新星出版社 2006 年版。

〔7〕 "对于晚清社会历史的叙述,最主要的手段,莫过于文字、图像与实物。这三者均非自然的呈现,都有赖于整理者的鉴别、选择与诠释。文字最具深度感,实物长于直观性,图像的优势,则在两者之间。不过一旦走出博物馆,实物只能以图像的形式面对读者。这时候,对晚清的描述,便只剩下文字与图像了……长期以来,我们更为信赖文字的记言记事,传情达意的功能,而对图像,则看重其直观性与愉悦性。历史叙述之所以偶尔也会借用图像,只是为了增加'可读性'。对于绝大部分'图文并茂'的图书来说,文字完成基本的'事实陈述'与'意义发掘',图像只起辅助或点缀作用……设想历史学家突出奇兵,主要靠图像说话,不是不可以,但绝非易事,因为这牵涉图像制作过程的追踪,画面构成方式的解读,图文互动关系的阐释。对于中国学界来说,'读图'显然还是一门比较生疏的'手艺'……对于《点石斋画报》的解读,所有研究者都是带着自己的问题意识来面对这四千幅图像,不存在一个可供对照评判的'标准答案',美术史家、文学史家、科学史家、宗教史家、社会史家、风俗史家眼中的《点石斋画报》必然千差万别。"陈平原、夏晓红:《图像晚清》,东方出版社 2014 年版,序言。

〔8〕 陈平原:《看图说书:小说绣像阅读札记》,生活·读书·新知三联书店 2004 年版。

〔9〕 陈平原:《左图右史与西学东渐——晚清画报研究》,生活·读书·新知三联书店 2018 年版。

解读的经典,也可见孟晖的《花间十六声》,在这本书中,图画为理解古诗的内容和含义提供知识和准据。[10] 甚至在自然科学领域,也开始出现生物学与视觉艺术的交叉研究。[11]

如果我们跨越学科界限,以图像在研究中的角色、作用为标准,大致可将这些研究分为两类。第一类,将艺术作品作为思想载体的研究,视觉形象被解读为代表了某个更大意义的符号和象征。如福柯在《马奈的绘画》中解读观者主体意识在古典与现代绘画中的变化。他认为古典艺术,如拉斐尔的《雅典学园》,以观看者为主体,为观看者保留了中心位置,而这种"主体意识"在现代绘画中趋于消失,如马奈的《草地上的午餐》。[12] 又如,受到女权主义的影响,伯格在《观看之道》中认为,文艺复兴以来的裸体绘画和色情作品一样,使女性成为物品,尤其成为一件视觉对象物,反映了男性的统治权力。[13]

《中国的城市生活》中的两篇,亦为这类解读的范本。王正华的《过眼繁华——晚明城市图、城市观与文化消费的研究》,以晚明中国出现的一批描写都市风物的图像,包括绘画与版画,尤其是卷轴画中长卷形式表现的城市图为素材,以《南都繁会图》为中心,比较北京、苏州、杭州等城市图像,如张择端《清明上河图》,王翚等《康熙南巡图》,观察非官方视角绘画中呈现的南京城市的特殊性,了解历史中的人如何想象、呈现城市,以及与之紧密关联的城市观等问题。[14] 另一篇陈熙远的《人去楼坍水自流——试论坐落在文化史上的黄鹤楼》,意在通过系列关于黄鹤楼的图像文本,包括《点石斋画报》1884 年"古迹云亡"光绪十年大火的图像,1933 年大火前黄鹤楼照片,1999 年黄鹤楼照片,宋佚

---

〔10〕 孟晖:《花间十六声》,生活·读书·新知三联书店 2006 年版。

〔11〕 〔英〕约翰·奥奈恩斯:《神经元艺术史——科学与艺术的相遇》,张夏菁译,载《中国美术报》2018 年 12 月 24 日,第八版。更多有关科学与视觉艺术的研究综述,参见〔美〕詹姆斯·埃尔金斯:《图像的领域》,蒋奇谷译,江苏凤凰美术出版社 2018 年版。埃尔金斯提出,图像的历史意义可在自然的图像中找到,甚至在蝴蝶翅膀的图案里。书中,埃尔金斯对使用科学的艺术、光学与绘画、色彩理论、艺术与解剖、医学图像、计算机生成的科学与艺术图像等研究予以总结,例举了相当丰富的研究成果(参见该书第 13—21 页),如罗宾·罗西亚克(Robyn Rosiak)《审美和谐的政治:新印象派、科学和无政府主义》(The Politics of Aesthetic Harmony: Neo-Impressionism, Science, and Anarchism),载《艺术公报》(Art Bulletin)卷 73,1991 年,第 381—390 页;琳达·达尔林普尔·亨德森(Linda Dalrymple Henderson)《现代艺术里的第四维度和非欧几里德几何》(The Fourth Dimension and Non-Euclidean Geometry in Modern Art),普林斯顿大学出版社 1983 年版;马丁·肯普(Martin Kemp)《艺术科学:从布鲁内莱斯基到修拉的西方艺术中光的主题》(The Science of Art: Optical Themes in Western Art from Brunelleschi to Seurat),耶鲁大学出版社 1990 年版;威廉·英尼斯荷马(William Innes Homer)《修拉和绘画的科学》(Seurat and the Science of Painting),麻省理工学院出版社 1964 年版。

〔12〕 〔法〕福柯:《马奈的绘画》,谢强、马月译,湖南教育出版社 2009 年版。

〔13〕 〔英〕约翰·伯格:《观看之道》,戴行钺译,广西师范大学出版社 2005 年版。

〔14〕 王正华:《过眼繁华——晚明城市图、城市观与文化消费的研究》,载李孝悌主编:《中国的城市生活》,新星出版社 2006 年版,第 29 页。

名《黄鹤楼》,元永乐宫壁画《武昌货墨》(黄鹤楼),明佚名《江汉揽胜图》,清关槐《黄鹤楼图轴》,以及《湘军攻复武昌图》,明《长江图》,清《长江图》等,论述这个时兴时毁的建筑物在地理位置和建筑形态方面的变异,以及历百劫而不毁的原因——作为具象的黄鹤楼其实是一个不断被重新复写的文本的存在,它是由文学艺术作品构建起来的——"在文本传统里不断复写的黄鹤楼,不仅为现实中毁损的黄鹤楼招魂,也提供了兴修历史现实中黄鹤楼的摹本"。[15]

另一类研究,则将图像作为知识的载体,图像的存在对文字起到佐证和补白的作用。这类研究最早可以追溯到传统中国的金石学,通过对器物形制、文字、图案的著录和考证,达到证经补史的目的。现代文史学者的图像证史研究可以孟晖《花间十六声》为例,其中《床上屏风》一文,作者引杜牧诗:"银烛秋光冷画屏,轻罗小扇捕流萤。天街夜色凉如水,卧看牛郎织女星。"作者问:在一首露天纳凉的诗作中,怎么会有"画屏"也就是屏风呢? 作者寻找到宋元画作中几幅描绘人们夏日纳凉的作品,宋代佚名作品《风檐展卷图》《荷亭儿戏图》,宋人王诜《绣栊晓镜图》,发现诗中描绘是当时人们的普遍做法。继而考察床上安放多扇联屏这种习惯的最早记录,将东晋顾恺之《女史箴图》与《东宫旧事》等文献相互对照,考察文学画作中,包括墓室中(如王处直墓室)、壁画中(如敦煌156窟唐代壁画《维摩诘经变》)等屏风绘制的内容。全书如此通过图画解读传统的日常的物,枕、香、梳、衣、眉笔、胭脂等。

在国内的法律史研究领域,图画解说也多突出其直观形象、丰富论说的功能。如徐爱国《西法肆言——漫话西方法律史》[16],马小红《图说中国法律史》。马小红在其著作导论中说,图文并茂的目的,在于尽可能客观描述中国古代法,矫正作者认为的一些误说,如中国古代法"以刑为主",提出中国古代法是以官为纲的法律特征。[17] 另有日本近代法学家穗积陈重《法窗夜话》,故事体的法学小品集,在每一个短篇之后搭配与之相关的情景画或肖像画,与文字呼应。也能够提供一些新的知识素材,比如中世纪对动物的审判,审猫、审猪、审狗,水判、火判、决斗判等,类似新闻影像的功能。[18] 从图像角度解读传统法制,特别是明清司法审判制度问题的研究文献,如尤陈俊《清末民初画报中的衙蠹与劣幕》[19],

〔15〕 陈熙远:《人去楼坍水自流——试论坐落在文化史上的黄鹤楼》,载李孝悌主编:《中国的城市生活》,新星出版社 2006 年版,第 357 页。

〔16〕 徐爱国:《西法肆言——漫话西方法律史》,北京大学出版社 2009 年版。

〔17〕 马小红:《守望和谐的法文明:图说中国法律史》,北京大学出版社 2009 年版。

〔18〕 〔日〕穗积陈重:《法窗夜话》,曾玉婷、魏磊杰译,法律出版社 2015 年版。

〔19〕 尤陈俊:《清末民初画报中的衙蠹与劣幕》,载《中西法律传统》,中国政法大学出版社 2006年版,第 444 页。

徐忠明《建筑与仪式：明清司法理念的另一种表达》[20]，徐忠明、杜金《索象于图：明代听审插图的文化解读》[21]，杜金《故事、图像与法律宣传——以清代〈圣谕像解〉为素材》[22]等。

（二）艺术史与图像学的图像研究

跨学科的视觉艺术的研究，将图像作为思想或知识载体，以获得视觉艺术与社会历史、文化思想的融通；对于艺术史、图像学的研究来说，图像本身不是载体，而是研究的起点和终点，是研究的核心——它表达的内容、风格、创作意图与创作者的个性、视觉要素的安排、构成作品的材料、媒介和技术以及赞助者等。然而受到黑格尔历史哲学影响的艺术史家、图像学家们，突破老普林尼[23]、瓦萨里[24]从风格谈艺术的传记式艺术史写作传统，如温克尔曼[25]、贡布里希[26]、詹森[27]等，开始重视艺术作品的社会历史、文化思想的背景，强调艺术发展与精神进步的呼应，强调艺术史的写作需要建立同一时期、同一风格艺术共同反映的社会思潮。[28]

这一观念贯穿了他们的艺术史写作，并反映在其他一些主要的艺术史作品中，如阿诺尔德·豪泽尔《艺术社会史》[29]、《加德纳艺术通史》[30]、《培生艺

〔20〕　徐忠明：《建筑与仪式：明清司法理念的另一种表达》，载《中国古代法律文献研究》，社会科学出版社 2018 年版，第 356 页。

〔21〕　杜金、徐忠明：《索象于图：明代听审插图的文化解读》，载《中山大学学报（社会科学版）》2012 年第 5 期，第 7 页。

〔22〕　杜金：《故事、图像与法律宣传——以清代〈圣谕像解〉为素材》，载《学术月刊》2019 年第 3 期，第 109 页。

〔23〕　盖乌斯·普林尼·塞孔都斯，世称老普林尼（与其养子小普林尼相区别），古代罗马作家，代表作《自然史》中述及绘画雕刻。

〔24〕　乔治·瓦萨里，文艺复兴时期意大利艺术理论家，代表作品《大艺术家传》，中译本《著名画家、雕塑家、建筑家传》，刘明毅译，中国人民大学出版社 2004 年版。

〔25〕　温克尔曼，普鲁士艺术理论家，代表作《论古代艺术》，中译本邵大箴译，中国人民大学出版社 1989 年版。

〔26〕　贡布里希，英国美学家，艺术史家，其艺术史类代表作品《艺术的故事》，中译本范景中译，广西美术出版社 2014 年版；《艺术与错觉》，中译本杨成凯等译，广西美术出版社 2015 年版。

〔27〕　詹森，美国艺术史家，代表作《詹森艺术史》，中译本艺术史组合翻译实验小组译，湖南美术出版社 2017 年版。

〔28〕　对西方艺术史的评介文论可参见刘伟冬：《西方艺术史研究中的图像学概念、内涵、谱系及其在中国学界的传播》，载《新美术》2013 年第 3 期，第 36 页；刘君：《近代欧洲艺术史典范的建构、传承与流变》，载《历史研究》2018 年第 6 期，第 135 页；曹意强：《图像与语言的转向——后形式主义、图像学与符号学》，载《新美术》2005 年第 3 期，第 4 页。

〔29〕　〔匈牙利〕阿诺尔德·豪泽尔：《艺术社会史》，黄燎宇译，商务印书馆 2015 年版。

〔30〕　〔美〕弗雷德·S. 克雷纳、〔美〕克里斯汀·J. 马米亚编著：《加德纳艺术通史》，李建群等译，湖南美术出版社 2013 年版。

史》[31]、弗莱明、马里安《艺术与观念》[32]、修·昂纳《世界艺术史》[33]、阿纳蒂《艺术的起源》[34]、费恩伯格《艺术史:1940年至今天》[35],苏立文《中国艺术史》[36]、福克斯《欧洲漫画史》[37]等。这些艺术史作品在历史、社会、经济、宗教、文化的背景中记述绘画、雕塑、建筑以及其他艺术品的外形与含义,如《加德纳艺术通史》的编者所说,"艺术史的首要任务是明确艺术品的背景知识,艺术史家一直在试图了解这些人类历史的'持续性事件',为什么会是现在这个样子,为什么产生这些'事件',以及是什么样的独特情境导致了特定艺术品的产生。"[38]

巫鸿也将这一观念带入中国的艺术史研究,他提出了对艺术作品的解读应回归"原境"的理念。在他的代表作品武梁祠的研究中,他从具体的图像、建筑、器物入手,拼接碎片、重构整体建筑体,继而通过建筑内的整体图像重现当时的审美和社会关系,通过考察武梁祠石刻与其他祠堂的关系及其他大环境,还原整个东汉时期的墓葬理念。[39] 他对礼仪美术的研究,仍致力于发掘图像的历史含义。巫鸿指出,为观赏而创作的艺术品出现于魏晋时期;而在此之前的青铜、玉器和画像等首先是为礼仪和实用目的制作,为祭祀祖先或为宗教信仰,反映的是集体的文化意识。[40] 同样,他的《清帝的假面舞会》,从满汉关系、华夷关系解析雍正和乾隆皇帝的若干变装肖像。[41] 在他对《女史箴图》叙事画的研

〔31〕〔美〕大卫·G.威尔金斯、〔美〕伯纳德·舒尔茨、〔美〕凯瑟琳·M.林嘉琳:《培生艺术史》,陆豪译,重庆大学出版社2019年版。

〔32〕〔美〕威廉·弗莱明、〔美〕玛丽·马里安:《艺术与观念》,宋协立译,北京大学出版社2008年版。

〔33〕〔英〕修·昂纳、〔英〕约翰·弗莱明:《世界艺术史》,吴介祯等译,北京出版集团公司、北京美术摄影出版社2015年版。

〔34〕〔法〕埃马努埃尔·阿纳蒂:《艺术的起源》,刘建译,中国人民大学出版社2007年版。

〔35〕〔美〕乔纳森·费恩伯格:《艺术史:1940年至今天》,陈颖、姚岚、郑念缇译,上海社会科学院出版社2015年版。

〔36〕〔英〕迈克尔·苏立文:《中国艺术史》,徐坚译,上海人民出版社2014年版。

〔37〕〔德〕爱德华·福克斯:《欧洲漫画史》,王泰智、沈惠珠译,商务印书馆2017年版。

〔38〕同前注〔30〕,绪论。

〔39〕〔美〕巫鸿:《武梁祠——中国古代画像艺术的思想性》,柳扬、岑河译,生活·读书·新知三联书店2015年版。

〔40〕〔美〕巫鸿:《礼仪中的美术:巫鸿中国古代美术史文编》,郑岩、王睿编,郑岩等译,生活·读书·新知三联书店2016年版,序言。

〔41〕〔美〕巫鸿:《时空中的美术:巫鸿古代美术史文编二集》,梅玫等译,生活·读书·新知三联书店2016年版,自序。

究论文中,他将这种研究方法追溯至潘诺夫斯基[42]开创的美术史中的图像学研究方法。

潘诺夫斯基在其代表作《图像学研究:文艺复兴时期艺术的人文主题》一书中,介绍了他原创的图像学研究方法,即解读艺术作品的三个层次——第一个层次,描述视觉形象中的线条、材料和色彩等物质形态和事实表现,他称为第一性或自然主题,美术母题的世界,这是前图像志的描述;第二个层次,通过哲学、历史、科学等文献知识,解释图像的故事和寓意,即"图像志"的分析层次;第三个层次,将前述纯粹的形式、母题、图像、故事和寓意视为各种根本原理的展现,潘诺夫斯基称之为深层的图像志分析,即从第三个层次开始,我们真正进入了"图像学"的研究。[43]

潘诺夫斯基关于丢勒的艺术创作与意大利人文主义、米开朗基罗的艺术创作与新柏拉图主义、哥特式建筑与经院哲学原则、尼德兰绘画与基督教象征符号传统、墓地雕刻与死亡哲学等充满惊人的想象力的研究成果,为后来的图像学研究发展打开了脑洞。

当代图像学研究发展,从早期的对艺术作品(主要是意大利文艺复兴时期的绘画作品)的解读,扩展到更广泛的图像资料和视觉文化领域。如芝加哥大学 W.J.T. 米歇尔的图像学三部曲对现代视觉媒介的解读[44];劳拉·默尔维在《叙事快感和叙事电影》中,以女性主义角度作电影评论,并将电影纳入图像研究的范围;2005 年出版的霍洛韦和贝克主编的《美国的视觉文化》论文集,涉及电影、电视、摄影、绘画、插图、广告和新闻媒体等众多视觉材料,通过视觉文化视角展现由女性、种族、政治、国际政治、抽象主义、同性恋等问题构成的美国

---

[42] 潘诺夫斯基,美国德裔艺术史学家,黑格尔派哲学家,代表作《图像学研究——文艺复兴时期艺术的人文主题》,戚印平、范景中译,上海三联书店 2011 年版。图像学一词最早可以追溯到 1593 年切萨雷·里帕(Cesare Ripa)发表的一本附有插图的关于文艺复兴的小册子,书名"图像学"(Iconologia)。该书一改传统艺术评论单纯就绘画的结构和色彩的分析,转向解读艺术作品表达的思想内容,以及隐含的哲学或神学。这种解读方法,又可以追溯到基督教对《圣经》的解读,其中最著名的阐释者为教皇大格里高利(540—604)。

[43] [美]潘诺夫斯基:《图像学研究——文艺复兴时期艺术的人文主题》,戚印平、范景中译,上海三联书店 2011 年版,第 13 页,潘诺夫斯基对其概括成简图。理解潘诺夫斯基的图像学研究方法,亦可参见贡布里希的评论:"潘诺夫斯基代表了……艺术史中的德语传统。这一传统可以追溯到黑格尔的历史哲学,这一传统喜欢运用时代精神和民族精神等概念,这一传统宣称,一个时代的所有具体显示即它的哲学、艺术、社会结构等等都是一种本质、一种同一精神的表现。结果每一时代都给看成是包含了一切的整体。持有这种信念的艺术史家用了极渊博的知识和机智来论证这类相互联系的存在。潘诺夫斯基也喜欢以其超众的知识和才智建立这种联系。"贡布里希的评论转引自范景中《图像学研究》中译本序,原载《新美术》2007 年第 4 期,第 11 页。

[44] 美国学者 W.J.T. 米歇尔的图像学三部曲依次为《图像学:形象、文本、意识形态》(陈永国译,北京大学出版社 2020 年版)、《图像理论》(陈永国、胡文征译,北京大学出版社 2006 年版)和《图像何求:形象的生命与爱》(陈永国、高焕译,北京大学出版社 2018 年版)。

社会的种种侧面[45];彼得·伯克在《图像证史》中对照片和肖像的解读[46];唐小兵的《流动的图像:当代中国视觉文化再解读》,通过梳理新中国成立以来的视觉图像及其范式转换,解读当代中国文化所蕴含的历史意义及其丰富性和多彩性[47];弗朗西斯·哈斯克尔在《历史及其图像:艺术及其对往昔的阐释》中,将图像研究扩展到钱币、徽章、插图[48],以及马尔科姆·巴纳德《理解视觉文化的方法》[49],艾美利亚·琼斯《自我与图像》[50]等。

目前国内已出版的"开放的艺术史丛书",系运用西方的图像学研究方法,解读中国古代画像等艺术作品的系列研究。除了前述巫鸿的研究,还包括杨晓能、杰西卡·罗森从古人的观念思想角度对青铜器纹饰的解读[51],孟久丽以叙事性绘画的视觉传统为线索,审视汉、唐、宋、晚明到清的士人精英阶层对于社会、政治或道德问题的看法[52],类似的研究还包括,柯律格《长物:早期现代中国的物质文化与社会状况》[53],乔迅《石涛:清初的绘画与现代性》[54],白谦慎《傅山的世界:十七世纪中国书法的嬗变》[55]等。

二、法律图像学的兴起:"法律中的图像"与"图像中的法律"

伴随着图像研究在人文社科乃至自然科学领域的发展,法学领域也开始出现运用图像学方法关联法律问题的研究。综合这些研究成果,我们可以将图像与法律的研究路径分为两类,"法律中的图像"和"图像中的法律"。应当说明的

---

〔45〕 转引自唐小兵:《流动的图像:当代中国视觉文化再解读》,复旦大学出版社 2018 年版,第 5 页。

〔46〕 〔英〕彼得·伯克:《图像证史》,杨豫译,北京大学出版社 2018 年版。

〔47〕 〔美〕唐小兵:《流动的图像:当代中国视觉文化再解读》,复旦大学出版社 2018 年版。

〔48〕 〔英〕弗朗西斯·哈斯克尔:《历史及其图像:艺术及其对往昔的阐释》,孔令伟译,商务印书馆 2018 年版。

〔49〕 〔英〕马尔科姆·巴纳德:《理解视觉文化的方法》,常宁生译,商务印书馆 2013 年版。该书介绍被用来理解艺术和设计的主要方法,如风格和形式的方法,表现主义的方法,马克思主义的方法,女性主义的方法,从欧美多种视觉文化、电影、广告、建筑、绘画、时装、家具设计等予以例证。

〔50〕 〔英〕艾美利亚·琼斯:《自我与图像》,刘凡、谷光曙译,江苏美术出版社 2013 年版。该书同样涉及当代多种艺术实践,摄影、数字图像化、行为艺术、机器人技术、电影和录像等。

〔51〕 〔美〕杨晓能:《另一种古史:青铜器纹饰、图形文字与图像铭文的解读》,唐根际、孙亚冰译,生活·读书·新知三联书店 2008 年版。〔英〕杰西卡·罗森:《祖先与永恒:杰西卡·罗森中国考古艺术文集》,邓菲等译,生活·读书·新知三联书店 2017 年版。

〔52〕 〔美〕孟久丽:《道德镜鉴:中国叙述性图画与儒家意识形态》,何前译,生活·读书·新知三联书店 2014 年版。

〔53〕 〔英〕柯律格:《长物:早期现代中国的物质文化与社会状况》,高昕丹、陈恒译,洪再新校,生活·读书·新知三联书店 2015 年版。

〔54〕 〔美〕乔迅:《石涛——清初中国的绘画与现代性》(第 2 版),邱士华等译,生活·读书·新知三联书店 2016 年版。

〔55〕 〔美〕白谦慎:《傅山的世界:十七世纪中国书法的嬗变》,张静如、张佳杰译,生活·读书·新知三联书店 2006 年版。

是,法律中的图像研究,主要指对法律语境或情境中图像的研究;而图像中的法律,主要指与法律有关的图像,图像并不在法律语境或情境之中,然而研究者可以通过图像,解读法的观念或历史。

(一) 法律中的图像

第一类"法律中的图像"涉及作为证据的照片、影像。如琼凯在《以法律为艺术媒介:琼斯的茶室》中,对一段同性恋录像同时作为司法证据和艺术影像的研究。[56] 这段录像既是指控同性恋犯罪的司法证据,同时又成为艺术家电影创作的素材。论文通过展现同一素材在两种不同场域、立场、态度下的使用,呈现不同的价值导向和视觉效果,思考图像作为司法证据的客观性。根据作者的记述,1962 年,曼斯菲尔德警察局秘密地把摄像头安放在曼斯菲尔德广场地下的洗手间,拍摄同性恋性行为,这些影像成为起诉 38 名男子违反同性恋法案的证据。2007 年,琼斯导演以该录像为主体素材,创作名曰"茶室"的电影。茶室,是同性性接触的公共厕所的俚语。作为司法证据的录像传达了对同性恋的憎恶,而艺术家琼斯通过重新调整录像的光线、时间、节奏、色彩、声音,展示了一种新的视觉体验。它既露骨又坦率,导演琼斯自称该影片是同性恋解放运动之前最真实的公共性爱纪录片。同一影像资料,既可以为反对者所用,也可以为倡导者所用。照片、视频等证据资料,看上去是直观有力的,但其中也伴随着使用者的思想倾向。影像在司法证据和艺术电影中表现的观念的反差和视觉效果的反差,促使人们思考,法律人如何对待特定的视觉媒介,即图像、影像作为司法证据的客观性。

"法律中的图像"还涉及将律法书、法律建筑、室内装饰、法官服饰等法律之物作为艺术作品的研究,如古德里奇《识别法律》[57],科斯塔斯《图像的合法性》[58],安娜·劳拉《图像的力量与权力的图像——法律个案》[59]等研究,对这些法律之物作为艺术作品的解读。古德里奇指出,正义不仅要得到实现,而且要被看到,所以法律需要形象化的表达。法律仪式是一个舞台,司法审判需要戏剧式的论辩技巧,而那些早期刻在岩石、青铜器皿上的律法书本身就是象征正义和权威的图像,比如西方绘画中大量存在的摩西和律法书的故事。"书籍不仅仅是复杂的符号——它们是壮观的展示意义上的图像,是法律仪式中的道具,是司法和职业形象的一部分。"古德里奇指出,法有漫长的图像表达和象征

〔56〕 Joan Kee, "Towards Law as an Artistic Medium: William E. Jones's Tearoom", *Law, Culture and the Humanities*, vol. 12, no. 3, 2016, p. 693.

〔57〕 Peter Goodrich, "Screening Law", *Law and Literature*, vol. 21, no. 1, 2009, p. 1.

〔58〕 Costas Douzinas, "The Legality of the Image", *The Modern Law Review*, vol. 63, no. 6, 2000, p. 813.

〔59〕 Ana Laura Nettel, "The Power of Image and the Image of Power: The Case of Law", *Word & Image*, vol. 21, no. 2, 2005, p. 136.

的历史,而现代社会,法的象征化的表达在淡化,随着新媒体的出现,法律的剧场转向电视荧幕和滚动页面,法的形象通过法院官网、实时新闻、"波士顿法律""犯罪心理"等新的媒介得到传播和观看。

安娜·劳拉则从图像与观者的角度,论述了法律如何通过形象、象征,使"权威感"进入人们的心理,转化为遵守法律的信念。她称之为"形象法则的内化"。她指出,在人类经验生活中,自诩公正的审判活动从来不会在一个随意的场合进行,通常会有一些布置和装饰。这些布置和装饰也从来不是随意的,而是意在传达超越凡俗的神圣感、权威感、公平正义感。如她例举的"树"的形象。她论述说,树被视为人与神的关系纽带,出现在许多审判的图像中,如斯堪的纳维亚人审判中的白蜡树,日耳曼人审判中的菩提树,1645 年弗朗西斯·夸尔斯《牧羊人》中的宗教之树等。她解读说,因为树作为天地之间的联系,使空间神圣,所以在此空间,在树下的审判,传达了一种超越人性的、公平公正的神圣氛围。她继续解读说,审判场所的神圣性,以及由此而来的审判行为的神圣性,在今天的法庭中得到了延续。比如,用横杆或栅栏(西语 Bar 的含义)将审判空间与公众分隔开来的做法。又如通过高度对比传达的权威感,那些令人震撼的司法机关或立法机关的宏伟建筑、纪念碑,其设计理念就是要传达一种压倒一切的力量。此外,她还详细例举和解读了其他体现法律权威感的视觉形象,剑、权杖、王冠、天平、蒙眼的正义女神甚至色彩等。[60]

法律需要形象化的表达,因此从功能的角度,图像可以起到这种传播效果,科斯塔斯则指出以法律视角思考图像的另一问题,那就是法律需要图像的传播,允许图像的传播,但也会禁止某些图像的传播。柏拉图把艺术和诗歌排除在他的政治体系之外;科斯塔斯也引述霍姆斯曾论及的色情读物与言论自由的关系——只有当艺术成为一种惯例和习惯的时候,法律才能欣赏艺术;在历史中,源于犹太传统"禁止雕刻偶像或任何类似东西"的诫命,致使很长时间内法对视觉艺术抱有敌意——根据反圣像者的说法,最好的上帝形象是由灵魂中的神圣话语形成的,律法的言语和文字是至高的属灵表达,他们直接铭刻在心里,而图片引诱感官,腐蚀心灵,混淆了复制品和原型;在现代法律制度中,法律对图像的禁止,表现在对公共秩序、淫秽、版权、诽谤等法律下的艺术表达的限制,形成一套"视觉政策"。

----

〔60〕 对"蒙眼的正义女神"讽刺意义的解读可参见 Desmond Manderson, "The Metastases of Myth: Legal Images as Transitional Phenomena", *Law Critique*, vol. 26, no. 3, 2015, p. 207. 国内关于正义女神之形象的解读,可参见冯象:《正义的蒙眼布》,载《政法笔记》,江苏人民出版社 2004 年版,第 119 页;戴昕:《正义的形象——对西方美术作品中正义女神形象的考察及其对法治话语的启示》,载《北大法律评论》第 7 卷第 2 辑,北京大学出版社 2006 年版,第 455 页;以及台湾学者江玉林:《正义的图像学反思——从 Pieter Bruegel 的〈正义〉版画谈起》,载《法学新论》2012 年第 39 期,第 1 页。

此外,法律中的图像研究还包括法学家对于美学、视觉艺术的论述,如上述科斯塔斯的《图像的合法性》引述的霍姆斯等法学家有关图像合法性问题的论述以及文中涉及的有关视觉艺术的法律规范,包括著作权、版权、出版自由、制裁淫秽文学书刊以及文学作品侵犯他人名誉权的法律,不过,这个领域其实已经属于传统的法学研究领域。

(二) 图像中的法律

图像与法律的第二类研究路径,研究"图像中的法律",即通过研究艺术作品中的法律意象,思考法学理论和制度实践。如菲茨杰拉德《走向现代艺术的法律》[61],班尼特《安迪·沃霍尔的电椅》[62],通过艺术作品读解法的理念或象征。菲茨杰拉德于1987年发表于《耶鲁法律评论》的《走向现代法律艺术》的论文,开篇论述法学家、法官和艺术家共同具有的创造力。法律创造了一个对与错、合法与非法、有效与无效的世界,创造了这个世界的标准和准则,这些标准和准则确定了人们在法律关系中的角色和地位;而艺术家也在画布中创造了视觉现实,当然艺术家的创作活动具有更强烈的个人色彩,且远不具有法的强制性格。

菲茨杰拉德从创造力的比较入手,其实是想要在"事实"的层面建立法律和艺术的关联,对于法律来说,这就是法学家们思考的"事实与规范"的问题,而对于艺术家来说,如何观察事实、理解事实和表达事实,构成了现代艺术与古典艺术的分野。论文继而通过借鉴现代艺术对于事实的表达方式和哲学理念,思考法律中的一个具体规范及其背后的现代法治的理念。具体来说,作者从现代艺术家蒙德里安的艺术哲学中获得启发,以此解释美国宪法第十四修正案关于平等保护的理解和它的实践。为介绍作者所建立的这个关联,将其观点及论证思路略述如下。

艺术源于模仿,这一表现传统从史前美术延续至19世纪,而现代绘画却摒弃了这一具象表现的传统,不再模仿物体、描述物体和再现可观察的世界,反而破坏了形象的原初面貌。因为,对于现代艺术家来说,视觉中的现实,并不是真实的世界,他们开始思考图像的事实构成,想要建立一个真正的真实的世界。蒙德里安的作品就是这种理念最纯粹的体现。蒙德里安认为,在这个表象世界之下隐藏着一个更为真实、持久的现实,而这种现实只有用最纯粹的符号来体现,所以,可见的世界完全从他的作品中消失了,只留下绘画构图的基本元素,线条和色彩,最终简化为直线和原色;再通过重构基本要素之间的比例、关系和

---

[61] Laura S. Fitzgerald, "Towards a Modern Art of Law", *The Yale Law Journal*, vol. 96, no. 8, 1987, p. 2051.

[62] Bennett Capers, "On Andy Warhol's Electric Chair", *California Law Review*, vol. 94, no. 1, 2006, p. 243. 除了"电椅"系列,蒙德里安的与法律有关的著名艺术创作还有《十三名通缉犯》,它是对各犯罪嫌疑人的面部特写。

节奏,呈现艺术家所理解的真实。

作者指出,这种颠覆传统、重建现实社会格局的理念,亦是现代法治的重大问题。正如蒙德里安的创作摆脱了传统形式风格,将事实表达简化为直线和原色一样,现代法治理念对人的界定,也是摆脱了传统社会格局中义务与特权的结果,通过"净化"自我的艺术手法,它将个体视为社会构成的基本要素,此为"平等"观念的由来。除了拆解元素,对于各元素之间关系的重构,具体到宪法中,表达为"类似情形中的所有人被同样对待",这也意味着"尽量减少任何明显的不一样的对待"。

作者的论述并没有在如此浅显的关联关系中止步,通过继续思考蒙德里安的艺术哲学,联系美国的同性恋合法化问题、少数族群与女性的法律地位和待遇问题,作者对上述平等保护条款的一般化理解——"类似情形中的所有人被同样对待""尽量减少任何明显的不一样的对待"——提出质疑。她指出,当前宪法的目标是共性而不是差异性。当人们认识到被授权者与授权者的"不同","共同人性"的轮廓显然在很大程度上与权力主体的身份一致。如此的平等追求,实际上就是对"同化"的追求。作者将现代法治需要重视的这种"差异化"的意识,与蒙德里安的构图理论类比。蒙德里安的构图理论不仅包含了两种截然不同的构成元素,还包含了三种基本颜色:红、黄、蓝。正是这种绝对的"他性",使一种颜色成为原色,且永远不会相互融合以削减彼此本质上的不同。在现代法治中,人的形象是一个普遍的、一般化的"理性之人",然而,作者认为,法律可以从蒙德里安的观点中获益,为人的差异赋予积极的价值,尊重每个人定义自我的权威性,并以此修正规范,建立基于差异考量的特别保护。

基于现代法治理念和现代艺术理念的共同性,作者非常大胆地建立了这种法与艺术的关系。但是从论证来看,有些联系,比如认为蒙德里安的三元素是对差异性的颂扬,又似乎牵强附会,让人疑惑,这种关联到底是确实客观的,还是只是作者的主观臆想?或者在该论文中,艺术作品的解读只是充当了理解法律的催化剂?

类似的研究再以班尼特《安迪·沃霍尔的电椅》为例。与上文对蒙德里安作品的解读不同,法的主题直接呈现在沃霍尔的艺术作品中。2003年6月举办的一场沃霍尔标志性的电椅版画系列展览,引发了美国社会对死刑问题的再次关注和讨论。班尼特对作品的解读从多个角度展开,或通过沃霍尔的个人经历(如他是捷克移民的儿子,父亲是个体力劳动者),解读沃霍尔在作品中表达的政治立场和对死刑的态度;或解读作品中椅子的象征意义,"这把椅子被解读为,惩罚那些从根本上违反自然道德秩序的人的工具,或者是中世纪用来纪念腐败司法体系的残忍的刑具。椅子本身就浸透着一层又一层的文化表征,它承载着一层又一层的意义……";或解读作品的观看视角,"沃霍尔将焦点从作为物体的画作转移到了作为主体的观众身上,以旁观者的身份,突出了观者所占有的空间……门上的标牌上还会要求谁'肃静'呢?";以及由此展开论述绘画史中的一系列有关公开行刑的作品,如布鲁格尔的《法官》(1559),迪博尔德·席林的公开行刑系列(1480),威廉·霍加斯《南海计划》中的轮刑(1721),马奈的《马西米兰之死》(1867—68),贺拉斯·皮平的《被绞死的约翰·布朗》以及种种"钉十字架"绘画。

　　研究图像中的法律正义,《法的艺术:法律正义的艺术表达与图像——从中世纪到一战》为目前较为全面和系统的研究成果。[63] 该论文集以法律正义在绘画、雕塑、素描、挂毯、版画和书籍中的艺术表现形式为主题,集合了历史学家、法律史学家和艺术史学家的最新研究成果(主要是法律史学家)。总论部分介绍图像学和法律图像学的一般理论,明确该书的定位,即解读艺术作品中的司法行政类主题,并介绍项目参与者围绕这个主题的不同角度的探讨。分论包含了解读西方艺术(主要是德国,也涉及法国、印度、意大利、瑞士等)的各种案例研究,如该书第二卷解读表现法庭、市政厅、监狱、死刑执行场所、作为审判场所的教堂的绘画;第三卷解读涉及法官、律师等法律人物的艺术作品;第四卷解读有关刑法、刑事司法、行政法等艺术作品;第五卷解读正义场所的各种装饰。

　　分论中的图像研究,不是简单的"图像志"的整理性研究,而是潘诺夫斯基意义上的"图像学"研究,比如克莱尔·库奇对以"体罚"为主题的图像艺术的历史考察。他发现同一时期,教堂中绘制的地狱形象越来越可怕;而世俗法庭对体罚的使用却似乎有所减少,不过对体罚的详细描述却有所增加。作者提出,这种艺术转变是否揭示了一种转型过程中的法律哲学——从报应到功利主义正义。对罪人来世惩罚的描写越来越恐怖,这种强大的视觉效果可能起到了某种"视觉把戏"的积极作用,有助于解决刑事司法实践与刑事司法修辞之间的差距。[64]

三、法律图像学的研究空间

　　在对前人研究的整理和重新审视的过程中,我们可以一再地获得非常珍贵的启发,并对这些分散在各种维度中的观察研究予以整理和系统化,冠以"法律图像学"的名称。作为一个年轻的法学分支学科,希望它像"法律与经济""法律与宗教"一样,丰富法学学科的发展和对法的认识。

　　(一)界定法律图像学

　　首先,我们对法律图像学中的"法律"和"图像"予以界定。法律图像学意义

---

〔63〕 Stefan Huygebaert, Georges Martyn, Vanessa Paumen, Eric Bousmar, Xavier Rousseaux (eds.), *The Art of Law: Artistic Representations and Iconography of Law and Justice in Context, from the Middle Ages to the First World War*, Springer, 2018.

　　〔64〕 *Id.*, p. 11.

中的"法律",限定为权威主体用以规范社会关系的规则和制度,既包括国家的、国际的法律,也包括地方的、区域的制度规范;既包括成文法、不成文的习惯,也包括法律的理论和实践。在某些情形中,也可能指向非常广泛的"秩序"的含义。而法律图像学意义中的"图像",既包括"艺术作品",即那些特别区别于日常生活中的物的"艺术家"的作品,包括诗歌、戏剧、音乐,电影、绘画、雕塑等表达形式;也可以扩展到现代大众传媒中的一些视觉图像,如照片、广告等。法与艺术的交叉研究,其实并不限于"法律与图像"的研究。目前在"法律与音乐"的领域,也出现了不少富有启发性的研究成果。[65] 然而,为着更为集中探索和研究的目的,该研究讨论的图像,主要指向绘画、雕塑、摄影照片、工艺品、徽章,甚至可以包括地图和建筑。并且该研究是对某一或某些具体图像而非抽象图像理论的解读。这些图像或在法律的背景下产生,或与所关联的法律制度理念处于同一历史时期,或在其中明确表达了法律的主题。如论文开篇所说,艺术图像作为法律图像学研究的主要素材,原因在于,和经典文献一样,与法律相关的艺术图像是思想的结晶,它具有更为丰富和更有价值的解读空间。法律图像学中的图像研究,几乎等同于艺术,但不限于艺术作品。能否将图像纳入研究,取决于这些图像中包含的法律思想和历史的解读空间。

目前,国外学者对视觉符号中的法律有较为丰富的研究,作为研究主体的图像与视觉符号是何种关系?涉及图像与法律的研究都属于法律图像学的范围吗?这里涉及法律图像学与视觉法学、徽章符号研究的联系与区分问题。

法律图像学与视觉法学的区分。在数字化时代,图像及监控录像等更多地进入法律程序,进入公民生活,促使法律及其运行以更为直观的方式呈现(观看)。视觉文化以及其中被称为视觉法学的研究,虽然同样以法律图像为素材,但研究视角上根本有别于法律图像学的研究。因为视觉法学研究的重点,不是对图像本身的解析,而是图像与观者的关系、观者的视觉体验(在视觉文化研究中,称之为"主体性")、图像的视觉效果,更重要的是,这些体验和效果可能带给法律本身的冲击和转变。严格来说,视觉文化研究所延伸的视觉法学研究,是法律社会学的研究分支,即图像的法律效果,法律图像与特定情境的互动

---

[65] 如,M. Paola Mittica,"When the World Was Mousike?:On the Origins of the Relationship between Law and Music",*Law and Humanities*,vol. 9,no. 1,2015,p. 29,作者通过解读古希腊罗马文献,探讨法律与音乐关系的起源,例举古代文献中的例子,如梭伦的政治法律活动、斯巴达音乐教育,论述音乐如何对古代立法产生影响,以及音乐的疗愈和恢复和平秩序的功能。又如,Claudius Messner,"Now This:On the Gradual Production of Justice Whilst Doing Law and Music",*Int J Semiot Law*,vol. 31,no. 2,2018,p. 187,作者认为法律是一种社会实践或表演行为,继而探讨"演奏"在法律和音乐中扮演的角色,并更为详细地考察了爵士表演与现代法律的一致特征,对当代司法实践的特殊审美予以批判性分析。

关系。[66] 因为视觉法学侧重研究主体问题,所以许多关于正义的视觉描述的文章,虽然题目中涉及"图像",但并非针对图像本身的研究,甚至有些文中并不包含任何图像。[67] 而对图像本身的解析,或形象地说,让图像"说话",是法律图像学的研究中心。

法律图像学与徽章符号等研究的联系与区分。徽章符号本身的研究价值,在于其象征意义。如古德里奇所说,徽章中的颜色、构图及与文字的关系,被看作血统、等级、官职、神圣性和荣誉的象征,它是一种"隐藏着某种东西的表现形式"。[68]

---

[66] 视觉法学是对法律图像观看效果的研究,如图像证据可能对法律实践和法学的影响,法庭对图像证据真实性和客观性的判断。如 Alison Young, "Arrested by the Image", *New York Law School Law Review*, vol. 57, no. 1, 2013, p. 77. 作者指出,数字图像的存在依赖于主体,观看本身证实了主体立场。同类研究亦如 Nathan Moore: "Image and Affect: Between Neo-Baroque Sadism and Masochism", *New York Law School Law Review*, vol. 57, no. 1, 2013, p. 97; Francis J. III Mootz, "Law among the Sight Lovers", *New York Law School Law Review*, vol. 57, no. 1, 2013, p. 61; R. K. Sherwin, "Visual Jurisprudence", *New York Law School Law Review*, vol. 57, no. 1, 2013, p. 11 等。其中穆兹(Mootz)论文引述舍温(Sherwin)著作(*Visualizing Law in the age of the digital baroque, arabesques and entanglements*, London: Routledge 2011)中的一个例证,令人印象深刻——它涉及作为庭审证据的纪录片,可否成为法律有效判断依据的问题。在一个监护权纠纷案件中,妻子被指控策划谋杀她的丈夫,妻子聘请了一名专业摄像师来记录女儿与丈夫的一次会面。视频中有一个令人心酸的场景,女儿紧紧抱住母亲,母亲阻止其丈夫把女儿带走。舍温提出,作为观众的陪审团,如何在这些视觉形象引发的情感过剩,甚至欺骗中,仍然保持理性判断? 此外, Neal Feigenson, "The Visual in Law: Some Problems for Legal Theory", *Law, Culture and the Humanities*, vol. 10, no. 1, 2014, p. 13; Elizabeth G. Porter: "Taking Images Seriously", *Columbia Law Review*, vol. 114, no. 7, 2014, p. 1687,这些研究进一步分析了视觉材料的泛滥给法律判断带来的问题。以及,舍温与弗格森 Feigenson 等合作的另一篇论文,思考数字时代的视觉传播技术如何改变法律的实践、理论和教学。 Richard K. Sherwin, Neal Feigenson and Christina Spiesel, "Law in the Digital Age: How Visual Communication Technologies are Transforming the Practice, Theory, and Teaching of Law", *Boston University Journal of Science & Technology Law*, vol. 12, no. 5, 2006, p. 227. 除了作为证据的图像,视觉效果的法律研究也拓展到私法领域,如 Jay A. Mitchell: Whiteboard and Black-Letter: Visual Communication in Commercial Contracts, *University of Pennsylvania Journal of Business Law*, vol. 20, no. 4, 2018, p. 815. 该文论述视觉视图可能在交易中发挥的作用。

[67] Linda Mulcahy: "Eyes of the Law: A Visual Turn in Socio-Legal Studies?", *Journal of Law and society*, vol. 44, no. S1, 2017, p. 111. 虽然题目中出现 image 的标题,但其实并不是针对图像本身的研究,如文中作者例举 Cotterrell, "Law's Community: Legal Theory and the Image of Legality", *Journal of Law and society*, vol. 19, no. 4, 1992, p. 405; C. Piper: "Divorce Reform and the Image of the Child", *Journal of Law and society*, vol. 23, no. 3, 1996, p. 364; K. Economides, "The Country Lawyer: Iconography, Iconoclasm, and the Restoration of the Professional Image", *Journal of Law and society*, vol. 19, no. 1, 1992, p. 115; R. Lewis and A. Morris, "Tort Law Culture: Image and Reality", *Journal of Law and society*, vol. 39, no. 4, 2012, p. 562.

[68] Peter Goodrich, "Devising Law: On the Philosophy of Legal Emblems", *New York Law School Law Review*, vol. 57, no. 1, 2013, p. 133,古德里奇在注释中总结了法律徽章研究的文献,其中总结性的研究成果为 Valarie Hayaert, *Mens Emblematica et Humanisme Juridique*, Oxford University Press 2008.

这些素材可能有助于研究法的"象征"等问题。对徽章符号的研究可以作为法律图像学的组成部分。准确说，徽章符号可以作为法律图像学的研究素材。

其次，在研究方法上，法律图像学借鉴图像学研究方法，借鉴潘诺夫斯基的三层次的图像解读——第一个层次，描述法律图像的物质形态和事实表现；第二个层次，通过法学、哲学、历史、科学等文献知识，解释法律图像的故事和寓意；第三个层次，将前述物质形式、主题、故事和寓意视为各种根本原理和思想的展现，获得通过艺术作品对法律自身知识和理念的理解。在这个研究维度中，法律与艺术学分享哲学、历史和社会学各人文社会科学的文献和智慧。通过艺术史和重要博物馆的记录，尽可能了解更多的艺术作品，在其中搜索可能作为法律研究的素材。也需要从目前已获得的资源中，进一步检索关于法律与艺术的论著、期刊、网站、会议、其他有关图解论文等，在全部的历史中搜索法与图像的互动。除了西方艺术资源，本研究也同样重视运用图像学研究方法解读中国历史中的法律图像。

法律图像学试图构建一种新的系统的法律史研究媒介。这种媒介是图像，它是与文字相当的思想和知识的表现形式。但是法律图像学所研究的图像有特别限定。它首先排除了大部分"法律中图像"的研究。这些图像包括（1）作为证据的照片、影像，因为这些图像作为"视觉法学"的研究对象，处理的是图像的效果、图像与主体性等问题，而法律图像学致力于从图像中发现并阐释其中的思想或知识。（2）法庭建筑、法庭服饰、律法书、法槌等。因为这些法律图像具有明显的功能性，而功能性过强的法律图像，不具有（或较少包含）学术研究意义上的解读空间。当然，我们不是一概地排除对这些法律之物的解读，关键在于审视这些图像是否具有解读空间。（3）涉及著作权、表达自由等法律问题的图像，因为对这些图像的研究，已经进入传统法学研究的范围。

除了这种排除式的图像界定，目前我们很难明确列举法律图像的类型类别，不过，我们可以从研究目的上锁定可以纳入法律图像学研究的图像。服务于法律图像学研究目的的图像，即可能为法律思想和知识提供解读空间的"全部"图像。由此，我们可以从法律思想和历史两个维度展开对图像的收集、整理和分析，建立法律图像学的两个知识维度：（1）"思想史视野下的图像研究"，从人物思想展开研究，主要研究在共同的思想史背景下，艺术观念史、艺术家思想与法律思想史的律动；（2）"制度史视野下的图像研究"，从法律主题展开研究，主要研究视觉艺术中与法律制度相关的各类主题，包括主体、行为、制度等法律知识主题。另外，虽然两个分论题按照现有的法律史具体研究方向进行划分，但是其中的具体论题并不必拘泥于现在的法律思想史和制度史的时间序列或人物序列。所以，有些图像，表面上看似乎与法律没有直接关系，比如菲茨杰拉德对蒙德里安艺术作品、艺术思想和美国宪法的研究，然而，在艺术与法律对"何为现代"的共同的思想解读背景下，通过对艺术作品的解读获得对法律思想理解的启发，我们也可以将这种研究纳入法律图像学的范围，这正是文中所说的"思想史视野下的图像研究"的含义。但是，在将要展开的研究中，要尽量避开只是可能产生"启发"的图像，尽量选择蕴含法律元素，并与法律问题具有确切关联度的图像。

因此，法律图像学以图像为法律思想和历史的研究媒介，其所研究的图像，完全服务于法律思想和历史解读的目的，以此确立法律图像学特定的研究对象，这个研究对象及所借鉴的艺术图像学研究方法，有别于传统法学、法律史学以及作为视觉文化学、法律社会学延伸的视觉法学等图像研究的对象和方法。法律图像学因此可以成为一门独立的法学分支学科，同时为传统的以文献为主要研究资料的法律史研究带来一种新的视野。

按照这样的界定，在现有大量关于法律和图像的研究成果中，典型的法律图像学研究并不多，如前述《法的艺术：法律正义的艺术表达与图像——从中世纪到一战》论文集，古德里奇《识别法律》，安娜·劳拉《图像的力量和权力的图像》，班尼特《安迪·沃霍尔的电椅》，徐忠明《建筑与仪式：明清司法理念的另一种表达》，以及巫鸿的研究中涉及传统中国法观念的部分。此外还包括，卡拉伯恩《酷刑的形象：文化、政治和权力》[69]，艾斯默《法律与律师的形象》[70]，马尔凯西《观察女性：19世纪法庭场景插图中的女性和公共领域》[71]，温考特《法律与社会中的福利形象：比较视角下的英国福利国家》[72]，曼德森的《法律的形象与法律的形象：殖民统治的表征》[73]等。

（二）法律图像学微观思绪

首先分析法律思想史视野下的图像研究方法。回顾已经评介的菲茨杰拉德《走向现代艺术的法律》，作者通过现代艺术理念重新解读平等保护条款，全文的论证实际暗含着这样的一个前提，即作者预设了现代艺术理念和现代法律

---

〔69〕　E. Carrabine, "Image of Torture: Culture, Politics and Power", *Crime, Media, Culture*, vol. 7, no. 1, 2011, p. 5.

〔70〕　M. Asimow, "Perception of lawyers: A transnational study of student views on the images of law and lawyers", *International Journal of the Legal Profession*, vol. 12, no. 3, 2005, p. 407.

〔71〕　L. Mulcahy, "Watching Women: What Illustrations of Courtroom Scenes Tell Us about Women and the Public Sphere in the Nineteenth Century", *Journal of Law and Society*, vol. 42, no. 1, 2015, p. 53.

〔72〕　D. Wincott, "Images of Welfare in Law and Society: The British Welfare State in Comparative Perspective". *Journal of Law and Society*, vol. 38, no. 3, 2011, p. 343.

〔73〕　Desmond Manderson, "The Law of the Image and the Image of the Law: Colonial Representations of the Rule of Law", *New York Law School Law Review* vol. 57, no. 1, 2013, p. 153.

理念的一致性。这个前提正是艺术史、图像学、艺术人类学、艺术社会学共同预设的前提。为什么读罢全文我们不能对此论证产生特别信服的感受？仔细思考，我们会发现，作者把这种联系具体化为艺术图像和法律文本的一一对应的关系，比如蒙德里安绘图中的三种原色，代表了作为法律基本元素的个体先在的、不应被同化的"差异"。这种一一对应的联系，就带有很强的主观臆断的色彩，而不是一种客观的、确实的关联。实际上，这也是图像解读的一个很容易坠入的陷阱。我们如何在共同的思想史背景下，建立图像与法律哲学的客观的、确实的关系，使法律图像学研究成为真正的科学研究，而不是文艺随笔？这里还应当注意图像学一直以来被人诟病的一个问题，就是如何避免结论的空洞和空泛，即将一切的关联都回到大而化之的已成为通说的思想史上的认识。简而言之，一方面要避免论证过程的主观臆断，另一方面应避免论证结论的庸俗化。回到我们的初衷，即通过艺术作品的解读，"充实"和"刷新"对法律历史、理论和思想的认识。主要方法是将图像解读建立在更多文献和更多的图像之上，把所研究的图像放置在全部的历史文献和历史图像之中进行相互印证的解读，而非对孤立的唯一的图像加以解读。另外，也要尽量避免选择艺术作品与法律关联度过于遥远的研究。

那么，如何建立艺术作品的理念和法律思想的客观和确实的关联呢？首先是选材的问题。在学科初创期，大量的法律图像都没有被开垦，不妨首先选择一些经典的明显与法律思想史上的人物或思想主题相关的艺术图像。比如1878年的新古典主义美术作品，法国画家达维德的《苏格拉底之死》。这幅画作描绘了《斐多》中记述的苏格拉底就义当日的情节。它是对历史事件的再现，同时这个选材也具有非常强烈的现实象征意义。首先，我们可以看到这幅作品与达维德关于"死亡和祭奠"的另一幅作品《马拉之死》有极为相似的色彩和构图。达维德创作这幅作品的时间是1787年，正值法国大革命的暴风骤雨的前夜，波旁王朝统治下的君主制，在不断的思想解放运动、自由主义政治组织的冲击中摇摇欲坠；而大西洋的另一端，三权分立、民主共和、人民的权利自由等启蒙思想家们的学说，已经成为制度和原则，确立在世界上第一部成文宪法之中。新古典主义美学，借用古代的重大事件和英雄人物，回应这一时期思想和政治的变革；达维德正是其中最为杰出的代表。在这个作品中，达维德所绘制的苏格拉底的形象，是一位革命者的形象；画作不仅是历史事件的重现，而且在其中呈现了达维德所理解的革命精神。在达维德的画作中，苏格拉底乃是鼓舞革命者为信仰和真理献身的典范。

然而，作为革命者的画家达维德为革命创作的《苏格拉底之死》，本身包含着丰富的思辨意涵。在希腊，苏格拉底是通过民主制度被判有罪的人，是社会秩序的颠覆者，入狱后本有机会逃脱，却自愿选择接受现行法的制裁，转而成为法律秩序的捍卫者。从革命的角度理解苏格拉底之死,为我们理解"守法即正义"打开了一个新的视角。对于一个革命者来说,革命是颠覆旧的秩序、实现正义的行为,如何理解革命与现行法秩序的关系?如何理解革命与理想法秩序的关系?"守法即正义"的信念和为此的牺牲,其中的关切,是人与外在秩序的关系还是人与自己的关系?或许我们可以通过阅读更多的古典文献,获得苏格拉底的"守法即正义"的固有含义;阅读新古典主义画作和历史文献,达维德的画作和有关达维德的历史文献,获得本身参与到革命事业中的达维德对于这个问题的立场;再重新审读该画作的构思和这些思想观念的画作式的表达,并结合对法国大革命的反思,为理解"革命""守法"与"正义"提供一个新的解说维度。

按照这样思路,一系列的研究得以展开。比如我们或许可以从米开朗基罗的《创世纪》和《最后的审判》中思考基督教中的"罪罚观念",也或许可以从中国古代的各类叙事画中考察礼法观念在官方和民间的表达。对各个具体题目的确定,是一个勘探的过程,首先要在视觉艺术中寻找法律理念的图像表达,就像从矿石中寻找贵金属……一切思考只有对尽可能丰富的图像资料阅读归纳之后才有价值。

不同于思想史视野下的法律哲学的研究,制度史视野下的图像研究,是比较直观地展现法律主题的,比如描绘酷刑的场景、审判的场景。但是这种直观也会导致研究的浅尝辄止,使图像沦为法制史文论的镜像表达、补充论证,就会丧失研究的意义。学习前人的研究成果,我们可以看到富有启发的研究的共同特点——在前述《法的艺术:法律正义的艺术表达与图像——从中世纪到一战》中收录的论文,大多是此类制度图像的研究[74],还包括巫鸿的研究——即特别突出多类图像素材的甄别、比较,发现其中潜在的历史线索。如前述克莱尔·库奇的论文,对以"体罚"为主题的图像艺术的历史考察和整理,仅仅是研究的基础,而将这些图像与同一时期的世俗法律规范进行比较,发现变化和差异,这才是研究的开始。

再如前述安娜·劳拉的论文,她例举各时期各类别艺术图像中能够体现法律权威的象征物,一系列树的形象。作者解读树所代表的神圣性观念,论述该神圣观念在古代审判场所的体现,乃至在现代审判场所神圣性的延伸。因此,多类图像从法律权威和审判场所神圣性的思路中得以整理和呈现。又如前述琼凯的论文《茶室》,呈现了使用同一影像资源,电影艺术和法律制度对该影像中的主题截然不同的态度,以此反思视频资料作为司法证据的客观性。这些研究都非常注重将类比和比较的方法运用在尽可能多的图像资源和文献资源中,围绕一个"超图像"的法律主题把这些资源凝聚在一起。

---

〔74〕 *supra* note〔54〕.

按照这样思路,我们可以设想艺术图像在这些法律主题项下的整理和研究:法律正义的图像,罪的图像,誓言与契约的图像,婚姻制度的图像,加冕等表现王权的图像,惩罚的图像,审判的图像,监狱的图像,投票器的图像,法官的图像,象征法的动物的图像,性禁忌的图像,雕刻法律文本的图像等。

在前述两个分论题中,同时包含对西方和中国艺术资源的考察,不过在此处特别论及研究中国法律图像的一些问题。如东西方法律图像中的正义(或法律权威)的象征;东西方法律图像中的人物(如法官、女性等);东西方法律图像中行为(如审判、行刑等);东西方法律图像中的地狱和冥界(等)。

中国的视觉艺术作品中同样有丰富的社会历史和法律制度文化的表达,除了前述艺术史和历史学研究中的例子,即使是那些看起来好像解读空间非常有限的文人画和书法作品,都可以为法律文化、礼仪制度的解读提供丰富的资源和介质,反映历代相传的正统思想。[75] 如唐朝的张彦远所言:"夫画者,成教化,助人伦。穷神变,测幽微,与六籍同功……"[76]前述艺术史学家巫鸿、杨晓能、白谦慎、石守谦、柯律格、张朋川等运用西方的图像学研究方法解读中国古代的艺术作品,为我们研究其中的法律文化、礼仪制度提供了借鉴。已出版的中国艺术史汇编类的资料也为研究提供了基础性的资源。

四、结语

当我们缓缓地打开《韩熙载夜宴图》的长卷,或者置身于空无一人的拉斐尔绘制的梵蒂冈宫签字厅,我们首先获得的是一种强大的美的视觉冲击力。美,是这些图像能够长久保存下来的首要原因。然而,美并不是这些图像价值的全部。并且如果单从审美的角度,很可能产生误读。谁能单凭图像从夜宴图中读出,在南唐沉浮不定的政局中,韩熙载故作沉湎声色之态?如果不具有文艺复兴和古希腊的文献阅读基础,如何体会拉斐尔在四幅主题壁画中,全部以柏拉图为核心的精巧构思?

真是美的基础。法律图像学的研究需要我们越过艺术图像美的光芒,将它看作思想史中高度浓缩的思想文本。而我们可以做的,是和传统文献阅读一样的,将其安放在全部历史文献中,相互印证地阅读和阐释。翻开艺术史的画卷,其实我们并不能自动地获得法律视角下的新解读。在很长的时间内,我们将会苦于难以寻找到恰当的法律图像。但我相信,全部的图像中,都潜伏着法的存

---

〔75〕 如白谦慎从思想和制度角度的中国书法研究,参见其作品《傅山的世界:十七世纪中国书法的嬗变》(同前注〔55〕),以及《与古为徒和娟娟发屋:关于书法经典问题的思考》(广西师范大学出版社 2020 年版)等。

〔76〕 译文:"绘画这门艺术,可以起到教育、感化的作用,帮助人们确立生活和行为的道德规范。它极尽神妙无穷的变化,足以探寻深远微小的事理,堪称与经书典籍的功用相提并论……"载(唐)张彦远撰,承载译注:《历代名画记全译》(修订版),贵州人民出版社 2009 年版,第 2 页。

在。这是目前的图像学研究,以及目前零星的法律图像研究,尚未全面开垦的沃土。

当下法律与人工智能的讨论热浪,将法学研究推向极简的技术化,想象数字背景下的法可能在现代社会、现代人群中扮演的角色。然而,只要法律中人的因素存在,就一定存在复杂的人性,使法律无法被简化和技术化。如此,我们不妨回到古老的作为公平、善良之艺术的法,回到时空视野下法律史和艺术史丰富的文献矿藏中,探索图像的法律密码。这些图像期待着,法学家的眼睛。

（审稿编辑　潘　程）

（校对编辑　张玉琢）

《北大法律评论》(2020)

第 21 卷·第 1 辑·页 129—154

Peking University Law Review

Vol. 21，No. 1，2020，pp. 129-154

占有的规范性结构与占有保护的相对性难题

朱慎独*

The Normative Structure of Possession
and Relative Title

Zhu Shendu

内容摘要：关于占有保护规范之相对性难题的解释，涉及概念与证成两个问题。占有在概念上应被理解为对权利的事实性实现，这要求占有人可合理期待他人均会尊重其事实状态，从而预设了占有与义务性规范及权利的内在关联。基于占有的保护与基于权利的保护之间的区分产生了相对性难题，即占有保护具有排除实质权利认定的效力。耶林版本的依赖性理论对该难题的辩护，诉诸一种狭隘的关于占有人利益的观点，即占有保护服务于法律上之所有人的效率利益。这一观点忽略了占有也可服务于其他主体的非效率性利益。而独立性理由则没有充分解释赋予占有人以权利的做法，如何与所有权制度相协调。根据权利性质及保护需求的不同，占有会以两种不同的方式参与规范性实践——基于实质认定或基于形式认定。实质认定要求严格审查占有人的权利来源，法律权利与道德权利均可能导致作为一般社会现象的占有的存在。当这一观念与具有效率或确定性需求的权利相结合时，会产生排除实质认定的特殊

---

* 中国政法大学法学院 2020 级博士研究生。

制度。这一区分解释了占有如何既保护权利,又要求在为特定权利提供保护时排除实质认定的干涉。对部分恶意占有人提供保护的理由亦可由此回答。但占有终究无法代替精准的权利保护制度,占有保护规范在不同时期的兴起,既标识出被法律或其他社会制度忽略的正当利益,也警示我们应当不断改进财产权制度以排除占有的适用。对占有保护规范的接受与构造也取决于对特定领域的权利实践之不足的考察与反思。

关键词:占有规范性结构　相对性权份　形式占有　道德信任

一、占有的去神秘化

在现代财产法的讨论中,没有什么概念比占有更富有争议。在早期法律体系中,取得法律上的占有经常是实现迅速而有效的救济措施的方式,也是保护各种衡平利益的手段。在现代英国财产法中,占有还是产生相对性权份(relative title)[1]的基础,基于占有的反干涉权在德国法与普通法的实践中都具有基础地位。[2]但当前的法律实践和理论却对它仍然很陌生,其至连这一陌生也并未得到足够的重视。虽然存在不少关于占有之法律后果的探讨,其概念仍然是未经阐释的,隐藏于烦琐理论背后的实体(identity)问题[3]仍不清晰。

"占有保护规范的相对性难题"既是这一陌生的体现,也是加剧其混乱的因

---

〔1〕　此处的"相对性"并非在债权的相对性意义上使用,而是在普通法的相对权份的意义上使用,亦即占有人的权利可以对抗除在先占有人之外的一切他人,但不得对抗在先占有人。See Luke Rostill, "Relative Title and Deemed Ownership in English Personal Property Law", *Oxford Journal of Legal Studies*, vol. 35, no. 1, 2015, pp. 31-54. 相对权份与绝对权份的差别不在于权利的内容,而在于权利人对特定权利之主张的分量,因此不同于物债二分之下的相对权/绝对权划分。See Alison Clarke & Paul Kohler, *Property Law: Commentary and Materials*, Cambridge University Press, 2006, *infra* note〔2〕, p. 383, 386. 将 title 翻译为权份取自〔英〕H. L. A. 哈特:《哈特论边沁——法理学与政治理论研究》,谌洪果译,法律出版社2015年版,第216页。Title 原是英国封建制下财产制度的产物,将之翻译成"权份"表明了权利人只是在特定限度内拥有权利,颇为贴切。

〔2〕　关于占有在普通法及英国财产法中的关键地位的简要说明,Alison Clarke & Paul Kohler, *Property Law: Commentary and Materials*, Cambridge University Press, 2006, pp. 259-261. Also see Frederick Pollock and Robert Samuel Wright, *An Essay on Possession in the Common Law*, Clarendon Press, 1888, pp. 1-2.

〔3〕　实体问题(identity question),是指对于对象 X,是什么使 X 成为 X,而使之区别于 Y 或 Z;与之相关联但截然不同的另一个问题是后果问题或含义问题(implication question),即对于对象 X,成为 X 的事实必然带来何种后果。两者都可宽泛地被称为"X 的性质问题"(the nature of X)。See Scott J. Shapiro, *Legality*, the Belknap Press of Harvard University Press, 2011, pp. 8-9.

素。关于占有的概念及正当性讨论均试图为该独特的法律机制提供解释。[4]基于占有的保护可排除对占有人之权利地位的实质认定,但既然尊重真实的权利归属是财产法的一般原则,诉诸占有似乎使得违背财产权关系的状态又成为法律认可的。为解释这一困惑,占有保护规范时而被理解为修正财产权实践不便的辅助性制度,时而又被认为是体现某种道德哲学的古老规则。最后竟至于占有究竟是什么以及它能够用于实现什么目的,都笼罩在神秘感中。

占有当然无法使违反权利的行为正当化,得出这一结论的理由部分来自对占有之概念的误解,部分来自对权利之范围的狭隘理解。在第二部分,笔者将介绍占有保护规范的相对性难题,而在第三部分,笔者将阐明作为社会现象(而不只是法律概念)的占有的构成,并指出相对性难题为什么只是表面的。但本文的主要部分,意在发展一种一般占有理论,并将为相对性难题辩护视为该理论的重要部分。在第四部分,笔者将介绍占有的依赖性理论,指出其为相为性难题提供辩护限制了占有制度价值的开放性。第五部分与第六部分通过发展占有的独立性理论,指出实质占有与形式占有的区分。两者分别代表了占有参与法律实践的两种方式——实质认定与形式认定。相对性难题只是占有与特定权利的保护需求相结合的产物,因此是形式认定下的占有的特殊情形。最后,笔者将展示占有的规范性结构与道德信任的概念,指出部分恶意占有人将不可避免地受到占有保护,但这只是为具有效率或其他确定性需求的权利提供保护的必然后果。

二、占有保护规范的相对性难题

(一)普通法上的相对性权份

在普通法上,占有的法律后果是以权份的形式出现的,拥有权份意味着拥有在法律上被授予权利的基础。此种作为权利授予标准的现象被称为"占有权份"(title by possession)。[5]同时,普通法理论将基于占有产生的权份称为"相对性权份"(relative title)。[6]尽管权份与常说的"构成要件"或有重合之处,但相对性权份确实体现了普通法在处理财产关系上的独特方式。

---

〔4〕 需要强调的是,本文所分析的占有是"占有保护规范"中的占有,也就是能够引发权利性后果的占有。虽然占有看上去是一个一以贯之的概念,先占、占有保护规范以及常见的关于私力禁止中的占有,都可能在规范性结构上有差异。但是无论如何,这些制度的存在都提供了检验本文所欲得出的占有概念的标准。

〔5〕 See Luke Rostill, "Relative Title and Deemed Ownership in English Personal Property Law", *supra* note〔1〕, p. 32.

〔6〕 相对权份与绝对权份的差别不在于权利的内容,而在于权份人对特定权利之主张的分量,因此不同于物债二分之下的相对权/绝对权划分。See Alison Clarke & Paul Kohler, *Property Law: Commentary and Materials*, Cambridge University Press, 2006, *supra* note〔2〕, p. 383, 386.

任何一个财产法概念都可能存在多种用法，权份亦是如此。权份可能具有以下四种使用方式[7]：(1) 个人为获得或失去财产权利而必须满足的事实条件(conditions of fact)[8]，也可被称为授予性事实(vestitive facts)[9]。边沁也是在这个意义上使用权份的概念[10]。(2) 等同于占有的权利(a right to possession)[11]，即主张对财产拥有排他性物理控制的权利。(3) 作为所有权的同义词，此时权份中包括个人对物进行占有、转让的权力(a power of alienation)等。(4) 表明当事人拥有一项针对财产权的主张。在该情况中，权份是一种司法概念(juridical notion)，表明原因性行为与作为其结果的权利间的概念空间。[12] 最典型的例子就是关于占有的所有权推定规则(a doctrine of deemed ownership)，该规则要求法律官员和法院以如同(as if)对待所有权人或其他权利人的方式对待占有人，也就是确定了法律官员何时应当接受(are to accept)某些人拥有财产权。[13] 根据这种用法，权份表达了一种特殊的司法推理规则，而不同于实质的权利赋予规则。

权份的独特性主要是由相对性权份，而非绝对性权份予以体现的。如果只存在绝对性权份，一项权利主张就与权份主张完全相等，权份与权利的概念间就会具有可传递性，并无同时使用两个概念的必要性。但相对性权份却会突出两者的实践差异，它的存在意味着即使权份人在客观上未必是真正权利人，仍然有支持其权利主张的理由。这可以透过上述第一与第四种使用方式予以说明。虽然两者均接受权份是触发特定法律后果的事实，但在第一种使用方式中，权份的法律后果是权利的实质赋予，即权份人就是(is)权利人；而在第四种使用方式中，权份的法律后果并非实质地赋予权份人以权利人的地位，而是仅限于特定情况或具体案件的审理过程中，以如同(as if)对待权利人的方式对待权份者。客观上完全可能存在根据其事实更应当被赋予权利人地位的第三人。

〔7〕　See Luke Rostill, "Relative Title and Deemed Ownership in English Personal Property Law", *supra* note〔1〕, p. 33. Also see AM Honoré, "Ownership", in AM Honoré, *Making Law Bind*, Clarendon Press, 1987, p. 184.

〔8〕　See J. W. Harris, *Property and Justice*, Clarendon Press, 1996, pp. 39-40, 80-81.

〔9〕　授予性事实的概念，see Sir John Salmond, *Jurisprudence*, 5th edition, Sweet&Maxwell, 1920, pp. 299-300. Also see Joseph W. Bingham, "The Nature and Importance of Legal Possession", *Michigan Law Review*, vol. 13, no. 7 (May, 1915), p. 542.

〔10〕　See H. L. A. Hart, *Essays on Bentham: Studies in Jurisprudence and Political Theory*, Clarendon Press, 1982, p. 208.

〔11〕　See William Swadling, "Property: General Principles", in A Burrows (ed.), *English Private Law*, Oxford University Press, 2013, in 4. 131.

〔12〕　See Robin Hickey, *Property and the Law of Finders*, Hart Publishing, 2010, pp. 165-166.

〔13〕　See Luke Rostill, "Relative Title and Deemed Ownership in English Personal Property Law", *supra* note〔1〕, p. 35.

此时拥有权份更多意味着在特定事实环境中，权份人将被推定为（be deemed to be）权利人。[14]

新近的代表性观点认为现代英国财产法主要是在第四种意义上使用权份的概念，亦即拥有权份意味着他人应当将该人视为权利人对待。[15] 至于这一司法推理规则为何不论其是否为真正权利人，或者是否还存在其他更优先的权利人，经常被认为与对抗式的法院审理制度相关。但它必须首先是一个普遍的实践概念，然后才能作为此种司法制度的理由。[16] 值得注意的是，两者间的取舍对于反思占有的概念或说明相对性权份的价值上暂时看不出十分重要的影响。

占有权份的相对性可由以下命题予以更准确的表述[17]：（1）一项针对某一物的权份可以与其他针对同一对象的权份进行比较，且该权份可以被认定为优先于或劣后于其他权份；（2）如果一项权份（X）优先于另一项权份（Y），则其他条件不变，拥有权份 X 者可以对抗（be good against）权份 Y 的拥有者（the holder of Y），但拥有权份 Y 者不能对抗拥有权份 X 者；且（3）个人拥有的权份可能优先于相对人的权份，但劣后于第三人的权份。[18]

另外，理解相对性必须注意到以下两点：第一，只有在先占有人可主张优先权份，在后占有人即使指出存在更优先的权份也无法豁免自身的责任（主要是

---

〔14〕 *Id.*, pp. 36-40.

〔15〕 *Id.*, pp. 37-46.

〔16〕 对于对抗式审理的法院而言，法律官员作出裁判的依据总是限于当事人提供的信息。在这一审理模式的制度中，要求法律官员调查客观上真正的权利归属是难以进行的。基于信息的有限性，法院进行的不可能是一项追溯权利的工作，而只是需要在纠纷的当事人之间作出相对性的判断，即谁更有理由被允许维持自己的法律地位。但权份并不只是一个司法概念，它也反映了日常生活中诸多不易发现的细节。See *Property Law*: *Commentary and Materials*, Cambridge University Press, 2006, pp. 386-387. Merrill 也表达了占有的作用虽然在诉讼中较为明显，但它必须首先是一个适用于社会生活的概念，然后才是法律概念。See Thomas W. Merrill, "Ownership and Possession", in Yun-chien Chang (ed.), *Law and Economics of Possession*, Cambridge University Press, 2015, pp. 23-24.

〔17〕 See Luke Rostill, "Relative Title and Deemed Ownership in English Personal Property Law", *supra* note 〔1〕, p. 32.

〔18〕 尽管占有并非产生权份的唯一方式，但目前英国财产法上仍将占有作为权份的主要方式，并辅助以证明权利来源的若干标准。仅在登记制度存在的部分领域内，由登记作为权份的产生方式。就占有权份而言，衡量占有权份之分量的原则是"时间在先，效力优先"，在先占有者总是拥有更优先的权份。但这在注重稳定法律权利归属的交易关系中并不完全适用，为了防止他人优先权份的挑战，仍然需要善意取得或时效等限制他人权利主张的措施。See *supra* note 〔2〕, Alison Clarke & Paul Kohler, pp. 387-393. Also see Sir John Salmond, *supra* note 〔9〕, *Jurisprudence*, p. 269. 但必须注意的是，"时间在先，效力优先"只适用于满足占有的情形，但因为在占有概念的问题上存在分歧，这一规则的争议并不小。See Larissa Katz, "The Relativity of Title and Causa Possessionis", in Henry Smith & J. E. Perry (eds.), *Philosophical Foundation of Property Law*, Oxford University Press, 2013, pp. 202-218.

侵权和刑事责任）[19]，这就是普通法上的第三人权利抗辩（jus tertii）[20]的禁止。类似思想在德国法上得到更彻底的贯彻。对于德国法上的本权抗辩禁止而言[21]，即使在先占有人也不得通过指出自己的优先权利而豁免部分责任（主要是占有之诉中的返还责任）。第二，对于接受相对权份的法律体系而言，占有人是否是最优先的权份持有者或真正权利人不影响法院的裁判，即法院并不基于占有人拥有最优先的法律地位而作出判决。它只关注占有人的权份是否优于纠纷的相对人，而不关注占有人的权份是否优于所有的他人。最后，正因为相对性权份会产生要求法院将占有人视为权利人对待的效力，占有人可以调动整个财产法上为权利人准备的多种救济，包括但不限于损害赔偿、返还等。[22]

（二）占有保护规范的相对性难题

在明确了占有权份大致法律后果的前提下，它的难题也得以初步显现。权份要求法院以对待权利人的方式对待（优先）权份的持有人，在权份持有者与权利人相一致的情况下，这并无太大问题。但相对性权份却意味着，不仅权份持有者可能与权利人不一致，而且基于权份的主张拥有在一定范围内排除基于权利的主张之效力。占有人既可能客观上是权利人，也可能是善意地相信自己为权利人，甚至可能明知自己非权利人。这也是占有保护规范的应有之义。毕竟，如果基于占有的保护总是可以通过权利主张来对抗或排除，占有人的地位经常会因为对其权利的质疑而陷入实质认定，占有之诉就会被还原为权利之诉。在语言指称上也不会出现"占有之诉"或"占有保护规范"之类的说法。占有至多只是权利主张的一部分，例如，"基于所有权，X 主张 Y 负有返还占有的义务"。

承认这一问题的存在需要注意以下三点。第一，无论在制度层面是否采用德国法式的本权抗辩禁止程度的严厉规定，占有权份在实践上似乎总是会逐渐被法院和当事人主动接受为财产诉讼的基本概念。这意味着存在使这些主体接受这一安排的足够好的理由。第二，尽管部分反对者可能通过经验性事实指

---

[19] 为了便于理解，现举例如下：给定现占有人 P1，在先占有人 P2，在后占有人为 P3。相对性的存在意味不仅意味着 P2 的权份优先于 P1，P1 的权份优先于 P3，还意味着只有 P2 才可对 P1 主张其权份的优先性，也只有 P1 才能对 P3 主张其权份的优先性。换言之，P3 不得通过指出 P2 的权份优先于 P1 而豁免自己的责任。

[20] 关于第三人权利抗辩的地位需要多做说明。首先，英国财产法在权份的纠纷中，禁止被告提出第三人权利抗辩是一般原则；其次，《1977 年动产侵权法》确定了该原则的一项法定例外，即当（1）真正所有者可以被找到，且（2）愿意作为诉讼当事人加入时，被告可以不向原告（占有人）承担侵权责任，而代之以向真正所有者承担责任。See *supra* note [2]，Alison Clarke & Paul Kohler, p. 393.

[21] 参见〔德〕鲍尔、〔德〕施蒂尔纳：《德国物权法（上册）》，张双根译，法律出版社 2004 年版，第 161—162 页。吴香香：《〈物权法〉第 245 条评注》，载《法学家》2016 年第 4 期，第 156—174 页。

[22] See Alison Clarke & Paul Kohler, *Property Law: Commentary and Materials*, *supra* note [2]，pp. 282-292.

出,在当前社会中占有与权利的分离并不过分严重,因此相对性难题的重要性不应该被夸大。但该说法一方面无视了占有之诉至今在众多法律体系中所发挥的关键作用,另一方面也无法回答如下关键问题——为什么不允许通过指出权利的瑕疵来推翻占有人的救济性主张。第三,也是最重要的,英国财产法上的占有权份的存在不仅要求他人尊重占有人,还是在相当程度上要求他人"以对待权利人的方式"对待占有人。这与德国法更精致的占有保护有所区别,后者并不赞成占有人拥有损害赔偿请求权。[23]

正确理解相对性难题要求注意到权利与权利赋予的一些背景性要点。任何财产性权利必然有其应当在何时被赋予何人的条件,缺乏这些条件,权利的规范性后果——将他人置于义务之下的能力,执行或转让、消灭他人义务的权力就无法为主体所运用。因此,财产性权利必然需要权份的概念以决定权利的赋予状况。但这些条件不是任意的,因为权利的对象本身具有非任意性。权利作为道德概念自然包含了对有价值之事物的观点与彼此行为的限制,且两者相互依赖,不可分离。这一基本观念也主导了权份的设计。在一个将对所有权的取得、转让、灭失条件的确定视为重要部分的财产法体系中,任何其他权利的证成和权份的确定都应当展示其与所有权的协调关系。

但占有权份并不直接体现这一融贯性或协调性。占有权份包含了两个看似矛盾的命题:(1)占有人的地位在概念上似乎不依赖于权利人。(2)占有人可以被赋予权利性救济,甚至可以排除基于权利的抗辩。而其他被赋予权利性救济者通常呈现出与所有人的积极关联。如通过合同或他物权的方式自所有人处分得权利者,或虽无合同或他物权为基础,但以服务所有人为目的或客观上能服务于所有人利益而得到法律支持者,如拾得人(finder)或无因管理人的权利。[24] 需要注意的是,这对矛盾是否确实存在,取决于命题(1)的正确性,也就取决于对占有之概念的在先考察。

三、占有人与所有人的概念:依赖性理论与独立性理论

（一）作为社会现象的占有:合理期待与义务性规范

即使是最常见的关于占有的说法也充满不易分辨的预设。取得占有的条

---

[23]　〔德〕鲍尔、〔德〕施蒂尔纳:《德国物权法(上册)》,同前注〔21〕,第155—166页。

[24]　通过占有对所有人利益的促进解释这一概念的内容及其正当性是常见但并不可靠的做法。一则,这一主张必须依赖于某些偶然性或个别情境的特殊性;二则,通常采取该立场的理论还是需要使用其他独立的法律规则为相对性条件提供解释。这一立场的主要代表,see *supra* note 〔19〕, Larissa Katz, pp. 202-218. Also see James Gordley and Ugo Mattei, "Protecting Possession", *The American Journal of Comparative Law*, vol. 44, no. 2, 1996, pp. 331-334.

件经常被表述为拥有对物的显著控制或者进行排他性使用的权力(power)。[25]这似乎使得事实占有是完全建立在物理事实上,并由个人的物理控制力予以确保的。但只要进一步反思该权力是否单纯建立在物理事实上,占有的构成就会变得更复杂。[26]针对占有的普遍观点是占有的构成是以特定的事实关系为基础的。在涉及所有权的场合,这一事实关系经常被表述为拥有"事实上的对物支配"。为了达成对所有权的事实性实现,占有必然是心素(animus possidendi)与体素(corpus)的结合[27],前者描述占有人对特定对象的主观意图,后者描述表达(express)该主观意图的客观事实。心素与体素的内容当然也会根据占有之对象的要求改变,即使对于所有权而言,构成事实支配的要求也是依生活观念而定,并兼顾不同要素。[28]因此,占有的认定总是个案性的或类型化的,需要具体地分析什么是"能够产生出我已控制该物之意识的物理条件"[29],什么是"表明心素已经得到实现的一系列背景性事实"[30]。

这些笼统的说法初看来并无太大问题。事实支配、实际控制(actual control)或实际实现(actual realization)等概念当然需要诉诸生活观念。但除非能够指出支配或控制这些关键词的意义,否则如何诉诸生活观念、诉诸哪些生活观念,乃至于生活观念在占有的认定中扮演什么角色都是不清楚的。同时,对这些关键词的解释还应当被还原为足够基础的概念,否则必然还需要进一步的解释。例如,萨尔蒙德(Salmond)与波洛克(Pollock)都使用了"实现对物意志的可能性"的说法来细化占有[31],但除非这里的"可能性"的构成被进一步说明,否则它仍然无法提供准确的指导。

萨尔蒙德关于有体物占有(corporeal possession)的分析为把握控制与支

---

[25] 即使霍姆斯也没有明确指出这一问题,霍姆斯明显意识到物理影响力不足仍然会带来占有,但却仍然认为物理权力(physical power)是占有的核心要素。See Oliver Wendell Holmes, *The Common Law*, The Belknap Press of Harvard University Press, 2009, p. 212.

[26] See Frederick Pollock and Robert Samuel Wright, *An Essay on Possession in the Common Law*, *supra* note〔2〕, p. 2.

[27] 占有作为体素与心素的结合是对这一概念的常见描述,但对"结合"其实存在很多不同的解释,这主要体现为对体素与心素的具体关系的把握。See *supra* note〔25〕, p. 195.

[28] 〔德〕鲍尔、〔德〕施蒂尔纳:《德国物权法(上册)》,同前注〔21〕,第113页。

[29] 参见〔德〕弗里德里希·卡尔·冯·萨维尼:《论占有》,朱虎、刘智慧译,法律出版社2007年版,第183页,"为了产生这种意识,就必须存在将物据为己有的意图(心素);同时还必须存在能够产生出这种意识的能力的物理条件(体素)"。在第185页,萨维尼以庄园为例进一步描述了体素的内容,取得占有的条件是"通过此行为能够产生对于此庄园的每一部分都进行了物理支配的心理信念"。当然,信念、意识等词很容易在中文的修辞上产生混乱,Salmond 和 Pollock 的英文描述更直接,即有体物占有下的体素应当足以使占有人产生他人不会干涉的合理期待。See *supra* note〔2〕, Frederick Pollock and Robert Samuel Wright, pp. 11-13. Also see *supra* note〔9〕, Sir John Salmond, pp. 244-245.

[30] See *Id.*, Jurisprudence, p. 262.

[31] See *Id.*, Jurisprudence, p. 245.

配的含义提供了不错的起点。首先,萨尔蒙德指出占有不仅要求当下拥有对物的排他性使用,还要求可拥有在未来一定期间内也可实现排他性使用的相当充分的稳定性(security)。这一稳定性的界限在于,占有人应可以合理地期待他人会尊重其对物的排他性使用,以至于可放心地将物置于特定空间关系下。[32]其次,萨尔蒙德指出这一合理期待可能受到的多方面因素的影响[33],其中包括但不限于:(1)占有人的物理力,如将物锁在自由住宅的柜子中。(2)对占有人的个人存在(personal presence)的尊重,如孩童、老人或并无防御措施的农场主的占有。(3)隐秘性(secrecy),如将物藏匿于他人无法知晓的场所。(4)对习惯的尊重。(5)对权利主张的尊重,即对占有人之主张为具有权利基础的公共信念或公共信任(public conviction)。占有人越能够让他人相信其拥有合法权利的基础,他就越容易满足占有的认定。(6)心素的表现程度。意图表达得越清晰,越容易获得占有。(7)与其他占有的关联性,如埋藏于住宅下的物被囊括入对住宅或土地的占有。

严格地说,萨尔蒙德对占有的说明并不成功。这并不是说他用以构造占有的概念与对案例的探寻不包含有益的见解,而是其说法面临着解释力不足的问题。对于遵循判例指引且具体情况类似的案件而言,萨尔蒙德的理论足以解决问题。当陷入疑难案件,对什么是合理期待、如何判断合理期待等问题需要进一步解释时,其理论却无法提供帮助。正是在这些重大且困难的案件中,提供恰当的解释是有重要意义的。萨尔蒙德理论的解释力之所以不足,是因为合理期待的来源与影响合理期待的因素毕竟不同。尽管他罗列的因素在当时来看具有参考价值,但光凭这些分散的因素无法为合理期待的来源提供规范性基础。

但另一方面,萨尔蒙德颇具启发性地指出了占有的规范性面向,即占有本身就意味着在占有人与其他人之间的特殊关系——可合理期待不特定相对人的尊重。这一关系是占有的构成性要素,缺乏该关系占有也就不成立。这一做法显然赋予"对物控制"以丰富的内涵。

结合萨尔蒙德的观点,我们可以将占有进行如下分解,即占有是由包含这些信念的行为构成的:

第一,占有人通过特定行为表达其控制意图,也就是对物进行稳定的排他性使用的意图;

第二,其他社会成员通常也能意识到占有人的行为所表达的上述

---

[32]　例如潜入他人(无论占有或所有)住宅内使用他人财物并不构成占有,因为在他人住宅内使用他人财物通常不被认为可合理期待其持续。而农户将耕作用具置于空旷的农田中仍然构成占有,因为他可合理期待他人不会干涉该事实关系。See *Id*. Jurisprudence,pp. 244-245.

[33]　See *Id*.,Jurisprudence,pp. 245-247.

意图；

　　第三，占有人可以合理期待其他社会成员在知悉该意图后会对其表示尊重。

第一个条件表明占有是心素与体素的结合，第二个条件使得占有成为一种公共行为（public action）。这意味着占有的成立需要考虑相对人或其他社会成员对行为之意义的看法。第三个条件最为重要，它使得占有与规范性相关联。占有人不仅是在表达自己的意图，还希望得到他人的响应，尤其是对自己的意图予以尊重。笔者将其称为"占有的规范性条件"（the normative condition of possession）。

规范性条件可能与对占有的某些认识并不一致。[34] 部分基于盗窃、抢夺等行为获得的占有通常也会被认为适用占有保护，但它们不满足上述规范性条件的要求。这是因为盗窃、抢夺等行为显然不足以引发他人的尊重，而至多只能获得他人出于恐惧或缺乏动机而产生的不干涉。事实上的不干涉与尊重之间显然差别巨大，后者包含了他人对占有人地位的积极认可。这似乎意味着第三个条件并不属于占有的必要因素。然而，对恶意占有（尤其是不法占有）提供保护虽然是占有理论的难题，但它并不表明占有的规范性条件是错误的。相反，它只是要求我们以一种独特的实践结构来解释这一现象。能否恰当地解释这一难题，也是衡量一种占有理论是否成功的重要标准。这将在文章的最后一部分进行展示。

如果我们暂时接受合理期待在占有概念中的构成性地位，而合理期待又与他人的行为是相关联的，那么通过对他人行动理由的描述，合理期待和占有的概念才能清楚。许多道德哲学理论都愿意承认合理期待关联着其他主体的特别行动理由。首先，期待他人做 X 是合理的，通常就意味着他人不做 X 的行为就具有不合理的特征。因此合理期待至少要求他人的行动具有非任意性，不是两可之间的。其次，关于占有的规范也具有对世性与普遍性。占有的成立产生的是占有人与不特定相对人间的规范性关系。对象的不确定性决定了对象行动理由的不确定性和丰富性。如果合理期待关联的只是他人的一般行动理由，那么该理由对他人行动的具体影响显然会敏感于其欲望、目标、利益或计划。换言之，一般理由对行动的影响是评价依赖的（evaluation-dependent），它取决

---

[34] 认为关于占有的认定实际上会考虑占有人的规范性地位，尤其是法律地位的说法，see Larissa Katz, "The Relativity of Title and Causa Possessionis", *supra* note [18]，pp. 191-203, 202-218.

于具体对象对该理由内容的评价。[35]

　　然而,占有的对世性要求占有人可在多变的具体情形中始终能就他人的行动形成合理期待。这就要求该合理期待的基础不能敏感于对象之变化与其评价差异,而要在一定程度上"不论"具体对象的偏好、目标等因素的影响。因此,这一合理期待必须建立在他人的"义务性理由"之上。义务的关键特征就在于其对行为人的作用是不问其具体评价的,即使在重要事项上我们真诚地相信义务要求的行动违背了自身重大利益与目标的要求,我们仍然要按照义务的要求行动。仅当存在某种关于他人行为的义务性限制时,占有人才可合理地期待他人对自己的事实状态予以尊重。[36]

　　如果这一判断成立,那么占有就并非外在于义务性规范,而是需要依赖某些义务性规范的存在才能被构成。占有之所以可能,在于占有人的意图通过行为表达后可被外界识别,且他人可将该行为视为某一义务性规范的要求而予以尊重。占有的现象是由特定社会中的义务性规范支持的。除此之外,根据第二个条件,占有人也通常知道自己所表达的意图究竟与何种义务性规范相关。甚至可以说,什么样的行为可构成占有是根据特定义务性规范的要求确定的。这也能解释为什么占有的认定具有异常的复杂性。

　　接受占有与义务性规范的内在关联至少具有两项好处。第一,根据不同的义务性规范的要求,不同类型的占有的成立标准和边界可以清晰的方式被识别。例如,假设对占有人的尊重是出于"任何人不得以私力改变财产状态"这一义务性规范,那么占有人只需具备意图即可,占有人获得占有的其他背景性事实都与占有的认定无关。而假设对占有人的尊重是基于"任何人都应当尊重所

　　　〔35〕　拉兹关于一阶理由(first-order-reason)与二阶理由(second-order-reason)的划分就是一种对实践理由类型的重要区分。他指出,一阶理由的运作方式是由行动人将该理由与其他竞争理由在内容上进行自主权衡,由行动人的权衡来决定该理由是否最终战胜所有竞争理由。二阶理由则不同,该类理由一方面结合了一阶理由的特征,可以为行动提供(至少部分的)指导;但另一方面,它的运作并不是与其他竞争理由在内容上被权衡以实现的。该理由具有排除特定范围内的一阶理由的能力,从而使得该范围内的一阶理由不会成为行为人的理由。拉兹进而指出,义务性理由就是一种二阶理由。See Joseph Raz, *Practical Reasons and Norms*, Oxford University Press, 1975, pp. 35-40. 但考虑到该理论尚在争议中,本文不直接使用之。即使诉诸常识也不难发现,义务在实践推理中具有非比寻常的地位。
　　　〔36〕　请考虑承诺与玩笑的区别。他人的承诺通常构成我们合理期待的基础,我们可以基于该合理期待展开行动,并在承诺被违背时获得因该期待而导致之损失的赔偿。但玩笑显然如此。若他人开玩笑地作出某些约定,不仅对该类约定的不履行未必产生救济后果,我们甚至不会基于该约定展开行动。再考虑建议与命令的区别。建议的性质在于希望受建议者将提议者的建议作为理由权衡中平等竞争的一部分,并赋予其应有的分量。出于友谊的建议往往含有对该建议被采纳的期待,但即使不被采纳,只要建议得到了对方的充分考虑,其结果不会被认为是不合理的,也不会存在合理期待的受损。但命令同样不是如此。命令的性质在于希望接受命令的一方将该命令作为行动理由,而不论是否存在其他相竞争的理由。命令者由此可以合理地期待受治者服从命令,而不服从的行为不仅将带来惩罚或赔偿,更会导致命令者的严厉谴责。

有权"的义务性规范与"占有人大概率为所有人"的预测,那么绝不可能为所有人的占有人就无法主张占有。第二,根据不同的义务性规范的内容,应采取何种方式的救济途径也可得到清晰的论证。如果只是为了贯彻私力禁止的义务性规范,那么并无赋予占有以一切所有权之救济途径的必要;而如果为了便利所有权的保护,则这一立场可能要有所调整,或至少在匹配的理由上会有所变化。

(二) 权利作为占有的来源

上述分析揭示了占有与义务性规范的关联,但如果不对该义务性规范的限制和多元进一步说明,占有的概念必然是不完整的。一方面,占有所预设的义务性规范在内容上不是任意的,而是专指以"尊重特定主体对物的排他性控制"为内容的义务性规范。某些义务性规范虽然也要求对特定主体与物的关系暂时不加以干涉,但并不要求他人均尊重其对物的控制关系。例如,出于礼仪的要求,即使在对待无权占有人时,任何人(包括所有人)都不应在大庭广众下强行脱下他所穿着的衣物。但这显然不涉及尊重该人对衣物的持续控制。有关私力禁止的讨论经常忽略这一要点。[37]

考虑到针对占有的过往讨论,以及占有保护规范赋予占有人以权利性救济的特征,我们有理由相信占有所依赖的义务性规范是基于权利产生,但它仍然是多元的。具体的案例标准通常不会彻底性地探究形成占有的各种义务性规范的来源以及彼此之间的关系,而是在个案中基于事实的不同下意识地使用相应义务性规范的标准。这使得占有的判断看起来只是政策便利的产物。[38] 对此,我们可以简单梳理常见的若干义务性规范及与之相关的占有:第一,基于尊重法律权利的义务产生的占有,尤其以尊重法律所有权为典型;第二,基于尊重

---

〔37〕 一个颇具争议的来源是基于私力禁止的义务产生的占有。私力禁止经常被用以作为占有保护规范的正当性理由,但此处笔者关心的问题是更为优先的,亦即私力禁止的义务是否能与占有的概念构成相一致。和上述礼仪性规范一样,私力禁止虽然可能要求个人不得以法律禁止的私人暴力干涉其他主体的对物关系,但这一禁止在什么意义上会构成占有是不清楚的:第一,一些颇具影响力的法律理论已经指出它不能解释无暴力地干涉占有何以得到救济。这一批评预设了占有保护的是占有人的对物关系本身,而不是干涉该关系的手段造成的公共影响。第二,尊重对物控制的义务与不得进行私力干涉的义务并不相同。前者要求私人与法律官员、公共机关均尊重占有人控制物的能力及可能性,但后者仅要求私人不以非法暴力行事。换言之,前者是行为内容特定的保护(action-specific protection),而后者只是一般性的行为限制。私力禁止的义务不足以产生以持续性控制关系为主的占有。第三,私力禁止的义务预设了其他义务或正当利益的存在,并以此确定了正当的私力和被禁止的私力的区隔。而占有恰恰在后者中发挥重要作用。不是私力禁止的义务决定了任何人不得侵犯占有,而是占有的规范性决定了暴力侵犯它的行为是被禁止的私力。

〔38〕 正是在这个意义上,许多财产法理论家认为并不存在统一的占有概念或占有理论,而是只存在基于政策和便利被创造的规制不同法律关系的法律规则,我们也不需要为一个模糊的占有概念费神,而应当致力于厘清这些不同的法律规则的内容与结构。See RWM. Dias, *Jurisprudence*, 5th edition, Butterworths, 1985, p.289.

道德权利的义务产生的占有；第三，基于尊重习惯性权利的义务产生的占有。习惯标识了一种独特的权利来源，且具有独立的法律地位。例如在土地使用问题上，如果某地区的土地是以习惯的方式分配使用方式与周期，习惯就为法官提供了足够的裁判依据。

笔者要对此处使用的权利的概念略作限制，以免陷入汗牛充栋的权利理论的无谓争议中。[39] 为本文论证目的所需，现采取如下折中定义：当且仅当其他事情相等，（1）P 的个人利益的某一方面是将他人置于义务之下的充分理由[40]，且（2）赋予 P 控制他人义务的规范性权力也是该利益的要求时，P 拥有一项道德权利。这一定义必然存在诸多缺陷，但它的三个主要特征足以服务于文章的论证目的：第一，权利是义务的规范性基础，拥有向他人施加义务、限制他人行为的重要功能。第二，此处的利益不是指个人欲求（desire）的任何东西，而是客观上（直接或间接地）能使他的生活内在地变得更好的东西。这就要求权利的规范性地位总是与我们能够理解的重要之物相关。第三，权利还赋予了主体以控制他人义务的规范性权力，即要求他人服从的权力、可转让或消灭该义务的权力，甚至可以决定私人义务之内容的权力等。作为一般性的权利定义，第三点必然是成问题的，但对于财产权这一典型的民事权利而言，这一说法大体上能够捕捉到该类权利的重要特征。也正是在第三点的意义上，拥有财产权就拥有对物的持续性控制。

从强调占有与义务的关系，到进一步指出占有与权利的关系是出于以下两个理由：第一，为明确占有与权利/占有人与权利人的关联提供准备；第二，通过权利的复杂性指出占有的复杂性。一方面，不同层次的权利（只要它在社会中是有效的），都可能产生占有的现象，对占有的判断也要敏感于其所属的权利种类；另一方面，何种权利引发的占有现象应当以何种方式被纳入法律保护，取决于该权利的性质与需求。[41] 厘清权利的多样性有利于去除一些文献阅读上的障碍。例如，虽然萨维尼也提到"独立于物上的所有权利的占有是如何得到令状保护的"[42]，但这其实是在表明占有保护区别于"法律上的所有权保护"的独特地位，而没有否认占有保护可建立在对其他不被纳入法律所有权保护的权利或正当利益的考虑之上。误解了这一点难免使占有的讨论陷入荒谬的方向。

---

[39] 对权利提供定义的方式或多或少取决于作者的理论关切，但无论怎么做，任何权利的定义都不可能完整地说明所有权利实践的特征，这是由权利作为语言的特性必然决定的。

[40] See Joseph Raz, *The Morality of Freedom*, Oxford University Press, 1986, p. 146.

[41] 例如，即使不被法律承认，某些道德权利与习惯性权利仍然是社会规范的有效部分，为个人行动提供重要指引。且是否将某些道德权利或习惯性权利规定为法律权利有着复杂的考虑，法律既可以考虑到强制的必要性或缓解权利争议和冲突的需求这么做，也可以选择以保守的方式为之提供最低限度的一般保护，如私力禁止或刑事制裁。

[42] 参见〔德〕弗里德里希·卡尔·冯·萨维尼：《论占有》，同前注〔30〕，第 141 页。

（三）占有人与所有人：依赖性理论与独立性理论

基于上述讨论，笔者将提供一个较为简单的对物占有概念：P 是对象物 X 的占有人，当且仅当，X 的性质不排除占有，且（1）P 之行为结合一系列背景性事实共同表达对 X 的排他性使用的意图，且（2）根据这些事实，P 可合理期待他人 Q 在知悉 P 的意图后，均基于 X 之上的权利 R 的存在尊重该意图的实现。

尽管可能会招致争议，但笔者相信这一描述既足够揭露占有概念的异常性，也可以容纳某些分歧性的看法。它的异常之处在于这一描述具有开放性，以至于两种存在重大区分的情形都可以满足它的要求。但这两种情形却会延伸出对占有的概念、功能乃至相对性难题的截然不同的回答，且这两种回答都把握到了占有与权利以及相应的背景性事实的关联。第一，P 可合理期待他人尊重的理由是，经过某种实质认定的程序，"P 实际上就是权利人"或者"可以增进权利人之利益者"；第二，P 可合理期待他人尊重的理由也可能是，虽然不经过实质认定，但结合相关事实，存在某种惯例要求此时他人应当将 P"当作"权利人。而根据第一种回答，相对性难题并不存在，占有所保护的就是被法律清楚、明白地认定为有正当权利的人。只不过这一权利未必明白地以所有权的形式被法律所确认，又或者无法通过特定程度得到保护。根据第二种回答，相对性难题不仅存在，而且是某种权利实践需求的特殊保障。

理论史也提供了趋势相似的两种相互竞争的思路。[43] 它们都同时为占有的概念及证成问题提供了相互关联的回答，并各自限定了值得纳入占有保护规范范围的占有类型。笔者将检视的第一种理论主张源自耶林版本的占有理论，它主张法律所保护的占有是基于对占有人拥有所有权或衍生性权利的信任而产生的。其意义是为了更有效率地保护法律上的所有权。笔者将之称为"依赖于所有人的占有理论"（owner-dependent possession theory）（以下简称"依赖性理论"）。[44]

依赖性理论可以看作对两个问题依次作如下回答：第一，占有人的合理期待是由对权利主张之正确性的信任及惯例弥补的。占有人之所以凭表达控制意图的行为就能合理期待他人尊重，是因为根据生活经验或社会惯例，占有人可要求他人信任其为权利人。第二，占有的相对性难题是由权利的效率需求导致的。

笔者将检视的第二种主张则来源较为复杂，笔者试图以之包容萨维尼版本

---

[43] 关于德国法理论基于其他标准的细致分类，参见吴香香：《占有保护缘由辨》，载《中德私法研究》第 11 卷，北京大学出版社 2015 年版，第 3—43 页。

[44] 通过占有对所有人利益的促进解释这一概念的内容及其正当性是常见，但并不可靠的做法。一则，这一主张必须依赖于某些偶然性或个别情境的特殊性；二则，通常采取该立场的理论还是需要使用其他独立的法律规则为相对性条件提供解释。这一立场的主要代表，see *supra* note [19], Larissa Katz, pp. 202-218. Also see James Gordley and Ugo Matte, "Protecting Possession", *supra* note [25], pp. 331-334.

的占有理论与普通法上的占有权理论。[45] 尽管它们在理论基础上似无直接关联,但在主张上却共享一个重要特征,即占有是基于对"与所有人利益无关的某些利益"的尊重而产生的。该种占有的产生并非由于他人信任占有人的主张而得到所有权的支持,占有人经由行为表达出的意图至少已足以证成一项不干涉之主张权。笔者将之称为"独立于所有人的占有理论"(owner-independent possession theory)(以下简称"独立性理论")。

同样,独立性理论可以看作对两个问题依次作如下回答:第一,占有人的合理期待是由占有人的某种独立性权利。占有人之所以凭表达控制意图的行为就能合理期待他人尊重,是因为他的行为满足了某种权利赋予的条件。但在该权利究竟是什么及如何证成上,独立性理论内部可有多种说法。第二,占有的相对性难题是由该独立权利的保护需求来证成的。正因为该权利独立于所有人之利益,必须以排除所有权干扰的方式予以暂时性保护。除此之外,独立性理论的部分版本可能会限制占有保护规范的内容。

不难发现,两种理论的区分会在概念与适用上均产生差异。例如,根据依赖性理论,占有仅在占有人基于他人可信任其为所有人或其他衍生权人时才成立,因此显著非权利人不可能成为占有人。其中主要包括两类情形:第一,在性质上不允许以私人身份享有所有权的财产;第二,虽然在性质上允许私人享有所有权,但客观事实足以表明占有人显著无该权利。例如以盗窃行为获得占有,且盗窃人亦主张其为非法获得,或者他人均明知其为非法获得者。或该人虽可能拥有其他权利,但该权利不属于所有权或其他法定财产权的情形。此时该人无法获得占有人的地位,但仍会因私力禁止原则得到事实上的不干涉保护,并主要由行政机关进行处理。而根据独立性理论,该人仍可能因为具有其他受到尊重的正当利益而得到保护。

---

[45] 虽然普通法几乎不接纳萨维尼带有特定哲学观念的占有理论,但承继普通法的当代英国财产法的发展却呈现出大量与萨维尼在结论上相似的理论。这主要是在"占有权份究竟是什么"这一问题上展开的。上文所展示的权份的观点可粗略被归入"占有的所有权推定命题"(deemed ownership thesis)(以下简称 DP 命题),它主张授予占有人权利的理由,在于英国法将占有人视为所有人。但除此之外,还存在"占有的权利取得命题"(acquisition of property thesis)(以下简称 AP 命题),即主张获得占有就同时获得了一项财产权,而不是被推定为所有人。AP 命题与承继自萨维尼的人格保护理论在"独立于所有权"这个意义上十分相似,DP 命题与 AP 命题的区分也在英国财产法上处于剧烈争议中,两者也都提出了对代表性案例的不同解读。DP 命题的支持者,see *supra* note [1], pp. 33-37. AP 命题的支持者,see Ben McFarlane, *The Structure of Property Law*, Hart Publishing, 2008, pp. 154-156. Also see *supra* note [11], in 4. 422.

四、依赖性理论与占有人利益的开放性

(一) 耶林版本的依赖性理论

从(法定)财产权的立场出发把握占有的典型代表当属耶林。[46] 耶林对占有的建构以一种极为简单的方式呈现了其必要性与独立性,至今仍不失为一种有效的见解。耶林的核心主张是——占有是所有权的替代概念,取得占有建立在他人对占有人为所有人的信任之上。而法律之所以赋予占有人以相对性保护,在于以占有作为法律关系的基础单位有效地降低了所有权在司法证明中的困难[47],从而将权利人从物权诉讼的不便中解放出来。且该便利价值对于权利实现是不可或缺的,因为当权利实现的成本过高以至于阻碍其有效救济时,该权利就是不完整的。类似的逻辑可适用于其他种类的法定权利。简单地说,耶林以所有权人在司法救济上的效率性利益解释了占有保护规范的必要性。

在解决相对性难题上,替代性论证仍是耶林的重点。既然占有作为权利的替代概念是源于权利实践的需求,那么该需求同样决定了替代概念的运用方式。如果替代概念欲真正发挥效力,占有就必须能够完整替代所有权在行动理由与司法审判中的地位,亦即它必须排除(exclude)所有权在司法程序中的适用。一旦允许权利频繁地干扰占有作为替代性概念的效力,其效率价值就无法实现。当基于占有的权利主张总是能被基于所有权的权利主张对抗时,占有人的主张就会被还原为针对权利的举证与论辩,这一概念就失去了独立发挥作用的空间。因此基于占有的诉讼关系与基于所有权的诉讼关系必须被严格区分,占有的主张只能被更优先的占有推翻,权利的主张也只能以他人的权利为争议对象。这就解释了占有人是否拥有法律上的所有权不影响他在占有之诉中获得权利救济。当然,耶林也考虑了满足相对性条件带来的副作用。他也承认部

---

[46]　以下对依赖性理论的介绍原则上均以耶林的理论观点为模版。参见〔德〕鲁道夫·冯·耶林:《耶林论占有》,冯海龙译,载《中德私法研究》第 11 卷,北京大学出版社 2015 年版,第 73—109 页。

[47]　所有权的证明原则上可通过两种方式进行:第一,所有权人可通过说明权利的来源及其历史产生、转让内容证明自有权利的合法性。在这种情况下,所有权人的证明内容实则包括了原始取得所有权的事实,以及所有后续产生的继受取得的事实。原始取得的事实相对单一,不会面对进一步复杂化的风险;但继受取得的事实不仅要负担原始取得的事实,还需要包含每一次继受取得的所有事实。后者的加入使继受取得的信息成本会不断递增,每一次继受取得的事实都要在前手继受取得的事实上增加本次继受取得的事实内容。在概念上,继受取得者需要证明此前所有权利取得、转让等事实的总和,这一方式必然包含巨大的信息成本。第二,所有权人可通过特定期间的时效取得或善意取得的事实证明权利的合法性。此时权利人的证明内容并非权利的来源记录,而是所有源自历史的权利均已不足以对抗自有权利。在普通法上,时效取得与善意取得因此被称为诉讼行为的限制规则(limitation of action),它们是限制前手权利主张之有效性的方式。但这一方式的便利性也较为有限。时效取得与善意取得均面临着复杂的法律论辩,证明自身为善意占有人本非易事,如何证明长期公开、和平的占有状态也存在争议。

分无权占有人(甚至恶意占有人)会因此获益,但占有与权利大概率的一致性总体上限制了副作用的范围,也存在其他有助于排除无权占有人的判断技巧。在放弃占有概念的独特性以排除无权占有人的受益,与容忍无权占有人的地位之间,后者对于权利人的利益实现更为重要。

依赖性理论为占有概念提供的解释虽然简单,却具有两项明显的优势:第一,该理论符合财产法诉讼主体的需求。第二,也符合理性行动人的主观状态。如果占有人完全不确信自己拥有任何合法权利,主张纯粹基于占有的权利初看起来是难以接受的。或许有理由表明应当为了保护有合法权利者附随性地保护无权者,但很难想象存在一项专门保护恶意占有人的制度。但这也很容易使依赖性理论具有开放的倾向,也就是说,当依赖性理论致力于强调占有与所有人利益的关联时,它也会敏感于与所有人地位紧密关联的其他主体利益。这不仅包括他物权人,也包括相信自己为合法权利拥有者的善意占有人。如果这一转变是成功的,那依赖性理论将不得不转变为一种更宽松的利益保护理论。

(二)依赖性理论的开放性:以善意占有人利益为例

从所有人到善意占有人的转变是现代社会相当常见的现象。欲理解善意占有人的利益,必须先确定何为善意占有人。通常认为,若占有人明知或因重大过失而不知其无占有之权利,则该人为非善意占有人,也可称为恶意占有人;而若占有人非因重大过失不知其为无占有之权利,则可称为善意占有人。[48]但被如此定义的善意占有人是相当模糊的。由于占有人对自身权利确信是否有过失,以及有何种程度的过失均需要结合客观事实进行司法判断,善意占有人与恶意占有人的区分实则难以在行动当时予以确定,而是结果导向的。

善意占有人在法律上拥有广泛的利益,其中包括善意占有人的实质权利,也包括其诉讼权利。在实质权利上,善意占有人可能通过善意取得制度与时效取得制度成为最优先的权利人。也可能与其他法律主体产生财产灭失赔偿、收益与费用偿还主张权,基于违约责任的主张权等。在诉讼权利上,虽然最终能否获得权利以及获得何种内容的权利依赖于各当事人所呈现的事实,但占有人仍是持续提供相关事实,并就特定事实在交易环境中的法律意义与法律适用进行自我辩护的一方。占有人既可选择主张根据善意取得或时效取得制度应被赋予真正权利人的地位,也可选择主张根据合同责任获得相应的利益返还,他甚至可以自主选择最优的诉讼安排。这些权利虽然没有以单一条文的形式被表述,但它们广泛地分散在法律的各个环节,并确保善意占有人争取利益的自由得以确保。

既然善意占有人拥有法律认可的潜在利益,且该利益足以证成诸多法律权

---

〔48〕　〔德〕鲍尔、〔德〕施蒂尔纳:《德国物权法(上册)》,同前注〔21〕,第187—188页。

利的保护,而怠于提供保护显然不利于这些合法利益的实现,那么从耶林的理论承诺中似乎没有任何反对赋予其占有保护的理由。换言之,从类似于耶林的论证路径,至少也应赋予善意占有人以反对他人干涉的主张权。波洛克(Pollock)就指出,尽管法律何以赋予占有人以保护很难得到彻底的解释,但在工业时代背景下,保护善意占有人利益至少是其中的重要考虑。[49]

上述关于善意占有人利益的论述具有两个特点。第一,严格地说,善意占有人的权利并不衍生于所有权,也就区别于他物权或自所有权人处以合同分离的权利。因此,善意占有人的权利虽然与所有权是相互协调的,但却不是所有权的衍生性权利。第二,善意占有人的利益并不只是一种效率性利益,而是一种地位确定性的利益。这种确定性利益对于现代财产权体系下的个人是重要的。由于公司交易兴起、个人信息能力的不足、权利识别与证明的成本[50]、新兴权利的规则空白等问题,个人的财产法律地位始终处于尴尬和不确定之中。不难发现,当代财产法的诸多重要规则都建立在这种不确定性之上。例如,对物的损害赔偿完全是暂时性的(conditional)与非终局性的(non-final)。即使在侵权之诉中获胜的原告也可能在法院的另一判决下将所获赔偿转移给另案原告,而该另案原告也可能重复这一过程。"通过这种形式,法律反映(reflect)并且回应(respond)了关于人与物的以下事实——个人对于物的历史和附着于其上的法律权利的知识总是有限的、残缺的(fragmentary)。"[51]一个简单而又出人意料的结论就是——财产法整体都建立在推定(presumption)或拟制(fiction)之上。占有保护就是这一结论和认识的部分体现,既然人类信息是如此的不足,要求任何人必须基于完整的权份事实才能得到保护似乎就是不必要的。这一基础格局也影响了法院的自我定位——司法审判无需回答谁的权利最为优先,而只需要回答争议双方谁的利益更为优先。所有人与善意占有人的模糊边界,善意占有人与恶意占有人的模糊边界均是如此。

如果上述论证是合理的,那依赖性理论将在两个重要方面具有开放性:一方面,耶林版本的依赖性理论强调占有对所有权人及其衍生性权利人利益的促进,但善意占有人的例子表明这一对象还可包括其他与所有权相协调的财产权。另一方面,耶林版本的依赖性理论强调占有在权利实现上的便利价值,但善意占有人的例子也表明占有可以实现便利价值以外的价值。至于该价值的

---

〔49〕 See Frederick Pollock and Robert Samuel Wright,"An Eosay on Possession in the Common Law", *supra* note〔2〕,p. 3.

〔50〕 "识别成本"的概念对于信息成本理论而言非常敏感,信息成本理论就是围绕识别法律后果的成本来构建行为理论学说的。See Thomas W. Merrill,"Ownership and Possession", *supra* note〔16〕,pp. 9-39.

〔51〕 See Luke Rostill,"Relative Title and Deemed Ownership in English Personal Property Law", *supra* note〔1〕,p. 335.

具体内容，则由相应权利的性质和特定时期的制度共同决定。由此可见，依赖性理论需要进一步修正。

五、独立性理论的难题：占有人的独立利益到底是什么？

对依赖性理论的分析似乎间接地支持了独立性理论的一些真知灼见，但完整的判断仍需要作进一步检视。占有的独立性理论具有重要地位，其中部分理论来源更出人意料地借萨维尼之名依附于康德的道德哲学主张。如何理解萨维尼与康德的理论不是当前的任务，笔者的目的是指出任何独立性理论面临的挑战——独立性理论必须展示其所依据的抽象利益论证如何与所有权体系相协调。以下将分两步来说明该理论：第一，占有的构成依赖于社会中既存的义务性规范，且占有的法律后果是赋予占有人以财产性的救济方式。但权利与义务作为道德概念都具有非任意性，它们的内容指向的是那些能够提供道德规范性的事物。尽管出于研究需要，可能会出现像权利或义务的研究暂时与利益、价值相分离的做法，但在根本层面上，对什么是值得追求和保护的价值或利益的观点支持了什么应当成为权利或义务之对象的论证。

第二，在一个相互关联的财产法体系中，既然所有权等法定财产权被认为具有重要的利益，那作为赋予权利性救济等对象，占有的概念当然要展示占有人的利益在什么意义上与其他主体的利益是融贯的。尽管任何制度都可能存在利益之间的偶然性冲突，但一个理性且融贯的体系难以包容两个自其目的而言就完全冲突的利益规则。这同样是因为道德实践与伦理间存在不可分离性，对个人而言有价值的事物与处理道德关系的规则都是由社会形式所提供的。关于什么是有价值的事物的观念会影响我们的道德关系，而关于什么是可接受的道德关系的认识又必然考虑个人的正当需求。[52] 如果占有的概念是可能的，且占有人的利益确实具有可保护性，那么它们均不应与其他具有重要价值的财产权制度处于根本冲突。因此，独立性理论面临的最大难题就是，必须在与所有权相协调的基础上，为占有人的利益提供独立性证成。遗憾的是，许多独立性理论都未提供这关键的一环。或者至少可以说，他们的解释都是不令人满意的。

或许会有人认为上述论证未能注意到个人保护财产的本能或天性（instinct）。既然这一天性是事实存在的，承认其客观性并予以保护是实现社会秩序的必然要求。但如何理解这种天性？它是否是说个人总是有理由保护自己认为应得的或必需的财产，还是说存在一种基于纯粹生理需求的保护性欲望？但事实并不表明人们总是会不理性地排除他人对财产的干涉，人们也不是

---

[52]　See *supra* note〔40〕，pp. 318-320.

总将某些生理需求或所谓的本能视为主张他人不得干涉的理由。一个普遍事实是占有人自己通常也会避免主张自己实现利益的方式不符合道德要求（尤其是不符合所有权关系）。如果占有人的纯粹利益真的具有证成权利的正当性，何以恶意占有人均会隐瞒自己的不正当权利来源。占有人得到广泛的尊重与法律保护是一回事，但因占有人的纯粹利益而予以尊重与保护却是另一回事。独立性理论并不能得到生活经验的支持，也不能反映当事人行动理由的正确结构。社会事实恰恰表明，占有人能够充分意识到通过纯粹利益观提出一项权利主张反而会导致自己的重要利益无法得到他人的尊重与实现。[53]

　　尽管存在上述问题，占有人的独立利益仍然在历史上广泛存在，并不断变迁。例如，所有权的证明成本可能决定在某一时期需要占有保护，但随着该问题的消失，基于该目的的占有保护规范也就不再必要。笔者虽不试图就占有在现代社会中的角色立即作描述，但通过事例来表明占有曾经被用以实现的独立利益仍是有益的。梅因对占有的历史性论述指出了占有对保护衡平利益的重要作用。[54]

　　第一，早期财产交易以族群、氏族等团体间的财产交易为主，而非以私有财产的交易为主。财产对集体生活的重要性导致了原始交易严格的要式性，但以复杂且烦琐的仪式与象征性行为构成的形式使得财产权转让动辄无效，极大地不利于交易需求的实现。于是，当时的人们接受了与当代善意取得颇为相似的占有时效，只要受让人获得财产的方式非法律所明确禁止，在一到两年的时效后，任何人不得再主张其权利瑕疵。而随着罗马法将交付作为财产权的转让形式，以及私有财产的普遍化，占有的原始功能已不存在。[55]

　　第二，和萨维尼一样，梅因也认同罗马时期最初的占有保护规范（占有令状）源自公田制度的需求，然后扩及所有权之诉。梅因的论述是，"贵族"市民在付出名义租金而成为公共领地的佃农时，他们在法律中只被承认为占有人，也只能依赖于占有禁令（possessory interdict）。于是占有的概念便被用以保护该类主体的利益。而占有之诉的便利优势被认可后，其他贵族纷纷要求将占有之诉也扩张至其他权利以避免物权诉讼的烦琐，而这一扩张适用的过程是一种

---

〔53〕 部分理论可能会质疑上述论证所依赖的对于个人利益的解释，并认为笔者过度贬低了生理需求和本能的重要性。但笔者既不贬低这些因素的意义，也不是在过分夸大 well-being 的地位。笔者在此只提供两个简短的说明：第一，满足生理需求和本能可能更应该寄希望于其他财产分配制度，而不是权利制度；第二，认为个人总是只想要满足生理需求和按照本能行动是一种令人遗憾的制度假设。See *Supra* note〔40〕, pp. 313-318.

〔54〕 这里的"衡平利益"是不严谨的用法，只是为了表明这些利益是无法通过既有法律制度得到保护，但又被法律官员认为具有正当性的利益。

〔55〕 参见〔英〕梅因：《古代法》，沈景一译，商务印书馆1996年版，第164—165页。

"恩赐"。[56] 而当原本的需求消失后,只可通过文字的遗留特征揣摩该占有令状的起源。[57] 近代英国法也欲借此方式摆脱不动产诉讼中"无希望的混乱状态"。[58] 除此之外,也有许多关于近代普通法为何要接纳占有制度的历史考察。[59] 但用益物权的完善、民商事主体范围的扩张,高度技术化的权利记录的发展,均使得曾经需要通过占有以实现的需求部分地得到了更为妥善的处理。

占有保护规范的历史性理由在当年社会中仍然存在吗?又或者,是否有其他不同的理由要求我们采纳占有保护规范?独立性理论并没有在这些问题上提供答案。在过往的讨论中,也存在一些似乎可以通过占有得到间接保护的利益:第一是对习惯性利益或权利的保护,以特殊的财产用益制度为代表,如少数民族关于放牧的习惯,渔业、矿业等特殊行业关于工作地点分配的习惯。[60] 尽管习惯本身也可以通过社会规则为之提供保护,但缺乏法律的支持,不仅有价值的习惯性财产权可能无法得到维持,正在形成中的习惯性财产权又难免消亡。对于习惯法较为成熟的社会,这一需求或可由习惯的法律角色直接予以满足。但就当前而言,占有或可成为备选项。第二则是对新兴权利的暂时性保护。耶林曾经指出,权利占有——而非有体物占有,才是占有的核心要义。在新兴权利不断出现且无法在原有所有权框架内得到保护的状况下,占有的适用也颇值得注意。遗憾是,这一领域的讨论几乎也是一片空白。

六、占有的规范性结构与占有保护规范的必要性

现在是时候总结至今为止所有的讨论,为占有的概念及证成难题提供一般性的解释,并说明法律上的占有保护规范的存在空间。之所以主张这是一般性的解释,是因为笔者并不试图解释特定时期支持占有保护的理由,而是试图通过占有的概念特征来揭示其发挥作用的方式。同时,笔者将以盗窃者的占有保护问题作为检验该解释的有效性。

（一）占有的规范性结构:实质占有与形式占有

首先从占有的规范性结构开始。依赖性理论和独立性理论各自把握住了占有的部分真相,关于占有的既有讨论也大量集中在为两种脉络提供更细致的分支,例如进一步说明所有权的良好实现为什么需要通过另设占有之诉实现,

---

[56]　同前注[55],第 165 页。

[57]　〔德〕弗里德里希·卡尔·冯·萨维尼:《论占有》,同前注[30],第 141—147 页。

[58]　但值得注意的是,梅因并不认为在英国法上也重复发生的这种现象是值得效仿的,"让物权之诉让位于基于占有的勒迁,从而让整个财产法都安置在法律拟制上"并非好事。参见同前注[55],第 165 页。

[59]　See Joshua C. Tate, "Ownership and Possession in the Early Common Law", *American Journal of Legal History*, vol. 48, no. 3, July 2006, pp. 280-313.

[60]　参见孙宪忠:《中国物权法总论》,法律出版社 2014 年版,第 107—108 页。

或说明在占有人的独立利益背后是否可能是某种自由意志的体现。但这一关注倾向是相当不幸的。笔者认为更重要也更有趣的区分并不是占有人的利益与所有人利益的关系，而是（作为社会现象的）占有得以成立并发挥作用的两种方式——实质认定与形式认定。

占有的实质认定与形式认定都是相对于权利而言的。实质认定是指通过对占有人的行为、意图以及其他关联性事实的考察，占有人"就是"权利人。此时占有是权利的实现方式，或者说权利的事实性面向，对占有人的尊重就是对其权利的尊重。但如此认定之下，占有并没有作为独立概念的必要性。好比基于租赁合同的占有可以通过合同之诉保护一样，当占有是权利的反射性体现时，对占有的认定以及保护原则都是通过权利来进行的。除非有例外的制度性考虑，无需在权利制度外另设占有制度。笔者称其为"基于实质认定的占有"（以下简称"实质占有"）。

基于形式认定的占有是基于实质认定的占有的一种特殊情形。一方面，占有的规范性必然来自既有的权利规范，因此无论多么独特，占有的成立都在根本上依赖于权利规范。如果其他人可以合理地认为占有人绝对没有任何权利，他们也无需以尊重权利人的方式尊重占有人。但另一方面，基于部分权利的特殊性，为该权利提供保护不能以实质认定的方式进行，而要求在满足某些条件的情况下不再继续审查权利的真实状态。以耶林版本的依赖性理论为例，保护所有权要求不再严格地审查占有人是否有权利，甚至不允许以权利抗辩介入占有之诉。因此，笔者主张以相对性权份为代表的占有保护规范服务于有效率需求或其他确定性需求的权利。笔者称其为"基于形式认定的占有"（以下简称"形式占有"）。

形式占有的存在和维持还依赖于习惯（convention）。说占有可以进行形式认定并不意味着权利在这个过程中不起作用。由于该类占有只是出于特定权利的需要，在实质认定的框架内作出了调整，它仍然需要一些"基础条件"来确保他人有可能信任占有人为权利的持有者。而当这些基础条件完全得不到满足时，形式认定也不会支持占有的成立。例如，若占有人被公众明知为盗贼或抢夺者，或占有之对象根本不属于任何权利的范围，该人当然无法获得有效的占有。但除了这些必然的基础条件外，将什么作为基础条件是相当复杂的，甚至可能因社会与地域的不同发生改变。对这些非必然的基础条件的确定就不再是由任何权利的证成性利益来直接确定的，而是由该社会中的习惯来确定。而恶意占有人能合理期待他人尊重的理由也是通过习惯在社会规范中的地位。

因此，当法律上存在一项独立于权利之诉的占有之诉时，它既可能是实质占有的例外情形，也可能是形式占有的特殊情形。一方面，由于权利之诉的制度局限,对需要保护的权利的认识不足或既有权利之诉的衔接困难等考虑,部分权利的保护可能通过保护其事实性实现——占有的方式予以进行。另一方面,由于特定权利的需求,对其予以法律保护必须通过排除权利之诉的方式进行。据此,围绕占有产生的不同制度能得到差异化的解释。

(二)占有保护规范是必要的吗?

上述分析预设了占有首先是一般性的规范实践,然后才有讨论是否以及如何将其纳入法律保护的余地。无论法律是否对占有加以规定,只要对权利的尊重在社会中被共享,占有作为社会现象必然会存在。在此前提下,是否要以特定形式的占有保护规范为特定类型的占有提供保护取决于当时的需求,而争议的核心应当是"就某一权利而言,是否有为其占有提供独立的保护规范的必要性"。但这也不可避免地导致法律用语的混乱,而且无论采用哪种定义都不可能与经历漫长历史变迁的法律实践完全一致。

回到法律上的占有保护规范,必须承认"如何对待占有保护规范"首先取决于对"占有保护规范之内容"的确定。即使同样讨论占有保护规范者,其所述对象也可能大不相同。其中的理由很简单:一方面,法律并不需要试图影响所有道德的或社会性的概念。基于特定区域之惯例的占有也可以作为良俗得到自发的遵守。因此占有并不都需要法律保护。另一方面,即使有必要为某些来源的占有提供法律保护,其方式也可以是不同的。我们暂时不用在这个问题上继续发挥想象力,本文的讨论对象已经在前文有了相当程度的限制——对于以相对性权份的样态呈现的占有保护规范而言,它在什么意义上应当为我们接纳?

笔者为这一问题提供的回答是相当折中的,这一态度是由占有保护规范的功能决定的。占有保护规范赋予占有人以权利性救济,这一做法的正当性是通过特定权利保护之需求来证成的。只有以此种法律形式保护占有"在总体上"能够更好地服务于权利人之利益时,它才可能被证成。这里所说的权利人之利益不仅是指法律上的利益,而且是权利人的总体利益。其中的可能性是多样的,除了极其偶然的理由之外,如下理由都是可能的:第一,存在为某种利益提供权利性的法律保护的必要性,但出于制度的滞后性或关联制度的不便利,暂时以占有予以不完整的保护,这是对实质占有的需求。第二,对于某种既有法律权利的保护而言,占有保护恰恰是必要的,这是对形式占有的需求。在两种情况下,占有保护规范会发生实践上的差别,即使它们都以相对性权份的方式出现,被赋予的权利性救济的范围和形式也会不同。在这个意义上,包括损害赔偿权和返还权的占有保护规范与只包含返还权的占有保护规范实可服务于不同的目的。

因此,笔者的折中性回答如下:特定形式的占有保护规范是否必要,取决于法律究竟试图保护何种权利。这一回答可延伸出两个否定性结论:第一,对于已经相当成熟的权利而言,没有额外提供占有保护的必要性。这里的成熟不仅指的是在权利的性质、利益、诉讼机制上的成熟,还包括相关惯例的清晰性和法院对惯例的解释权。没有惯例的支持,占有几乎无法在任何规范性体系中运作。第二,对于暂不能以既有权利加以保护,又囿于认识尚不充分,以至于无法创造新权利的情况。即使可暂时性以占有保护规范充当保护手段,仍不可长久依赖。由此可见,依赖性理论与独立性理论的区隔并不神秘。耶林版本的依赖性理论不过是主张在当时,法律所有权需要更便利的实现方式,而占有满足了这一要求。独立性理论也不过是主张,在法律所有权之外还存在需要被保护的正当利益,而占有是与之相适应的手段。

　　第二点结论对于评价占有保护规范的价值是关键的。占有之所以可以在历史中反复扮演不同的角色,充任多种制度的媒介,就在于其结构内在包含的开放性——反映多元的社会规范的能力。在任何特定时期的社会中,成员对彼此道德或经济关系的认可,对义务性规范的自愿接受都转变或体现为对事实关系的尊重,从而使占有成为可能。但开放性的占有并不能确保其自身的精确性。这或许使占有可以经常性地被用于实现偶然性的时代目标或弥补权利实践的不成熟,但这无法改变占有本身并非高度精密的权利外观的事实。至少在一个发展良好的法律体系中,占有的正确地位应当是被不断优化的各类权利制度所取代,而不是始终作为权利实现的直接制度。过度依赖占有而丧失改进与发展权利制度的意愿与能力,财产权的保护终究会自我挫败。[61]

　　上述分析也适合于提供对《民法典》的占有保护规范的评价。首先,尽管占有同样在物权的行使和转让上成为关键词,但这些占有的出现到底意味着什么似乎是不清楚的。如果本文的观点被接受,显然理解这些占有意味着理解它所试图服务的权利以及相关的惯例。其次,直接到占有保护规范而言。问题似乎并不在于《民法典》设置了什么样的规范,而是我们也不清楚到底为什么要设计这种占有保护规范。缺乏目的多少导致了在法律解释上缺乏方向。第462条虽然齐全地罗列了占有保护的各项措施,但却没有提到与之密不可分的抗辩规则。这也意味着占有人与权利人的关系是不清楚的。考虑到占有在法律上的运作总是在与权利诉讼的对比中体现,这一缺失基本是灾难性的。除此之外,对于惯例的研究和运用的普遍缺乏,也使得占有之诉的活力几乎消失殆尽。这样的占有保护规范带来的麻烦和疑问,显然比它的积极效果(如果有的话)多得多。

　　(三)一个特殊难题:盗贼的占有保护与道德信任

　　最后,笔者将处理一个在占有法上由来已久的问题——盗贼的占有保护。

---

〔61〕　在这个意义上,笔者赞成耶林对"权利占有"的期待。参见同前注〔46〕,第104页。

对这一问题的回答有两个好处:第一,揭示部分占有保护规范发挥作用的独特方式;第二,揭示占有的规范性结构中被忽略的要素——道德信任(moral credit)。虽然未必有严重的后果,但恶意占有总是容易触动我们关于正当利益的信念,说保护基于盗窃、抢劫等不法行为的对物使用状态也应受权利性保护自然令人生疑。但只要对这一问题稍加修改,它与道德观念的抵触性就会立刻降低。笔者是在如下意义上理解恶意占有的,法律并非致力于保护这些恶意行为,而是承认其为占有并同等地赋予其占有保护,是保护特定权利的必然结果。

理解盗窃这类恶意占有现象的存在,仍然需要回到占有的规范性条件中。占有是因他人之尊重而产生的,但这一尊重的基础不只基于占有人确实拥有某种权利,也可以是他人对占有人拥有该权利的信念(belief)。这就是形式占有试图表达的思想。但形式占有并非占有的基础形态,而是出于为保护诉讼成本极高或客观状态极难确定的财产权产生的特殊样态。因此,一方面,只有当占有保护制度是为有此问题的财产权而设时,恶意占有才会被包含其中;另一方面,这些恶意占有是借助惯例寄生于应受保护的占有之中,也只有部分恶意占有会受到占有保护的遗泽,无需夸大地认为无论多么明显的恶意占有均可受到占有保护。

那么,为什么占有的惯例会将部分恶意占有囊括其中? Pollock 曾经指出立法者理解占有的基础是"在没有明显相反的他人权力的情况下,任何所有权的常见外在表现都足以将占有赋予该人",耶林则将这一现象归结为概率问题。但什么导致了这一概率的产生? 笔者主张,无论对于惯例囊括恶意占有的问题,还是占有人与所有人合一的概率问题,其背后的理由都至少在部分上是规范性的——是对社会成员的道德信任。[62] 这一信任不是一般意义上对理性能力或权衡能力的信任,而是信任个人作为理性能动者(rational agent)能够理解价值和利益的内容,认识到何为重要之事与应当如何相互对待,并主动遵守规则。

道德信任同时体现在占有人与不特定相对人处。对于占有人而言,他被信任为能正确行使与尊重他人的正当利益与权利;对于不特定相对人而言,他也被信任为能正确地识别社会中的义务性规范,且能恰当地认识占有人之意图所属的规范关系,因此占有人才能合理地期待相对人的尊重。而在一个缺乏道德信任的社会中,实质占有难以维持,对道德信任有更高要求的形式占有更是无存在空间。因此,尽管占有可能出于合法或非法的各种原因自权利人处分

---

〔62〕 关于权利与道德信任的讨论,see John Gardner,"The Wrongness of Rape",in his *Offences and Defences*:*Selected Essays in the Philosophy of Criminal Law*,Oxford University Press,2007,p.17. 有类似思想,但以其他方式表达的例子,参见范立波:《权利的内在道德与做错事的权利》,载《华东政法大学学报》2016 年第 3 期,第 25 页。

离，但在财产权的规范性实践中，个人必须被赋予此种道德信任。在讨论财产法的制定、执行和司法审查过程中，我们必须假定行动者能够认识并尊重价值、规则等概念在实践推理中的意义。这也体现在惯例的形成中，对惯例边界的确定总是会因这一道德信任的存在宽松化。

恶意占有人就存在于因道德信任而产生的裂缝之中。恶意占有人缺乏正当利益，本无需赋予其权利性救济。但它会寄生在部分占有认定的边缘情形中，是因为不存在明显的相反事实而被推定为占有人。因此恶意占有人的受保护完全是寄生性的，它寄生于权利实践中普遍存在的道德信任，且是道德信任与权利的要素根植于占有理论的具体体现。尤其在根据权利保护的要求必须接受第三人权利抗辩禁止或本权抗辩禁止的场合，恶意占有人极容易得到保护。但这并不意味着所有的恶意占有人都要得到保护，更不意味着显著的恶意占有人也必须被赋予权利性的保护。

七、结论

对占有保护规范的相对性难题的讨论，可以澄清关于占有的两个错误观点：其一，占有提供的保护与权利毫无关系；其二，占有只保护实质的权利人。这两种观点都无法解释占有的概念及占有保护规范的独特功能。占有归根结底是权利的现象，对权利的尊重使得占有在概念上成为可能。以相对性为特征的占有保护规范不仅保护权利，更是根据该权利的特定性质进行的特殊保护。恶意占有的受保护空间也在其中。但相对性的占有保护只是占有与权利互动的特殊情形，切不可因此阻碍对占有的一般的理解。是否以及如何在法律上安排占有的地位取决于对具体权利需求的考察。如果我们频繁地拒绝反思权利保护需求的变化，又不加深思地将占有保护规范留存在法律中，那么它带来的麻烦和困惑将远大于益处。

（审稿编辑　王泓之　叶依梦）

（校对编辑　叶依梦）

《北大法律评论》(2020)
第 21 卷·第 1 辑·页 155—174
Peking University Law Review
Vol. 21，No. 1，2020，pp. 155-174

评　论

论近代中国核心问题与中国宪法序言"三重逻辑"

袁士杰[*]

On the Key Issues of Modern China and the "Triple Logic" of the Preface to the Chinese Constitution

Yuan Shijie

内容摘要：中国宪法序言蕴含着丰富的宪法叙事，对之恰当地阐释是理解中国宪法的关键。近代中国核心问题是阐释宪法序言叙事的一个相对可靠的切入点。近代中国核心问题可根据中国近代革命史抽象为作为政治命运共同体的中国的"存"之问题。作为核心问题的"存"具有"生存"与"发展"两个面向，勾连着中国宪法序言"革命""改革"与"复兴"的三重叙事。本文着重解释"存"如何构成近代中国核心问题以及如何与中国宪法序言叙事之间发生关联，并型构中国宪法序言蕴含的三重逻辑，希求能够给予中国宪法序言一个相对整全的结构化阐释。

关键词：宪法序言　近代中国核心问题　三重逻辑

---

* 法学博士，温州大学法学院讲师。

一、核心问题:理解宪法问题之"锚"

宪法,就其英文语词 Constitution 而言,其中一个含义可以理解为"结构""架构"和"框架"。如果一个国家的宪法型构了一国的根本(以及基本)政治制度,那么理解一国宪法及其问题首先需要探明承载这个"结构"的"地基"。任何对宪法问题的理解,都需要选取一个相对恰当且可靠的切入点,或者观测的"孔镜"。这个切入点或者"孔镜",可以称为宪法问题之"锚",能够将变动不居的宪法问题相对牢固地予以锁定。对中国宪法序言深层次结构的阐释,实质上需要回溯到中国宪法问题生成的根源处,即回溯到近代中国核心问题——"存"[1]。这种对近代中国核心问题的回溯,同时也符合中国宪法序言的反映型宪法观的特质。[2] 对近代中国核心问题的回溯与中国现行宪法的制定者所秉持之反映型宪法观之间存在密切关联,从而构成对近代中国核心问题与反映型宪法观的双重回溯。中国宪法问题是因应近代中国核心问题生发出来的,近代中国核心问题,在根本意义上,规定了中国宪法的本质特征,甚至可以说一切中国宪法核心问题都可以通过回溯到近代中国核心问题而寻求相应的理解与阐释。在此意义上,近代中国核心问题构成中国宪法可能的"地基",是理解中国宪法问题之"锚"。

如果说这样的判断大体上能够成立,那么可以说近代中国核心问题与中国宪法发生之间存在着本质关联。所谓中国宪法的发生,一般而言,是指中国宪法因应近代中国核心问题,即政治共同体的"存"的问题,在不能够依靠传统中国的社会整合方式的前提下,重新组织社会并构造出一种能够实现中国社会新整合的宪制体系的过程。围绕中国社会的新整合应运而生的"宪法"所产生的背景、旨在解决和应对的问题的集合,构成了中国宪法发生学的主要内容。诚如斯门德教授所言,在"宪法与实在宪法"二分的基础上,宪法承担着的是国家整合的任务,或者说宪法本身就是国家整合。[3] 而国家整合必然是在国家"存"的问题遭受到挑战的境遇下,才有可能生发出来的。国家整合与国家危机

---

[1] 在本文中,"存"是作为上位概念使用的,派生出两个子概念,分别为"生存"与"发展",前者在最粗略的意义上对应着"存在",后者对应着"存在存在"。中文表达,不似外文(如英文、德文等)可以明确区分出名词词性与动词词性,只能通过表达习惯或者语词所在语境加以区分。作为上位概念的"存"对"生存"与"发展"具有统摄性,无法简单地用"存在"替换,为了凸显此种总括性和整全性,本文在指涉"近代中国核心问题"的时候一律使用"存"而非"存在"。在一般情况下,"存在"以名词样态呈现;在特殊情况下,"存在"以动词样态呈现,如"存在存在"中的第二个存在。

[2] "反映型宪法观"是笔者在关注中国宪法序言深层次结构的过程中,发现中国宪法序言在本质上所秉持的并非"规范型宪法观",而是基于社会实践产生的诸宪法事实并对其进行事实化确认产生的一种特定类型的宪法观念,对这种宪法观念,笔者曾有专门论述。参见袁士杰:《中国宪法序言的结构化阐释——以反映型宪法观为视角》,西南政法大学硕士研究生学位论文,2015 年。

[3] 〔德〕鲁道夫·斯门德:《宪法与实在宪法》,曾韬译,商务印书馆 2020 年版,第 26 页。

相伴而生,不同国家在国家整合的过程中具体遭遇的问题不同,决定了宪法旨在解决的问题不同,进而导致了不同国家的宪法发生问题、宪法深层结构设计、宪法预期功能以及宪法现实化实施方式的差异。

以美国 1787 年费城制宪为例,美国的独立战争构成 1787 年宪法制定和生成的背景。由此,美国 1787 年宪法旨在解决的核心问题便是如何能够整合美国 13 个州形成一个"合众国",以实现美国独立战争的胜利以及美利坚国家未来的发展。一言以蔽之,美国 1787 年宪法就是一部美利坚合众国的锻造宪法。当然,这样的叙述是一种学理层面的宪法学阐释,真实的情况是在 1787 年费城制宪之时,美国实际上是由之前的"邦联条例"所塑造的,恰恰由于在"邦联条例"的基础上,无法凝聚成美利坚合众国,无法形成有效的美利坚国家整合,以及不能够彻底解决美利坚国家的主体构建问题,才会有所谓的从"费城修宪"向"费城制宪"的转变,这种转变恰恰说明国家的核心问题对国家之宪法的决定性和塑造性。同时也可以从中看出,现代宪法以权利保障为核心的宪法诠释图景是多么具有迷惑性。美国 1787 年宪法制定的真实过程,恰恰说明了国家的整合与宪法同在,构成基本权利实现的基础与前提。对此,《美国制宪会议记录》的翻译者尹宣如此总结:

> 发起制宪的人们,想要解决的问题成堆,至少有两个最为突出:一、能否不通过武力,而通过谈判,通过立法,把革命和战争时团结拢来、胜利后却分道扬镳、各自愈益伸张主权和独立的 13 个邦联合起来,组成一个国家,建立一个"全国""最高"政府? 二、如果能够联合,能否把这个政府实现得尽量合理,让组成政府的人们,如麦迪逊所说,各以自己的 ambition 去制约他人的 ambition,达到一个接近平衡的状态,把政府难以避免的恶,抑制在一定限度内,至少,是个共和国,永远埋葬君主制?[4]

这里提示我们注意的是,"最为突出"的问题实际上就是一个国家所面临的核心问题,恰恰这种核心问题对一国宪法的塑造常常是我们所忽视的。这种核心问题对宪法的塑造唯有通过回溯到核心问题本身,才能够对其有所发现与理解。目前的宪法学界,只要讨论到宪法的实施问题,大多以美国的司法审查为鹄,"较少"寻觅美国司法审查制度的发生,更加缺乏兴趣关注美国在 1787 年制宪过程中是基于怎样的政治考量,而暂时舍弃基本权利条款,以至于必须事后对此以修正案的形式对基本权利条款进行追加的事实。抓住制宪时期美国的核心问题,至少会对此问题给出不同的理解与解释。因为,相比较于构建一个强

---

[4] 参见尹宣:《联邦制宪会议记录的解密和成书》,载〔美〕麦迪逊:《辩论:美国制宪会议记录》(上),尹宣译,辽宁教育出版社 2003 年版,第 2—3 页。

大的美利坚合众国来说,"权利清单"或许仅仅是一个微不足道的次生问题。[5]
在这个意义上讲,"合众国"的整合优位于"权利"保障,而且这种"优位"恰恰在
于整合构成了美国制宪的核心问题。

再对照法国大革命时期的制宪考量,我们便可以进一步证明一国核心问题
对宪法特质的塑造作用。美国1787年制宪是因为需要构建一个强大的美利坚
合众国,而选择暂时性地滞后"权利清单"的设置与实现。法国则恰恰相反,"权
利清单"被置于与国家统合平行的位置,作为革命动员的重要资源,国家统合的
问题被相对地弱化了。法兰西的个案在支撑核心问题对宪法的塑造的同时,也
提示着我们核心问题是否具有普遍性和同一性。换言之,笔者有一个初步的假
定:国家的核心问题首先是国家整合问题而非权利规定与权利实现问题;如果
权利问题僭越了国家整合问题,至少会产生一定的消极作用。法国制定宪法过
程中产生的大革命状况,或许恰恰从反面支持了这样的假定。尽管法国制宪者
与思想家都认识到了"整合"的重要性,但囿于必须向新兴的资产阶级妥协,"整
合"过程中同时塑造了自身的对立面。由西耶斯对"整体"之于法兰西的意义的
描述便可见一斑:

> 法国不该成为一堆以民主方式自治的小民族的杂烩,也不是诸多国家
> 的集合;法兰西是由不可分割的各个部分组成的单一'整体';这些部分不
> 是完整的存在体,因为它们不是各自统一的整体,它们统一起来才成为一
> 个整体。[6]

尽管"整体""大整体""民族整体"这些语词成为法国1789年革命的时髦词汇,
但是,"特权""行会""小团体"以及"地方或者省籍意识"同样是不落下风的"敌
对者"。如罗桑瓦龙所总结的那样:"在实际操作中两者是相互妥协的……由于
各种阻力,当时的人们也开始接受多样的现实。"[7]恰恰是在这种"整合"与"反
整合"之间,法国革命走向了极端化。法国宪法在传递着诸如权利的美好图景
的同时,由其所塑造和型构的法国政体却没有任何的能力去兑现那样美好的承
诺。"至此,革命原则所打造的新世界事实上重演了一幕古希腊的悲剧,古希腊
自由与平等的城邦生活封闭了'专制'家庭生活曾产生过强烈的反差,人类文明
也不断地缩小这种反差,而所用的方法正是拓展中间主体的空间。"[8]恰恰在
这种对个体化抽象自由的追求的过程中,法兰西整合的问题被法国宪法一次又

---

　　〔5〕　同前注〔4〕,第2—3页。
　　〔6〕　〔法〕西耶斯:《论国王的否决权》,转引自〔法〕皮埃尔·罗桑瓦龙:《法兰西政治模式:
1789年至今公民社会与雅各宾主义的对立》,高振华译,生活·读书·新知三联书店2012年版,第
14页。
　　〔7〕　同前注〔6〕,第15页。
　　〔8〕　同前注〔6〕,第32页。

一次地悬置起来，以至于思想家和政治家只能留下"整合"的叹息。为"社会同乐会"和"真理之友同盟"张目的佛歇指出："基本法律忘记了把人类联系起来的友爱，却专情于把人们分隔开。"[9]应当说，法国大革命留给我们关于宪法问题的思考空间极为广阔，其中便有核心问题对宪法的塑造这一主题。罗桑瓦龙在总结法国普选史时，曾有一段十分有趣但极具洞察力的论述：

> 个体的政治平等，同时是推翻专制主义的符合逻辑的条件，以及确认摧毁特权的、团体的世界的一种社会学上的要求。法国一下子就进入了普遍选举，民主自革命之初就作为实现自由社会的根本条件使人接受。但是这一切并非一帆风顺地在进行……**后者在有能力的政府的创立中看到了进步与真正自由的条件**。[10]（黑体为引用者所加——引者注）

罗桑瓦龙所注意到的是，基本权利、个体自由的承诺与规定是一个问题，但是基本权利和自由的实现却是另一个问题，后者依赖于"有能力的政府的创立"。实际上，这样的观察叙述，恰恰支持了笔者的前述假定，核心问题对宪法的塑造作用，在核心问题中"整合问题"对"权利问题"具有优先性。美国制宪和法兰西制宪的概观似乎从正反两个方面提示着"核心问题"作为理解宪法问题之锚的关键作用和决定性意义。

二、共同体之"存"：近代中国核心问题

如何理解并确定中国近代核心问题？核心问题的确定似乎可以从两个路径予以通达：其一，历史的路径，考察具有历史意义的"大事件"，从而将那个被共同指向的问题确立为核心问题；其二，政治哲学的路径[11]，回归共同体的存在论层面，以此为可能的原点，推出并确定核心问题。笔者将近代中国的核心问题归结为中国政治生命共同体的"存"的问题。尽管中国宪法问题的发生与上面所列举的美国和法国的情形极为不同，但是就核心问题对宪法的塑造而言，却并无本质差异。情形的不同首先和通常表现为，中国宪法问题的发生与

---

[9]　《佛歇修道院长先生的首次演说》，载《铁嘴报》第 2 期，1970 年 10 月，第 19 页，转引自〔法〕皮埃尔·罗桑瓦龙：《法兰西政治模式：1789 年至今公民社会与雅各宾主义的对立》，同前注〔6〕，第 20 页。

[10]　〔法〕皮埃尔·罗桑瓦龙：《成为公民——法国普选史》，吕一民译，文汇出版社 2017 年版，第 21 页。

[11]　政治哲学，按照 Heinrich Meier 的理解，"中心议题——最好的政治秩序、正确的生活、公正的统治、权威的必要倚重、知识以及暴力（Gewalt）〔的使用〕——必须与其他人关于人性的问题一同提出，后者涉及人处于神兽之间的位置、人类心智的能力、其灵魂的限量，以及其身体的需求。因此，政治哲学的探究题材是整全意义上的人类事务"。概括言之，政治哲学考虑人与城邦之间的关系问题。参见〔德〕迈尔：《隐匿的对话——施米特与施特劳斯》，朱雁冰、汪庆华等译，华夏出版社 2008 年版，第 111 页。

近代中国遭受西方势力全面入侵密不可分。传统中国社会在遭受全面入侵之后,始终处于被动的局面,农业社会的中国被迫进入西方国家所构建的世界体系之中,由此导致对中国定制问题的思考。[12] 传统中国在清王朝的组织下,对此无法形成相对有效的回应,即传统中国在"挑战—回应"[13]的往复过程中,社会的全面解体与再整合问题产生。换言之,近代中国的核心问题实质是中国社会的再"整合"的问题。针对此问题,近代政治学人早已有清楚的认知。例如萧公权先生认为:"皇朝体系——充斥着个人恩怨与党派冲突,苦于行政的无能与腐败,加上接踵而至的内忧外患——正一步步地走向岁月崩溃的末路。它无法提供有利的条件来完成任何对自身有积极利益的事;变法这剂特效药无助于垂死的王朝。"[14]这里需要引起注意的是萧公权先生所述的"崩溃"与"整合"之间的关联,同时,传统中国社会的崩溃是以"皇朝体系"无法实现中国整合为前提的。恰恰是这种社会整合的失败,导致了传统中国的国家能力的丧失(如行政的无能与腐败),与此同步的是既有的社会组织方式无法自我生产"有利的条件"来进行任何的"变革"。恰恰是这样的社会解体与再整合迫在眉睫的处境,产生了对立宪、宪制、宪法以及变法等问题的需求。

对此,钱穆先生亦有所论述:"清廷不能不去,王室不能复建,逼使中国不得不为一场激剧之变动,以试验一无准备、无基础之新政体,而不能更于其间选择一较缓进、较渐变之路,此为晚清革命之难局……**尤难者,不在武人割据之不可产灭,而在政治中心势力之不易产生**。"[15](黑体为引用者所加——笔者注)从钱穆先生的观点来看,在清王朝失去了对传统中国的组织能力之际,中国面临的处境是既不能恢复旧制,也无法建立新制,尚处于"青黄不接"之际。更为要害的是"政治中心势力之不易产生",在某种意义上指出了近代中国核心问题"存"的症结。

另外一个方面,"宪法"这一舶来品,在近代中国,实际上是带有鲜明的政治色彩的语词,从人们对"宪法"一词的表述来看,亦可见近代中国的宪法使用情况与近代中国核心问题的关联性。郑观应便指出:"夫立君政治,除俄、土二国

---

[12] 如王人博教授指出中国人对宪制问题的思考是由西方的侵略而引发的,而中国宪制却是"预期而设的用来解决国家和民族生存发展的一种工具"。参见王人博:《寻求富强——中国近代的思想范式》,商务印书馆 2020 年版,引言第 1 页。

[13] "挑战—回应"模式,是美国早期中国研究范式的一种,主要代表学者是中国问题研究专家费正清教授,在其代表作《伟大的中国革命》中将中国革命至于中西方两大系统碰撞的历史进程中,突出中国革命对西方挑战的回应性。这种研究范式在后期西方汉学研究中遭到了批判,比如美国的汉学家柯文就"挑战—回应"范式具有的"西方中心主义"提出的"在中国发现历史"的呼吁,以及日本汉学家沟口雄三主张的"作为方法的中国"。尽管后期研究范式对"挑战—回应"范式有所批评,但是无法否认中国近代起始于西方入侵,至于是"主动回应"(如沟口雄三和柯文)还是"被动回应"(如费正清)则是一个学术判断的问题。

[14] 萧公权:《翁同龢与戊戌维新》,台湾联经出版公司 1983 年版,第 141 页。

[15] 钱穆:《国史大纲》,商务印书馆 2010 年版,引论,第 29 页。

外……文明诸国无不从同。查日本宪法,系本其国之成法,而参以西法,**中国亟宜仿行,以期安攘。**……中国不能自强,由于上下离心。篇中拟立宪法,**冀当轴者合群图治**,以顺人心,虽参用西法,实亦三代之遗规。"[16](黑体为笔者所加——笔者注)从郑观应对"宪法"一词使用的语境(Context)考察,至少可以得出这样几个判断:第一,"安攘"作为"中国亟宜仿行""成法"的目的指向,这种目的指向具有对内与对外两个方面:对内而言,目的指向安定国内秩序;对外而言,目的指向攘除西方在华之存在。第二,进一步解释为何"立宪法"可以实现上述"安攘"的目的,实在是因为在郑观应看来,"立宪法"可以实现"冀当轴者合群图治"。换言之,宪法所实现的主要功能在于"合群图治",即实现"国家整合",这里十分明确地将宪法的整合功能置于所谓的公民权利之上。第三,郑观应得出上述两个判断所依托的论证性资源在于中国传统的"政""治"资源,即"顺人心"和"三代之遗规",相应地因依托资源的限定,导致了宪法功能在某种意义上被规定为"自强"功能和"顺人心"功能,而宪法的这两种功能恰恰在西方制宪史上是无处寻觅的。质言之,中国宪法问题在近代中国的发生之际便具有明确的问题指向性,这种问题指向恰恰在于传统中国社会的"崩溃",使得社会再整合成为问题,通过宪法(制定与运行)实现社会重新整合,而重新整合的中国社会首先要解决的问题便是如何应对作为他者的西方(国家)。

例证性的材料无须重复引述,无论是西方的还是中国的。重点应该放在阐明近代中国核心问题是什么以及如何展开。近代中国核心问题简述为"存"的问题,展开地讲是中国作为政治生命共同体的"存"的问题。为什么要选取"存"来概括近代中国的核心问题?首先,一切言说都是对现象的思维,而思维只能以概念的方式进行。"存在先于价值和知识,那么存在论就先于任何价值观和知识论,存在论就必定意味着一视同仁,万物平等,众生平等,在理解存在问题时就不能预设或引证任何价值观或者知识原理,只能以存在理解存在"[17],哲学家赵汀阳先生如是说。这实际上是道出了"存在"的优先和首要地位,其他一切并不是"存在"的条件,而是以"存在"为条件。

哲学或者政治哲学层面对存在问题的论证总是给一般人以蹩脚与拗口的感觉,近代中国核心问题的"存"的问题转换成宪法学的语言表述便是"主权安定性"的问题。好在宪法学研究不似历史学研究那样,将严禁"倒放电影式"的研究作为学科的"家法"。[18] 宪法学的研究尤其是涉及宪法发生的问题时,恰

---

〔16〕 (清)郑观应:《自强论》,载《盛世危言》(上),北京朝华出版社2017年版,第133页。

〔17〕 赵汀阳:《第一哲学的支点》,生活·读书·新知三联书店2013年版,第105页。

〔18〕 "倒放电影式"的研究是历史学研究中的一种禁忌,具体指将已经被证实的历史实事作为假定先行代入研究之中,根据已经蕴含实事的假定推出相关的研究结论。换言之,历史学研究不能够将已经发生的历史实事先行代入研究假定之中,只能够假定研究者在"不知"已经发生的历史实事情况下,根据一个个事件彼此之间呈现出来的关系进行描述与解释。

恰需要这种不断回溯式的或者说"倒放电影式"的研究才行。这里无须讳言我们关于近代中国核心问题的抽象概括以及与宪法学语言表达的转换,恰恰建基于对近代中国"倒放电影式"回溯的基础之上。而这种"倒放电影式"回溯之所以必要,是因为这样的回溯同时满足文本与学理两方面的支持。

孔飞力教授在审视近代中国内部持续存在着的一种"根本性议程"或"建制议程"(constitutional agenda)时指出:"所谓'根本性'问题,指的是当时人们关于为公共生活带来合法性秩序的种种考虑;所谓'议程',指的是人们在行动中把握这些考虑的意愿。19世纪初期的'根本性议程'虽然是以适合于那个时代的语言表达出来的,但其底蕴结构却将它同以后各个时代的相关议程联系了起来。"[19]尽管孔飞力教授的这种对近代中国的"根本性议程"的描述是清楚的,但是对此政治学者有着不同的看法,如任锋教授便从孔飞力教授的判断中得出这样的结论:"近世治体公共性在治道、治法和治人层面俱有表达,治法法度的公共性('公法')与治道和治人的公义、共治形成了一个蕴涵多重张力的政治构造。"[20]任锋教授的考察视角专注于中国治体构造层面的"多重张力"问题,而孔飞力教授对我们的研究的重要启发意义在于"根本性议题"与近代中国核心问题的关联性。在笔者看来,孔飞力教授所谓的"根本性议程"是一个始终存在且永远不会被消解掉的问题,在不同时代或隐或现地被不同时代的语言所表述,但是在近代中国社会遭遇西方之际,"根本性议题"便会呈现出来,作为核心问题的表述亟待人们的解决。与此同时,这种"根本性议题",具有向着过去回溯和向着未来延展的特点,如孔飞力教授所言,"其底蕴结构却将它同以后各个时代的相关议程联系了起来"。换言之,"根本性议程"中的"底蕴结构"很可能是与有关近代中国核心问题的"存"相呼应的一个问题,也正是在这个意义上,"底蕴结构"才能够既回溯过去又指向未来。有关"根本性议程"的历史回溯性,任锋教授指出:"从宪制传统来理解中国的现代转型,笔者曾指出近世中国所孕育的现代性变迁主题主要包含两个层面:一个是中国所身处的越来越具备竞争性乃至压迫性的区域与世界格局所提出的挑战,另一个是中国内生性之公共秩序聚合的国家议程。"[21]无论是孔飞力教授意义上的"根本性议程",还是任锋教授意义上的"国家议程",在实质上都可以等同于近代中国的"宪法问题"。

---

〔19〕 〔美〕孔飞力:《中国现代国家的起源》,陈兼、陈之宏译,生活·读书·新知三联书店2013年版,第1—2页。

〔20〕 任锋:《立国思想家与治体代兴》,中国社会科学出版社2019年版,第35页。

〔21〕 同前注〔20〕,第36页。另参见任锋:《天理、治体与国势:现代变迁中的儒家传统》,载《文化纵横》2014年第1期。

三、"存"的两个面向与三重逻辑的派生

作为核心问题的"存"具有怎样的结构？"存"具有两个面向：其一，存在的生存论面向，可以用"生存"来进行标示；其二，存在的发展论面向，可以用"发展"或者"善在"来标示。这里容易引起误解的是"好"与"坏"从何而来的问题，存在存在、存在向着好的存在存在与存在向着坏的存在存在中的"好"与"坏"都不是价值判断，因为存在论对价值论的优先性，在存在论中不可能也不允许出现价值论层面的"好"与"坏"，而这里的"好"与"坏"只能从存在论自身生发出来，这种"好"与"坏"是比较意义上的"好"与"坏"，或者说是当存在存在的时候，存在与自身的比较意义上而产生出来的"好"与"坏"，是自己与自己同一的关系，而绝不可能是不同存在之间比较的"好"与"坏"的问题。这里的"好"与"坏"都不是意义层面的"好"与"坏"，只能够是"存在论"意义上的。如赵汀阳教授在区分价值、意义和存在三个层面时所言："存在论的最大表达额度也许只能够表达存在之善在状态，通常称为幸福的那种状态。"[22]

哲学层面的存在论如此，政治哲学层面的国家存在依然如是。海德格尔对人的完善的申言同样适用于国家存在："人能够为其最本己的诸种可能性而自在存在，而在这种为他最本己的诸种可能性自有存在筹划之际成为他所能是的东西，这就叫人的完善。"[23]国家如果失去了向着最本己的诸种可能性而自在存在的能力的时候，国家便不再存在，那么国家将失去存在的可能性更失去了完善的可能性。一旦我们从"存在"过渡到"存在存在"的时候，我们便会遇到一个问题，即"存在继续存在"是否一定意味着"存在向着好的方向存在"的问题。或者说，存在是否可能向着"坏的存在"存在？答案显然是否定的。因为尽管存在既可能向着"好的存在"存在，也可能向着"坏的存在"存在，但是如果存在向着"坏的存在"存在，那么存在将走向"不存在"。所以，在这个意义上讲，有意义的一定是"存在"向着"好的存在"存在。换言之，对"存在存在"或者"存在继续存在"命题的有意义的理解只能够是"存在向着好的存在存在"，或者说"存在善在"。

基于此，作为近代中国核心问题的"存"是指中国作为政治生命共同体的**生存之"存"与发展之"存"**的问题，简称中国的"生存"问题和中国的"发展"问题。而中国的"生存"问题和中国的"发展"问题，在近代中国核心问题意义上，是共同由"存"派生出来的问题。或者说中国的"生存"与中国的"发展"是中国的"存"的两个面向。换言之，中国的"生存"与中国的"发展"实则是作为中国近代

---

〔22〕　同前注〔17〕，第 106 页。
〔23〕　〔德〕海德格尔：《存在与时间》，陈嘉映、王庆节译，生活·读书·新知三联书店 1987 年版，第 241 页。

核心问题的"存"的一体两面。借用老子《道德经》中的话来表示,这种关系便是"一生二"的关系,是由作为近代中国核心问题的"存",生发出来的中国的"生存"问题和中国的"发展"问题。尽管这两个问题共同导源于"存"这一问题,但是两者并非位于同一个层次——中国的"生存"问题处于更为根本的地位,或者说绝对的优先地位;而中国的"发展"问题是对中国的"生存"问题的保障性条件,或者说促进性条件,居于次要地位。换言之,"生存"之存是根本,"发展"之存是保障,没有后者,前者无以巩固,没有前者,后者无所归依。

尽管近代中国核心问题是"存"的问题,且"存"的问题又是因应西方挑战而产生的,但是,"因应"的方式、资源与策略层面却是具有中国特色的,自是不能外在于中国人的常识理解的范畴,注定不会是彻彻底底西方式的。由于近代中国核心问题具有向历史的回溯性和向未来的延展性,所以才能够不断地汲取传统中国"政"与"治"两方面的资源来回应近代中国核心问题。这里我们以最具"断裂性"的"革命"为例尝试性地说明中国核心问题对传统资源的回溯性汲取。沟口雄三教授对近代中国"革命"的考察,有助于我们理清这一问题。沟口雄三教授如是说:"革命是既存体制崩溃以及与旧体制断绝的结果,但同时革命亦脱胎于既存体制,因而也受到旧体制的历史和现状的规定,即便是否定和断绝,也**只能是**以否定和断绝的方式对体制的**继承**。这也是众所周知的事实。"[24](着重号为原作者所加——笔者注)革命在"与旧体制断绝的结果"的面向上,无疑具有"断裂性"的痕迹,但是在"脱胎于既存体制"面向上却有着"连续性"的特征,而且在沟口雄三教授看来,"革命"对传统资源的回溯性汲取恰恰建立在"否定""断绝"和"继承"之间吊诡的辩证关系之上。由此可以证明近代中国核心主题虽名为近代,实质上却具有"历时性",恰恰是近代中国核心问题的这种"历时性"保证了其向过去的回溯和向未来的延展,从而对近代之后的事件产生具有拘束力的效果。同时,这也提示着我们在思考中国宪法问题的时候,同样需要不断地回溯到近代中国核心问题上来,通过这种不断地回溯,我们才有可能在历史中寻找中国宪法问题的蛛丝马迹。总之,对中国宪法序言的深层次结构的阐释,乃至中国宪法问题的研究都不能够舍弃近代中国波澜壮阔的历史进程。

中国宪法问题与近代中国核心问题之间的关联除学理支持之外,还需要有文本依据。这种文本依据在中华人民共和国第一部宪法之中亦可见一斑。中华人民共和国1954年宪法是集体智慧的结晶,对此,许崇德教授有这样的评价:"1954年宪法的序言无论从其构思还是从其内容、文辞来评价,都称得上是高水平的佳作。它出自无数高人之手,反复推敲,数易其稿,是集体智慧的结

---

〔24〕 〔日〕沟口雄三:《作为方法的中国》,孙军悦译,生活·读书·新知三联书店2011年版,第46页。

晶。"[25]既然宪法序言是"集体智慧的结晶",问题在于"集体智慧"根据什么以及怎样形成"结晶"? 或者说,宪法序言的内容具有有限性,相较于近代中国发生的历史事件而言,宪法序言的叙事仅仅是选取近代中国诸多历史事件的一部分加以叙述与规定,那么这里便有一个必定存在的"取舍标准"的问题。当然,在我们将中国宪法问题与近代中国核心问题关联起来之前,我们可以在逻辑层面推定这种"取舍标准"必定存在。但是为了进一步明确化,我们有必要指明这种"取舍标准"实质上就是"近代中国核心问题"。

中华人民共和国 1954 年宪法的草案说明,便为我们的上述论题提供了相对有效的论据支持。如果说宪法制定者的制宪工作与近代中国核心问题之间具有关联性,那么这种关联性的具体体现便是近代中国核心问题通过制宪者之笔记录和书写的。陈伯达《关于〈中华人民共和国宪法草案(初稿)起草工作的说明〉》中有这样的表述:"根据中共中央和毛主席的指示:(1)宪法必须**记录**实际情况,**反映**伟大变革,**总结**经验,**巩固**成果。(2)必须**根据**我国的国家性质和经济关系,**充分表达**逐步过渡到社会主义社会的根本要求,指出道路。"[26](黑体为笔者所加——笔者注)在中华人民共和国 1954 年宪法草案说明中,我们可以发现这样几个关键的表达,即"记录""反映""总结""巩固""根据"和"充分表达"。这些语词都是某种"确认性"的动词,是对实际上已经发生的事情予以确认。换言之,是对历史层面的事件的回溯。这种确认的意义恰恰在于通过回溯将宪法与近代中国核心问题关联起来,是近代中国核心问题为中国宪法提供了事实基础和效力根据。

解决中国近代核心问题"存"的问题之时,我们曾经提及"存"的问题与中国的"生存"问题和中国的"发展"问题彼此之间是一种"一生二"的关系。这里将尝试从"二"向"三"推进,最终形成中国宪法序言"三重逻辑"[27]的"一生二,二生三"的图景。这便要求我们在对中国宪法序言的深层次结构进行阐释之前,首先需要明确中国宪法序言深层次结构的核心概念与阐释的操作逻辑。依据不同的分类标准,核心概念的选择与提取以及依据核心概念而来的操作逻辑的确定可以呈现多元化的样态,并非具有唯一性。例如,以宪法序言中的主体为

---

〔25〕 许崇德:《中华人民共和国宪法史(下卷)》,福建人民出版社 2005 年版,第 480 页。

〔26〕 转引自许崇德:《中华人民共和国宪法史(上卷)》,福建人民出版社 2005 年版,第 117 页。

〔27〕 "三重逻辑"之"三"既可以理解为"虚指",也可以理解为"实指":虚指是建立在数量关系不确定的基础上,中国宪法序言可能包含的深层次逻辑结构并非一定是"三"重,也许伴随着认识的深入可能是三重以上;实指是中国宪法序言按照笔者的理解自身逻辑结构呈现为特定的"三重"。这种特定的"三重"是根据时间的过去、现在和未来三重时间建构起来的,符合中国宪法序言叙事中的历史叙事、当下叙事和未来展望三种类型,同时这种特定的"三重"也符合概念展开过程中"宏观""中观"和"微观"的特点。因此,这里将"三重逻辑"作为中国宪法序言深层次结构的代名词,先行地予以提出。

分类标准,可以考察宪法序言中的诸多主体,如中国共产党、中国、中国人民、中国各族人民、中华民族等;以时间为分类标准,可以将宪法序言划分为过去、现在和未来;以事实为标准,可以将宪法序言划分为核心事实与衍生事实;按照目的为标准,可以将宪法序言中的叙事划分为已实现的目的、正在实现的目的以及未来旨在实现的目的;以规范为标准,可以将宪法序言划分为绝对意义的规范和相对意义的规范。总之,核心概念的选择和提取以及操作逻辑的确定并非一种途径,更不会是一种样式。

按照主体逻辑、时空逻辑、事实逻辑、目的逻辑以及规范逻辑等[28],可以实现中国宪法序言的多重类型化理解与解释。本文在对中国宪法序言进行深层次阐释的过程中,采取与近代中国核心问题相关联的标准来进行核心概念的选择与确定,始终贯彻的是"与近代中国核心问题的相关性"。这个"近代中国核心问题"构成我们阐释中国宪法序言深层次结构"一以贯之"的那个"一",同时作为宪法问题之锚,将理解宪法序言的结构化叙事及其展开牢固地锚定在近代中国核心问题之上。尽管核心概念的选择与提取可以按照不同的分类标准予以确定,但是这种因分类标准而具有开放性的核心概念选择与提取仅仅昭示着中国宪法序言深层次结构阐释的诸多可能性,而我们这里因与近代中国核心问题相关联,在选择和提取宪法序言"三重逻辑"的核心概念与确定操作逻辑时,便具有了某种限制性因素,这是必须予以说明的。在这种多元与限定之间,将会形成一种敞开式的具有一定开放性的研究空间。换言之,我们在确定核心概念时,需要保持必要的谨慎,这种谨慎时刻提醒着我们:这种核心概念的选择与确定仅仅是中国宪法阐释的诸多可能性中的一种,并不能够因此专断地认为是对中国宪法序言的最优化阐释。

如果说近代中国核心问题可以被表述为作为政治生命共同体的中国的"存"的问题,那么中国宪法序言的深层次阐释的核心概念的选择与确定,便可以从这个核心问题当中寻求某种必要的支撑。"存在"往往被表达为静态的"to be",但是这种静态意义上的"存在"自身并不能够生发出任何的意义。如果要想"存在"有意义,那么必须将"存在"从"to be"转化为"to do"。对此,中国哲学家赵汀阳教授有着这样的分析与论证。[29] 赵汀阳教授论证道:"在事的世界

----

[28] 反映型宪法观视野下的宪法序言解读,实际上也可以选择主体要素、时间要素、空间要素、目的要素和规范要素等五个维度展开。具体而言便是寻找出宪法序言中这五个要素所分别反映的"事实"与宪法序言文本中的规定。例如主体要素,其所反映的"事实"是国家构成要素的"人口",但是在宪法序言中便被表述为中国人民、中国各族人民;再比如说时间要素,其在宪法序言中的表述呈现出一种"一元线性"且具有进化论色彩的时间观;空间要素,其所反映的"事实"是国家构成要素的"领土",是一个纯粹的地理概念,而在宪法序言中的表述则被赋予了"统一"的内涵,而此亦与中国传统的"大一统观念"相契合等。

[29] 同前注[17],第224页。

中,存在既非'如其所是'(to be as it is)的形而上学问题,也不是'如见所是'(to be is to be perceived)的知识论问题,而是一个'有为而在'(to be is to do)的存在论问题。"[30]这里有两个方面对我们的思考极具启发意义:其一,存在论与"事的世界"具有同一性;其二,存在论不是关于"to be"的问题而是关于"to do"的问题。由此,我们思考中国宪法序言深层次结构阐释过程中核心概念的确定的时候,需要始终把握住存在的"to do"面向。换言之,中国宪法序言的深层结构与"事"相关,而"事"是由"to do"所引发的,同时,这昭示着中国近代核心问题的"存"必须从"如何存在"的方式或者"去存在"的方式着手予以筹划才具有现实可能性。当我们将核心概念提炼的标准确定为"行动"或者"行为"的时候,我们自然便会涉及行动与行为的主体,以及行动与行为的目的指向。[31]

以"to do"代替"to be"的意义,对我们而言,则意味着确定近代中国核心问题"存"的方式的同时也能够确定"存"的方式的承担者。这里的论证最为重要的是旨在说明,选取阐释中国宪法序言深层次结构的核心概念,在实质上并非任意的,其关系到阐释的效果以及可能得到尽量多的有意义的学术判断,并且意味着确定选取和确定核心概念的"准据"。依照赵汀阳教授对存在论的理解,我们认为核心概念的选取只能以"**行动**"作为唯一标准。之所以选择"行动"作为核心概念的选取的"准据",是因为如此选择具有这样三点学术便利:第一,中国宪法序言三重逻辑是一个依次动态化展开的进程,须能够在宪法时间境域中自动地呈现出来,这是静态意义上的"名词"所无法替代的;第二,"行动"必须具有指向性,这是由"意识指向性结构"[32]所决定的,这意味着在我们确定了"行动"的同时,行动所指向的"目的"便随之得到确定;第三,"行动"必须具有行动承担者,人类社会中,除了超验性存在领域之外,一切行动都是"人"的行动,因此,当我们确定了"行动"的同时,行动的承担者即行动主体便随之得到确定。经历一番周折,确定了阐释中国宪法序言深层次结构的"核心概念"的选取"准据"——行动——我们便可以将我们拟定的"核心概念"与"三重逻辑"暂时性地摆出来。

纵然我们确定了以"行动"作为选取核心概念的"准据",具体的"行动"也是千差万别的。问题的关键在我们确定行动作为"准据"之时,便转换成如何"确定"**一种或者一类**具体的行动作为我们阐释的核心概念。似乎这种对"**一**"的确定并不是一件容易的事情,但无论如何我们都必须确定这个"**一**",至少也需要在如星海般繁多的行动中尽量地搜寻确定。实际上,我们目前遇到的困惑恰恰

---

〔30〕　同前注〔17〕,第224页。

〔31〕　同前注〔17〕,第224页。

〔32〕　关于"意识的指向性结构",参见〔德〕胡塞尔:《现象学的观念(五篇讲座稿)》,倪梁康译,商务印书馆2018年版。

提示着"确定"的线索。缘何如此呢？当我们遭遇"**困惑**"的时候，这意味着我们尚在**原地**，我们尚未向任何可能的方向迈出**第一步**，一切尚未**开始**。这个"原地""第一步"与"开始"恰恰提示着我们寻找"确定"的线索。"**开端**"的概念已经在"原地""第一步"和"开始"的牵引下呈现出来。

　　开端，principium，在哲学发展的源头处的古希腊，至少有两种含义：起源、开端的时间含义；思辨的、逻辑—哲学的含义。[33] 最早阐释"开端"的哲人是亚里士多德，他认为运动结束于静止，因为一个运动结束时，一定有某种东西保持在完成之处。[34] 开端不仅与运动（行动）相关，同时本身就是一种特定的"时间性"。伽达默尔注意到："时间之谜与此类似，亚里士多德的辩证法框架同样注意到了：时间没有开端，因为当我们设想某个时刻作为开端，我们不可避免要考虑另一个比它更早的时刻。因此，时间也没有逃脱开端的辩证法。"[35]"事物的开端乃是永远与终点或目的相关的。在开端和终点这两者之间有着不可拆散的联系。开端总是暗含终点。"[36] 当我们确定了"开端"的时候，如果开端真的与目的相联系，那么终点自然便是被确定了的；当开端与终点两端被确定的情形下，居间的是什么呢？"发展"，伽达默尔给出了这样的诠释："在开端与终点的这种联系之中，我们可以探索一个由历史生活分析提供的大问题，即目的论概念，或换用当今的表达方式，就是'发展'（development）"。[37] 基于这样的诠释，伽达默尔给出"开端"的三个方面：其一，历史—时间的含义；其二，针对开端与终点的自反性含义；其三，最接近开端真实含义的一种想法，即不知道开端将进一步朝向何方。[38]

　　对我们而言，我们只需要确定作为近代中国核心问题的"存"的样式，并且这种样式必须是一种"行动"，而且这种"行动"必须具有"开端"的内涵。在人类的社会行动中，唯一满足这些条件的"行动"只有"革命"。对此，阿伦特有着很好的论述："自然状态的假设意味着存在一个开端，开端与它之后一切泾渭分明，仿佛隔着不可逾越的鸿沟……开端问题与革命现象之间的关联是显而易见的。这样一个开端，一定与暴力具有内在联系……开端是一场罪行，'自然状态'一词不过是对它进行理论净化一种释义。"[39] 并且阿伦特还指出"无论人类能够形成什么样的政治组织，这些政治组织都起源于"革命。[40] 当我们确定了

---

〔33〕 〔德〕伽达默尔：《哲学的开端》，赵灿译，华东师范大学出版社 2019 年版，第 6 页。
〔34〕 同前注〔33〕，第 7 页。
〔35〕 同前注〔33〕，第 7 页。
〔36〕 同前注〔33〕，第 10 页。
〔37〕 同前注〔33〕，第 11 页。
〔38〕 同前注〔33〕，第 17 页。
〔39〕 〔美〕汉娜·阿伦特：《论革命》，陈周旺译，译林出版社 2011 年版，第 9 页。
〔40〕 同前注〔39〕，第 9 页。

"革命与"开端"在结构上的同构关系,我们在学理层面选取"革命"作为理解中国宪法序言层次结构的关键词之一。于是我们这里便有了丰富的理论武器,来应对确定"核心概念"这样一个困难的任务。按照"行动—主体—目标"这样一个完整的具有展开可能性的逻辑链条,我们可以一劳永逸地确定出九个核心概念,并由这九个核心概念组建成三重逻辑线索。[41] 这九个核心概念,按照行动的标准,依次是"革命""改革"和"统一"[42];按照主体的标准,依次是"人民""界别"和"公民";按照目的的标准,依次是"建国""发展"和"复兴"。形成三重逻辑依次是"革命—建国"逻辑、"改革—发展"逻辑和"统一—复兴"逻辑。其中,第一重"革命—建国"逻辑具有开端的意义,第三重"统一—复兴"逻辑具有终点的意义,第二重"改革—发展"逻辑具有居中的意义。

四、"三重逻辑"关系阐明

简要地摆出"三重逻辑"仅仅是一个"开始",同样需要阐明的是"三重逻辑"的内在关联。中国宪法序言的"三重逻辑"究竟是一种怎样的安排,"三重逻辑"之间彼此是一种怎样的关系。这便需要先行简要概述中国宪法序言三重逻辑彼此之间的关系问题。

第一,"革命—建国"逻辑是"改革—发展"逻辑和"统一—复兴"逻辑的前提和基础。中国现行 1982 年宪法序言以"革命传统"开篇,昭示着中华人民共和国的国家建构起始于近世中国的伟大的人民革命。宪法作为国家的组织与建构,是伴随着中国人民革命的胜利的产物,同时作为这个人民革命胜利的结果之一的便是中华人民共和国的国家建构的开始与终结的辩证统一。

与中国宪法序言中"革命话语"存在对应关系的一个问题便是作为近代中国核心问题的"存"的问题。如果说人是一个重要的存在,具有存在论意义的话,那么国家同样也是一个重要的存在,同样具有重大的存在论意义。国家并不是一个虚假的不存在的存在者,而是一个真实存在的人类现象。这个问题不需多说,古典政治哲人已经给出了明确的答案。人是存在于国家之中的,"城邦

---

〔41〕　中国宪法序言的"三重逻辑"涵盖了中国宪法序言的整体,本文无法给出整全的内涵阐释,需要专文另行处理。针对此不足,这里采取两种方式予以处理:其一,例举出三重逻辑,其二,通过三重逻辑彼此之间的关系简要且间接地说明三重逻辑内涵。

〔42〕　"统一"既可以作为"名词"理解,比如"大一统",也可以作为"动词"理解,即具有行动的意蕴。将"统一"确定为理解中国宪法序言深层次结构的核心概念之一,既考虑到"统一"本身的"名词"属性,又考虑到"统一"本身的"动词"属性。近代中国核心问题是作为政治生命共同体的中国的"存"的问题,这个中国并不是在近代突然呈现出来的,而是建立在传统中国(王朝政治中国)的历史基础上的,而传统中国自身具有个"大一统"的观念论预设,也就是所谓的"分久必合"的"合"的倾向性。所以,"统一"作为中国之"存"的固有属性依然包含在"存在"之中,只是由于近代中国特殊原因,"统一"的中国尚处于实现之中,有待于行动的"统一"实现和完成。也恰恰是在这个意义上,将"统一"确定为与"革命""改革"并列的第三个核心概念。

之外,非神即兽",这是亚里士多德审慎地教诲。[43] 如果说国家不是真实存在着的,那么人这一重要的存在者将如何存在呢? 近世中国的核心问题便是旨在解决"存"的问题。这里的"存在"首先与通常不能够被理解为个体化的存在,而必须被理解为国族、人民与国家意义上的"存",或者被理解为国族、人民与国家本身。中国的这个"存"恰恰因为近世中国遭遇西方世界之后,固有的自转体系被外在力量干扰,已经无法形成有效的运作,社会面临着全面解构的状态。如何恢复中国作为一个主权国家便是近世中国遭遇的核心问题。宪法序言中所呈现的"革命"只有与近代中国核心问题的"存"发生关联,才具有真正的与真实的目的论意义。革命指向建国,旨在解决近代中国"存在"的问题。

在"革命—建国"逻辑中对应的近代中国核心问题的"存"的问题,仅仅是"存"的生存论面向,是"存"的基础层面,具有存在论意义上的优先性和决定性。"存"还具有发展论面向,是在生存论基础上的必然展开,"存在"之发展以"存在"之生存为前提,而"存在"之生存以"存在"之发展为目的。如果没有"革命—建国"逻辑的奠基性展开,"改革—发展"逻辑与"统一—复兴"逻辑是完全无法展开的。一切发展都以存在为前提,国家自然同样如此。另外,"革命—建国"逻辑对应着宪法序言叙事结构中的"历史叙事",是对中华人民共和国建构过程中的历史概括与诠释,在某种意义上规定了作为"当下叙事"的"改革—发展"逻辑和作为"未来叙事"的"统一—复兴"逻辑。"历史叙事"有着自身的特点,因为历史是已经发生的过去,处于已经完成的状态之下,历史如何书写,尽管不会是随心所欲地任意为之,但却也是依赖于"当下叙事"被不断塑造的。但无论如何,作为历史叙事的"革命—建国"逻辑为"改革—发展"逻辑和"统一—复兴"逻辑提供基础和前提是确定无疑的。

第二,"改革—发展"逻辑为"革命—建国"逻辑提供必要支撑。"革命—建国"逻辑指向了近代中国核心问题的"存"之生存论面向,"改革—发展"逻辑在"革命—建国"逻辑展开的基础上,显现着近代中国核心问题的"存"之发展论面向。中国传统思想中便有一个"立国"和"治国"的辩证法,所谓马上得天下,不能马上治天下,便是这种"立国"与"治国"辩证法的高度凝练。在"革命—建国"逻辑展开下,我们将"建国"作为一个立宪时刻或者建国时刻来看待,特定地指向了中华人民共和国被宣告成立的那一个历史时刻。当然,这种静态化地处理"建国"的问题,有可能忽视"建国"的持续性,但是这种静态化地抽象在这里并非主要问题,主要的是这种将"建国"时刻固定化的方式,有助于理清楚"建国"与"发展"的关系。

"建国"构成了"发展"的基础,"革命"构成了"改革"的话语正当性支持。从

---

[43] 〔古希腊〕亚里士多德:《政治学》,吴寿彭译,商务印书馆 1965 年版,第 7 页。

另一个方面来看,便是"发展"为"建国"的巩固提供了不竭的动力支持,如果没有"发展"的持续支持,那么国家之花终究会枯萎。总括而言,"改革—发展"逻辑为"革命—建国"逻辑提供了必要支持,是国家建构进程中必要的延展。对此,在学理层面同样存在着这样的论证结构,比如说政治学者任锋教授在梳理中国传统"治体论"与近世秩序的时候,便径直将"治体论"视作是"再造家国"。[44] 实际上,当我们将"建国"作为一个固定的静态化的"时刻"来看待的时候,"改革—发展"逻辑实质上是对"革命—建国"逻辑的终结与继续。但是,当我们将"建国"作为一个动态化的"进程"来看待的时候,"改革—发展"逻辑则是对"革命—建国"逻辑的复写与深化。这个也就是在政治哲学层面被反复探讨的"二次建国"的问题。

第三,"统一—复兴"逻辑为"改革—发展"逻辑提供目的论意义。"改革—发展"作为近代中国核心问题"存在"之发展论面向,自身就具有意义,但是这种意义的固定化却需要一个未来面向的"承诺"作为支撑,这种"未来面向"的"承诺"并非外援性的而必须能够通过近代中国核心问题"存"自身所生发出来。前文提及近代中国核心问题"存"的生存论面向对应着"革命—建国"逻辑的展开,"革命—建国"逻辑基本上实现了近代中国核心问题的"存"的生存论面向,但也仅仅是"基本上"落实了这一核心问题而已。

1949 年,中华人民共和国成立,宪法中的领土主权辐射着包括台湾地区在内的整个主权意义上的领土。"一个中国"的宪法和政治原则决定了"革命—建国"逻辑展开和终结也仅仅是"基本上"解决了近代中国核心问题"存"的生存论面向。换言之,近代中国核心问题的"存"的生存论面向的完全地彻底地实现着落于遥远却可以期待的未来,在中国现行宪法序言的叙事结构中分属于"未来叙事"的"统一—复兴"逻辑。"改革—发展"的目的论意义需要依据"统一—复兴"逻辑来规定。尤其是现行 1982 年宪法在最近一次修订过程中,首次将"中华民族"的概念纳入了宪法之中,作为一个具有规范意义的宪法主体,中华民族被写入了中国现行宪法,从而使得"三重逻辑"之"统一—复兴"逻辑有了具体的承担者和落实者。如果没有"统一—复兴"逻辑为"改革—发展"逻辑提供目的论意义,那么"改革—发展"逻辑的展开,将会因为当下叙事的流变性或者非固定性而发生目的论背离。

第四,"革命—建国"逻辑和"统一—复兴"逻辑具有目的论的一致性。在中国宪法序言的叙事结构中,"改革—发展"逻辑在展开过程中,实际上存在两方

---

〔44〕 同前注〔20〕,导论。

面的目的论支撑：其一，不断地向"革命—建国"逻辑回溯的改革正当性的寻求；其二，不断地向"统一—复兴"逻辑趋近的改革方向性的矫正。换言之，"革命—建国"逻辑和"统一—复兴"逻辑共同为"改革—发展"逻辑提供着正当性的源泉，充当着"改革—发展"逻辑的目的论指引。

这便产生一个重要的问题，即"革命—建国"逻辑与"统一—发展"逻辑两个层面所提供的目的论是否具有一致性？如果说两者具有目的论的一致性，那么这种目的论的一致性在何处以及何种层面上能够寻求统一？对此问题的解答，我们需要回到近代中国核心问题"存"。中国作为政治生命共同体，自身的"存"便具有最高的目的性和正当性，"革命—建国"逻辑便是对"作为政治生命共同体"的"中国"的现实化表达，而"统一—复兴"逻辑便是对"只作为政治生命共同体""中国"的完全实现的展望。

尽管"革命—建国"逻辑与"统一—复兴"逻辑实现的"政治生命共同体"存在一定的差异化，但是这种"差异化"并不影响"政治生命共同体"的同一性，是因为在"革命—建国"逻辑下的"政治生命共同体"具有一定的特定称谓，特指具有政治性的中华人民共和国这个政治主权国家，而在"统一—复兴"逻辑下的"政治生命共同体"除了具有政治性的现代中国之外，更加包容性地吸纳了文化乃至文明意义上的传统中国。在此意义上，现行1982年宪法序言的修辞化表达并未选取"中国伟大复兴"，而是选择了"中华民族伟大复兴"。以"中华民族"作为伟大复兴的承担者，是因为"中华民族"的概念内涵更加具有包容性。总之，"革命—建国"逻辑和"统一—复兴"逻辑的目的论一致性是可以且必须成立的。

第五，"改革—发展"逻辑是"革命—建国"逻辑向"统一—复兴"逻辑转变桥梁和纽带。前文所述"革命—建国"逻辑和"统一—复兴"逻辑共同担负起近代中国核心问题"存"的生存论面向，而"改革—发展"逻辑指向近代中国核心问题"存"的发展论面向。这里需要处理的问题便是从"革命—建国"逻辑的展开到"统一—复兴"逻辑实现过程中是否有着某种"居间"的逻辑展开。

在"历史叙事"与"未来叙事"之间，存在着"当下叙事"的过渡性存在，这种过渡性存在的功用至关重要，而且"当下叙事"因为自身关涉当下的诸种实践，具有鲜活的生命力和流动的易变性。如果说"历史叙事"和"未来叙事"具有相对的固定性的话，那么流变性便是"当下叙事"本身的特点。如果说历史叙事揭示出我们从何处来，未来叙事昭示着我们向何处去，那么当下叙事便时刻提醒着我们当下的位置。在这个意义上讲，"改革—发展"逻辑的展开具有至关重要的位置，是勾连其作为历史叙事的"革命—建国"逻辑和作为未来叙事的"统

——复兴"逻辑的纽带和桥梁。

在学理层面,法国诠释学家保罗·利科的发现值得关注。"在利科看来,历史时间是以三重叙事模式的形成'把生活时间(lived time)(重刻)刻印在宇宙时间之上的产物'。"[45]在此过程中,对于将来的期望,对于过去的吸纳,以及对于现在的经验所形成的"相互交织的视野之网"被认为是产生了历史性现在所具有的"无时间限制的、不彻底的、不完满的中介作用,这种中介作用向创始和行为敞开"。[46]在中国宪法序言的"三重逻辑"中,唯一的与"创始和行为"发生关系的就是"改革—发展"逻辑的展开,而"革命—建国"逻辑是"创始和行为"的过去,"统一—复兴"逻辑是则是"创始和行为"的未来。在过去和未来之间,中国宪法序言的"三重逻辑"中的"改革—发展"逻辑起着活生生的沟通与连接作用。

五、结语

现代中国,作为世界上唯一一个不断传承、绵延至今的文明古国,却有着不同于传统中国自身的现代国家的因素。可谓集传统与现代、文明与国家于一身。现代中国经历承载着近代战争的剧痛而重获新生。近代中国的核心问题可以高度凝练为作为政治生命共同体的中国的"存"的问题。这个"存",一方面,表达了中国自身作为一个主体,另一方面,也表达了作为主体的中国的存在方式,是主体与方式的双重统一。就主体的存在方式而言,这个"存",具有"生存"与"发展"的两个面向,两个向度的"存"尽管统一于"存",但却指明了主体中国的不同存在方式。具体而言,"生存"之"存"是凭借着"革命"的行动展开的,与中国宪法序言中的"革命—建国"逻辑具有相关性,作为"革命"产物的中华人民共和国既具有历史开创性,同时也具有历史的传承性,开创与传承共同统一于革命的断裂与延续的二重性。"发展"之"存"是在"生存"不再成问题之时,对"生存"的进一步的深化,与中国宪法序言中的"改革—发展"逻辑相关联,既有着延续革命热情建设社会主义新中国的激情,也有着走向改革的理性回归。尽管从"存"的两个面向出发,可以勾连起中国宪法序言的双重叙事,但是中国宪法序言叙事结构的复杂性恰恰在于不止于此,还有"统一—复兴"作为第三重逻辑。"统一"的问题,尽管是一个现实的政治问题,但同时也因中国宪法序言明确载明而成为一个宪法问题,对此问题的理解与诠释便是一个重要的理论问

〔45〕〔法〕保罗·利科:《时间与叙事》卷3,第35页,转引自〔英〕彼得·奥斯本:《时间的政治》,王志宏译,商务印书馆2014年版,第83页。

〔46〕〔英〕彼得·奥斯本:《时间的政治》,王志宏译,商务印书馆2014年版,第83页。

题。作为宪法问题和理论问题"统一"，在根本上是作为政治生命共同体的中国的自身要求。"存"是一个整全意义上的存在，存在之外，要么不在，要么异在。"存"的整全性对"存"的样态提出了完整性的要求，这构成了"统一"作为宪法理论问题的重要学理根据。"统一"，是主体"存"完整意义上的回复，这种回复构成中国宪法序言中对"中华民族伟大复兴"的前提与基础。中国宪法序言的三重逻辑呼应着近代中国核心问题，支撑起中国宪法序言的叙事架构，对应着中国宪法序言的过去、现在和未来三重叙事。

（审稿编辑　聂清雨）

（校对编辑　李昊林）

《北大法律评论》(2020)

第 21 卷 · 第 1 辑 · 页 175—204

Peking University Law Review

Vol. 21，No. 1，2020，pp. 175-204

法律语境下正义感的含义

——基于相互性的解释

姚　健[*]

The Concept of Sense of Justice in the Context of Law Analysis
—Based Interpretation of Reciprocity

Yao Jian

内容摘要：基于社会成员间的利害交换的相互性是比正义更为原初的概念，它可以作为一个合理的工具对正义感进行解释，从而建立一种基于相互性的正义感理论。理性主体正义感的激发在于其具体遭遇对相互性预期的违反，判断的标准是对方的行为违反了实在法和自然法的要求。基于相互性的正义感解释强调了"伤害和攻击情境"对于正义感的触发作用，它将正义感视为一种被动情境下的反应，而不是一种积极的能力。这种解释能够为正义的界定提供有力的补充，并且解决正义感概念内含的"主观性和客观性"的张力问题。

关键词：相互性　正义感　理性主体　回报的适当性

引言

正义感是什么？每当遭遇伤害和不公时，我们经常会使用正义感这个概念

---

* 法学博士，中南财经政法大学会计学院讲师。

来表达一种心理状态，正义感激起人们去呼吁、抗议，去为权利而斗争。对法律的敬重要求社会成员克制自己直接报复的愿望，通过代表法律意志的法官实现自己的目的。正视公民的正义感并对其有效疏解是司法判决的最重要任务，同时它也是决定社会秩序和谐稳定的关键因素。因此，对正义感的研究具有重大的理论意义和实践意义。

目前，国内学术界对正义感的研究近于空白。[1] 几乎没有学者就正义感概念进行过比较专门和详细的论述，正义感这个在社会生活和法律思维中起着重要作用的概念始终处于模糊之中。本文将致力于解决这个问题。

纵观西方学界对正义感的研究，可以发现：对正义感解释方式的选择，决定了它的概念是什么以及它是如何形成的。[2] 本文将遵循这种研究思路，主张

---

〔1〕 国内学术界就正义感主题比较专门、正式的研究成果有：陈江进：《正义感与社会合作的稳定性——从〈利维坦〉中愚昧之徒的挑战谈起》，载《武汉大学学报（人文社会科学版）》2010年第3期；陈江进：《正义感及其进化论解释——从罗尔斯的正义感思想谈起》，载《伦理学研究》2011年第6期；秦州：《正义感：休谟与罗尔斯两种阐释的同异性辨析》，载《人文杂志》2013年第3期；黄芳、张国清：《正义感与成员利益：罗尔斯良序社会理论之考察》，载《浙江社会科学》2014年第2期；李石：《"正义感"与政治制度的稳定性》，载《哲学动态》2018年第3期；吴从周：《初探法感（Rechtsgefühl）——以民事案例出发思考其在法官判决中之地位》，载《法学方法论论丛》2014年第00期；赵希：《德国司法裁判中的"法感情"理论——以米夏埃尔·比勒的法感情理论为核心》，载《比较法研究》2017年第3期；张超：《正义感、移情与司法裁判》，载《北方法学》2017年第3期。陈江进、秦州、黄芳、张国清、李石的研究都围绕着对罗尔斯正义感概念的介绍、阐释以及正义感概念在正义理论中的功能等问题。吴从周、赵希、张超分别受到了李茨乐、比勒、努斯鲍姆正义感或法感理论的启发，探讨了法感或正义感在法官司法裁判中的作用。综上所述，现有的研究者对正义感概念的认识、把握和运用大体停留在某一个或两个国外的正义感理论家对正义感阐释的基础上，他们的研究成果对正义感概念的呈现和解释，都存在简单化、片断化的问题，他们欠缺在观照西方学界对正义感的各种研究成果后，形成一种对正义感的综合的、整全的判断，并建构一种独立的对正义感的解释。总之，与正义感这一主题的复杂性和其巨大的重要性相比，现有的研究成果稀少，正义感这一领域对国内学界来说依然近似"荒芜"。

〔2〕 将正义感作为一个独立的主题引入现代学术研究的第一人是德国法学家埃尔文·李茨乐，他将正义感解释为具体案件中对法律是什么，应当是什么以及乐于看到法律被执行的意识。参见 Erwin Riezler, Das Rechtsgefühl—Rechtspsychologische Betrachtungen, 1. Aufl., 1921；后来无论德国还是美国的正义感研究或多或少受到了李茨乐的影响。在德国，学者迈尔和比勒继承了李茨乐对正义感的解释方式，进一步探讨了正义感与法律方法、法律价值的关系。参见 Christoph Meier, Zur Diskussion über das Rechtsgefühl, Duncker&Humblot, 1986; Michael Bihler, Rechtsgefühl, System und wertung—Ein Beitrag zur Psychologie der Rechtsgewinnung, Beck, 1979。在美国，卡恩从遭受不正义或侵害之后人的自我防卫的需要的角度对正义感进行了解释，他认为个体对于平等、应得、尊严、谨慎的判决、将政府限制在其适当的功能上、实现公众期待六个面向上有着追求和预期，对其中任何一个面向违反都会触犯人的正义感。参见 Edmond N. Cahn, The Sense of Injustice: An Anthropocentric View of Law, New York University Press, 1949。杜伯尔将正义感解释为移情，即一种认可其他人作为平等和理性个体并且如此对待他们的能力和意愿。参见 Markus Dirk Dubber, The Sense of Justice: Empathy in Law and Punishment, New York University Press, 2006；罗尔斯以他的"作为公平的正义观念"对正义感进行了解释，认为正义感是个体接受和执行正义原则行事的能力和欲望。参见 John Rawls, "The Sense of Justice", Philosophical Review, vol. 72, no. 3, 1963, pp. 281-305; John Rawls, A Theory

（转下页）

一种基于相互性的正义感解释。而之所以选择"相互性的解释方式"与本文从"法律语境下"对正义感含义的把握是分不开的。

本文对正义感含义的探讨是在"法律的语境下",意在强调本文所构建的正义感概念既能与法律理论有内在的联系,又能给其司法应用做好准备并提供可能性。它有着如下含义:第一,正义感对主体的理解和设定符合法律语境下对人的理解和设定:人受到各种欲望的支配,但人不是天使(完全利他)也不是魔鬼(完全利己)。人意识到进入社会生活,遵守社会交往中的相互性法则从长期来看更有益于自己的安全和利益,于是人对其欲望进行克制,兼顾他人利益和公共利益;第二,正义感的情感因素内含与法律的关联,比如对"法律具有强制性"的意识,对法律规则的敬重;第三,正义感的认知因素包含了对法律规则和事实的认知;第四,主体被激发后的正义感驱动主体所实施的行为能产生法律效果和法律意义,比如起诉、和解、处分他人财产,意图使正义感针对的对象受到惩罚;第五,主体的正义感能够被法律评价。法官的裁断能够确定合理的正义感,使得正义感获得客观性。基于相互性对正义感的解释与"法律语境"对理论展开的要求和限制具有内在的一致性。

在阐释清楚基于相互性的解释方式是什么以及它的合理性之后,本文将表明正义感是主体针对违反相互性要求的行为所产生的愤恨情感。以建构一种与法律理论的内在要求相符合的正义感概念为目的,本文探讨了基于相互性的正义感解释的理论特点以及优势。

一、正义感的含义与构成

(一)正义感的含义

正义感是主体遭受到侵犯或者伤害后产生的愤恨情感。正义感是被唤起的,是特定情境下被激起的人之反应(reflection)。卡恩就指出,正义感源自人

(接上页)

of Justice,Harvard University Press,1971.罗尔斯对正义感的研究使得西方学界对正义感主题的研究热度有所增加。莎克拉尔将正义感解释为"当我们被拒绝给予承诺的利益并且无法得到我们认为属于自己应得的东西时感受到的特殊的一种愤怒",正义感是一种普遍的人类倾向,一种根深蒂固的社会情感和重要的政治现象。参见:Judith N. Shaklar, *The Faces of Injustice*,Yale University Press,1990;1992年在美国加州的蒙特雷召开了以"生物学、法律和正义感"为题的国际学术会议,会议成果主要收录于 Roger D. Masters and Margaret Gruter(eds.), *The Sense of Justice: Biological Foundations of Law*,International Educational and Professional Publisher,1992;各个国家的研究者从生物学、进化论、人类行为学、法律人类学、经济学、认知神经科学等不同角度对正义感作出理论上的解释,拓宽了正义感的研究的广度和深度。慈继伟从道德心理学的角度将正义感解释为愤恨,即"正义者对非正义者怀有一种特殊的、既含道德愤慨又含利益计较的情感反应"。参见:Jiwei Ci, *The Two Faces of Justice*,Harvard University Press,2006.

面对攻击(attack)的情况下的一种自我保护的生物性本能。[3] 这使得正义感对于人有一种根本性和普遍性,正义感是每个人都会具有的,而不是专属于特定种类的人。然而,正义感并非简单的人之自我保护的本能或冲动,它是一种经过思考或抽象的"独特"的或"高级"的能力。[4]

正义感是依赖于主体的,它一定是某个主体的正义感,主体的性格特征、行为倾向和意愿对于正义感的发生会产生重要影响。正义感的主体是自治的、具有完整的人格尊严,能以平等、独立的身份与他人产生交往活动,满足自己在某方面的自我实现。在相同的遭遇下,并非每个人都会产生正义感,只有具有主体意识、独立人格的人才会产生正义感,才会在受到侵害时将内心的不满与愤怒向外表现出来,进行自我主张。耶林准确地把握了正义感的这一特质,正义感和"尊严或利益受到侵害后为自己权利而斗争的主体意识或自我主张联系在一起"。[5] 正义感受人际交往过程中的特定情境所激发,一旦它产生之后,它的效果是外向的或者说指向着他人,并且会重塑这种人际交往关系。正如卡恩所说,正义感是"与他人发生关系的一种模式"。[6]

正义感联系着主体的合理利己动机。产生正义感的主体是一个利己主义者,即他从事行为和社会交往活动的目的是促进和增加自己的利益。这里的利益不仅包括了物质利益,也包括了精神性的利益(人的尊严、名誉等)。个体在与他人的社会交往中,预期的是增加、促进或保持个人的利益,如果他追求的不是这个目的,那么即使他遭受侵犯和伤害,也并不会产生正义感。比如某人一心求死,站在行驶的火车前面,希望火车撞死他,但火车在他面前停下来了,他的预期落空了,此时激发出来的可能是失望,但一定不是正义感。然而,主体对个人利益的追求并不是毫无限度的,他只能追求自己利益在合理限度内的增加,期望无限制地增加个人利益必然会损害他人的利益,从而将自己置于纷争和冲突中,这对自己将是不利的。个体追求的是合理利益而不是无限度的利益,正义感的主体保有的是合理利己主义的动机,正是这种动机决定了行为的倾向和情感的触发条件。

---

〔3〕 See Edmond N. Cahn, *The Sense of Injustice: An Anthropocentric View of Law*, *Supra* note 〔2〕, 1949, p. 24; Also see Bruce S. Ledewitz, "Edmond Cahn's Sense of Injustice: A Contemporary Reintroduction", *Journal of Law and Religion*, vol. 3, no. 2, 1985, p. 286.

〔4〕 Markus Dirk Dubber, The Sense of Justice: Empathy in Law and Punishment, *Supra* note 〔2〕, p. 54.

〔5〕 参见〔德〕鲁道夫·冯·耶林:《为权利而斗争》,胡宝海译,中国法制出版社 2004 年版,第 20—21 页。

〔6〕 Bruce S. Ledewitz, "Edmond Cahn's Sense of Injustice: A Contemporary Reintroduction", *Supra* note 〔3〕, p. 293.

（二）正义感的构成

正义感由认知因素和情感因素构成，它包含了认知的因素，也包含了情感的因素。

1. 正义感的认知因素

正义感反映了人类对于"特定情景给人造成的痛苦或伤害"的理解，它离不开"认知"的因素。如果改变了对于情境的认知的具体内容，比如"改变了谁是加害者的看法，或者改变了这是不是故意的看法，或者改变已经发生的事情是不是真的是一种伤害"[7]，那么正义感可能消失、减弱或者发生其他变化。正是正义感具有这样的认知的因素，使得我们可以用语言、分析或逻辑陈述来描述它。

正义感的认知因素包含了：自己的利益、法律规则、事实和因果关系。人最首先认知的是自己的利益。人的各种选择和行为首要的目的是满足和维持自己的利益，这种利益有物质利益也有精神利益。自己的利益除了本人之外还包括亲属、好友。我们除了希望自己的利益得到维护外，也乐于看到与自己密切联系的人的利益得到维护。导致正义感发生的伤害是对自己利益的减损，对自己利益的认知才能促使主体判定自己是否遭受了伤害，以及遭受了多大的伤害。

正义感的认知因素还包括了法律规则。法律规则告诉人们什么是应该做的、什么是禁止做的、什么是可以做的，它提供了人们具体的行为上的引导。单单伤害并不足以导致主体正义感的产生。主体遭受到的伤害必须是违反法律规则的。违反法律规则的伤害使得伤害行为产生了可归责性，也给了主体的诉求和主张以正当性。正义感是对这种正当性宣称或诉求的情感表达。可以说法律规则提供了一个判断的框架或参照系，以此来观照具体的行为以判定正义感发生的合理条件。在街上看到一个男子在打一个七八岁的小孩，在知晓该男子是小孩的父亲的前提下，可能并不足以激发正义感的产生，这个行为在部分国家和地区是合于法律规则的；假如这个男子是个陌生人，那么观者的正义感就被激发了，因为他的行为是违反法律规则的。

激发主体正义感的是事实，正义感的认知要素包含了事实。事实可分解为行为因素、客观后果因素和因果关系。行为因素的关键是行为者行为时的主观心理状态。激发起正义感的行为是侵害人或责任人在故意或过失的心理状态下实施的行为。人们很少会对发生在他身上的意外事件或不可抗力产生正义感，即使他的利益因此受到损害。侵害人或责任人的过错程度越大，正义感的

---

〔7〕〔美〕玛莎·努斯鲍姆：《诗性正义——文学想象与公共生活》，丁晓东译，北京大学出版社2010年版，第95页。

程度越大。

事实的后果因素方面主要指的是"有损害发生"。作为认知对象的事实一定包含了损害发生,并且该损害达到了一定的程度。个体所遭遇的损害达到了一定的程度是法律区别于道德的关键,也是在具体情境下法律事实区别于道德事实的关键。现代法律的根本目标是保护个体的自由、财产、生命和人格尊严,只要对这些法律旨在保护的东西有所伤害,并且这种伤害达到了一定的程度足以需要动用国家强制力来干预,那么就属于法律的领域,这种伤害行为激起了正义感的发生。

完整的对事实的认知还包括了因果关系。正义感的主体认识到,对于自己所遭受到的损害,某个人或组织对此应该负责,是他们造成了该损害结果。正是对因果关系的认知,使得主体的正义感具有明确的针对对象,正义感的主体要求该对象承担责任。如果没有对因果关系的认知,主体面对自己所遭受到的损害,即使产生了正义感,由于这种正义感缺乏具体的针对对象,也缺乏实践意义和法律上评价的价值。

正义感包含的认知因素对主体提出了一种要求,其需具有正常的智力能力、分析判断和逻辑思考能力。正义感对于主体在认知方面的要求和法律对于主体行为能力的规定是一致的。正义感的认知因素发挥作用体现为在特定情境下将遭遇与预期的对比过程。理性主体将现实中发生的事和预期进行对比,如果现实情景或案例中,主体所经历的事情违反了预期,那么主体的正义感就会被激发出来。

强调正义感离不开认知的因素,是为了避免把正义感当作一种无意识的、不经过推理判断的非理性的东西,从而把正义感和正义直觉区分开来。研究者对于直觉是什么有这样的共识:"直觉是与逻辑分析的,有意识的思维相对立的一种思维方式或能力。"[8]通过直觉个体会"自动、无意识地识别道德境遇和行为规范"。[9] 直觉的根本性特征在于"无意识",在这点上与正义感相反。正义感的核心基础是对于"人类行为给人造成的痛苦或伤害之结果的一种理解"[10],它是具有自我意识性的东西,绝不是"无意识的"。

2. 正义感的情感因素:愤恨

(1)愤恨的含义。正义感的情感因素是愤恨。愤恨(resentment)是主体针对侵犯或伤害产生的一种反应性态度(self-reactive attitude)。反应性态度有

---

〔8〕 周治金、赵晓川、刘昌:《直觉研究述评》,载《心理科学进展》2005 年第 6 期,第 745 页。

〔9〕 参见唐江伟、路红等:《道德直觉决策及其机制探析》,载《心理科学进展》2015 年第 10期,第 1831 页。

〔10〕 参见〔美〕科尔伯格:《道德发展心理学:道德阶段的本质与确证》,郭本禹等译,华东师范大学出版社 2004 年版,第 70 页。

三种:愤恨(resentment)、义愤(indignation)和自责感(guilt)。[11] 每种类型的反应性态度都包含或表达了对人际关系(inter-personal)某方面的特定要求。[12] 愤恨是为了自己而对别人提出的要求,义愤是为了他人而对他人提出要求,自责感是为了他人而对自己提出要求。[13] 只有愤恨适合作为在法律理论的框架下正义感所指的情感因素。

愤恨源自人的报复欲。愤恨的根源在于受到伤害或攻击之后的报复欲。报复欲来源于人的自我保存的基本欲望。亚当·斯密说道,"愤恨之情似乎是由自卫的天性赋予我们的,而且仅仅是为了自卫而赋予我们的"。[14] 报复欲是人类在漫长的相互性的社会交往过程中所进化出来的生物性的本能,它是自然选择的结果。[15] 报复欲同样会产生愤怒的情感,愤恨与愤怒的不同在于:愤恨有着对法律的道德敬重,愤怒没有。也就是说,当我受到伤害时,我想立即报复、打击对方,但是我遵守国家法律的承诺、我对于法律的敬重阻止了我实施这种直接的报复行为,而是通过诉诸法律的手段来达到我报复的目的,使得违反者受到惩罚,被侵害的利益得到补偿。[16]

愤恨作为正义感的情感因素,要使得自己与其他情感相区别,使自己得到充分说明,需要作出这样的澄清[17]:(a)表达愤恨的语言形式是:表明对方的行为错误并且要求赔偿和道歉,"你犯法了""你给我道歉""你赔我""你混蛋"是其在语言上的各种变化形式。(b)某人表现出愤恨这种情感的代表性的方式是:当伤害已经造成时,主动要求对方补救、赔偿自己遭受的伤害。(c)和愤恨这种情感联系在一起的特殊的感觉和能动的情感可能是感到热、发抖、胸闷、语调颤巍、不自觉地使用某些手势或者其他紊乱的行为,他很愤怒,有急切的攻击和报复倾向。(d)愤恨和内疚、愤怒等其他情感的区别在于:解释这种情感所诉诸的原则和解释其他情感所诉诸的原则是不同的。对于愤恨要借助相互性原则来解释,其他情感借助的不是相互性原则,有可能是善的观念、其他道德原则或者某种心理的防卫机制。(e)体验愤恨的人的特有的努力和倾向是:通过

〔11〕 慈继伟:《正义的两面》,生活·读书·新知三联书店 2014 年版,第 9 页。

〔12〕 Peter F. Strawson, *Freedom and Resentment and Other Essays*, Methuen, 1974, p. 16.

〔13〕 参见同前注〔11〕,第 11 页。

〔14〕 〔英〕亚当·斯密:《道德情操论》,蒋自强等译,商务印书馆 2015 年版,第 98 页。

〔15〕 See Michael T. McGuire, "Moralistic Aggression, Processing Mechanisms, and the Brain: The Biological Foundations of the Sense of Justice", in Roger D. Masters and Margaret Gruter(eds.), *The Sense of Justice*: *Biological Foundations of Law*, Sage Publications, 1992, p. 32.

〔16〕 参见同前注〔11〕,第 175 页。

〔17〕 罗尔斯认为要把正义感的情感因素说清楚,要考察"在描述它的过程中产生的各种问题"以及"它借以将自己表现出来的各种情感",在一些方面做出澄清。参见〔美〕罗尔斯:《正义论》,何怀宏等译,中国社会科学出版社 2013 年版,第 482—486 页。

法律手段惩罚侵犯者,使自己的损失和被侵害的尊严得到恢复。在法律手段不能达到目的后,倾向于直接报复。(f)具有愤恨的人期待他人的情感和反应是:他人认可自己报复行为或法律内维权行为的正当性,同情自己。(g)愤恨的解除方式是:自己所遭受到的损失得到充分补偿,被伤害的尊严和名誉得到恢复,自己的诉求得到社群的支持和肯定。

(2)愤恨作为正义感情感因素的合理性论证。只有愤恨适合作为在法律理论的框架下正义感的情感因素。有以下原因:

第一,愤恨是主体最先体验到和基础性的反应性态度。愤恨、义愤和自责三种反应性态度从发生学上存在着先后顺序。最初产生的要求是为了自己而对别人提出的要求,与此相应我们最先体验到的反应性态度是愤恨。只有在此之后,我们才学会为了他人而对自己提出要求(自责或内疚),并且为了他人对他人提出要求(义愤),也就是自责感和义愤是继愤恨之后才产生的反应性态度,我们只有先感受到自己的遭遇,才能体验到他人的不幸。[18] 愤恨在强度上往往高于义愤和自责感。[19]

第二,愤恨与正义感所假定的合理利己主义动机相符合。人最固执的要求"仍然是我们为了自己而对别人提出的要求,愤恨是最容易被触发的情感。人最爱自己,所以动辄就会因别人伤害了自己而感到愤恨"。[20] 纯粹的利他主义(仁爱者)不会产生愤恨,比如以"宽恕你的敌人""当别人打你的左脸,把你的右脸也转过去"为原则的基督徒,就不会因为别人侵害了他,而心生愤恨。[21] 基督徒对于降临在身上的恶的典型态度是:"愿上帝宽恕他们吧,他们所做的他们不知道"。

第三,愤恨是一种紧密联系着法律的情感。愤恨源自个体的合理利己主义的动机,不用特殊的道德教化就会在人的日常交往中自然产生。合理的利己主义也正是法律对人的行为动机的假设。人不是天使,需要追求自我利益;人也不是魔鬼,不需要不断地啃噬他人的鲜血和骨头才能生存。人是介于天使和魔鬼之间的存在,他不具神力,无论这种强大的力量是用于恩典还是摧毁,他在世间只是个脆弱的存在。他最恐惧的是死亡,所希望的是自我保存,进而是舒适的自我保存,他需要安全、自由,进而是财产。为了保护财产,人与人联合建立

---

[18]　同前注[11],第 11 页。

[19]　同前注[11],第 12 页。

[20]　同前注[11],第 12 页。

[21]　一个典型的例子是《悲惨世界》中的主教卞福茹,当苦役犯冉阿让住宿在他家偷窃了他家的银器时,他不仅没有心生愤恨,而且将银器作为礼物送给了他,这一行为让冉阿让洗心革面。还有陀思妥耶夫斯基以耶稣基督为原型的《白痴》中的主人公梅什金公爵,当别人计谋侵夺他的财产、他的情敌意欲谋害他的生命时,他从未对他们心生愤恨。甚至在整本书中,梅什金对于发生在身上的所有事都波澜不惊,他从未对任何人或任何事表示过不满或愤恨。

政府,制定法律。法律的本质是保护对财产的占有,抑制侵夺和损害。因此法律的起源和本质是对个人的合理利己主义的确认。愤恨密切联系个人的这种合理利己主义动机,愤恨就产生于法律所要抑制的那种侵夺和损害之中。愤恨因此是一种具有法律意义的情感,或者说属于法律的情感(a sentiment belong to the law)。然而,与愤恨形成对比的是,义愤和自责感联系着人的一种利他的动机,它们是长期道德教化的结果。[22] 法律只对人提出最低的要求,它不强求个体有高尚的品德,需要道德教化所达成的结果不是法律希冀之事。法律不会要求没有达成某种道德水准的人承担法律责任,尤其是这种道德水准需要经过努力和教化之后才能达到。义愤和自责是超出法律范围的情感(not belong to law),它们是为了他人的利益所产生的情感,法律无法评价和判断这种间接性。法律符合人之常情,并不苛求拔高的人性或品德。虽然亚里士多德曾说:"法律的目标乃是培养公民的德行",但现代法律强调将私人领域的事交给个人,德性的修养、上帝的敬拜之类明显属于私人领域的事务再不能作为法律的目标,更重要的是它们因其模糊与无法证明更与法律的科学性要求不相容。

义愤不是正义感的情感因素。有一种观点认为,义愤也应该作为正义感的情感因素。对同一件伤害的事实,受害者会产生正义感(愤恨),第三人也可能会产生正义感(义愤),但可以确定的是受害者的正义感的强度高于第三人,有倾向实施行动去报复、惩罚侵害者的也是受害者,很少是第三人。假如正义感的情感因素包括了(第三人的)义愤的话,那么它是"主体为了受害者而针对违法者所产生的情感",它在强度上要弱于受害者的愤恨,就采取行动、保护受害者的利益来说,只有受害一方适合。其一,因为受害方才有强烈的感情足以驱动自己去采取诉讼等报复行为,其二在于只有受害者最关切自己的利益,最能感受到伤害所带来的深切痛苦,同时也最适合判断什么是最适当的回报。"不论道德教化如何成功,我们都难以充分体会别人的境遇。"[23] 第三人的义愤所驱动的行为大部分停留在道德谴责、对受害者的声援、舆论支持的层面,它难以开启实质性的报复行为(比如代表受害者提起诉讼、复仇等),法律也不会支持。因此,就正义感所产生的法律效果和对司法机器运转的驱动意义来说,它的情感因素只能是愤恨,而不包括义愤。就弥补伤害行为所造成的社会不均衡来讲,第三人的义愤只是处在一个辅助的地位,它只能在道德的层面产生意义。将义愤也纳入正义感的情感因素的话,将使得正义感本身的法律意涵产生混乱,更重要的是它将严重减弱正义感赋予主体的那种决然采取行动、为权利而

---

[22] 同前注[11],第 12 页。
[23] 同前注[11],第 12 页。

斗争的力量。

（3）同情不是正义感的情感因素。同情是因为他人的遭遇产生的,正义感的情感因素是因为自己的遭遇而产生的。此外,同情不像愤恨那么具有实践品性、针对性和指向性。康德就认为,"作为一种倾向的同情所指向的行为准则缺乏具体的道德内容"[24],"当我们面临社会的矛盾和纷争时,我们根本无法用同情来解决问题,对所有人的同情将使我们不知所措。同情模糊了正确与错误之间的严重对立,或者说正确与错误已不再重要"[25]。正义感的情感因素能指向正确和错误的判断,它与正义感的情感因素的基本功能不相符合。与之相比,愤恨指向了报复、复仇;愤恨情感具有强烈的意向性,指向具体的行动。报复牵扯犯罪、防卫或侵权,通过举报、非难和起诉增加了不法行为或违反公共规范行为的成本,对于违法或违规行为构成潜在的威慑。也就是说愤恨作为正义感的情感因素更具有法律意义,与法律理论框架内对行为的评价和责任的界定更为契合。

移情不是正义感的情感因素。有些学者认为正义感的情感因素是移情[26],代表人物是马库斯•D.杜伯尔。移情的关键是认同他人具有值得尊重和平等对待的主体资格,能设身处地,"将自己穿上他人的鞋子",具备从他人的眼中看待事物的能力和意愿。移情（empathy）和同情（sympathy）很接近,但它和同情是不同的。"移情强调的仅仅是设身处地看待事物的一个过程,并不涉及'设身处地'之后对个体而言所得出的结论或产生的情感是什么。"[27]在"同情"之中有一种赞成的态度,它是对他人处境的积极与支持性的回应。一般而言,"同感"（移情）涉及对他人情感、情绪状态的参与、理解与把握。这种参与、理解与把握通常是不由自主的、自发的、无意的。而一旦涉及关爱,人们就会把这种"同感"的情感称为"同情"。[28]

移情不适合作为正义感的情感因素。第一,不像愤恨、自责、同情等具体的情感,它更像一种心理机制,"严格来说,移情本身并非情感,而是一种作为情感

〔24〕 Michael L. Frazer, *The Enlightenment of Sympathy: Justice and the Moral Sentiments in the Eighteenth Century and Today*, Oxford University Press, 2010, pp. 115-116. 转引自左稀:《纳斯鲍姆对康德和尼采反同情论的批评》,载《道德与文明》2015 年第 6 期,第 88 页。

〔25〕 曹永国:《同情教育:公民德行养成的根基》,载《现代大学教育》2015 年第 2 期,第 79 页。

〔26〕 See Markus Dirk Dubber, The Sense of Justice: Empathy, in Law and Punishment, *Supra* note〔2〕, p. 5;"移情是正义感的情感逻辑",参见张超:《正义感、移情与司法裁判》,载《北方法学》2017 年第 3 期,第 25 页。

〔27〕 See Markus Dirk Dubber, The Sense of Justice: Empathy in Law and Punishment, *Supra* note〔2〕, p. 71.

〔28〕 陈立胜:《恻隐之心:"同感"、"同情"与"在世基调"》,载《哲学研究》2011 年第 12 期,第 20 页。

现象的情感形成机制"。[29] 而这种机制的关键在于康德意义上的认同他人和自己一样的主体资格。第二，移情是一个属于道德领域的概念，而非法律范畴。移情更多的是对道德主体身份上的要求，"将他人认同为自治的主体""他人应该获得同等的公平对待"，这和康德的道德律令的根本法则是一致的，"你应当任何时候把人看作是目的，而非达到某种目的的手段"[30]，人之所以不能作为工具，原因正在于人是自我立法的[31]，人是自治的主体，有着独一无二的个性和完整的尊严[32]。移情与法律的属性要求存在一种距离。在法律中（除了少数情况），很少会发生将他人视作低于人、不是视为平等和理性的主体来对待的情况。[33] 杜伯尔将移情作为正义感的情感因素，但是他对正义感提供的分析和司法判决的范畴所设定的含义没什么联系。从移情的正义感概念出发无法产生任何实质性内容，可以具体对法律制度产生意义。基本上没有法律制度（死刑可能是例外）的运用者会缺乏移情的能力，或者将人类当作非人。[34]

在正义感的发生过程中，认知因素和情感因素有什么关系呢？是情感因素占优或居先呢，还是正义感的认知因素在先？正义感这个概念主要表达的是一种对正义或应当的认识还是表达了一种愤恨情感？

基于相互性的对正义感的解释与皮亚杰和科尔伯格的观点一致，"认知发展和情感发展两者具有一个共同的结构基础"。[35] 不是认知决定情感，也不是情感决定了认知，而是情感和认知交织在一起，两者处于一种平行的位置。认知神经科学的研究也证实了这点。当人遭受不公平待遇时，通过扫描大脑的区域会发现有两个部位会出现明显反应。其中反应最明显的部位是岛叶（联系着负面、不愉快的情绪），另一个出现明显反应的部位则是背外侧前额叶皮质（联系着推理和计算活动）。[36]

认识到正义感中的情感因素和认知因素是一种平行的相互交织的关系就可以避免这样的错误，把正义感仅仅当作一种单纯的捉摸不定的无意识的直觉或者把正义感仅仅当作是对正义的一种理性的认识或把握。

---

[29]　张超：《正义感、移情与司法裁判》，同前注[26]，第25页。

[30]　参见〔德〕康德：《道德形而上学原理》，苗力田译，上海人民出版社1986年版，第81页。

[31]　参见同前注[30]，第84页。

[32]　参见同前注[30]，第89页。

[33]　Douglas Husak，"Book Review：The Sense of Justice. By Markus Dirk Dubber，New York：NYK Press，2006"，*New Criminal Law Review*，vol. 10，no. 3，2007，pp. 483-489.

[34]　*Id.*，pp. 483-489.

[35]　同前注[10]，第65页。

[36]　参见〔美〕乔纳森·海特：《象与骑象人：幸福的假设》，李静瑶译，浙江人民出版社2012年版，第47页。

二、正义感与法律感、道德感的区别

(一)正义感与法律感的区别

法律感或法感概念的现代创立者是德国学者李茨乐,他最早提出了比较完整的法律感(Rechtsgefühl)理论。他认为法律感有三层意思,第一种是对于可适用的实在法如何解决给定案件的直觉。[37] 第二种正义感是一种不考虑国家实在法、对于"什么是应当和适当"(right and just)的感觉。[38] 这种正义感是一种"依据感觉对法律理想表达出的渴望,它自然地连接着希望能够实现的想象中的法律理念"。[39] 第三种正义感指的是一种希望看到实在法(无论公正与否)被遵守的兴趣(interest)和认识到行为符合现行法(governing law)或者自己参与到一种守法行为所产生的满足感。在这种意义上,正义感是将法律视为法律的一种敬重[40],或者说是对现行法秩序(Rechtsordnung)的敬重。[41] 虽然"Rechtsgefühl"也可以翻译为正义感,因为德语词 Recht 既有正义的意思,也有法律或法的意思。但是由于李茨乐法律感概念的核心是对法律规则的敬重、法律理想的向往和守法秩序,它的最佳的翻译是法律感、法感或法感情,国内学者也是在这个方向上翻译该词。[42]

法律感和正义感的区别存在于人们的信念和感觉之中,并且这两种感觉有时会发生矛盾,纳粹要求屠杀犹太人的法律符合很多德国人的法律感,但是会违反其正义感。德国人针对纳粹要求屠杀犹太人的法律,对法律规则和秩序的敬重要求人去遵守和执行它,但是内心的正义感会要求人去拒绝它。在法律感或法感的概念中无法内在地包含"正义"或"正确性"的因素。法律感或法感概念突出了对一种高高在上具有无比尊严的法律和由此所构建的法律秩序的敬重,它预设了已在发挥作用的法律规则体系,却没有指明这些规则的来源,而正

---

〔37〕 Erwin Riezler, Das Rechtsgefühl—Rechtspsychologische Betrachtungen, Leenen(Fn. 2), S. 7.

〔38〕 See Markus Dirk Dubber, The Sense of Justice: Empathy in Law and Punishment, *Supra* note 〔2〕, p. 32.

〔39〕 Erwin Riezler, Das Rechtsgefühl—Rechtspsychologische Betrachtungen, Leenen(Fn. 2), Rn. 8.

〔40〕 See Markus Dirk Dubber, The Sense of Justice: Empathy in Law and Punishment, *Supra* note 〔2〕, p. 33.

〔41〕 Erwin Riezler, Das Rechtsgefühl—Rechtspsychologische Betrachtungen, Leenen(Fn. 2), Rn. 7.

〔42〕 吴从周将"Rechtsgefühl"翻译为"法感",参见吴从周:《初探法感——以民事案例出发思考其在法官判决中之地位》,载舒国滢主编:《法学方法论论丛(第一卷)》,中国法制出版社 2014 年版,第 95 页;赵希将它翻译为"法感情",参见赵希:《德国司法裁判中的"法感情"理论——以米夏埃尔·比勒的法感情理论为核心》,载《比较法研究》2017 年第 3 期,第 102 页。

义感的重要功能就是作为这些法律规则的来源。[43] 或许是受到弥漫于他所生活时代的法律实证主义的影响(二十世纪二三十年代的德国),李茨乐的法律感理论浸透了法律实证主义的精神:对法律规则的严格遵守,对一种由逻辑体系所构造的法律规则系统和法律秩序的敬重和认信。

美国的正义感理论的研究早期也受到李茨乐的影响,但是它们始终用词语"sense of justice"来对应德语词"Rechtsgefühl",而不用"sense of law"之类的词,这是一个有趣的现象,反映了德国为代表的大陆成文法系和英美的判例法体系在法律文化上的差异。在大陆法系看来,一种可接受的、理想的判决一定是以成文法、法律规则为前提和出发点的,而在英美法系看来可接受的、理想的判决不受成文法的约束,而在普通人对于衡平、理想秩序和公正选择的理解和沟通中(英美陪审团制度最明显地体现这点)。在他们看来,法不是已经被给定的,而是一个案件中各方当事人和陪审员、律师、法官不断辩论、沟通的结果,法是经过民众的实践活动不断被塑造和生成的。因此按照普通法传统的理论体系对正义感的界定,法律规则不是必要的,始终在场的是普通人对于人权、正当和公正的理解。[44] 所以美国学者的正义感概念直接面向正义,面向一种应当的、公正的人与人之间的交往秩序。也因此,如果法感和法律感的概念在大陆法系的语境之中存在区分的困难的话,在英美法系的语境中,法感或法律感与正义感是有明确区分的。

法感或法律感的概念无法对正义感的概念构成一种代替,因为从法律感或法感的概念中看不到在其影响下,个体如何作出正义判断,看不到就保证人间法则和人道秩序来说,法感或法律感是如何发挥作用的。通过李茨乐的法律感或法感概念,我们也看不到个体还有法律职业者如何依据一种正当话语或理论对国家暴力机器或者现代利维坦警惕、保持距离,甚至成为一种独立的对抗力量。这与李茨乐本人的相对主义立场是有关系的,他认为"正义的理想是可变的,而且是由社会化以及有合乎理智的评价所给定的关系,来加以确定的"。[45] 法感或法律感概念的不足之处,要由正义感概念来补充,正义感概念应当成为对抗和监督任何可能的侵害个人权益的力量的话语体系。

---

〔43〕 Erwin Riezler, Das Rechtsgefühl—Rechtspsychologische Betrachtungen, Leenen(Fn. 2), p. 33.

〔44〕 See Edmond N. Cahn, *The Sense of Injustice*: *An Anthropocentric View of Law*, *Supra* note〔2〕,1949; Also see Markus Dirk Dubber, The Sense of Justice: Empathy in Law and Punishment, *Supra* note〔2〕, 2006; Also see Roger D. Masters, "Toward a More Coherent Theory of Justice", in Roger D. Masters and Margaret Gruter(eds.), *The Sense of Justice*: *Biological Foundations of Law*, *supra* note〔2〕, pp. 291-294.

〔45〕 吴从周:《初探法感——以民事案例出发思考其在法官判决中之地位》,同前注〔42〕,第113页。

（二）正义感与道德感的区别

正义感和道德感是不同的，一个明显的例子是同性恋。对于某些不认同同性恋行为的人来说，同性恋会触犯他们的"道德感"，但自愿的同性恋行为并不产生伤害，并不会触犯他们的"正义感"。

1. 正义感和道德感在认知方面是不同的

正义感的认知对象是自己的利益、法律规则、事实，道德感的认知对象是道德规则和事实。

（1）自己的利益不是道德感的认知对象，但它是正义感的认知对象。因为道德感联系着非利己主义的动机，它不需要对方给予自己回报，道德感的触发与增进自己的利益没有关系。自己的利益是正义感的认知对象，正义感联系着合理利己主义的动机，离开了自己的利益考虑是无从产生正义感的。

（2）正义感的认知对象是法律规则，道德感的认知对象是道德规则。这方面的差别是正义感不同于道德感的关键，这个区分的合理性来自法律规则和道德规则的分别。法律规则有它的结构如行为模式和法律后果[46]，典型的法律规则的表述是："你要如此行为，否则要承担某某法律后果"，法律后果的内容一般是承担法律责任、人身自由被限制、进行物质赔偿等。法律规则仅仅针对人的行为，不关心人的行为动机或内心，而道德规则关心人的内心或行为动机，行为则不是最重要的。[47]典型的法律规则是"你不应当杀人"，典型的道德规则比如耶稣基督的登山宝训"你当虚心、哀恸、温柔、饥渴慕义、怜恤、清心、使人和睦、不要担心为义受逼迫、即使遭受辱骂、逼迫、毁谤也要欢喜快乐"。[48]法律规则指向人的行为，隐含着强制；道德规则侧重人的行为的动机，隐含着劝勉。法律规则阻止人做恶，道德规则指引人向善，形成高尚的性格特点和气质。[49]

2. 正义感和道德感的情感因素是不同的

正义感的情感因素是愤恨，道德感的情感因素是义愤和自责感。彼得·斯特劳森认为，人与人的相互性交往中，有三种反应性态度：愤恨（resentment）、义愤（indignation）、自责感（guilt）。[50] 它们分别是"这三类不以某种形式存在的话，世界上就难以存在我们所理解的人际关系体系，或人类社会本身"[51]其中，愤恨属于法律领域的讨论对象，正如前面所论证的，它是正义感的情感因素。而义愤和自责感属于道德领域的范畴，它们是道德感的情感因素。愤恨源自个体的合理利己主义的动机，不用特殊的道德教化就会在人的日常交往中自

〔46〕 沈宗灵：《法理学研究》，上海人民出版社 1990 年版，第 207 页。

〔47〕 参见林火旺：《伦理学入门》，上海古籍出版社 2005 年版，第 149 页。

〔48〕 《圣经·新约·马太福音》第五章。

〔49〕 参见同前注〔47〕，第 151 页。

〔50〕 参见同前注〔11〕，第 9 页。

〔51〕 *Supra* note〔12〕, p. 24.

然产生。与愤恨形成对比的是，义愤和自责感联系着人的一种利他的动机，它们是长期道德教化的结果[52]，与愤恨相比，义愤显示了人身上道德性的一面，它显示了人愿意为了追求他人的利益，自己做出牺牲。[53]自责感或负罪感联系着爱、友谊和相互信任这样的自然态度，它是一种道德情感。[54]

3. 正义感关乎伤害，道德感不需要关乎伤害

产生正义感的情景一定有伤害的发生，而产生道德感的情景不需要涉及伤害，道德感的触发情景针对"恶心、反感、纯洁和神圣等社会惯例或习俗的违反"。[55] 从这个角度来看，正义感的判断准则比道德感的判断准则更具有一般性和稳定性。因为对于"伤害"及其阻止和补救的问题，不同民族、地域和文化下的人就基本问题能达成共识；而社会惯例或习俗因为不同的民族和文化差异比较大。正义感相对于道德感来说，更内含"一般理性"。自愿的同性恋行为并没有使他人受到伤害，对于不认可该行为的人来说激发起来的不是"正义感"；对于他们来说同性恋行为触犯了共同体关于婚恋关系的惯例和习俗，所以触犯了他们的"道德感"。"是否涉及伤害"，这是正义感和道德感的一个重要差异。在美国发生过这样一起案件，"史蒂芬·卡尔，一个在阿帕拉契登山道附近游荡的流浪汉，当他看到两名女同志在她们的营地里做爱时，开枪射杀了她们，一人死亡，一人重伤。他被控一级谋杀罪，审判时，他请求减轻为普通谋杀罪，理由是他对女同志做爱的事感到恶心，而这股无法抵抗的恶心与反感导致他犯罪"。[56] 该案中卡尔认为同性恋的行为触犯了自己的道德感，自己产生了恶心和反感的情绪导致犯罪。法官认为卡尔的这种道德感无法使得自己的行为获得减轻，他的这种情感欠缺某种"合理性"。依靠道德感并不能希望法律支持或认可自己处分对方人身或财产的行为或请求。法官总结道，在该案中"（法律）并不承认同性之间的性行为是一种法律上的（对被告的）挑衅（或伤害），足以减轻被告违法的杀害行为"。[57] 在该案的情境中，卡尔被同性恋行为激发起的是道德感，并不是正义感。而依据正义感，主体针对侵害者的行为可以谋求法律在一定程度上的认可或支持。比如针对他人的暴力伤害行为，主体的正义感促使其用暴力杀死对方。这时主体剥夺对方生命的行为能获得法律的支持和认

---

〔52〕 同前注〔11〕，第 12 页。

〔53〕 参见孔令新：《现代性处境中的义愤命运之反思》，载《道德与文明》2016 年第 6 期，第 58 页。

〔54〕 参见同前注〔17〕，第 488 页。

〔55〕 〔美〕乔纳森·海特：《正义之心：为什么人们总是坚持"我对你错"》，舒明月、胡晓旭译，浙江人民出版社 2014 年版，第 10 页。

〔56〕 〔美〕玛莎·纳思邦：《逃避人性：恶心、羞耻与法律》，方佳俊译，商周出版社 2007 年版，第 34 页。

〔57〕 同前注〔56〕，第 82 页。

可(基于正当防卫)。相应的,触犯主体正义感的人要承担一定的法律上的责任。

4. 正义感指明了对错,而道德感指明了值得称赞的或值得欲求的

如果我们认为,一个人应当为某个行为受到惩罚,那么就会说这个行为是错的,但如果我们认为,一个人不应当为了这个行为而受到惩罚,那么就不会说它是错的,而会用其他一些表示不喜欢或者贬抑的语词来描述这个行为。如果我们愿意看到一个人受到强制去做某件事,那么就会说这样做是对的,但如果我们只愿看到一个人受劝说和鼓励去做这件事,那么就不会说这样做是对的,而仅仅会说它是值得欲求的或值得称赞的。[58]

正义感能够促使主体就"什么是正确的宣称"产生判断;道德感促使主体就"什么是值得欲求的宣称"产生判断。

另一方面,行为者触犯了主体的正义感,那么一般情况下他要受到惩罚、承担责任;行为者触犯了主体的道德感,他不会被强制要求受惩罚,承担责任。

道德感促使人表现出善良或慈善,善良或慈善不能以力强求;而违反正义感的行为是可以用外力惩罚或加以阻止的。[59] 道德感使我们觉得:

> 希望人们做某些事,如果他们去做了,我们也会喜欢或者称赞他们,如果他们不做,我们也许不喜欢或者瞧不起他们。但我们会承认,这些事情不是他们非做不可的,它们不属于道德义务,我们不能因为这些事情谴责他们,也就是说我们不认为他们应当为这些事情受到惩罚。[60]

触犯了主体的正义感,意味着有伤害发生,造成伤害产生的人就要受到惩罚、承担责任。相对于道德感,"正义的情感显然具有更加确定的命令性和更加严格的约束力"。[61]

三、相互性的含义及其作为解释方式的合理性

相互性作为一种解释方法或分析工具被许多思想家应用于理论。20 世纪初著名犹太哲学家马丁·布伯借助相互性概念阐发了在"我"和"你"之间的"关系本体论"哲学[62];法国哲学家列维纳斯从相互性出发探讨自我与他者相遭遇的伦理意义,并由此形成其作为"第一哲学"的伦理学,他认为哲学或思想不是

---

[58] 〔英〕约翰·穆勒:《功利主义》,徐大建译,商务印书馆 2014 年版,第 61 页。

[59] 同前注〔14〕,第 98,99 页。

[60] 同前注〔58〕,第 60 页。

[61] 同前注〔58〕,第 80 页。

[62] 孙向晨:《马丁·布伯的"关系本体论"》,载《复旦学报(社会科学版)》1998 年第 4 期,第 94 页。

一种"自我"独白而是一种与他者的伦理关系[63];哈贝马斯强调了在人与人的相互性关系中语言和言语行为所发挥的重要作用,提出了交往行为理论[64];罗尔斯对原初状态下人的行为动机的假定、构想良序社会的运作都诉诸人与人之间等利害交换的相互性关系[65]。因此,当选择一种对正义感的合理的解释方式时,相互性提供了一个很重要的思路和方法。

(一)相互性是指社会成员间的等利害交换关系

相互性(reciprocity)指的是社会成员间发生的等利害交换关系[66],以好处回报他人给予的好处,以伤害回报他人所给的伤害。[67] 相互性所描述的这种关系的特质是回报他人先前的行为,并且是对等的回报。

1. 相互性具有内涵上的独立性

相互性具有独立的含义,可以与邻近概念区分开来。相互性和伦理学中的黄金律(golden rule)——"无论何事,你愿意人家怎样待你,你也要怎样待人"不同。黄金律是基督教的戒律,教人爱人如己,但是它只涉及了相互性的一个面向,以"好处回报好处"(good for good),无法包含"以伤害回报伤害"的面向(evil for evil)。而以恶制恶与基督教的道德规范是相冲突的,"我要告诉你们,不要与恶人作对。有人打你的右脸,连左脸也转过来由他打"(《圣经·马太福音 5:39》)。相互性和互惠(mutual advantage)也是不同的,互惠只涵盖到回报恩惠与利益的一面,无法囊括回报以伤害和恶意的方面,也无法囊括某些"非功利"的内涵,比如友谊。

2. 相互性适用于社会活动中人与人之间的交往关系

相互性不针对"孤立的个体"的行为和"单独发生"的行为。相互性发生于社会交往过程中,因此不针对与世隔绝不与其他任何人发生交往的人,比如我们无法用相互性来描述鲁滨逊的生活(在"星期五"到来之前)。在相互性的语境下,存在着一个先前的行为,针对此先前的行为做出相应的行为就满足了相互性的要求。先前别人给了好处,当接受者给予同样的好处时,我们谈到了相互性;先前某人做出了伤害,当受害者要报复时,我们谈及了相互性。如果不存在先前行为就无从谈及相互性。

3. 相互性蕴含了"你应当回报"的责任和义务

相互性指社会成员之间的相等利害的交换关系,它给参与者提出了这样的要求或义务:"你应当回报他人的先前行为",相互性因此和相互性的规范密不

---

[63] 黄瑜:《列维纳斯他者伦理思想研究》,东南大学 2008 年博士论文。

[64] 章国锋:《关于一个公正世界的"乌托邦"构想——解读哈贝马斯〈交往行为理论〉》,山东人民出版社 2001 年版,第 133 页。

[65] 参见同前注[11],第 146 页。

[66] 参见同前注[11],第 130 页。

[67] Lawrence C. Becker, *Reciprocity*, Routledge, 2014, p. 74.

可分,相互性的规范就是"你应当以好处回报好处,补偿你给他人造成的伤害",相互性是对概念本身的描述,而相互性的概念一旦在思维中发挥作用,就成为一种规范或义务。

(二) 相互性解释正义感的合理性

1. 相互性给予正义感的是"解释"

相互性给正义感提供的是"解释",而非"定义"或"断定"。正义感的概念本身非常复杂,它既有理性的因素,也有情感的因素,并极易受文化背景、民族习惯等因素的影响,很难对它提出一个普遍接受的定义。这并非意味着它不可接近,正如正义感的许多理论家所做的,对它进行解释而非提出一种教条(某种关于正义感的断定就是唯一正确的)是把握它的一个可行办法。本文主张的是:相互性的解释与其他解释相比是一种更为合理的解释、就以之为基础建立一种法律理论来说最具优势。相互性也适合作为一种解释,它具有解释性的特质,对于社会成员行为动机的描述来说,它具有内在的优势。[68]

2. 相互性并不会取消或架空正义感概念

相互性是个体对于自己所处情景的利益关系的具体化认识,它可以作为正义感的一个"具象化"的体现。正义感是一个模糊的、抽象的概念,是相互性给予它具体的、可以与日常生活实践和社会交往关系发生关联性的内涵。相互性的核心是它提供了正义感的判定标准和使正义感发生并成为其所是的东西。相互性是正义感概念背后的、原初性的东西。然而相互性无法取代正义感概念,相互性只是个体对于自己所处生存状态的一种描述,它无法对这种状态进行评价,这种缺失只能由正义感概念来补足。正义感概念是一种评价性概念,它能够提供某种规范性的东西,使得个体的自私的、永不满足的欲望追求得到抑制和反省,平衡不同主体的利益冲突,并且最终能够建构某种稳定的秩序。

3. 相互性可解释正义感的发生条件与作用

第一,正义感所发生的社会关系或交往情境是由相互性塑造的。分工合作、等价交换,这是人类社会形成并且繁荣发展的基本逻辑,相互性构造了人类社会基本的生存条件和交往的环境,人的追求自我利益的活动是在与他人的交往活动中进行的。相互性设定社会交往中人与人的行为模式,按照这种模式来要求和评价具体情境下社会成员的行为。正义感的发生也受到这种环境和模式的制约。

第二,个体的预期是否合理是由相互性规范确定的。正义感发生于遭遇和预期是否符合的认知判断过程,当遭遇和预期不符合时,主体的正义感就会被激发。但是并非所有的预期在遭遇中被违反都会产生正义感,只有合理的预期

---

[68]　参见同前注[11],第34、35页。

的被违反才会产生正义感。而某人的预期是否合理,是由其是否符合相互性的规范来确定的。

第三,正义感被激发之后的平息和疏导是通过相互性的规范来实现的。相互性能够解释正义感从产生到发挥作用的整个动态过程。相互性要求"一报还一报",它支持着正义感的主体运用法律手段惩罚侵犯者,补偿自己受到的损失。相互性赋予正义感的主体维护自身合法权益的行动以"正当"或者"正确性"的宣称,使得正义感的主体可以理直气壮地获得他人的同情、公众的支持和法律的保护,使得主体在正义感的激发下所采取的一系列行动能够正当化、合法化,最终使得利益的损失得到有效补偿,使得被激发的正义感得到平息或疏解。

4. 相互性可解释正义感的情感因素——愤恨

(1) 只有违反了相互性的侵害才会产生愤恨。并非所有的侵害都会使主体产生愤恨。愤恨起因于主体受到侵害(attack, aggression),但有两个例外:第一,侵害的是主体的并非合理的利益。比如某人抢夺了盗贼刚窃取的财物交给了失主。第二,侵害是针对主体的先前行为。比如侵害者是为了报复该主体之前同等的伤害行为。只有侵害的是主体的合理利益,并且主体未给侵害者施加过同等侵害的条件下,侵害才会导致愤恨。

愤恨产生自主体的合理利益受到侵犯,合理利益通过体现相互性原则的公共规范来确定。公共规范在维护社会大多数成员的利益的基础上给其成员的利益追求划出边界,每个社会成员在该边界内的利益是合理利益,在边界外的是他人的合理利益。[69] 任何成员违反了公共规范,就是对利益边界的僭越,从而就是对其他遵守该规范的成员的合理利益的侵害。主体看到公共规范被违反而产生愤恨,是因为看到了公共规范所隐含的个人利益被侵犯的事实,着眼点依然是个人利益。[70]

(2) 愤恨所内含的对法律敬重来自相互性。愤恨意味着主体必须在社会和法律的框架内表达愤怒情感,虽然他急切地想要报复伤害他的人,但是他不能直接地报复,只能遵循法律规定的程序,仰赖国家的力量进行。导致愤恨从愤怒中生成的这种限制正是来源于相互性的要求。第一,社会上的其他人在遭受伤害的时候都是寻求法律的帮助制裁伤害者,自己正得益于其他人在相同或类似情况下遵守法律的行为,才享受到稳定和安全,那么作为回报,自己在遭受侵害的时候也应该遵守法律而不是自己报复加害者,这是相互性所要求的。第二,按照社会契约理论,个人彼此相约建立政府,将自己的权力(特别是以暴力

---

〔69〕　参见同前注〔11〕,第 15 页。
〔70〕　参见同前注〔11〕,第 15 页。

惩罚侵害的权力)交给政府,由政府建立的法庭裁断纠纷、惩罚犯罪。既然遵守法律,放弃自己直接的报复是当初的约定,是自己的义务,那么当自己在现实生活中遭受损害时就必须遵守这一点,这是相互性所要求的。可见愤恨离不开相互性,正如慈继伟所说,"相互性动机是愤恨情感的先决条件,反过来,愤恨情感是相互性动机的逻辑产物"。[71] 愤恨推动着个体寻求司法裁判满足自己的报复欲。由法官就愤恨的合理性作出判定,是支持还是不支持。法官要判断被诉者是否施加了违反相互性要求的伤害,需要明晰违反相互性的标准。

四、违反相互性要求的判定标准

相互性如何解释正义感? 相互性对正义感的解释集中体现于它能解释正义感的发生条件,即正义感发生于他人行为对相互性要求的违反。然而,通过什么标准来判断他人行为是否符合相互性的要求?[72] 笔者将指出,实在法和自然法相互补充可以作为判断某一行为是否违反相互性的一般标准(规范标准),而特定情景下回报行为是否适当的具体标准(实践标准)可以对之进行补充。

1. 行为违反实在法即违反相互性的要求

实在法是由国家制定或认可的由国家强制力保障实施的各种法律规范的总称。它指的就是一个国家要求其公民普遍遵守的法律。为什么某一行为违反了实在法,就违反了相互性的要求?

(1) 实在法是社会成员间相互约定的产物。"当每个人和其他人同意建立一个由一个政府统辖的国家的时候,他使自己对这个社会的每一成员负有服从大多数的决定或取决于大多数的义务,否则他和其他人为结合成一个社会而订立的那个原始契约便毫无意义。"[73] 个体都要遵守国家的实在法,是因为它是由所有社会成员选举出来的立法机关或代议机关制定出来的,体现了大多数社会成员的意志。某人违反了实在法,就是违反了与其他社会成员的相互约定。

(2) 遵守法律是个人与国家的相互性行为。依照社会契约的理论,在自然状态中,人人是自己案件的裁断者,"自私会使人们偏袒自己和他们的朋友,而在另一方面,心地不良、感情用事和报复心理都会使他们过分地惩罚别人,结果只会发生混乱和无秩序;所以上帝确曾用政府来约束人们的偏私和暴力"。[74] 个人将自己执行对他人的个人判决,惩罚侵害者的权力交给了国家,承诺遵守

---

[71] 同前注[11],第 15 页。

[72] 相互性的要求指的是"交往关系的对方应当适当回报先前行为",这种先前行为有可能是自己发出的,比如主体自己使得对方受益,也有可能是对方发出的,比如对方的攻击行为或侵权行为使得主体自己受害。对于回报适当性的具体探讨请参见 *Supra* note[67], pp.73-144.

[73] 〔英〕洛克:《政府论(下篇)》,叶启芳、瞿菊农译,商务印书馆 2010 年版,第 60 页。

[74] 同前注[73],第 8 页。

国家的法律；当个人的权益受到侵害时，面对个人的诉求国家应该裁断争端并惩罚侵害者。[75] 个人在遵守法律的同时，国家应该保护公民的自由、财产和安全。所以违反法律就违反了个人和国家之间的相互性约定，是触犯相互性的行为。

2. 自然法作为违反相互性的标准

当实在法为恶时（它不保护大多数人的生命、自由和财产），实在法已不能成为判断某行为是否违反相互性的标准，那么这时候应以自然法为标准。按照洛克的说法，自然状态和社会状态并不是固定不变的，不是单向的，不仅自然状态可以变为社会状态，社会状态也可以重回自然状态，标准是：是否有可以进行裁判的共同的权力机关。当共同的权力机关不能发挥作用或者徇私枉法无法起到保护个人基本权利的作用时，人们其实重回到自然状态的战争之中，这时不是实在法在起作用，而是自然法在起作用。[76] 按照洛克的这种理论，自然状态和社会状态是循环往复的。它也表明，即便进入到现代社会之中，自然法作为潜在的一种力量，作为一种指引行为的标准，依然会发挥作用。因此，实在法的标准和自然法的标准并非截然分开的，也并非进入现代社会后，自然法就失去了应用之地。

（1）自然法作为违反相互性标准之合理性

自然法是理性所提出的要求，它和相互性背后的人之利己动机相符合。霍布斯认为自然法是人为了达成自我保存的目的运用理性时所应遵守的法则。他提出，"自然法[的定义]是正确理性的指令，它为了最持久地保存生命的可能，规定了什么是应该做的，什么是不应该做的"。[77] 卢梭认为自然法是怜悯心对人所提出的要求。[78] 洛克认为自然法就是自然理性引申出的若干人所共知的、指导生活的规则和教义。无论霍布斯、卢梭、洛克的自然法理论在其他方面有多少差异，但是在以下方面他们的观点是一致的：

第一，自然法本质上来说是人生活在自然状态下的一种理性。自然法就是理性指引人所应遵守的规则。自然法中的"法"之所以会成为法则、有义务的"内涵"，就是因为，一旦个体要保存自身，它就要遵守一定的规则或者说使自己的行为受到限制。一个理性的人才能意识到，自我保存必须要遵守一定的规则并且是"适当"的规则。所以自然法与人之理性的要求是一致的，并且正如霍布斯所强调的，它是正确的理性，而非错误的理性。

第二，自然法与相互性的要求是一致的。在自然状态，个体是在"与他人的

[75]　参见同前注[73]，第53页。

[76]　参见同前注[73]，第11—14页。

[77]　[英]霍布斯：《论公民》，应星、冯克利译，贵州人民出版社2003年版，第15页。

[78]　[法]卢梭：《论人类不平等的起源与基础》，李常山译，商务印书馆1962年版，第121页。

关系中"求生存的,与其他人的相互性关系构成了个体谋得生存的外在条件,理性对人的作用体现于对这种相互性关系提供理解与应对策略。因此,自然法既是理性的要求,也是特定类型的相互性关系所提出的要求。

(2) 自然法如何作为违反相互性的标准

自然法有着比较确定的内涵,而非一个空泛的原则,这使得它可以作为是否违反相互性的规范性标准。例如霍布斯就指出自然法有一些法则,第一条是"寻求和平、信守和平"[79];第二条是"在别人也愿意这样做的条件下,为了和平和自卫的目的认为必要时,会自愿放弃这种对一切事物的权利"[80];第三条是契约必须信守[81]等。而霍布斯认为最核心的是"己所不欲,勿施于人"[82]。总结下自然法学家关于自然法内涵的界定,最基本的自然法准则有:不得侵害他人生命和身体健康;不得侵犯他人财产;不得侵犯他人自由;不得侮辱他人和侵害他人的人格尊严;应该平等对待他人;应该信守契约;公断人不得裁断偏袒。

3. 判断回报是否适当的具体标准

判断回报是否适当的具体标准(以下简称"具体标准")是情景化的,具有可操作性,体现了判断标准的实践智慧,它能够补充"实在法标准"和"自然法标准"作为规范性标准的不足。

"具体标准"可补充实在法标准。例如故意伤人的损害赔偿适用《民法典》第 1179 条的规定:"侵害他人造成人身损害的,应当赔偿医疗费、护理费、交通费、营养费、住院伙食补助费等为治疗和康复支出的合理费用,以及因误工减少的收入。造成残疾的,还应当赔偿残疾生活辅助具费和残疾赔偿金;造成死亡的,还应当赔偿丧葬费和死亡赔偿金。"在具体的案件中,法律并未规定具体的赔偿数额。究竟侵害方赔偿多少金额才符合相互性,进而平息受害方的正义感? 可以参照"具体标准"进行补充。

"具体标准"也可以补充自然法标准。自然法要求不得侵害他人的生命和身体健康,但是侵犯他人生命或身体健康的行为倘若是针对他人先前侵害的适当的回报行为,比如正当防卫,就不违反自然法,也就不违反相互性的要求。

"具体标准"的内容会受到一些因素的影响,例如所在群体关于"伤害"的观念,关于货币和价值的观念,发生纠纷的双方的历史关系。[83] 一般来说,就判断回报的适当性有下列"具体标准":

---

〔79〕 〔英〕霍布斯:《利维坦》,黎思复、黎廷弼译,商务印书馆 1985 年版,第 103 页。

〔80〕 同前注〔79〕,第 103 页。

〔81〕 同前注〔79〕,第 114 页。

〔82〕 霍布斯认为所有的自然法都可以归结为这条。参见同前注〔79〕,第 126 页。

〔83〕 *Supra* note〔67〕, p. 108.

（1）回报对于达到目的来说是相关的

回报的目的是维持双方的利益平衡或者说维持一种互惠的交换。[84] 离开了这种对于达成目的的参照，对于具体的作为回报的行为或举措是否是适当的就无法作出判断。相互性关系中各方的利益平衡的意思是受惠的一方应该按照约定给予对方以同等的利益（benefits），受害的一方应该得到另一方"足以使受害方恢复到受害前状态"的补偿。

（2）回报行为在质上应该与先前行为是同一类，如果无法同类，应该是近似的类[85]

在大多数情况下，当回报行为与先前行为是同一类时，能更好地达成均衡的目的。例如"以眼还眼，以牙还牙"这一早期自然法的"同态"复仇规则就强调了回报行为与先前行为应该是同类的。因为物品容易毁灭和消耗并难以复现等原因，回报者经常无法提供同类的东西，或者是回报者提供同类的回报反而会破坏双方和所在社会总体的平衡关系，比如在杀人方提供财物赔偿的前提下，坚持要求杀人者以命抵命可能会引发一系列问题。因此，近似类的回报可以构成适当回报。货币或者具有流通性和交换性的东西可以成为大多数东西的近似的类。

（3）回报行为在质上有一个要求：回报行为对于接受者来说是真正的好处[86]

真正的好处的意思是回报行为实际上能增进接受者的福利，增加他的收益，改善他的生活境遇。如果所欲回报的东西不被接受者视为好处，那么就不构成适当的回报。而只有当回报者回报给接受者的是真正的好处的情况下，才有可能让接受者把它视为好处。如果回报物不是真正的好处，只是回报者利用当时的情境和接受者的认识错误使得接受者将实际上不是好处的回报视为好处，那么这一回报不是适当的回报，因为双方在交易中的平衡关系并未被恢复，接受者随时会发现自己的认识错误并且发现回报者尚未给予适当的回报。

（4）回报行为的量应该与先前行为的量成比例

适当的回报行为对质或者类的要求清楚后，就要转为对量的要求。一种适当的针对先前行为的回报行为在质和量两方面应同时满足一定的要求。即便回报行为和先前行为是同类的或近似类别（同质），但如果在量上无法达到目的，那么依然不能构成适当的回报。

笔者这里将用两个概念来解释量的比例，一是"收益"，二是成本，所用的方

---

[84] *Supra* note [67]，p. 112.

[85] *Supra* note [67]，p. 107.

[86] *Supra* note [67]，p. 107.

法是比较。只把握回报行为的量是怎样的,不能确定它是否适当,只有与先前行为的量相比较才能确定是否适当。所以回报的适当性在量的方面的要求就转化为回报行为的量和先前行为的量是成比例的。这需要:

第一,比较收益的方面,即先前行为的作者从回报行为中得到的收益是否与接受者从先前行为中得到的收益相等(equal)或相称。第二,比较成本的方面。回报应当与双方成本的支出或者牺牲相匹配。[87] 在一些案例或情境中,双方的获益不明显,从而不好从"比较收益的方面"判定回报量的比例适当性时,就需要比较先前行为和回报行为所涉及的成本方面来考虑量的适当比例,伤害者因回报行为所承担的成本要等于受害者因为伤害所牺牲的东西或者说为了恢复正常状态所支付的成本。

然而究竟两者是何种关系才可以说是成比例的? 笔者认为是相等或近似相等的关系。也就是说当先前行为与回报行为在收益的方面是相等或近似的,抑或它们在成本的方面是相等或近似的,就可得出结论:回报行为与先前行为在量上是成比例的,回报是适当的回报。

(5) 回报应当及时

适当的回报要求有责任回报的一方尽快、及时地作出回报,尽早结束和避免接受方在这种不平衡关系中的损失。一项回报即使在量和质的方面都是适当的,但是它不及时,也不能算作是适当的回报。断定回报"及时"的期限,根据具体的情景或案例各有不同,它首先受到维护接受者的利益的影响。根据维护和促进接受者利益的需要,及时所要求的期限是不同的。当接受者因为先前行为一直处于危险或受损害之中,回报者越早给出回报就能越早结束这种危险和损害,那么回报应该自先前行为发生之日起,尽快即时地作出。如果回报行为的接受者和给予者就何时给予回报约定了期限,遵守该期限的回报就是及时的。如果不属于前两种情况,那么回报者实际的"回报时间"不伤害到接受者日后继续从事交易活动的能力,就是及时的。

4. 是否违反相互性的判断主体:主观性和客观性问题

前面阐述了行为是否违反相互性的判断标准,然而这些标准是给判断主体使用的,判断主体的个性和倾向决定了最终所产生的正义感的主观性和客观性的问题。总体而言,回报行为的接受者和给予者作为判断主体,赋予了其正义感一定的主观性;一方主体的正义感被激发,往往代表着当事人双方在冲突中的协商失败,这时需要公断人(仲裁员、法官)作为适当回报方案的判断主体,公断人的介入,对合理的正义感的确认,赋予了正义感以客观性和可评价性。

---

[87] *Supra* note〔67〕, p. 112.

（1）回报行为的接受者是回报是否适当的判断者

回报行为是为了满足接受者某方面的利益或者补偿接受者在先前行为中所遭受到的损失，接受者是回报行为是否适当的当然判断者。这就决定了回报是否适当难免会受到接受者个人的性格、经历、认知水平等个人因素的影响，这些影响在具体的案例中就有可能构成对上述"回报是否适当的具体判断标准"的修正。比如它可以突破前述标准，即使回报不合于目的、即便回报行为和先前行为不属于同一类，即便回报的量和先前行为的量不成比例，在这样的情况下只要接受者对此满意并视为"适当的回报"，那么这些回报就是适当的。接受者的判断给回报是否适当加入了个性化（personal）的色彩，同样也给相互性关系加入了个性化的色彩，进而给正义感加入了个性化的色彩，即正义感的发生不是决定于规范或标准的，而仅仅是以之为指导的。规范或标准仅仅为正义感的发生作出解释并使之可以接受客观化的评价，它并不能完全决定正义感的发生。主体的情感和个性因素是构成正义感的一个部分。

（2）回报行为的给予者也是回报是否适当的判断者

在单独的一次相互性关系中，回报行为的给予者只会给出自己认为适当的回报。如果接受者不认为这是适当的回报，他会通过威胁等手段迫使给予者给出更令他满意的回报，给予者也许会调整，但是调整的幅度不会超出他认为"适当的回报"的范围。给予者不会给出其认为不适当的回报，一旦接受者的要求超出他认为适当回报的范围，那么他会拒绝回报，而将纠纷委托公断人解决，让公断人决定适当回报的内容。所以，适当回报的确立往往经过了双方的商谈活动。双方的商谈越充分，商谈的情景越接近理想，商谈的结果就越接近适当的回报。[88]

（3）裁判者是回报是否适当的判断主体

裁判者裁判的权力来自双方通过协议的授权。争辩的双方都相信他们自己是受害方。（既然在这种情况下想不出别的公平补救的办法）因此，出于保存和平的必需，双方都得认可某个第三方，双方通过相互的协议强迫他们自己尊重第三方对争议事端的裁决。这个他们都认可的人就被称为"公断人"。[89]

裁判者（公断人）以其经验和智慧对争议双方的纠纷提出一个更符合理性的解决方案。公断人具有着实践智慧，晓得特殊情境下实在法、自然法规则的含义和正确的运用，也有能力根据经验运用适当回报的具体判断标准。

（4）裁判者对正义感"合理性"的判断赋予正义感以客观性

正义感描述的是主体的一种情感，依赖于主体的性格、经验等个性化的因

---

〔88〕〔德〕哈贝马斯：《在事实与规范之间》，童世骏译，生活·读书·新知三联书店2003年版，第155、156页。

〔89〕同前注〔77〕，第35页。

素,它在一方面是个性化的、主观的。但是正义感又不能是纯然主观性的,否则就无法对之建构一种理论,无法对它的含义和构成作出种种规定。因此在正义感概念中存在着一种理论上的张力,即它具有主观性的同时,又需要被客观化。而这种客观化是通过裁判者(法官)对合理正义感的确认来实现的。存在着一般主体的正义感和法官的正义感。一般主体的正义感可以是合理的,也可以是不合理的(例如主体对激发其正义感的事实的认知是错误的)。法官必须对当事人的正义感是否合理进行评判,以判决书的形式对于"合理正义感"及其诉求加以支持和确认。法官的司法裁判过程,是一个使得诸主体的正义感逐渐理性化、客观化的过程。

首先,法官在审理案件时采取"明智的旁观者的立场",即法官不带偏见,以某种超然的态度审视眼前的情境。[90] 旁观者而非参与者的立场能够使法官对案件情境进行一种反思的评估,可以弄清楚案件的参与者是否正确地理解了该情境并适当地回应[91],即他能判断案件参与者的正义感的适当性(是否真实、合理)。而在这个过程中法官必须去除因为个人利益的关切所产生的那部分情感[92],"明智的旁观者这一设计的首要目标就是筛除以自身为中心的那部分愤怒、恐惧以及其他情感"。[93]

其次,法官需要查明正义感的产生是否有明确的事实依据,这决定了当事人的正义感是真实的还是虚假的。还有,冲突双方在法庭上的充分论辩是"合理的正义感"得到确认的必经程序。被激起正义感的一方要证明自己的正义感是合理的,要提出自己依据的事实和理由,目的是希望侵害方给予适当的赔偿或回报来平息自己的正义感。而正义感主体所提出的事实和理由要经过对方的质疑、反驳或检验才能帮助法官确定其中真实的成分和合理的成分。第一,正义感首先是主体一种主观的、个人化的东西,通过对方的质疑、否定,主体不断地为之辩护、澄清、证明,这种主观的、个人化的正义感才逐渐地被他人(被告、法官等)理解、承认,充分的论辩过程给正义感的客观化提供了一种重要的条件或情境。第二,正义感的客观化在于被告、法官等主体间的承认,而正义感的客观化又使其被承认为合理的前提。主体不断地、充分地辨明自身正义感的客观化的过程也是它在法官面前不断谋求"合理性"的过程。主体在这个过程中的澄清、说明、论辩越清楚、越充分、越具说服力,主体关于自己的"正义感是合理的"声称被法官承认的可能性就越高,基于正义感的诉求获得满足的可能性就越高。

---

[90] 参见同前注[7],第 110 页。
[91] 参见同前注[7],第 112 页。
[92] 参见同前注[7],第 112 页。
[93] 同前注[7],第 112 页。

再次,实在法和自然法是法官判定正义感是否"合理"的标准,"具体标准"作为补充。合理的正义感有权要求法官的回应、平复和满足。

最后,法官的裁判结果应该是对"合理正义感"及其诉求的确认和支持。判决书的内容应当与恢复原被告双方相互性关系中"适当回报"的方案内容是一致的。唯有如此,原告的正义感才能得到平息和满足,涉及被告利益处分或变动的裁判内容才不会激起被告的正义感。

结语

相对于其他理论来说,基于相互性的正义感解释具有不同的特点,这种特点使得它可以贴合法律理论的内在逻辑和要求,由此构建的正义感理论植根于自然和人性,促使着"个体与法律系统"之间实现一种均衡,并能在"变动"和"虚无"的后现代社会给"自由"和"人权"的理论和实践增添新的基础与活力。

(一)与罗尔斯的正义感解释相比,相互性解释是从消极的角度来把握正义感

罗尔斯认为正义感是接受和执行正义原则的欲望和能力。[94] 罗尔斯是从积极的角度来把握正义感,在他看来,正义感是人的积极的能力,正义感促使着人去接受制度、信赖他人、履行义务;基于相互性的正义感解释中,正义感是被唤起的,是特定情境下被激起的人之反应(reflection)。所以在罗尔斯那里,正义感促使着人去承认错误,去弥补;在相互性解释中正义感促使人去报复,"一报还一报"(tit for tat)。在罗尔斯的解释中,正义感体现在当主体伤害他人时,主体产生的负罪感。相互性的解释认为正义感体现在,当其他人伤害主体时,主体产生的愤恨感。罗尔斯也意识到了不正义发生时正义感被触发的情形,然而无论是讨论正义感的形成,还是正义感的功能,罗尔斯的着眼点始终是负罪感,而并未给愤恨留下较多空间。[95] 根本的原因在于,罗尔斯认为在严格按照"作为公平的正义原则"建立的社会制度下,人们的正义感支持着社会成员遵守正义原则,遵守和履行在社会制度中自己的职责和义务,那么"不正义"的情形就会以较低的可能性发生。即便有主体做了不正义之事,主体在负罪感的驱动下也会尽快补偿伤害、弥合冲突和裂痕,"不正义"及其损害会迅速消除。受害者因为遭受不正义而产生的"愤恨"自然没有多大的意义。罗尔斯的目的是构造一个组织良好的社会制度,并且社会成员都认同并积极地维护该制度,保持其稳定性,以负罪感为基础的正义感的能力与之就是相一致的。

─────────

〔94〕 参见同前注〔17〕,第 507 页。因为罗尔斯是正义感研究的最重要理论家,正义感理论也是因为罗尔斯开始为学界关注,因此这里将相互性的正义感理论与罗尔斯的正义感理论进行对比,以对笔者的正义感理论进一步地阐释。

〔95〕 参见同前注〔17〕,第 473、476 页。

　　在笔者看来,与罗尔斯的正义感解释相比,基于相互性的正义感理论与人类实际的生存状况和处境更为贴合。纵观人类历史,遭受不正义、面对侵害的危险是普通的社会成员时刻面临的生存处境,正是为了克服或减少它们,人类一次次地联合,形成不同类型的社会制度和共存方式。即便是在当今,在最为文明和繁荣的国家,依然很难避免不正义和伤害的发生。因此,在笔者看来,作为应对特定情境下伤害和威胁的反应的消极角度的正义感,对人类的生活来说才是始终在场的。它和人类时时刻刻探索和追求更好的生存处境是紧密联系在一起的。也因此,正义感的情感因素是一种愤恨。正是愤恨,驱动着人去保卫自己,为权利而斗争,推动了以司法为核心的整个法律活动的进程,以愤恨为核心的正义感也和法律理论内在的结合在了一起。

　　有种反对意见认为:像罗尔斯一样,许多正义感的研究者都将正义感视为一种人所具有的积极的能力,这种能力可以是对法律和正义规则的遵守,可以是移情等[96],那么笔者将正义感只处理为一种特定情境下主体被激发出来的反应(reaction)或被动的能力,对正义感的把握是不完整的、片面的。

　　对此笔者的回应是:将正义感视为一种积极的能力强调的是"没有人受到伤害或攻击"的情境下,正义感的能力促使人所达致的东西,比如正义感促使人遵守法律、主动作出帮助他人的行为等。将正义感视为一种消极的、被动生发出来的能力或反应强调的是正义感的发生必定联系着"伤害或攻击行为"发生的情境。笔者认为"伤害或攻击行为"的发生是正义感产生的前提。卡恩就指出:"(不)正义感是人对于危险或攻击的反应的一种描述"[97]而正义正是"矫正或者阻止那些会激发起正义感之事"的积极过程(active process)。[98] 正义正是通过不正义感来定义的。笔者赞同卡恩对正义的这种理解,即正义是一个有着实践意味的词语,一个纠正或阻止的积极的过程。[99] 也就是说,将伤害情境的发生视为正义感发生的前提,进而以此定义正义让"正义感使得正义成为可能""正义感在先,而正义在后"这样的判断成为可能。

　　如果抛弃"伤害或攻击"的情境来讨论正义感的发生,会产生许多理论上的

　　[96] 关于正义感是认同、敬重法律、希望法律被严格执行的意愿参见 Erwin Riezler, Das Rechtsgefühl—Rechtspsychologische Betrachtungen, Leenen(Fn. 2), S. 7-8;关于正义感是按照正义原则行事的能力和意愿参见 John Rawls, "The Sense of Justice", *Supra* note[2], pp. 281-305;关于正义感是一种移情的能力参见 Markus Dirk Dubber, *The Sense of Justice*:*Empathy in Law and Punishment*, *Supra* note[2], p. 5.

　　[97] Bruce S. Ledewitz, "Edmond Cahn's Sense of Injustice: A Contemporary Reintroduction", *Supra* note [3], p. 283.

　　[98] Edmond N. Cahn, *The Sense of Injustice*:*An Anthropocentric View of Law*, *Supra* note[2], p. 14.

　　[99] Bruce S. Ledewitz, "Edmond Cahn's Sense of Injustice: A Contemporary Reintroduction", *Supra* note [3], p. 284.

困难。第一，它使得正义感很难与法律感、道德感等近似的概念相区分。比如把正义感视为是对遵守法律的意愿，很难将正义感与法律感相区分；比如把正义感视为是做见义勇为等正义之事的能力，则很难将正义感与道德感相区分。第二，它很难与法律产生内在的关联。一旦将伤害或攻击的发生视为是正义感发生的前提，那么很自然地就将法律与正义感发生联系了，因为伤害或者攻击的发生使得国家法律的干预成为必要。一旦抛弃了"伤害或攻击"的情境，正义感与法律的那种内在的连接就不存在了。正是个体对不正义的各种经验才导致我们发展出来关于正义的认知框架，我们可以运用这种框架来推演（一般化）并且形成对其他情境和人的预期。从我们具体的对于不正义的经验中，我们才开始知道并发展出关于正义的观念。因此，对不正义的感觉是正义感的沉淀剂。

（二）"正义"在相互性的正义感解释中并未缺失

相互性解释虽然不直接用"正义"来解释正义感，但并非意味着在其正义感理论中"正义"是缺失的，正义作为一种"正确性宣称"[100]在相互性的正义感解释理论中一直都是存在的。在相互性的解释中，正义感能提供一种对"正义是什么"的解释和界定，即正义是对"激发正义感之事"补救或阻止的积极过程。[101]这种通过正义感来界定的"正义"具有着如下特点：（1）它是个人化的。它关注的是在某个具体的人身上发生了什么，而不是作为整体的人类身上发生了什么。[102]它避免了把正义理解为一种抽象的概念，或者某种空洞的教条，从而失去了与人的真实生活的关联。（2）它强调行动。正义在驱动人做事，指向一种积极的过程，它呼吁和诉求着"阻止和补救伤害"之行动，从而能使被触犯正义感之人得到及时的回应和救助。正义不是唾手可得、被送到手边的，在大多数时候，正义的实现都是需要通过行动来努力、斗争的。[103]

如果在正义感的解释中，缺失或者未突出"正义"或"正确性"的因素，就很容易将正义感和法律感混同，使两者很难区分开，比如李茨乐的理论。与李茨乐的理论不同的是，基于相互性的正义感理论清楚地解释了法律规则的根源，它是受某种正确性宣称或正当诉求支撑的。在相互性的解释理论中立基于契

---

[100] 参见〔德〕罗伯特·阿列克西：《法：作为理性的制度化》，雷磊编译，中国法制出版社2012年版，第258页。

[101] Edmond N. Cahn, *The Sense of Injustice: An Anthropocentric View of Law*, *Supra* note〔2〕, p. 14.

[102] Bruce S. Ledewitz, "Edmond Cahn's Sense of Injustice: A Contemporary Reintroduction", *Supra* note〔3〕, p. 285.

[103] 正如耶林所强调的，"法在历史的发展过程中表现为探索、角逐、斗争，总之表现为艰苦的努力"，"法的生命在于行动，在于斗争"。考虑到德语词"Recht"既有着"法"的意思，又有着"正义"的意思，耶林上述对"法"的描述同样适用于"正义"。参见同前注〔5〕，第9页。

约论的相互性规范提供给了法律规则以正确性或正当性。

在法律之中,正义是什么? 人们一直争论不休。在基于相互性的正义感理论中,通过正义感所界定的"正义"概念是在法律之中对"正义是什么"的界定或认知中相对更为合理的一种。通过正义感对于正义的界定容易使公众和法律共同体就"正义是什么"达成共识,而这种共识对于"以组织性的力量或方式改善受害者或遭受不幸者的生存处境则具有基础性的重要作用"。[104] 因此,基于相互性的正义感解释不会淹没在法律实证主义严苛僵硬的规则体系和整齐森严的秩序之中,而是随时可以作为反抗暴政、彰显自由和人之尊严的武器。

（审稿编辑　谢可晟）

（校对编辑　李　旭　张玉琢）

---

[104]　Bruce S. Ledewitz, "Edmond Cahn's Sense of Injustice: A Contemporary Reintroduction", *Supra* note〔3〕, pp. 283,329.

《北大法律评论》(2020)

第 21 卷・第 1 辑・页 205—230

Peking University Law Review

Vol. 21, No. 1, 2020, pp. 205-230

论故意作为犯的结果归责

——基于结果避免义务的归责路径之提倡

毕经天[*]

On the Imputation of Result in Intentional Act
—Advocation of Method of Imputation Based on Obligation of Avoiding Result

Bi Jingtian

内容摘要: 在故意作为犯的结果归责中,考虑到归责结论的可接受性与归责标准的可操作性,客观归责路径的种种方案均难以适用。故意作为犯中结果归责的依据,在于行为人违反了基于其行为时的实际认识而具有的结果避免义务,因此无需通过客观危险判断来实现结果归责。在认定事实因果关系后,应依次进行"是否要求形成反对动机"与"合义务行为能否避免结果"的判断以检验结果避免义务。首先,只有当行为人于行为时认识到的事实能在科学上表明其行为具有一定危险性时,刑法才要求行为人基于其认识而形成放弃行为的反对动机,因此首先需要考察行为人的主观认识以检验刑法是否要求其形成反对动机,此即构成要件故意成立与否之判断。其次,行为人认识到的危险因素未必是实际致害的危险因素,因此需要考察行为人本应基于反对动机而选择的合

---

[*] 德国弗赖堡大学法学院刑法学专业博士研究生。

义务行为能否避免那些规范所欲避免的结果,此即既遂结果能否归责于故意之判断。

关键词:结果避免义务　结果避免可能性　反对动机　故意既遂归责

在结果犯中,为了判断行为人是否要对某个已经发生的结果承担责任,需要考察是否能将结果归属于行为人,是否能将结果认定为行为人的"作品",此即所谓的"结果归责"(Erfolgszurechnung)。[1] 一般认为,在所谓事实因果关系层面存在"若无行为则无结果"的条件关系,只是结果归责的前提条件。[2] 至于如何在规范层面判断结果归责,在既有研究中则出现了多种方案。多数学者主张首先检验行为的客观危险性[3],还有学者坚持直接考察行为人的意志与结果之间的关系[4],由此在归责路径上呈现出客观与主观的对立。在本文看来,尽管相关研讨不乏真知灼见,却也多少存在缺憾:无论是客观归责还是主观归责,最终都要回归刑法结果归责的一般原理。脱离了对结果归责基本问题的精耕细作,任何看似精细的理论建构,也难免在实践中捉襟见肘。虽然已有学者尝试根据结果归责本身的法理基础来建构归责方法,但结果归责的理论依据及其与归责方法之间的衔接仍值得我们进一步推敲和完善。

为了避免误解,在此有必要对本文研究对象略作说明。尽管我国学界并未明确区分故意、过失、作为、不作为等犯罪类型的规范构造,但其归责原理显然存在差异。[5] 限于篇幅,笔者的探讨仅针对"故意作为犯"这个最为典型的犯罪类型。总体而言,之所以故意作为犯应当对结果负责,是因为行为人根据行

---

〔1〕 Vgl. Wessels/Beulke/Satzger, Strafrecht Allgemeiner Teil, 48. Aufl., 2018, Rn. 223ff. 此处的"结果归责"概念是通常理解下的广义概念,而有别于不包含构成要件行为之实质判断的狭义"结果归责"概念(相关讨论情况,Vgl. Roxin/Greco, Strafrecht Allgemeiner Teil, Bd. 1, 5. Aufl., 2020, § 11, Rn. 51)。此外,将不法阶层的判断称为"归'责'"是否完全妥当或许值得商榷(参见蔡桂生:《非典型的因果流程和客观归责的质疑》,载《法学家》2018 年第 4 期,第 153 页),本文姑且循惯例使用"归责"的表述。

〔2〕 参见劳东燕:《风险社会中的刑法:社会转型与刑法理论的变迁》,北京大学出版社 2015 年版,第 115 页。当然,关于条件关系的具体判断,以及所谓的"事实因果关系"这一概念本身,都存在争议,限于主题姑且不做展开。

〔3〕 代表性文献,Vgl. Roxin/Greco (Fn. 1),§ 11, Rn. 44f.

〔4〕 整体上持这一立场的文献,Vgl. Armin Kaufmann, „Objektive Zurechnung" beim Vorsatzdelikt?, FS-Jescheck, 1985, S. 251ff;辰井聡子『因果関係論』,有斐閣 2006 年版,106 页以下;〔德〕乌尔斯·金德霍伊泽尔:《犯罪构造中的主观构成要件——及对客观归属学说的批判》,蔡桂生译,载陈兴良主编:《刑事法评论》(第 30 卷),北京大学出版社 2012 年版,第 191—194 页;周漾沂:《从客观转向主观:对于刑法上结果归责理论的反省与重构》,载台湾《台大法学论丛》第 43 卷第 4 期,第 1469 页以下;蔡桂生:《非典型的因果流程和客观归责的质疑》,同前注〔1〕,第 162 页以下;喻浩东:《论故意犯的结果归责:反思与重构》,载《比较法研究》2018 年第 6 期,第 143 页;庄劲:《从客观到主观:刑法结果归责的路径研究》,中山大学出版社 2019 年版,第 1 页以下。

〔5〕 参见同前注〔2〕,第 124 页以下。

为当时的实际认识应当且能够避免法规范所欲避免的结果,但却并未避免结果。为了充分揭示故意作为犯结果归责的法理基础和判定路径,下文将主要关注以下问题:首先,针对近年来影响广泛的客观归责理论和相当因果关系说,本文将尝试揭示其在判断方法上的诸多困境(本文第一部分);其次,本文将着力考察故意作为犯中结果归责的理论依据,并以此为基础,重构故意作为犯结果归责的应然路径(本文第二、第三部分);最后,本文将以相关疑难案件为例,说明在实践中如何判定结果归责是否成立(本文第四部分)。在此列出几个在理论和实践中备受争议的典型案例,以备后文研讨:

[案例一] "特殊体质案":行为人因琐事与被害人争吵扭打,致被害人鼻腔出血,被害人因情绪激动、鼻根部受外力作用等导致机体应激反应,促使心脏病发作而亡。[6]

[案例二] "手电点火案":行为人欲对被害人家放火,其切断了被害人家的电源后击碎玻璃窗并向屋内泼洒汽油,被害人惊醒后使用警用手电开启电击功能打出电火花,引发大火致被害人本人死亡。[7]

[案例三] "雷击案":行为人将被害人于雷雨天绑至山林,结果如行为人所欲,被害人遭遇雷击身亡。[8]

[案例四] "医院火灾案":行为人怀着杀意开枪击伤被害人致使其住院,结果被害人丧生于医院火灾。

[案例五] "桥墩案":行为人欲将被害人从高桥上推下河淹死,但被害人实际撞上桥墩摔死。

[案例六] "毒鱼丸案":行为人认识到了鱼丸中所含的蘑菇有毒,为谋害被害人而让其吃下鱼丸;但被害人恰好对蘑菇毒性具有免疫力,反而是被行为人未曾注意的变质鱼肉毒死。

---

〔6〕 参见最高人民法院刑事审判一至五庭主办:《刑事审判参考》(总第103集),法律出版社2016年版,第43—44页。司法实践中存在若干相似案例,可参见最高人民法院刑事审判一至五庭主办:《刑事审判参考》(总第49集),法律出版社2006年版,第26—27页;济南市中级人民法院(2019)鲁01刑终277号刑事判决书。

〔7〕 参见最高人民法院刑事审判一至五庭主办:《刑事审判参考》(总第105集),法律出版社2016年版,第8—9页。司法实践中存在若干相似案例,可参见最高人民法院刑事审判第一庭、最高人民法院刑事审判第二庭编:《刑事审判参考》(总第36集),法律出版社2004年版,第1—3页;最高人民法院刑事审判一至五庭主办:《刑事审判参考》(总第79集),法律出版社2011年版,第40—43页。

〔8〕 参见〔德〕许逎曼:《关于客观归责》,陈志辉译,载许玉秀、陈志辉编:《不移不惑献身法与正义——许逎曼教授刑事法论文选辑》,台湾新学林出版股份有限公司2006年版,第557页。关于本案例,许多版本的表述是行为人"劝说"被害人前往山林,但此时还可能以被害人自我答责为由排除行为人的归责,因此针对"未创设危险"的比较严谨的案情假设还应当排除被害人自我答责的情形。伦吉尔教授假设行为人对被害人具有认知优势也是此意(Vgl. Rengier, Strafrecht Allgemeiner Teil, 11. Aufl., 2019, § 13, Rn. 53.)。

[案例七] "毒鱼案"：毒鱼和毒蘑菇未被打碎混合做成鱼丸，而是分别被做成两道菜，只认识到蘑菇有毒的行为人将两道菜一起端给被害人食用，被害人吃下鱼肉身亡。

一、客观归责路径在故意作为犯中的困境

就故意作为犯的结果归责而言，作为当下主流学说的客观归责理论和相当因果关系说（所谓"危险的现实化说"的主张已被广泛认同并吸纳）[9]均主张在认定事实因果关系之后，进一步考察行为的客观危险性。具体而言，应首先判断行为是否具有引发某类构成要件结果的一般危险性（可能性）；若行为具备一般危险性，则进一步考察行为是否具有以案件中的实际因果流程引发实际结果的危险性。[10] 形象地说，在故意作为犯中，客观归责理论与相当因果关系说的根本意图，是在主观构成要件符合性的"筛查漏斗"前，另行放置一个以行为客观危险性为主要[11]内容的"筛查漏斗"[12]，二者可谓选择了一条"客观归责路径"。然而，所谓的客观危险性在判断方法上恐怕存在很大疑问。

（一）折中说未贯彻客观判断

客观归责路径的主流观点认为，当行为人认识到了一般人无法认识到的事实时，为了避免轻纵犯罪，还必须在危险判断中考虑行为人特别认识到的事实。[13] 因此，该观点中的"危险"并非纯粹意义上的"客观危险"，而实际是"行为人认识到的危险"。这难免使人产生"客观归责不客观"的质疑。这一质疑针对的不仅仅是客观归责理论，而是整个客观归责路径：即使是主张相当因果关

---

〔9〕 "危险的现实化说"实际并非是对相当因果关系说的否定，而毋宁说是对其进行了必要补充：在判断"行为导致结果的危险性"时，该说的要求实际体现为应考虑介入因素对结果发生的作用大小，而在适当的抽象程度上界定所谓的"结果"（参照松原芳博『刑法総論〔第 2 版〕』，日本評論社 2017 年版，79 頁）。而这其实是相当因果关系说的应有之义：在区分"广义相当性"与"狭义相当性"时，本就涉及如何界定"个案中实际发生的因果流程（'结果'）"这一问题，只不过传统的相当因果关系说没有对其进行专门讨论而已。当下主张相当因果关系说的学者，大多也已经较为明确地吸纳了危险现实化说的这一主张（例如，橋本正博『刑法総論』，新世社 2015 年版，77 頁；曽根威彦『刑法原論』，成文堂 2016 年版，143 頁）。因此本文对二者不再加以区分。相关讨论，详见下文一（三）部分。

〔10〕 参照松原芳博『刑法総論〔第 2 版〕』，前揭注〔9〕，72 頁；Roxin/Greco (Fn. 1)，§ 11，Rn. 47. 在论及客观归责理论时，作为核心概念的"Gefahr"（危险）与"Risiko"（风险）在此并无差异（Vgl. Kindhäuser/Zimmermann, Strafrecht Allgemeiner Teil, 9. Aufl., 2020, § 11, Rn. 6）。鉴于我国文献在讨论构成要件行为的实质判断时通常使用"危险"这一概念，因此本文沿袭惯常用法，不再特意使用"风险"这一概念。

〔11〕 尽管客观归责理论包含诸多归责阻却事由，但其中大部分难以适用于故意犯，参见喻浩东：《论故意犯的结果归责：反思与重构》，同前注〔4〕，第 137—140 页。

〔12〕 参见〔德〕乌尔斯·金德霍伊泽尔：《犯罪构造中的主观构成要件——及对客观归属学说的批判》，同前注〔4〕，第 192 页。

〔13〕 代表性文献，参照井田良『講義刑法学·総論〔第 2 版〕』，有斐閣 2018 年版，134、144 頁；Roxin/Greco (Fn. 1)，§ 11，Rn. 56，69.

系折中说的观点，也至少认为相当因果关系说是一种"客观的归责"[14]，或主张其"不违反因果关系的客观性"[15]，因此同样需要回应"客观归责不客观"的批判。对此，该说支持者作出了种种辩解[16]，其中最为流行的观点主张：作为判断资料本身的仍是客观事实，行为人的主观认知只是被用来划定判断资料的范围，因此危险性判断仍具有客观性。[17] 问题在于，"与主观认知相符合（'行为人所认识到的'）的客观事实"，必然在概念上等价于"与客观事实相符合的主观认知"。因此，"危险性判断具有客观性"必定同时意味着"危险性判断具有主观性"，所谓的"客观判断"也就无法被贯彻始终。[18] 何况，既然对"行为人认识到的事实"之考察同样属于论者所推崇的"客观归责"，那么论者似乎就也没有理由反对直接考察构成要件故意的归责路径。

（二）客观说不具有可操作性

相较于在"客观判断"与"行为人认知"之间寻求妥协的折中说，客观归责路径中的客观说看上去似乎通顺得多。一种观点强调，客观归责不应该考察任何主观内容，而只应关注"客观存在的危险"。另一种观点则将客观归责考察的对象限定为"具有最高认识能力的人所能认识的危险"。然而在本文看来，这两种主张恐怕同样存在疑问。

1. "客观存在的危险"？

在论述危险的判断方法前，首先有必要对判断方法中的"判断资料"和"判断基准"做简要说明。人们对将来事件的预测是一个三段论的结构，例如当我们认为"绳子承载的重量超过其限重则会断裂"，且认为"某条绳子限重 1 kg，实际承重 2 kg"时，就会由此预测"绳子将会断裂"。其中，作为大前提的"绳子承载的重量超过其限重则会断裂"是一个普遍因果法则，此即"某条绳子是否会断裂"的"判断基准"；而作为小前提的"某条绳子限重 1 kg，实际承重 2 kg"是个案中的事实要素，此即"某条绳子是否会断裂"的"判断资料"。[19] 而在支持"纯客

---

[14] 参照西田典之＝桥爪隆『刑法総論〔第 3 版〕』，弘文堂 2019 年版，98 页。

[15] 参见陈兴良：《规范刑法学》（第四版），中国人民大学出版社 2017 年版，第 133 页。

[16] 对此较全面的反驳，参见陈璇：《刑法归责原理的规范化展开》，法律出版社 2019 年版，第 19—20 页。

[17] Vgl. Frisch, Straftat und Straftatsystem, in: Wolter/Freund（Hrsg.），Straftat, Strafzumessung und Strafprozeß im gesamten Strafrechtssystem, 1996, S. 186; Zieschang, Die Gefährdungsdelikte, 1998, S. 60; Frisch, Zum gegenwärtigen Stand der Diskussion und zur Problematik der objektiven Zurechnungslehre, GA 2003, S. 732. 转引自前注[16]，第 18 页。罗克辛教授和格雷科教授最近也转而支持类似观点，Vgl. Roxin/Greco（Fn. 1），§ 11, Rn. 57.

[18] 当然，将构成要件截然划分为客观构成要件和主观构成要件的主张本身也未必是不刊之论，参见〔德〕Ingeborg Puppe：《论犯罪的构造》，陈毅坚译，载《清华法学》2011 年第 6 期，第 153 页以下。但如果怀疑主观构成要件的截然划分，就更不应该执着于"客观"归责的称呼了。

[19] Vgl. Popper, Logik der Forschung, 9. Aufl., 1989, S. 31. 转引自〔德〕埃里克·希尔根多夫：《德国刑法学：从传统到现代》，江溯、黄笑岩等译，北京大学出版社 2015 年版，第 275 页。

观危险判断"的主张中,最流行的观点主张应以事后查明的全体客观事实作为判断资料,以科学因果法则作为判断基准进行客观危险性判断,但同时需要以某种标准对判断资料进行一定程度的"抽象"(取舍)。[20] 从论者的表述来看,其似乎将这一判断定位为对"客观存在的危险"之判断,意在将行为不具有客观危险的情形排除出归责范围之外;例如黎宏教授认为,在行为人劝被害人乘飞机出行的情形中,即使飞机失事致使被害人死亡,也应认为"劝说他人坐飞机的行为,不可能具有引起死人结果的危险"。[21] 然而,任何与结果之间存在事实因果关系的行为在客观上都必然具有危险性,结果的发生本身就证明了行为具有引起结果的危险性(可能性)。[22] 例如在"雷击案"中,尽管人类可能暂时无法完全掌握相关的因果法则以及个案中的全部变量因素,但从原理上讲,在被害人遇害的当时当地会发生雷击一事已是由个案中具体的地理、气象因素依据物理法则所客观决定了的。[23] 这样一来,只要能肯定事实因果关系,就能肯定客观危险性,客观危险判断也就失去了意义。因此,主张以全体客观事实作为判断资料并依据科学因果法则进行判断的学者,也不得不在判断时"舍弃细微的、对危险判断通常不起关键作用的具体事实"[24]。可问题在于,舍弃了"具体事实"之后所判断得出的危险已然不是"客观存在的危险"。那么其究竟是何种

[20] 整体持这一观点的文献,参见张明楷:《刑法学》(第六版),法律出版社 2021 年版,第 188、461—463 页;黎宏:《刑法学总论》(第二版),法律出版社 2016 年版,第 102、243 246 页;山口厚『刑法総論〔第 3 版〕』,有斐閣 2016 年版,59—61 页;前揭注〔9〕,曾根威彦『刑法原論』,前揭注〔9〕,140—149 頁;松宮孝明『刑法総論講義〔第 5 版補訂版〕』,成文堂 2018 年版,78—80 页;同前注〔16〕,第 39—40 页;付立庆:《刑法总论》,法律出版社 2020 年版,第 144—147 页。其中,陈璇教授主张将对判断方法的表述修正为"以全体客观事实为判断资料、以一般人掌握的经验法则为判断基准",但这一修正本身值得商榷:在行为人盗窃被害人左口袋但财物在被害人右口袋的情形中,陈教授也认为行为存在客观危险性(参见陈璇:《客观的未遂犯处罚根据论之提倡》,载《法学研究》2011 年第 2 期,第 49—50 页;陈教授明确表示未遂犯的危险认定方法与既遂犯相同),然而只要不舍弃"被害人左口袋没有财物"这一判断资料,那么再怎么根据"一般人掌握的因果法则"进行判断,恐怕也不可能得出行为创设了危险这一结论。

[21] 黎宏:《刑法学总论》(第二版),同前注〔20〕,第 79 页。张明楷教授也曾认为此类情形中"行为本身不具有结果发生的危险性"(张明楷:《刑法学》(第五版),法律出版社 2016 年版,第 145 页),而在该书第六版第 189 页中改称"行为本身不具有发生结果的类型性的危险"。

[22] Vgl. Kindhäuser/Zimmermann (Fn. 10),§ 11, Rn. 11. 对此,批评者认为自然科学上的危险性只有与一般人掌握的因果法则相吻合时才具有规范上的意义(参见同前注〔16〕,第 38 页)。但是,本文恰恰反对使结果归责依赖于此类客观危险性判断,之所以论及这一纯客观的危险概念,只为说明归责的关键不在于此类客观危险性或其变种(如"判断资料经过取舍的'客观危险性'"),而在于行为人对危险的认识。因此,"这一危险概念没有规范意义"似乎无法构成对本文(或金德霍伊泽尔教授)的批评。何况,在针对行为人本人的归责判断中,所需考察的也理应是行为人本人而非一般人的认识。

[23] 不能犯判断中针对客观危险说的"一切未遂犯均为不能犯"的经典批判(参照井田良『講義刑法学·総論〔第 2 版〕』,前揭注〔13〕,455 頁)即可反映学界持这一因果决定论的观点。心理因果关系需要单独进行讨论,限于主题姑且不做展开。

[24] 张明楷:《刑法学》(第六版),同前注〔20〕,第 462 页。

意义上的危险？其对结果归责有何意义？对于这些疑问，上述观点未能作出回答。

判断对象不清则会进一步导致判断方法不明：该说一方面主张应舍弃判断资料中的"具体事实"，另一方面却未能说明究竟应当舍弃何种"具体事实"。该说论者往往主张，若某一事实是行为时即已存在的客观事实，则对此无需加以取舍；而倘若某一事实是行为后才出现的"介入因素"，则应当根据一般人对介入因素的可预见性进行判断，若可预见性较低则不应将其作为危险的判断资料。[25] 例如，在"特殊体质案"中，由于"被害人患有心脏病"是行为时即已存在的事实，因此即使其难以被一般人认识，也不应在判断中将其舍弃；而在"医院火灾案"中，由于"医院失火"是行为后的介入因素，且其难以被人预见，因此应在判断资料中排除"医院失火"一事，进而主张枪击行为未创设"被火烧死的危险"，结果并非行为危险之实现。[26] 然而问题在于，由于任何介入因素的产生都有其事先的原因，因此该说无法提出可行的标准来区分"行为时存在的事实"和"行为后的介入因素"：导致医院失火的天干物燥、电线老化等因素在行为时即已存在，倘若对其不加取舍，则根据科学法则必然能够预见到医院失火，进而应肯定归责。对此，曾根威彦教授试图通过判断"对因果流程产生影响"的时点而辨别"行为时"与"行为后"，进而主张"医院失火"属于行为后的介入因素。[27] 然而，这样一来几乎就没有什么因素会在行为"当时"就对因果流程产生影响了——即使是"特殊体质案"中被害人身患心脏病这样的事实，也是在行为人伤害被害人之后才发作导致被害人死亡的。[28] 因此，该说提出的判断方法不具

---

[25] 参照曾根威彦『刑法原論』，前揭注〔9〕，140頁；浅田和茂『刑法総論〔第2版〕』，成文堂2019年版，136—137頁。虽然一部分论者并未明示，但介入因素可预见性的判断实际是以一般人的认识作为判断资料（参照西田典之＝橋爪隆『刑法総論〔第3版〕』，前揭注〔14〕，108頁；实例可参照最高裁判所1967年10月24日判决，最高裁判所刑事判例集21卷8号，1116頁）。当然，倘若介入因素对结果发生的作用很小，那么可以不必考察其可预见性而直接排除归责，详见前注〔9〕。

[26] 代表性文献，参见张明楷：《刑法学》（第六版），同前注〔20〕，第235、242頁。
有观点意图以不符合规范保护目的为由在诸如"医院火灾案"的情形中排除归责。格洛普教授认为，在行为人击伤被害人，被害人乘救护车前往医院途中车祸身亡的情形中，规避救护车事故的危险并非"禁止人身伤害"的规范之目的（Vgl. Gropp, Strafrecht Allgemeiner Teil, 4. Aufl., 2015, § 4, Rn. 92f.）。问题在于，行为人的行为固然是"伤害被害人身体"的行为，但在客观上同样是一个"导致被害人乘坐救护车而发生致死事故"的行为；倘若行为人对于救护车将会发生事故具有特别认识，则显然应当肯定结果归责。可能的情况是，格洛普教授在界定行为人违反的是何种规范时已经考虑到了行为人的主观，不过这样一来所进行的也就不是"客观"归责了。

[27] 参照曾根威彦『刑法における結果帰属の理論』，成文堂2012年版，56—57頁。

[28] 佐伯仁志教授举了相似的例子：被害人身患血友病一事通常被排除在介入因素之外，但其同样是在行为人伤害被害人之后，才通过使血液无法凝结致使被害人死亡（参照佐伯仁志『刑法総論の考え方楽しみ方』，有斐閣2013年版，64頁）。曾根威彦教授回应称血友病导致血液无法凝结一事是"包含在当初的伤害行为的因果序列中的"（参照曾根威彦『刑法原論』，前揭注〔9〕，140頁），然而所谓的"行为的因果序列"是一个过于抽象的概念，曾根教授对此却未能提出"是否包含在行为的因果序列中"的判断标准。

有可操作性。更何况,行为人对于"医院失火"等介入因素完全可能具有特别认识,倘若对此不加考虑,则难免导致轻纵犯罪。

总之,此类学说似乎意在判断"客观存在的危险",但由于凡是事实上导致结果发生的行为均具有客观危险,因此该说为了发挥客观危险判断的筛查作用,在实际操作中演化成了类似于对"一般人能够认识到的危险"的判断。然而由于"'一般人'能够认识到的危险"对于可能具有特别认识的"行为人"之归责并无意义,因此为了在维持"客观判断"的前提下尽可能确保归责结论的可接受性,该说又不得不在诸如涉及特殊体质的情形中放弃了筛查,以致判断标准混乱,且在行为人对介入因素具有特别认识的情形中仍无法避免不合理的结论。事实上,对于该说无法提出明确判断标准一事,该说论者也曾委婉承认:张明楷教授认为对判断资料进行取舍的标准"是难以用文字表述的,要根据案件的具体事实来把握"[29]。但所谓的"根据案件的具体事实来把握",恐怕不啻将判断诉诸个案中不稳定的法感情。

2. "最高认识能力所能认识的危险"?

倘若某一行为的危险性无法为任何人所认识,那么这一行为也就无法为任何人利用以实施法益侵害,对这一行为也就不具备处罚的必要。据此,有观点主张以"行为时具有最高认识能力的人"所能认识到的事实作为资料进行危险判断:倘若"具有最高认识能力的人"也无法认识到行为的危险,那么任何人就都无法认识到行为的危险,也就能够否定归责。[30] 而问题恰恰在于,"最高认识能力"本身难以确定,用"无法为任何人认识"来限定归责范围的做法,根本不可能在实践中得以应用。因为,若想断言某些事态超越了所有人的认知能力,裁判者就必须在事实层面,对"所有人"的认知状况展开全方位的系统调查,但这是个不可能完成的任务。对于结果归责的考察,难免因此变成一张空头支票。

(三)共性缺陷:结果抽象化的方法不明

上述质疑主要是针对客观归责路径中关于"行为是否可能引发结果"这一问题的三段论判断方法。然而,如何界定上述判断中的"结果"概念,本身就是个难以解决的问题。如上所述,危险实现(狭义相当性)的判断对象是行为以案件中的实际因果流程引发实际结果的危险性。但是,客观归责路径却难以说明人们究竟应当依照何种标准界定所谓的"实际结果",以致难以得出明确的归责

---

[29] 张明楷:《刑法学》(第五版),法律出版社 2016 年版,第 358 页。张教授在该书第六版第 462 页中删除了这一表述,但仍未能说明进行抽象的程度标准。

[30] 参照林幹人『刑法総論講義〔第 2 版〕』,東京大学出版会 2008 年版,128—129、136 页;松原芳博『刑法総論〔第 2 版〕』,前揭注〔9〕,75 页;周啸天:《实行行为概念的批判与解构》,载《环球法律评论》2018 年第 4 期,第 108—109 页。

判断结论：例如，在著名的"大阪南港案"[31]中，倘若重视死亡时间而将实际结果界定为"于某时某分死亡"，则不可能肯定危险实现[32]；而倘若重视死亡原因而将实际结果界定为"因脑溢血死亡"，则能够肯定危险实现[33]（值得注意的是，"死亡原因"本身也可以在不同的抽象化程度上定义）。实际上，所谓的"危险的现实化说"所强调的介入因素作用大小之判断，正是为了解决结果的抽象化问题：所谓的介入因素作用较小，就是指现实的因果流程能够被包含在行为原本会引发的（即不考虑介入因素的）因果流程之中[34]，换言之，即现实的结果能够被抽象为行为原本会导致的结果。然而，就如何判断介入因素的作用是大是小这一问题，论者同样并未给出令人满意的方案：代表性意见仅仅指出应当判断介入因素是否"凌驾（压倒）"了行为对结果的作用，而未能进一步说明判断"凌驾（压倒）"与否所依据的实质标准。[35] 总而言之，对于"实际结果"的界定缺乏令人满意的方案，以至于有观点认为，尽管结论缺乏明确性，但也只能根据一般社会观念就各个构成要件个别地进行认定。[36] 然而诚如论者所言，所谓的"根据一般社会观念的个别认定"，恐怕缺少作为结果归责核心标准所应具备的明确性。

事实上，客观归责路径的支持者也早已意识到，"结果抽象化"等问题归根结底是结果归责的规范判断问题，倘若无法明确结果归责的实质依据，就不可能在这些问题上得出妥当的结论。[37] 因此，有必要探究结果归责的理论依据，并进一步反思客观归责路径的上述判断究竟是不是实现结果归责的恰当途径。

二、故意作为犯结果归责的理论依据

如上所述，客观归责路径的归责方法存在诸多不自洽、不明确之处，然而根本性的问题在于，限制归责范围的目标究竟有无必要通过客观危险判断这一步骤来实现。本文认为，将危害结果归责于行为人的依据在于行为人违反了其所具有结果避免义务；而在故意犯中，行为人的结果避免义务恰恰是根据行为人

---

[31] 基本案情为：行为人多次持械殴打被害人头部等处致其脑溢血昏迷，并于深夜将被害人遗弃至大阪南港，被害人于第二天凌晨死亡。经鉴定，被害人于大阪南港昏迷期间又遭受第三人的殴打，致其已发生的脑溢血扩大，而使死期提前些许。参照最高裁判所 1990 年 11 月 20 日判决，最高裁判所刑事判例集 44 卷 8 号，837 页。

[32] 参照西田典之＝桥爪隆『刑法総論〔第 3 版〕』，前揭注〔14〕，114 页；浅田和茂『刑法総論〔第 2 版〕』，前揭注〔25〕，149—150 页。

[33] 参照松原芳博『刑法総論〔第 2 版〕』，前揭注〔9〕，79 页；井田良『講義刑法学・総論〔第 2 版〕』，前揭注〔13〕，137 页。

[34] 参照曽根威彦『刑法原論』，前揭注〔9〕，148—149 页。

[35] 参照前田雅英『刑法総論講義〔第 7 版〕』，東京大学出版会 2019 年版，第 145 页。

[36] 参照桥爪隆『刑法総論の悩みどころ』，有斐閣 2020 年版，第 31—32 页。

[37] 参照井田良『犯罪論の現在と目的的行為論』，成文堂 1995 年版，93—94 页。

在行为时的主观认识而确定的。因此应当直接以行为人的主观认识作为归责判断的出发点,而无需进行客观危险判断。

（一）基于主观认识的结果避免义务

为什么行为人要对构成要件结果的实现负刑法上的责任？对于这一问题,形式上较为直接的回答可以是:因为法律要求行为人避免结果,行为人却违反了这一要求。换言之,行为人违反了其所具有的结果避免义务。而为了确定结果归责的条件,接下来需要明确的问题就在于:法律在何种情形下会对行为人课以结果避免义务。通常而言,既然法律规定了行为人要避免某种结果,那么行为人就应一般性地对这一结果负有避免义务;然而基于"超出能力所及范围的义务无效"这一基本原理,应当认为只有在行为人能够避免结果时其才可能负有结果避免义务。[38] 这一结论固不存在疑问,然而在作为犯中,行为人只要通过放弃积极行为就能避免结果,似乎总是不会缺乏结果避免可能性。但问题在于,倘若行为人不知道其所实施的行为具有危险性,不知道应如何行事方可避免结果,那么就当然不会想到通过放弃行为来避免结果。实际上,即使在刑法学中首倡客观归责的霍尼希（Honig）教授,其归责出发点同样在于人的意志:由于法律只能通过影响人的意志来规范人的行为,因此只有当行为人据其意志能够实现或避免结果时,法律才能要求行为人避免结果。[39] 换言之,因为法律只能影响行为人实施行为的动机,所以只有在行为人若具备法忠诚动机则能够避免结果时,其才具有结果避免义务。[40] 这一观点值得赞同。而为了明确行为人何时才负有结果避免义务、应当对结果负责,就应当追问:在何种情形下,行为人只要具备法忠诚动机就能避免结果。

沿着霍尼希教授原本的思路,对于这一问题,可以通过所谓的"实践三段论"加以解释。[41] 如上所述,法律仅为行为人提供了诸如"不得致人死亡""不得致人财产损害"等行为目标,呼吁行为人去遵守规范,而未能告知其在具体情形中应如何行事以实现这些目标。行为人之所以能在部分情形中妥当行事而避免构成要件结果,是因为其此时知晓相关行为对于实现或避免结果的意义——换言之,认识到了行为的危险性——从而得以选择合适的行为来避免结果。例如,行为人在决定自己实施何种行为时的"大前提"是其正受到"不得致人死亡"这一刑法要求的约束;"小前提"则是其知晓某艘船根本不适合航行,若

---

[38]　参见前注[16],第50页。

[39]　Vgl. Honig, Kausalität und objektive Zurechnung, FS-Frank, 1930, S. 183f, 187f.

[40]　参见〔德〕乌尔斯·金德霍伊泽尔:《犯罪构造中的主观构成要件——及对客观归属学说的批判》,同前注[4],第191页。

[41]　对于实践三段论的集中论述,参见〔德〕乌尔斯·金德霍伊泽尔:《犯罪构造中的主观构成要件——及对客观归属学说的批判》,同前注[4],第186—188页。霍尼希教授本人的相关表述,Vgl. Honig (Fn. 40), S. 183ff.

出航则可能出现严重事故；那么由此可以得出结论——其为避免致人死亡则不应怂恿他人乘坐此船出航，尽管这通常是无害的日常行为。[42] 倘若行为人此时仍执意怂恿他人出航而致其死亡，那么行为人就是在能够避免刑法所欲避免的结果时违背刑法的要求，违反了其所负有的结果避免义务，故应为结果的实现负责。由此可见，沿着霍尼希教授的思路，理应认为在判断结果归责时必须考察行为人是否认识到了行为的危险性。至于霍尼希教授为何最终仍在结论上拒绝将行为人的认识纳入结果归责的判断，或许是受新古典犯罪论体系占据主流这一时代背景所限。[43] 但当下的客观归责路径支持者以霍尼希教授的观点作为其理论根基的做法[44]，恐怕是值得反思的。

上述实践三段论整体上对故意犯和过失犯均能适用。两种情形的差别仅仅在于：故意犯中的行为人根据其行为当时的实际认识，知晓为实现或避免构成要件应当如何行事，在行为时现实地具有结果避免可能性；而过失犯中的行为人在行为时实际不具有结果避免可能性，但其本应保持一定的谨慎，从而使其在行为时根据其所具有的相关认识而得以具有结果避免可能性。[45] 为了直观地进行说明，我们可以设想行为人是被害人的医生，其符合医事规则地向被害人注射了某种常用药物，结果致使具有罕见过敏体质的被害人死亡。[46] 此时，倘若行为人对被害人的过敏体质一无所知，那么其就无法预见注射药剂会导致死亡结果，因此即使其意图遵守法律、避免他人死亡，也显然不可能放弃注射药剂，故不具有结果避免可能性。基于"超出能力所及范围的义务无效"这一原理，也不应认定行为人具有结果避免义务。而倘若行为人通过某次并未为医事规则所要求的检查偶然得知被害人具有特殊体质，但随之将这一发现抛诸脑后，那么虽然行为人在注射致命药剂的当时因其忘记了被害人的特殊体质而事实上无法预见死亡结果，不具有结果避免可能性，但其原本可以（也应当）具备必要的谨慎，牢记被害人可能致命的特殊体质而在注射时得以预见行为结果。因此仍应认定其具有结果避免可能性，违反了结果避免义务，从而肯定结果归责，这也就是过失作为犯中结果归责的依据。而倘若行为人在得知被害人的特殊体质后，在注射当时也记得被害人具有特殊体质，那么其在行为时就显然现

---

[42] 例子出自 Honig (Fn. 40)，S. 186f. 由此可见，虽然霍尼希教授的行文或许容易使人感觉其理论主要针对过失犯，但其理论对故意犯同样适用。

[43] 参见〔德〕K. H. 舒曼：《论刑法中所谓的"客观归属"》，蔡桂生译，载《清华法律评论》第 6卷第 1 辑，清华大学出版社 2012 年版，第 228 页。

[44] 代表性的文献，Vgl. Roxin/Greco (Fn. 1)，§ 11, Rn. 56.

[45] 参见〔德〕冈特·施特拉滕韦特·洛塔尔·库伦：《刑法总论 I——犯罪论》，杨萌译，法律出版社 2006 年版，第 116 页；Kindhäuser/Zimmermann (Fn. 10)，§ 33, Rn. 2ff；同前注〔16〕，第50—51 页。

[46] Vgl. Kindhäuser/Zimmermann (Fn. 10)，S. 299.

实地具备结果避免可能性,因此应认定其违反了结果避免义务,肯定结果归责,这也就是故意作为犯中结果归责的依据。由此可见,故意犯和过失犯中结果避免义务的认定,均需考虑到行为人的主观认识。只不过在过失犯中,还需另行判断行为是否违反了注意义务(判断"能否期待行为人更加谨慎"),而这常常是过失犯归责的重点所在。

综上所述,仅当行为人若具有法忠诚动机则能避免结果时才能将结果归责于他;而为了考察行为人在具有法忠诚动机时能否于行为时实际避免结果,必须考察行为人对行为危险性的认识。由于"能否期待行为人具有法忠诚动机"属于责任阶层的判断对象,因此在不法阶层的结果归责中,只需姑且假设行为人具有避免构成要件实现的法忠诚动机。据此,可以将故意作为犯中结果归责的依据通过图1表示:

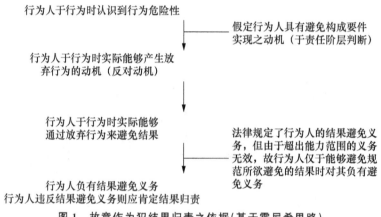

图1 故意作为犯结果归责之依据(基于霍尼希思路)

(二)结果避免义务的具体认定

上述归责依据整体上值得赞同。不过,以下两个问题值得进一步讨论。

其一,在迷信犯中,行为人并未认识到其行为在科学上的危险性(若以行为人认识到的事实为判断资料、以科学法则为判断基准,则其行为不具有危险性),而仅臆想了行为的危险性,但行为人此时同样能够产生反对动机。如果判断行为人是否认识到行为危险性是为了判断其能否产生反对动机,那么当行为人臆想了行为危险性时,是否也应肯定结果归责?答案应当是否定的。毕竟,故意作为犯中结果归责的依据在于行为人负有结果避免义务,换言之,在于行为人"应当"避免结果;即使是考察行为人"能否"避免结果,也是为考察行为人"应否"避免结果服务的。而论及行为人应否避免结果时,首先应当明确的是,刑法的目的归根结底在于避免外部世界的法益侵害而非消除行为人内心的恶意。由于世界是依靠科学法则而非行为人的臆想运作的,因此如果行为人认识到的事实无法在科学上表明行为危险性,那么这一认识对其有效实施法益侵害的实践而言就没有指导意义。此时即使其行为凑巧造成了损害,刑法也无需要求其产生放弃行为的动机。只有当行为人认识到的事实能够在科学上表明危险性时,行为人的认识才可能有效指导其法益侵害的实践,刑法才有必要要求其产生反对动机。[47] 当然,以上论述可能会引起追问:会不会存在其他特殊情形,使得行为人即使认识到其行为在科学上的危险性也无需产生反对动机? 换言之,行为人认识到的危险是否可能是"法律所容许的危险"? 答案同样是否定的。在过失犯中,一些创设危险的行为之所以被法律所"容许"[48],是因为其在社会交往中具有更重要的价值;而在故意犯中,"行为人对于他的行为无法提出值得重视的理由",故意违反规范、侵害法益的行为应受到一般性的禁止,而没有成立"容许危险"的空间。[49] 总之,只要行为人认识到了行为在科学上的危险性,就应当且能够产生放弃行为的动机。

其二,行为人只要应当且能够产生反对动机,那么就可以暂且认定其具有结果避免义务,但行为人并非只要履行这一义务就能避免那些规范所欲避免的结果。如所周知,由于人不可能准确地认识到客观世界的全部细节,因此行为人基于其认识到的事实危险因素而所欲放弃的危害行为,与实际导致结果发生的危害行为之间必然存在着或大或小的差异。例如,在"毒鱼案"中,行为人只认识到蘑菇有毒而未认识到鱼有毒,其基于这一认识只可能对端上毒蘑菇一事产生反对动机,而不可能对端上实际致人死亡的毒鱼一事产生反对动机。因此即使行为人意图遵守"不得杀人"的规范,也还是可能撤下蘑菇而端上毒鱼进而致人死亡。虽然若考虑到因果流程的全部细节,则这一死亡结果与实际发生的

---

〔47〕 相似的观点,参见周漾沂:《从客观转向主观:对于刑法上结果归责理论的反省与重构》,同前注〔4〕,第 1502 页。

〔48〕 "容许"一词容易引起误会。事实上,即使在过失犯中,"容许的危险"也只是指根据通常情境中的事实因素判断的、程度不高的危险;倘若某一危险在具体情形中实现(若根据具体情形中的事实因素客观判断则危险达到 100%),那么其就不可能被"容许",而仅仅可以排除注意义务违反;例如,即使某人符合规范地驾车驶向其无法看见的儿童,也不能认为此时法律容许其伤害儿童,故可对其进行(防御性)紧急避险。参见张明楷:《论被允许的危险的法理》,载《中国社会科学》2012 年第 11 期,第 120 页;Kindhäuser/Zimmermann (Fn. 10),§ 33,Rn. 28f. 。

〔49〕 Vgl. Armin Kaufmann (Fn. 4),S. 261;〔德〕许迺曼:《关于客观归责》,同前注〔8〕,第557—558 页;参见喻浩东:《论故意犯的结果归责:反思与重构》,同前注〔4〕,第 137 页。在故意犯中主张否定"容许危险"的存在,并不意味着一概否定那些被客观归责理论置于"创设法不容许的危险"之下的"结果归责阻却事由",因为它们自身的合理性原本就未必依赖于"容许危险"的原理:例如,虽然被害人自陷危险常被置于"创设法不容许的危险"之下进行讨论[Vgl. Wessels/Beulke/Satzger (Fn. 1),Rn. 269ff.],但当下多数学者实际并未将"容许危险"作为被害人自陷危险时阻却归责的理由(参见周子实:《危险接受理论的历史考察与概念界分——以德国为镜评我国的研究现状》,载刘艳红主编:《东南法学(2016 年辑秋季卷)》,东南大学出版社 2016 年版,第 48 页以下);笔者也整体倾向于通过共犯论来处理被害人自陷危险的情形[参见张明楷:《刑法学中危险接受的法理》,载《法学研究》2012 年第 5 期,第 179、188 页;Kindhäuser/Zimmermann (Fn. 10),§ 12,Rn. 64.]。

死亡结果之间同样可能存在差异（甚至可以假设因为撤下蘑菇、耽误时间而使鱼的温度降低，进而影响了"中毒而死"这一化学反应的发生过程），但该结果无疑同样是"不得致人死亡"的规范所欲避免的。而既然行为人即使意图遵守法律也无法避免规范所欲避免的结果，那么规范就无法期待其避免结果。[50] 毕竟，规范无谓去期待行为人通过"合义务[51]地造成其所欲避免的结果 A"来替代"违反义务地造成其所欲避免的结果 B"，并对违反者加以处罚。这样一来，是否应据此认为行为人总是无法凭借反对动机来避免结果？答案仍是否定的。这是因为，在相当一部分情况下，行为人基于其反对动机选择的合义务行为在客观上能够同时消除实际致害的危险因素，这样一来就能够基于反对动机而避免结果。例如在"毒鱼丸案"中，行为人虽然只认识到了鱼丸中的蘑菇有毒，而未认识到被害人的免疫力和鱼的毒性，但既然蘑菇和鱼肉已被打碎混合做成鱼丸，那么行为人就会对"端上鱼丸"一事产生反对动机，而这样一来就也能够避免被害人被毒鱼毒死。[52] 由此可见，在故意既遂犯的结果归责中，应当检验行为人的合义务行为是否能够避免结果，只有在合义务行为能够避免结果时方可肯定归责。[53]

---

[50]　与之相对，若假设行为人即使不吃毒鱼也本将在实际死亡时间的下一瞬间突发疾病死亡，那么由于这一死亡结果不属于针对行为人的"不得致人死亡"（"不得加功于他人死亡"）的规范所欲避免的结果，因此不会得出"即使行为人放弃一切行为也无法避免（规范所欲避免的）结果"这一错误结论。（详见下文三（二）2。）认真的读者或许会质疑：倘若考虑因果流程的全部细节，那么在被害人于理发后被他人毒杀的情形中，理发而死和不理发而死也会是两种不同的结果。难道应当因此认为理发师同样具有结果避免可能性？本文认为，倘若现有科学水平无法证明理发与否会对被害人中毒死亡的因果流程本身产生可观测的影响，那么应当认为理发师本来就并未加功于他人的死亡，其行为并未违反规范。而倘若能够证明"中毒而死"的因果流程会因理发与否发生可观测的改变，那么就必须承认理发师的行为确实在客观上加功于他人的死亡，应当区别"理发后死亡"与"未理发死亡"的结果。这类似于以下情形：火车正飞驰而来，前方分叉的两条铁轨却都被落石堵塞，行为人扳动道岔致使火车离开原定路线撞上另一侧的落石从而引发损害结果，此时理应认定行为人扳道岔的行为是结果发生的一个原因（参见〔德〕乌尔斯·金德霍伊泽尔：《风险升高与风险降低》，陈璇译，载《法律科学（西北政法大学学报）》2013 年第 4 期，第 200 页）。倘若上述理发师没有认识到其行为会作用于被害人且将中毒而死的因果流程，那么就无法产生反对动机，不具有结果避免可能性，故应否定归责。而倘若其果真认识到其行为会作用于这一因果流程，那么其就确实具有结果避免可能性，应当肯定结果归责。当然即便如此，在确定刑事责任时也需要考虑理发师对因果流程的实际作用大小。

[51]　此处的"合义务"仅是指行为符合某一特定刑法规范（例如"不得致人死亡"）基于行为人的实际认识所要求的行为义务，而不排除该行为同时违反其他规范（例如"不得致人受伤""不得损害他人财物"），或行为人过失地违反规范，以致成立其他犯罪的可能。另需注意的是，如果合义务的行为无法避免结果，那么也难以直接将其视为"合法"行为，不能认为法律允许行为人此时导致结果发生。详见同前注[48]，下同。

[52]　当然，倘若确有证据证明行为人思维极其怪异，认为为避免结果则应将鱼丸中的蘑菇设法剔除之后端上鱼肉，那么也应当例外地承认其反对动机不足以避免结果，否定结果归责。

[53]　实际相同的主张，参见〔德〕英格伯格·普珀：《客观归责的体系》，徐凌波、曹斐译，载陈兴良主编：《刑事法评论》（第 39 卷），北京大学出版社 2017 年版，第 298—300 页。

因此应当认为,结果避免义务的判断包含"是否要求形成反对动机"与"合义务行为能否避免结果"两部分判断:首先,应判断行为人是否于行为时实际认识到其行为在科学上具有一定危险性,仅当得出肯定结论时,方可认定法律要求行为人基于主观认识而形成反对动机、避免结果;其次,应判断行为人本应基于反对动机而实施的合义务行为能否实际避免那些规范所欲避免的结果,仅当得出肯定结论时,方可肯定结果归责。据此,可以将图1中的结果归责依据完善为图2所示:

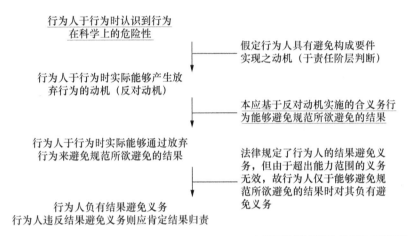

※标下划线者即为结果归责所需检验之项目

图 2   故意作为犯结果归责之依据(本文观点)

综上所述,故意作为犯中结果归责的依据在于,行为人违反了其基于行为时的实际认识而具有的结果避免义务。因此在认定事实因果关系后,没有必要艰难地尝试构建一个客观危险判断,而应当直接从行为人的主观认识出发进行结果归责。下文将以"基于行为时实际认识的结果避免义务"作为归责依据,尝试建构故意作为犯的结果归责方案。

三、故意作为犯结果归责的应然路径

根据上述归责原理,在认定事实因果关系之后,应当依次检验"是否要求形成反对动机"与"合义务行为能否避免结果"。而这两个检验恰恰可以在"构成要件故意的认定"与"故意既遂归责"两个归责步骤中分别得以实现。只有当二者同时得以肯定,方可认定行为人应当且能够基于行为时的实际认识而避免结果,进而肯定故意作为犯的结果归责。据此,构成要件符合性阶层应包含如下三个阶段的判断:首先判断客观构成要件符合性,其内容主要是检验行为、结果、因果关系以及进行诸如被害人同意等判断,而不包含所谓客观危险性判断;其次判断主观构成要件符合性,其内容主要是检验构成要件故意;最后进行故

意既遂的归责。这样一来,可以通过否定故意成立而在"雷击案"等情形中否定结果归责,从而实现客观归责路径中企图通过判断"危险创设"或"广义相当性"来实现但未能合理实现的功能;同时可以通过否定故意既遂的归责而在"医院火灾案"等情形中得出故意未遂的结论(可能与过失既遂竞合),从而实现客观归责路径中企图通过判断"危险实现"或"狭义相当性"来实现但未能合理实现的功能。以下将进行详细论述。

(一)故意认定:是否要求形成反对动机

通常认为,故意的成立要求行为人于行为时实际认识到[54]的事实能够在科学上表明一定危险性。换言之,在故意的认定中同样存在一个危险判断,其判断资料应为行为人主观上认识到的事实,而判断基准则应为科学因果法则。[55] 结合上文论述不难发现,在这一判断方法的指导下,故意成立与否所判断的其实正是法律是否要求行为人根据其行为时的实际认识形成反对动机。

对于是否要求形成反对动机而言,重要的只是行为人是否认识到行为在科学上的危险性。倘若行为人认识到了行为在科学上的危险性,却辩称自己坚信结果不会发生而无法产生放弃行为的动机,那么我们就有理由质问:难道行为人不知道世界是依据科学法则而非其臆想运转的吗? 行为人基于对结果不会发生的轻信而未能形成反对动机,并不意味着法律无法期待其形成反对动机:既然其已认识到行为危险性,那么这种轻信就"无非是其在内心深处对他人利益损害的极度冷漠之表达"[56],本身就是行为人应当且能够避免的。因此,只要将故意的实质理解为"要求形成反对动机",就自然会在意志因素必要说和意志因素不要说的论争中支持后者。对此,意志因素必要说常常举例反驳:行为人雾天行车时为了赶时间而在小路超车,结果撞死了迎面而来的被害人,此时其显然认识到了行为危险性,但其理应成立过失而非故意。[57] 但意志因素不

〔54〕 有观点主张故意的内容不应是行为人对客观事实的"认识",而应是行为人对客观事实的"设想",因为"认识"的含义中已经包含了"行为人的认知与客观事实相一致"的判定(明确主张这一点的,参见蔡圣伟:《刑法问题研究(二)》,台湾元照出版有限公司2013年版,第132页;相似的观点,参见乌尔斯·金德霍伊泽尔:《犯罪构造中的主观构成要件——及对客观归属学说的批判》,同前注〔4〕,第201页)。这主要是出于在不能犯的情形中肯定可罚性的需要(不过,支持这一观点也并不一定导致在不能犯中肯定可罚性),此外还可能是为了在"主观构成要件符合性"的判断中排除客观因素。由于本文的论证不涉及不能犯的问题,且主客观构成要件能否截然区分一事本身就有待进一步探讨(参见〔德〕Ingeborg Puppe:《论犯罪的构造》,同前注〔18〕,第153页以下),因此本文姑且不对此进行讨论,而根据通常观点将故意的内容界定为行为人对客观事实的"认识"。

〔55〕 Vgl. Roxin/Greco (Fn. 1), § 12, Rn. 8;井田良『講義刑法学・総論〔第2版〕』,前揭注〔13〕,196頁。

〔56〕 Puppe, Strafrecht Allgemeiner Teil: In Spiegel der Rechtsprechung, 4. Aufl., 2019, § 9, Rn. 5.

〔57〕 Vgl. Wessels/Beulke/Satzger (Fn. 1), Rn. 336.

要说此时也并不会主张行为人成立故意：行为人并未实际认识到被害人迎面而来，也并未实际认识到被害人与超车车辆的间距窄得无法超车，因而并未具体认识到危险，不应认定故意成立。而倘若行为人在明确认识到迎面而来的被害人及二者之间过窄的间距后仍执意超车，那么就理应成立故意。[58] 选择意志因素不要说不会带来不合理的判断结论。上述判断方法还可能遭到如下质疑：在行为人缺乏科学知识的情形中，是否可能不当扩大故意的成立范围。对此仅需注意，若行为人未认识到某一事实的科学意义，则不能认为其真正认识到了这一事实：例如不能认为对于化学一窍不通、也未看过相关新闻的行为人认识到其手中的氰化钾是"氰化钾"或"剧毒物"，而只能认为其认识到的是"化学物质"。

至于行为人认识到的行为危险性达到何种程度时方可期待行为人产生反对动机而认定故意，归根结底取决于刑法究竟是期待行为人更加谨慎地对待危险还是允许行为人更加大胆地行动。倘若刑法希望最大限度地避免法益侵害，那么即使行为人认识到的事实在科学上所表明的行为危险性较低，刑法也可能期待其产生反对动机而放弃行为；倘若刑法的目的在于最大限度地维护公民的行动自由，那么即使行为人认识到的事实在科学上所表明的行为危险性较高，刑法也未必会期待其放弃行为。[59] 例如，在行为人明知自己感染艾滋病却与他人实施无保护性行为的情形中，由于传染概率通常只有不到 1％，因此有学者认为理性的行为人即使不欲结果发生也可能实施行为，故应否定故意[60]；但也有学者基于同样的判断标准，反而认为理性的行为人并不会容忍这一危险，故应肯定故意[61]。判断结果之所以会出现差异，正是因为不同学者对于刑法所期待的守法者形象存在不同理解。鉴于这一问题属于立法论领域，因此不妨根据"反对动机"的含义，姑且为故意的认定提出一个普适的标准：当行为人认识到的事实在科学上所表明的行为危险性，达到使作为守法公民的行为人为了避免结果而应放弃行为的程度时，成立故意[62]——至于"守法公民"的具体标

---

[58]　参见蔡桂生：《构成要件论》，中国人民大学出版社 2015 年版，第 247—248 页。

[59]　相似的观点，参见〔德〕乌尔斯·金德霍伊泽尔：《犯罪构造中的主观构成要件——及对客观归属学说的批判》，同前注[4]，第 201 页。

[60]　Vgl. Puppe (Fn. 57), § 9, Rn. 29.

[61]　参见陈磊：《类型学的犯罪故意概念之提倡——对德国刑法学故意学说争议的反思》，载《法律科学》2014 年第 5 期，第 198 页。有责任说明的是，陈磊研究员所依据的艾滋病传染概率是 2％（第 193 页）而非不到 1％，但这一差异应当不至于影响判断结论。我国司法机关也持相同立场：最高人民法院、最高人民检察院《关于办理组织、强迫、引诱、容留、介绍卖淫刑事案件适用法律若干问题的解释》第 12 条明确规定，明知自身患有艾滋病而与他人进行无保护性行为者构成故意伤害罪。

[62]　参见〔德〕沃斯·金德霍伊泽尔：《故意犯的客观和主观归责》，樊文译，载《清华法律评论》第 3 卷第 1 辑，清华大学出版社 2009 年版，第 162 页；庄劲：《从客观到主观：刑法结果归责的路径研究》，同前注[4]，第 93 页。

准,则需根据对刑法目的的理解来加以确定。

在故意认定中考虑"科学因果法则"与"守法公民标准"并不会造成"主观与客观的混淆":作为刑法上的犯罪成立条件,"故意"的判断标准必然是依刑法的规范目的设立的;其"主观构成要件要素"的属性,旨在要求其判断对象为行为人的主观认识,而不可能要求其判断标准也是主观的。[63] 上述的判断,恰恰是针对"行为人认识到的事实"这一主观要素[64],立足于刑法期待公民对危险所持的谨慎程度,基于科学因果法则来判断其是否构建了足以使人放弃行为的危险。"科学因果法则"和"守法公民标准"理应属于"判断标准"而非"判断对象":其本身并非个案中的"变量",而是行为人主观认识到的事实这一"自变量"与故意成立这一"因变量"之间恒定不变的"对应法则"。[65]

总之,只有当行为人于行为时实际认识到的事实足以在科学上表明一个应使守法公民据此放弃行为的危险时,方可认定故意成立。据此,在"雷击案"中,无论行为人自以为其行为具有何种程度的危险性,只要其认识到的事实因素限于"将人于雷雨天置于山林",就理应否定故意成立;而倘若其眼看前方某处接连发生数次雷击,则应肯定故意成立。因此,应当通过否定故意成立而在此类情形中否定结果归责,从而实现客观归责路径中企图通过判断"危险创设"来实现,但未能合理实现的功能。

（二）故意既遂归责：合义务行为能否避免结果

1. 检验故意既遂归责的必要性

在肯定了客观构成要件符合性与故意成立之后,能否据此径直认定成立故意既遂？换言之,是否应在"符合客观构成要件"与"成立故意"的基础上对故意既遂犯的成立提出进一步的要求？根据上文的论述,答案是肯定的。毕竟,仅认定法律要求行为人形成反对动机还并不意味着行为人对结果具有避免可能性,只有在进一步认定合义务行为能够避免结果时,才能肯定结果避免义务以肯定归责。由于这一检验过程同时考虑了行为人的主观认识与客观事实,因此其不应像部分观点[66]所主张的那样作为纯粹的"主观归责"而被纳入"主观构

---

[63] 参见许玉秀:《当代刑法思潮》,中国民主法制出版社 2005 年版,第 264—266 页。

[64] 参见同前注[54]。如前所述,严格来讲,通说将故意的内容定位为"认识",这实际已包含了一个主客观相符合的判定,其中存在客观的因素。因此如果严格要求主观构成要件不得以客观事实作为判断资料,那么就应该主张故意的内容仅为行为人的"想象"。不过这并不影响本文的结论,对此姑且不做深究。

[65] 作为佐证,在过失犯结果回避可能性的判断中,"法律对每一个人必须对法益持保护、尊重态度的要求是相同的"[张明楷:《刑法学》(第六版),同前注[20],第 384 页]一事可谓共识。

[66] 参见蔡桂生:《非典型的因果流程和客观归责的质疑》,同前注[1],第 163—164 页。

成要件符合性"的判断之中[67];既然其讨论的是既遂结果能否归责于行为人的故意,那么就应将其称为"故意既遂的归责"(也有学者称为"故意归责"),并作为"构成要件符合性"阶层中与"客观构成要件符合性"和"主观构成要件符合性"相并列的第三个检验步骤存在。[68]这样一来,在所谓"因果流程发生重大偏离"的情形中,应当肯定"故意成立"而否定"故意既遂归责"。这样既不会使主观构成要件符合性的判断受客观事实影响[69],又能顺畅地得出成立故意犯未遂(可能与过失犯既遂竞合)的合理结论。

　　针对本文的观点,或许会有人提出不尽相同的主张。其一,传统的通说同样认同在"客观构成要件符合性"与"故意成立"之外,进一步考察实际因果流程与行为人的认识之间的关系,但却将这一归责步骤的效果定位为是否阻却故意。[70]这显然存在问题:故意在行为时即已成立,不可能在结果发生后通过对实际因果流程的考察而再回溯性地撤销;既然肯定了"故意未遂",就没有理由再"阻却故意"。[71]其二,更为激进的观点则立足于客观归责路径,进而主张无需在"客观构成要件符合性"与"故意成立"之外进行进一步的检验,此即所谓的"因果关系错误无用论"。其实质理由在于:既然行为人已然认为自己的行为具有危险性,就应当产生放弃行为的动机,行为人此时既然仍执意实施行为,那么其对法益保护所持的背反态度已足以令其承担故意既遂的责任。[72]但是,故意未遂犯同样是在认为行为具有危险性的基础上执意实施行为,因此仅凭这一点恐怕难以说明成立"既遂"的依据。因此在认定客观构成要件符合性与构成要件故意的基础上,必须考察合义务行为能否避免结果以判断故意既遂成立与否。

　　2. 结果避免可能性的具体判断

　　关于故意既遂的归责标准至今尚无明确结论。[73]本文认为,确定故意既

<hr>

[67]　参见 Ingeborg Puppe:《论犯罪的构造》,同前注[18],第 158 页。

[68]　参见蔡圣伟:《刑法问题研究(二)》,同前注[54],第 143 页。欧阳本祺教授在论及具体的打击错误时也持相同观点,参见欧阳本祺:《具体的打击错误:从故意认定到故意归责》,载《法学研究》2015 年第 5 期,第 105 页以下。

[69]　当然,如果要完全实现这一点,还应当主张故意的内容并非行为人的"认识"而仅为其"想象",详见同前注[54]。

[70]　参照福田平『全訂刑法総論〔第五版〕』,有斐閣 2011 年版,117—118 頁;Wessels/Beulke/Satzger (Fn. 1), Rn. 385.

[71]　参见蔡圣伟:《刑法问题研究(二)》,同前注[54],第 133 页;山中敬一『刑法総論〔第 3 版〕』,成文堂 2015 年版,363—364 頁;同前注[16],第 251—252 页。

[72]　代表性文献,参见张明楷:《刑法学》(第六版),同前注[20],第 361 页。其实,与此相近的、立足于行为无价值一元论而直接反对对实行终了的未遂减轻处罚的观点(Vgl. Armin Kaufmann, Zum Stande der Lehre vom personalen Unrecht, in: ders., Strafrechtsdogmatik zwischen Sein und Wert, 1982, S. 160f.)在理论上并非没有吸引力。但这与当下主张"因果关系错误无用论"的学者在不法论上的基本立场相矛盾。鉴于行为无价值一元论与我国实定法立场明显冲突,本文姑且对其不做展开。

[73]　Vgl. Rengier (Fn. 8), § 15, Rn. 18.

遂的归责标准必须从结果归责的依据出发。如上所述，行为人只可能基于其反对动机、通过消除其认识到的事实危险因素来避免结果，而不可能基于"上帝视角"而直接选择消除客观上导致结果发生的事实危险因素。故而，只有行为人本应基于反对动机而选择的合义务行为能够同时消除客观上导致结果发生的危险因素时，才能认为行为人对结果具有避免可能性，结果的实现才可以归责于行为人的故意。

　　本方案可能面临如下两个问题。第一个问题在于，结果避免可能性的判断逻辑本身或许就存在疑问：检验结果避免可能性时似乎使用了"假定因果关系"的思维方式，而学界通常认为存在假定因果关系不影响归责。[74] 对于这一问题，应当认为，只要以规范目的指导结果避免可能性的判断，就能够将其区别于不影响归责的情形：由于刑法无法禁止一切的法益损害发生，而只能禁止行为人违反规范地加功于法益侵害结果，因此结果避免可能性的判断中所要考察的"结果"并非所有可能的法益损害状态，而是特指行为人所违反的规范意在避免的法益侵害结果。[75] 故而，在被害人摔下高楼但于落地前被行为人开枪射杀的情形中，由于行为人只要遵守"不得致使他人死亡"的规范就能够避免被害人被其射杀的结果，因此应当肯定结果避免可能性。而由于刑法为行为人设置"不得致使他人死亡"的规范并非要求行为人去避免被害人失足摔死，因此本就无需讨论行为人是否能够避免被害人摔死，行为人能否避免被害人摔死一事根本不具有刑法上的意义。即使被害人是被第三人推下高楼也同样不会影响结论：刑法为行为人设置的"不得致使他人死亡"的规范也显然并未要求行为人去防止第三人杀害被害人，因此被害人原本是否会被第三人杀死一事对于行为人的归责而言同样毫无意义。这也解释了为什么在现象上，"假定因果关系往往是'替代行为人（或事件）'，结果不可避免则是'合义务的替代行为'"。[76] 其他涉及假定因果关系的疑难情形也同样可以据此处理。例如，甲乙各自基于杀意对被害人投放了毒药，二人的毒药均实际参与了反应，致使被害人死亡；其中甲投放的毒药达到了致死量，而乙投放的毒药未达到致死量。对此，应当认为针对乙的"不得致使他人死亡"的规范意在避免"乙加功于被害人死亡"而非"乙独自导致被害人死亡"：刑法不可能基于乙无法独自造成死亡结果，或基于其他人

---

　　〔74〕　相关的讨论，参见车浩：《阶层犯罪论的构造》，法律出版社 2017 年版，第 161—166 页；同前注〔16〕，第 111 页以下；庄劲：《从客观到主观：刑法结果归责的路径研究》，同前注〔4〕，第 63 页以下。

　　〔75〕　参见同前注〔2〕，第 118—120 页；毕经天：《合法替代行为管窥》，载郑智航主编：《山东大学法律评论（2016）》，山东大学出版社 2017 年版，第 219 页；庄劲：《从客观到主观：刑法结果归责的路径研究》，同前注〔4〕，第 70 页。段蓓：《注意规范保护目的理论研究》，清华大学 2021 年博士学位论文，第 96—99 页。当然，规范目的的确定本身值得深入探究。

　　〔76〕　车浩：《阶层犯罪论的构造》，同前注〔74〕，第 162 页。

亦实际加功于死亡结果,而使乙实际加功于死亡结果的行为正当化。[77] 那么由于乙只要遵守规范放弃投毒就能避免"被害人在乙的作用下被甲乙二人毒死",因此应当肯定结果避免可能性,同时在量刑时考虑甲乙各自起到的作用大小。同样地,由于针对乙的规范并未期待乙避免被害人被甲毒死,因此根本无需讨论乙原本可能的合义务行为能否避免"被害人被甲毒死"的结果。可见,所谓"存在假定因果关系不影响归责"的理由,恰恰在于此时仍具有结果避免可能性。因此考察行为人本应实施的合义务行为能否避免结果这一归责方案不存在疑问。

本方案可能面临的第二个问题则在于,作为检验对象的"本应基于反对动机而选择的合义务行为"似乎有多种选择:例如在"毒鱼案"中,行为人的合义务行为既可能是在放弃端上毒蘑菇的同时放弃端上毒鱼,也可能是仅放弃端上毒蘑菇而依旧端上毒鱼,此时对于"合义务行为"这一检验对象的界定直接关系到归责的结论。对此,应当以"任何可能的合义务行为"作为检验对象:毕竟,倘若行为人基于反对动机选择的合义务行为是"一动不动",那么其在任何作为犯中就都具有结果避免可能性;然而仅就故意犯而言,以"毒鱼案"为例,既然行为人只认识到了蘑菇有毒,那么故意杀人罪的规范就没有理由禁止除了"端上毒蘑菇"之外的任何行为。当然,在实际操作中,只需将行为人可能选择的"(就避免结果而言)最低限度的合义务行为"作为检验对象即可得出结论:若该行为能避免结果,则一切可能的合义务行为均可避免结果;若该行为无法避免结果,则法律无法期待行为人避免结果。[78] 例如在"毒鱼案"中,由于行为人基于反对动机仍可能选择"放下毒蘑菇而端上毒鱼",故应否定行为人基于反对动机而具有结果避免可能性。至于"具有反对动机的行为人是否可能选择某种行为"一事,则需结合生活经验来进行推定。例如在"毒鱼丸案"中,严格来讲,一个意在避免被害人被蘑菇毒死的行为人理论上同样可能将鱼丸中的蘑菇一点一点剔除后端上鱼肉;但我们根据生活经验显然可以推定,行为人即使具有反对动机也不会行此离奇之事,除非另有证据证明行为人的想法确实如此。因此,通常情况下应当将"剔除毒蘑菇而端上毒鱼"排除出"可能的合义务行为"的范围,而肯定行为人具有结果避免可能性。由于这一判断中考虑了生活经验,因此也就必然存在难以得出当然结论的"中间地带":例如,倘若毒鱼和毒蘑菇既非两道菜又非打碎混合成毒鱼丸,而是被做成了一道菜,那么在考察守法行为人基于反对动机究竟会选择何种合义务行为时,或许就会遇到难题——其是否可能仅挑

---

〔77〕 本文认为所谓"规范的可避免性理论"(参见徐凌波:《义务违反的竞合与结果可避免性》,载《南京大学学报(哲学·人文科学·社会科学)》2018 年第 2 期,第 144—146 页;Kindhäuser/Zimmermann (Fn. 10), § 10, Rn. 35.)的要义即在于此。

〔78〕 基于同样的理由,过失犯中合义务替代行为的选取标准也与此相同,参见同前注〔16〕,第 121—123 页。

出菜中的毒蘑菇而端上毒鱼,而非直接放弃端菜?[79] 不过任何规范判断均会存在"中间地带",相较于下文所述的其他归责标准,本文选择考察通常的生活经验也已属于恣意性相对较小的做法。

据此,在"桥墩案"中,由于守法的行为人为了避免被害人落水淹死理应选择放弃将被害人推下桥,而只要行为人放弃将被害人推下桥,被害人就不会摔死在桥墩上;因此行为人对结果具有避免可能性,应当肯定故意既遂。毕竟,根据生活经验,难以想象具有反对动机的行为人会实施其他能使被害人从高桥坠下的行为。而在"医院火灾案"中,即使行为人意图避免被害人死亡而放弃枪击,其反对动机也不会令其着意避免"使被害人前往医院"的行为,法律也因此无法期待行为人去避免这一行为;而既然这一行为仍会引发结果,那么法律也就无法期待行为人避免结果。因此在"医院火灾案"中,由于无法认定行为人只要意图守法就能避免结果,故应否定故意既遂的归责。

3. 其他归责标准之疑问

在明确了上述归责原理后,也就自然可以发现其他关于归责标准的学说分别存在何种问题。

其一,传统的通说认为,当实际因果流程的偏离超出了一般可预见范围,而足以对实际因果流程与行为人设想的因果流程作出不同的评价时("因果流程重大偏离"时),应否定故意既遂而只肯定故意未遂(或与过失既遂竞合)。[80] 问题在于,所谓的"应当作出不同评价"内容空洞难以适用[81],决定性的标准仍是与客观归责中相同的"可预见性"。因此,传统的多数观点实际与所谓的"因果关系错误无用论"殊途同归。然而,无论以何种事实作为其判断资料,可预见性归根结底只可能作为过失成立与否的依据,而没有理由影响故意犯既遂与否的认定。[82]

其二,"计划实现理论"由罗克辛教授提出,目前已得到一定认同。该说主

---

[79] 对于该情形中的判断结论存在激烈争议。结论上认为应当肯定故意既遂的观点,参见蔡圣伟:《刑法问题研究(二)》,同前注[54],第 174 页以下;欧阳本祺:《论因果流程偏离的主观归责》,载《法学评论》2015 年第 6 期,第 109 页。结论上认为应当否定故意既遂的观点,参见柏浪涛:《狭义的因果错误与故意归责的实现》,载《法学》2016 年第 3 期,第 103 页;蔡桂生:《非典型的因果流程和客观归责的质疑》,同前注[1],第 176 页;Frister, Strafrecht Allgemeiner Teil, 8. Aufl., 2018, § 11, Rn. 47f;同前注[16],第 270 页。当然,上述论者采用的归责标准各不相同。

[80] Vgl. Wessels/Beulke/Satzger (Fn. 1), Rn. 385. 日本的通说则直接以相当性(可预见性)作为判断标准,参照福田平『全訂刑法総論〔第五版〕』,前揭注[70],117—118 頁。

[81] 参见冈特·施特拉滕韦特、洛塔尔·库伦:《刑法总论 I——犯罪论》,同前注[45],第 121 页;蔡圣伟:《刑法问题研究(二)》,同前注[54],第 128—129 页。不同学者对这一标准也常根据自身的立场做出大相径庭的解释,例如有学者以其作为容纳"计划实现理论"的解释对象[Vgl. Roxin/Greco (Fn. 1), § 12, Rn. 156, 159; Gropp (Fn. 27), § 4, Rn. 127.],也有学者以两个因果流程中的危险是否相同进行解释[Vgl. Kindhäuser/Zimmermann (Fn. 10), § 27, Rn. 43.]。

[82] 参见蔡圣伟:《刑法问题研究(二)》,同前注[54],第 121 页;松宮孝明『刑法総論講義〔第 5 版補訂版〕』,前揭注[20],201 頁。

张只有当实际结果的发生能够被视为行为人计划之实现时,方可成立故意既遂。[83] 问题在于,实际因果流程与行为人计划之间的符合程度取决于评价者视角的抽象程度:倘若采取最抽象的视角,则实际因果流程与行为人的计划均可被描述为"造成法益侵害",实际因果流程无疑是行为人计划的实现;而倘若采取最具体化的视角,考虑因果流程中的全部细节,则实际因果流程与行为人的计划之间必定千差万别。况且,罗克辛教授也并未明确提出一个程度标准,以判断当实际因果流程与行为人的计划之间具有何种程度的关联时方可认定计划实现。因此,无怪乎"计划实现理论"被批评为"只是透过犯罪计划一词来包装法感判断的结论"。[84]

其三,雅各布斯教授认为,若行为人主观认识到的危险在客观上实现,则应将结果归责于行为人的故意。[85] 然而,这一方案依旧会面临"恣意选取抽象程度"的问题:例如,在"桥墩案"中既可能认为行为人认识到的危险与客观实现的危险均为"坠桥而死"的危险而肯定归责;也可能认为"淹死"和"摔死"是两种不同的危险而否定归责。[86] 或许正是基于这一原因,部分论者对上述观点进行了修正,强调若行为人认识到的、为故意成立所必需的事实因素同样在客观上为结果发生所必需,则应肯定故意既遂的归责。[87] 然而即使是事实因素也会面临"恣意选取抽象程度"的问题:例如在"毒鱼案"中,将行为人认识到的事实因素描述为"蘑菇有毒"还是"食物有毒"会直接影响判断的结论,但该说无法给出确定描述抽象程度的标准。事实上,恰恰只有通过对行为人的结果避免可能性之考察,才能合理确定描述的抽象程度[88]:在"毒鱼案"中,由于行为人并未认识到"鱼有毒",因此即使我们将行为人认识到的事实因素描述为"食物有毒"而使其在文义上同时包含"鱼有毒",也不可能使一个守法的行为人有意识地避免端送毒鱼,故而将事实因素描述为"食

---

[83] Vgl. Roxin/Greco (Fn. 1), § 12, Rn. 155ff; Gropp (Fn. 27), § 4, Rn. 126.

[84] 蔡圣伟:《刑法问题研究(二)》,同前注[54],第152—154页。

[85] Vgl. Jakobs, Strafrecht Allgemeiner Teil, 2. Aufl., 1991, § 8, Rn. 64f.

[86] 雅各布斯教授于被害人在突然经过的船上摔死的情形中即否认了危险实现,Vgl. Jakobs, a. a. O., § 8, Rn. 64.

[87] Vgl. Puppe (Fn. 57), § 10, Rn. 8;Kindhäuser/Zimmermann (Fn. 10), § 27, Rn. 44. 本文认为周漾沂教授整体上同样持相同观点(参见周漾沂:《从客观转向主观:对于刑法上结果归责理论的反省与重构》,同前注[4],第1506—1508页)。需要说明的是,周教授批评部分论者的判断对象是规范的"危险"而非为危险成立所需的"事实因素"时,曾将金德霍伊泽尔教授也列入批评对象(参见周漾沂:《从客观转向主观:对于刑法上结果归责理论的反省与重构》,同前注[4],第1511—1512页),但金德霍伊泽尔教授明确称其判断对象是作为危险成立基础的"情状"[Kindhäuser/Zimmermann (Fn. 10), § 27, Rn. 44.],因此本文难以赞同周教授的理解。

[88] 事实上,在"危险理论"支持者的表述中已或多或少地体现出"结果避免可能性"的思路,参见周漾沂:《从客观转向主观:对于刑法上结果归责理论的反省与重构》,同前注[4],第1502、1507页;同前注[53],第298页;Kindhäuser/Zimmermann (Fn. 10), § 27, Rn. 45.

物有毒"并无意义。

其四,松宫孝明教授和柏浪涛教授等学者认为,归责的依据在于行为人基于其认识能够预测到实际的因果流程,因此对实际结果具有"概括认识",故而存在故意;例如在"桥墩案"中,无论是坠河淹死还是在桥墩摔死,倘若"从自然主义角度观察",那么种种危险均为"推落桥下"的初始危险所"蕴含";因此既然行为人认识到了初始危险,那么就对这种种危险均存在概括的认识而并不排斥,故对此仍成立故意。[89] 但是,所谓"从自然主义角度观察初始危险流是否蕴含实际危险流"这一判断缺乏可操作的标准;如果是以条件关系作为"蕴含"与否的标准,那么"医院火灾案"中"被火烧死"这一实际危险就也蕴含在枪击的初始危险中;如果是以可预测性作为"蕴含"与否的标准,那么该说就并未超越上文所述的"因果关系错误无用论"。更何况,如果将归责的依据定位于行为人对实际危险具有某种意义上的故意,那么在行为人明确否定或根本无法认识实际危险时,就难以解释此时为何仍可能肯定归责。假设行为人误以为某种毒药会使人经受多日折磨后痛苦地死去,为虐杀仇人而使其吃下这一毒药,仇人却立即死亡,此时显然不应否定故意既遂。[90] 但行为人之所以会选择这一毒药,恰恰是因为其否定了该毒药致人立即死亡的可能。倘若此时仍认为行为人对实际危险具有某种意义上的认识或者对此并不排斥,则显然难以令人接受。

其五,蔡圣伟教授主张,倘若行为人认识到的危险在客观上"缺乏实现能力"(例如"桥墩案"中被害人实际是游泳健将),结果是由未被行为人所认识的危险导致,则应否定故意既遂的归责;而倘若行为人认识到的危险本就具有实现能力,且实际导致结果的客观危险也是由行为人创设,那么即使实际危险未导致结果,行为人认识到的危险也会导致结果,故而不应因行为人客观上多创设了一个意料之外的危险而反过来否定故意既遂的成立。[91] 然而,且不论这一方案仍以客观归责为必要前提(否则无法在"医院火灾案"等情形中排除归责),关键问题在于,考察行为人设想的危险原本是否能够导致结果恐怕既困难又无意义。一方面,如上所述,从科学的角度而言凡是没有引发结果的危险必然有其注定无法实现的原因,因此就一个并未实际导致结果的危险来讨论其本来是否可能导致结果,难免陷入区分"绝对不能"与"相对不能"的困境。[92] 另

---

[89] 参见柏浪涛:《狭义的因果错误与故意归责的实现》,同前注[79],第 104 页;松宫孝明『刑法総論講義〔第 5 版補訂版〕』,前揭注[20],201 頁。

[90] 例子出自蔡圣伟:《刑法问题研究(二)》,同前注[54],第 116 页。

[91] 参见蔡圣伟:《刑法问题研究(二)》,同前注[54],第 156—158、165—166、175—176 页。

[92] 对"绝对不能"与"相对不能"加以区分的困难早已被充分说明,参照福田平『全訂刑法総論〔第五版〕』,前揭注[70],242 頁。蔡教授也承认"行为人设想的侵害方式是否欠缺实现能力"一事是难以判断的,而即使将其判断标准表述为"行为人主观上想要利用的危险在客观上是否存在"(参见蔡圣伟:《刑法问题研究(二)》,同前注[54],第 159、175—176 页)也无助于解决这一问题。

一方面,我们也没有必要去判断一个本就没有实现的危险原本是否可能实现,因为即使其不可能实现,也可能足以使行为人基于反对动机而在客观上避免结果(例如被害人是游泳健将时的"桥墩案"),反之亦然。

其六,欧阳本祺教授提出以"主客观是否均可涵摄为同一构成要件"作为故意既遂归责的标准:例如在"毒鱼案"中,由于行为人认识到的因果流程和实际的因果流程均符合故意杀人罪的构成要件,因此应肯定故意既遂。[93] 然而这一标准恐怕过于宽泛:例如在"医院火灾案"中,若行为人对医院火灾具有特别认识,则理应成立故意杀人罪,因此客观上被害人被火烧死的结果完全可以涵摄于故意杀人罪中;这样一来,在行为人不具有特别认识的情形中,行为人意图以枪击致人死亡的故意与被害人被火烧死的结果也都可以被涵摄于故意杀人罪中,但行为人此时显然不具有结果避免可能性,不应肯定故意既遂。

因此,在肯定客观构成要件符合性后,应首先判断法律是否要求行为人基于行为时的实际认识而形成反对动机;而在得出肯定结论后,再考察行为人基于反对动机而可能选择的最低限度合义务行为能否避免那些规范所欲避免的结果。故而在"医院火灾案"等情形中,应当通过否定行为人的结果避免可能性来否定故意既遂的归责,从而合理地得出故意未遂的结论,以此实现客观归责路径中企图通过判断"危险实现"来实现,但未能合理实现的功能。

四、结论

综上所述,在故意作为犯中,应按照如下步骤考察结果归责。首先,应在"客观构成要件符合性"阶段检验行为、结果与条件关系等客观构成要件要素,并在需要时进行诸如被害人同意等判断,但不进行所谓客观危险性的判断。其次,应在"主观构成要件符合性"阶段检验构成要件故意等要素,只有行为人实际认识到的事实足以在科学上表明应使守法公民据此放弃行为的危险时,法律才要求行为人基于其认识形成反对动机,才可能成立故意。最后,应在"故意既遂的归责"阶段检验合义务行为的结果避免可能性,只有行为人基于反对动机所可能选择的合义务行为本身均足以避免结果时,才应肯定故意既遂的归责。据此,在"特殊体质案"和"雷击案"中,应否定故意成立;在"医院火灾案"和"毒鱼案"中,应肯定故意而否定故意既遂;而在"手电点火案""桥墩案"和"毒鱼丸案"中,则应肯定故意既遂。

上述归责路径在实务中优势明显。例如在"手电点火案"中,虽然法院合理地认定行为人成立故意犯既遂,但是其判断方法值得进一步推敲。法院基本采

---

〔93〕 参见欧阳本祺:《论因果流程偏离的主观归责》,同前注〔79〕,第111页。有责任说明的是,欧阳教授使用的"毒鱼案"是鱼和蘑菇被做成一道菜的原始版本,但依照欧阳教授的归责标准似乎并不需要在意二者是两道菜还是一道菜。

用了客观归责路径,在认定事实因果关系后,通过判断介入因素的异常性与介入因素的作用大小来判断是否存在刑法上的因果关系。就介入因素异常性的判断而言,其判断内容即为实际因果流程的可预见性。然而如上所述,"可预见性"作为过失犯的要素,不应对故意犯是否既遂的判断产生影响。本案中,法院已经认定"被害人打开警用手电显然是出乎被告人犯罪计划之外的一个事实因素"[94],那么对于故意犯的认定而言,又何需判断被告人本来能否预见这一因素?事实上,即使被害人的行为难以预见,也不会影响归责结论。至于介入因素作用大小的判断,则存在标准不明的问题:法院认为被害人的行为仅仅使"着火的结果比被害人预想的时间提早发生",而未使犯罪进程"发生根本性的变化"[95],但并未说明"根本性变化"的判断标准。其判断结论也未必理所当然——如上所述,在与之情况相似的"大阪南港案"中,即有观点认为"使死亡结果提早发生"的行为可能对因果流程产生实质影响而阻断对行为人的归责。而倘若采用本文所主张的结果归责路径,则可以较为明确地得出结论:本案中的事实因果关系和构成要件故意基本可以无争议地认定。而就故意既遂的归责而言,应当认为,行为人只要想避免结果发生就理应会避免向被害人所在的房间泼洒汽油,从而能够避免被害人被火烧死,故应成立故意既遂。

(责任编辑　徐　成)

(校对编辑　刘继烨)

---

　　[94]　最高人民法院刑事审判一至五庭主办:《刑事审判参考》(总第 105 集),同前注[7],第 12 页。

　　[95]　参见最高人民法院刑事审判一至五庭主办:《刑事审判参考》(总第 105 集),同前注[7],第 12—13 页。

《北大法律评论》(2020)

第 21 卷·第 1 辑·页 231—244

Peking University Law Review

Vol. 21, No. 1, 2020, pp. 231-244

译　文

法律自身的品性[*]

约瑟夫·拉兹^{**}　著　　叶会成^{***}　译

The Law's Own Virtue

Joseph Raz　*Trans. by Ye Huicheng*

内容摘要:这篇文章提出了一种对法治的新的理解,修正了笔者先前的观点,并批评了一些替代性观点。这个新理解主要关注法治意图避免专断政府这个目的,以及法治与政府基本功能之间的关系。法治要求政府行动表现出保护和促进受治者利益的意图。同样地,这也几乎是法律满足其他道德要求能力的必要条件,而且也有助于推动国内和国际间的协调与合作。

关键词:法治　专断政府　作为守护人的政府　受治者的利益

一、法治与法律的作用

我们可以将法治视为法律应当拥有的一种品性。它是法律应当拥有的主

---

* Joseph Raz, "The Law's Own Virtue", *Oxford Journal of Legal Studies*, vol. 39, no. 1 (2019), pp. 1-15. 本文是 2018 年 9 月份唐奖演讲(Tang Prize Lecture)的修订和扩充版,总体上保持了演讲的风格,感谢 Timothy Endicott 对早期草稿的重要评议。为呈现稿件原貌,译文脚注以原文格式为准,译者不再另作修改。

** 前英国牛津大学法学院法哲学讲席教授和研究教授(Research Professor)、贝利奥尔学院荣休研究员,现任美国哥伦比亚大学法学院讲席教授和伦敦国王学院研究教授。

*** 复旦大学法学院师资博士后研究人员。

要品性之一,而且照此,探讨法治将有助于理解法律的本质及其在我们生活中的作用。

　　法律是一种由规则、制度、实践以及将这些统合在一起的共同理解所组成的结构,法律通常也是一些社会组织的一个面向,比如国家、城市、大学、公司。国际法可能是例外,它并非由其与单一组织的关系所统合。当我们探讨法律在其所属人民的生活中扮演的必不可少的角色时,我们就是在研究法律的基本属性,研究它与其所属组织(比如国家等)之间的关系,及其与更一般意义上人民的生活与思想之间的关系。

　　正如我将理解的那样,法治是法律应当遵循的一种特有品性或理想。至于这种品性或理想是什么,并无统一的看法:对于一些重要的规范性制度和原则而言,缺乏这种统一的看法司空见惯,比如表达自由。缺乏统一的看法经常成为力量之源——借由支持这样的制度和原则,人们紧密团结在了一起,尽管关于这些制度和原则的本质,他们持有的看法却各不相同。然而,难道我们不应当努力去确立哪一种看法是正确的吗?很多时候,不止一种看法是正确的,分歧也只是假象,导致这个假象产生的原因是人们用"法治"这个术语指代某种完全不同的理想这个事实。哪一种理想值得被称为"法治"这种语词的争议是毫无意义的。但是,区分不同的理想或许也很重要,因为它们的内涵至少在某些方面是存在差异的。因此,下文就是我的方案,是对法治的一种常见看法的详细阐释。

二、法治的根本重要性

　　我将通过与个体繁荣(individual prosperity)所需条件的类比来探讨法治的本质。人们都生于带着自身文化和规范的社会当中。人们慢慢适应社会,然后创造性地利用时机和遵守他们文化所设定的限度来学习过上自己的生活:这个过程是借由熟悉(对事情是如何运行的理解)和预测(规划以及为将来做决定的能力)才得以可能,因为人们可以在有限范围内预测他们行为所带来的影响。如果没有这种可能性背景,那么人们的生活将变得混乱,失去对自我和自身处境的掌握感,接着也就失去自尊。

　　现在让我们想想法律:在一个既存的社会和法律文化中,政府掌握着权力,并遵守特定的规范,这些规范的稳定性和可预测性对于个体的福祉而言是必不可少的。法治就是由一些原则所构成,这些原则限制了政府改变法律和适用法律的行动方式——其中可以确定的一点是,它们维持了稳定性和可预测性,因而使得个体可以过上自己的生活并过好自己的生活。[1]

所以我将会论证,法治原则不是关于法律的内容,而是关于法律产生和适用的方式:它们要求法律决定和规则确立时应以稳定的一般性法律学说为依据,作出时应出于公共的可理解的理由,适用时应如实地遵守正当程序,等等。

重要的是,这些个体和社会繁荣的条件都是普遍的。不同的社会有不同的口味,不同的社会关系和社会方式,不同的经济结构,不同的宗教或没有宗教,等等。但所有的社会都要求稳定性和可预测性,而且为了人们能够在法律框架中感到便利,以及独立和自信地规划他们的生活,这些条件首先要能够被要求遵守的人们所理解。

因此,法治具有普遍性。它的原则将原本各自迥异的文化统合在了一起,因而给不同个体和社会之间的互相宽容提供了重要的框架,而且也使得全世界范围内的文化交流和经济交流变得可能。

三、探寻法治原则

(一)第一轮

我下面的讨论只适用于成文法。我相信它也很容易扩展到其他类型的法律当中去。

我认为法治指涉的是遵从法治学说的法律体系所拥有的一种品性,而且法律体系所属的公共文化也将抵制其背离这项品性。法治学说由原则组成,这些原则由它们的基本原理统合在了一起,并表达了它们的基本原理的不同面向和应当予以运行的不同方式。(归属于法治学说的)其中某些原则是几乎所有法治学说的共同原则。它们包括了如下五个原则。依法而治意味着:

(1)相当清晰;

(2)相当稳定;

(3)可公开获取的;

(4)一般性的规则和标准,这些规则和标准是;

(5)以前瞻性的而非回溯性的方式适用。

这些原则有什么共同之处呢?是什么使得它们成为一个学说而不是原则

---

〔1〕 正如本期刊(指原刊——编者注)的一位审稿人指出,必要程度的稳定性可以通过除了法治以外的其他方式获得,比如极力塑造传统文化的非正式方式。不会有人想由此推论稳定性需要完全依赖于法律。政府机构可以而且经常借助于这些方式来补充法治,有时候是直接替代法治。法治所减少的特定的不稳定性对应的是法律自身(与其他秩序形式相对)所产生的不稳定性,这一点后文更会说得更清楚。我们这里所讨论的不稳定性对应的是法律以某些方式引起变化的能力,其他秩序形式(不那么容易为慎思和决定所影响)在这方面的能力是不如法治的。正是出于此原因,法治的内容才是法律规划的根本,而其他那些据说可以普遍适用的善在这种意义上却不是。

的大杂烩呢？流行的看法是它们共同陈述了一些条件，只有满足这些条件才能使得服从法律的人知道法律是什么，从而使得政府（其目的在于指引人们的行为）知道如何统治，服从法律的人们知道他们如何被统治。

这一点为什么如此重要呢？与个体繁荣条件的类比提供了解释。对于那些将要受到法律影响的人，能够知道法律将如何影响他们，并鉴于此安排他们自己的事务是很重要的。

（二）问题

不论是五个原则还是它们的基本原理都面临着一些难题，不过还不至于完全推翻五个原则及其基本原理。但是这些难题足以表明，尽管这些原则及其解释很有道理，但就它们目前的呈现来看还无法成立。

我上述所列的法治原则很模糊，允许了不同程度的遵守。就其本身而言，并无任何问题。许多原则都是如此。难题在于法治对于遵守的必要程度没有给出任何指引。那法治又如何要求必要程度的遵守呢？至少存在两类原则允许了程度性的遵守。它们都要求遵守某个（某些）面向，因而越是满足或符合这个面向，就越是更大程度地遵守了原则。其中一类原则要求朝着这个面向达到一个特定的点，或更像是达到一个特定的区域。满足这个要求就算是完全的遵守，不需要超过这个要求（结果可能是好的、坏的或无关紧要的）。至于朝着这个面向达到多大程度算是完全的遵守将由这类原则本身所决定，其取决于设计这类原则想要获得的东西。另一类原则要求的完全遵守是朝着相关面向达到最高点。在很多情形中，根本就没有这样的最高点，因此也就没有完全的遵守，只有不同程度的遵守，在相关面向上走得越远，对这类原则遵守的程度也就越高。

综合考虑所有情况，我们应当在多大程度上遵守一个原则也取决于此原则适用情境下相反的行动理由。原则提供的只是初步的理由（*pro tanto reasons*），法治的诸原则也是如此。那么根据以上的这些说明，什么情形才算是完全遵守了法治呢？下面我只用一个担忧就能说明这个难题：法治原则似乎是要排除法律中的变化和对法律权威自由裁量的依赖。

然而，我们现在考虑的问题不是法律权威应当如何使用它们的自由裁量（discretion），而是它们应当拥有多少自由裁量。法律权威不可能连一点自由裁量空间都没有。在应用和解释法律的过程中，自由裁量是不可避免的。不过，我们可以合理设想，如果法律权威没有任何自由裁量会是一件好事吗（至少在某种意义上）？这将意味着法律权威无权制定法律，无权解释法律，而且想到在一个法律制度中法律权威没有任何这样的权力一点好处也没有（在任何意义上），似乎也是不合理的。所以现在问题就变成将自由裁量的权力削减到什么程度才是理想的；将自由裁量的权力削减到什么程度才算是完全遵守了法治？

我觉得这个问题没有一般性的答案——也就是说,从我们目前所探寻的法治原理中得不到任何东西。在涉及一些政府机构的自由裁量权和这些机构所处理的某些事务上,有些人可以给出一个答案。但这不是一般性的标准。原因在于,人们可以根据不完整的信息以及冒着风险规划和组织他们自己的事务。事实上,鉴于法律适用必然是不完美的,不论它在语言上多么清晰,甚至是在解释它、应用它或修订它时没有任何自由裁量,法律本身也会产生不确定和风险。特定时候,法律还会有意采用一些产生风险的规则。我们的结论只能是:尽管法律意在指引人们的行动,但其指引能力与我所列举的法治原则之间的联系并不如我们平常所预想得那样稳固。

所以,我们必须认识到上述探寻出的法治学说并不充分。或许我们只是说出了其中的一部分。在不放弃五个原则的合理部分的基础之上,我们需要继续探究和发展我们对法治学说的理解。

(三) 第二轮:自由裁量的政府

法治公认的目的之一就是避免**专断政府**(*arbitrary government*),我们还从这一点出发。我们可以将此作为线索,帮助我们进一步提升对法治的理解。

我们要注意到,第一轮中列出的五个原则并没有消除专断政府的可能性。例如,利用公共权力为掌权者或其朋友与亲戚谋利就是专断权力的一个典型情形。前述的五个原则并没有排除自我谋利,它们仅仅是限制了谋利的方式而已。[2] 这表明,继续沿着这条线索可以帮助我们提升对法治的理解。

什么是"专断政府"呢? 更一般而言,什么是专断行为呢? 专断行为就是漠视支持或者反对理由的行为。专断政府就是使用权力时漠视权力应当如何行使的那些恰当理由的政府。

当然,这里还有很多需要澄清的地方。但我只说一点:专断政府不同于作出随机的决定(making random decisions)。当存在决定性理由选择诸多选项中的一个,但却没有理由或没有已知的理由偏好当中的某一个时,随机决定就是一种决定选项的恰当方式。

什么样的理由应当指引政府,而忽视了哪些理由就是专断政府呢? 政府由法律所创设,在创设政府时,法律会或明或暗地标示出它们的目的。作为政府,它们的本质就是应当遵循和适用法律,尽管法律可能会创设出例外,豁免它们服从某些法律的义务。那为什么服从法律却成了政府的品性呢? 我们要记住,法律的本质就是要宣称拥有道德正当性,而政府的本质就是适用和发展法律的工具。

---

〔2〕 很可能它们排除了通过直接提及我家庭成员的方式为我的家庭谋利,但是却允许通过找到某个事实上除了我的家庭成员之外极少有人(如果有的话)满足的条件来实现间接的区别对待。

所以,由于法治要求政府忠于法律,法治(学说)因而是一种道德学说。但并非所有的法律体系都是道德上正当的:这意味着法治不适用于这些法律体系,因为适用这些法律体系的法律毫无道德价值吗? 未必如此。这恰恰意味着这些法律的适用要更加灵活,而且某些法律或许根本就没有理由适用。然而,正如我开头与个体繁荣条件的类比所显示,在多数情况下仍有理由遵守法律,即使在一些情况下法律可能会被(其他理由)胜过。

我们还应当牢记两个要点。第一,不是每一次政府未能成功地接收法律指引就是违反了法治。这些不成功或失败绝大多数都是出于失误或无能力。即使是最为勤勉的和称职的政府都有可能有这样的失败。而这些失败并不表明政府漠视了那些本应指引它们的理由。

第二,认为服从法律(狭义上的)就是政府行为的唯一指引这个看法是错的。一方面,政府有大量的自由裁量权力;另一方面,政府在解释法律时——正如它们必须做的那样——受到了一些特定理由的指引,同时也要排除一些其他理由的指引。

有没有一种一般性的方式描述出哪些理由应当指引政府,而哪些理由又不应当指引政府呢? 决定实施自由裁量权或者解释法律时应追求什么样的目的是日常政治学的任务,法治并不审查这种政治学成功与否。但是,作为政府,其本质就已为它可以追求什么样的目的提供了线索。

此外,尽管政府的专断是指漠视了它们的行为是否与其目的保持一致这个观点看起来既简单也有益,但要理解这个观点仍旧存在困难,这迫使我们一边要接受法治是排除专断政府的,一边还要意识到我们仍有进一步的问题要回答。

这里的困难就是:不论是在解释法律还是在实施自由裁量权,关于政府是否在追求一个政府可以正当追求的目的时,什么情形下政府就构成了漠视? 它不可能完全取决于政府的宣称。让我来举个例子:想象一个由唯一世袭的统治者所统治的政府,我们称他为雷克斯(Rex)。雷克斯已下令为他的爱人购买一颗非常昂贵的钻石。他宣称他有权这么做,因为他的爱人将非常喜欢这个礼物。他的这个理由是爱人之间赠与礼物的很好的理由,也即爱人们可以用自己的私人财产实现取悦对方的目的。雷克斯错在没有认识到,即使他控制了公共资产,他也并不拥有这些资产。雷克斯看起来没有区分政府的权利和权力与私人的权利和权力两个概念。或许在他的国家,这个区分并不适用。在这种情形下,法治并不适用于他的国家。但如果他的国家的宪法承认了这对概念区分,那么他的行为就是违反了法治,因为他无法宣称自己私人行为追求的目的能够成为政府所追求的目的。

这里的困难在于,一方面我们无法说他是专断行事,也即他漠视理由:他认为他有好的理由支撑他的行动。另一方面,在关于政府应当追求什么目的这个问题上,他的错误要比通常的错误更为基本。他错就错在认为他拥有了私人所有者的权利。

所以,漠视理由、专断行使权力只是我们违反法治的其中一种方式。[3] 另一种方式则是追求某个明显就不是政府有权追求的目的。这种方式并非漠视理由,但却是**任何**政府都不能够正当做的事情。正是政府的性质将其排除。因此,说它被排除并不是在政府应当追求什么样的目的这个问题上表明立场。这只不过是在主张,政府应像一个政府一样采取行动。

(四) 最后的建议:作为守护人的政府

像一个政府一样采取行动是什么意思呢? 政府的存在并非是促进它们自身的利益,而是要促进……各种建议争相涌现,但我只采纳其中最为显而易见的那一个:受治者的利益。宽泛理解的话,也即包括了受治者的道德利益,这一点似乎合情合理。正如我们所说,法治的正当性和政府行为的正当性都应当是"服务于受治者的利益"。

围绕着这个核心理念,可以展开以下几个观点:

(a) 所有受治者的利益都应当被给予恰当的价值和重要性。

(b) 守护职责:宽泛点理解的话,受治者包括了任何直接受到政府行为影响的人。但政府对一些人利益的照顾有着特殊的义务,因为在一种特殊意义上政府的确是这些人的政府。政府应当是这些人——政府所有者——的公共利益的守护者。当然,政府也应当考虑到其他人的利益。但是其他人有他们自己的守护者,也即他们自己的政府,也就要分担相应的守护责任。在决定如何保护和促进他们的利益上,他们的守护者有着特殊的资格。我们的政府不能接管他们政府的功能。所以,这些政府所有者的义务是很特殊的。履行这项义务会很复杂,需要因时制宜,而且必然会充满分歧。

(c) 显而易见的意图:当政府根据法律采取行动和实施它们的权力时,政府就是遵守了法治。政府会宣称自己的道德正当性,其中的部分原因在于政府是由某个正当的法律制度所设立的,法律为其设立的政府提供了约束理由。每当政府试图僭越法律时,政府就是在专断行事。正如法律及其在道德上恰当的解释和实施所展现的那样,遵守法治的标准就是按照服务于受治者的利益这个显而易见的意图行事。我把这一点命名为(法治的)核心理念。

---

〔3〕 这里还有一个例子可以表明避免专断还不够:想象一下雷克斯恰当地区分了公共目的和私人目的。但是他认为,公共利益的损失相比于他爱人的快乐是小事,并不重要。所以,他认为他的理由是能够得到正当化的。他并非在专断行事。但就普遍被接受的观点而言,他的行为还是违反了法治。

（五）配合核心理念的进一步要求

这么理解的话，法治学说会要求遵守一些原则，也即我们所知道的公共责任（public accountability）的主要特征。

（6）政府决定所依据的理由应当公开宣布。*

这一点或许会让人很惊讶，觉得有点过了：显然，某些政府决定的理由无需公开。这自然没错，但所有法治原则陈述的都是**初步理由**，这些理由是可以被相冲突的考虑所推翻的。

（7）政府作出决定的过程应当是公平的和无偏见的。

（8）也应当为考虑相关的论辩和信息留有适当的机会（包括了不同程度的代表制和听证）。

（9）政府决定应当是合理的，要与它们所宣布的理由相称。一旦决定与宣布的理由不相称的话，我们就有理由怀疑决定的合理性。

（10）推定惯习：确立政府是抱有服务于受治者利益的信念而行事这个举证责任是很重的。在实践中，法治要求是通过官员根据如何去这么做的惯习（如何立法、裁判、发布行政命令等）来实施法律事务而得以满足的。这些惯习建立在特定国家当地的法律文化之上，当然，这些惯习肯定也要遵守法治的其他要求。这些惯习因此提出了一对可被推翻的预设：一个是遵守这些惯习是服务于受治者的利益，另一个是从这些惯习来看，遵守它们的官员也是出于受治者的利益而行事。

（11）法治学说及其主要意涵应当是公共文化的一部分，要体现在教育和公共讨论当中，要被所有的公民都当成是显而易见和至关重要的事情。法治原则应当凌驾于政治分歧之上，尽管在实施细节中可能不是这样的。

四、辩护法治原则

（一）辩护的必要性

我们会以各种各样的方式使用"法治"这个词语，所以人们很有可能用其指代几个完全不同的原则。我并不是主张以其他方式使用"法治"这个表述就是错误的，也不是在主张将其他那些被指涉的原则放在"法治"名下就完全是误导性的。我想主张的是，我所阐释的这个学说是正确的，它所表达的思想处于思考有关法治这个问题传统中的核心地位。我不会为了辩护这个学说而花费太多时间反驳大量误导性的批评——这些批评针对的是持有像我一样的法治观点。[4] 但是，我会通过反驳它们的一个共同批评而帮助我们解释为什么一些

＊ 此处序号从英文原文，接续前文内容。

〔4〕 对其中一些共同错误详细而中肯的分析，参见 John Gardner, *Law as a Leap of Faith* (OUP 2012) ch 8.

替代主张实际上没有表达任何原则。

我所说的就是人们老生常谈的观察,也即法治(与我所主张的法治类似的诸种版本)并不保证法律就是好的或正义的。也就是说,遵守法治原则的法律制度依旧可能是不正义的或在一些其他的重要方式上是失败的,比如没有尊重人权。

这个观察是对的,而且根据我所主张的法治学说也是如此。但正如这个批评所呈现的那样,问题在于它并不能算作一个对其意图批评的那个原则的批评。比如,对于一个尊重表达自由原则但本身却并不符合正义或违背其他人权(例如健康权)的法律制度,它就不构成一个批评。

但是,难道法治原则并不保证法律是正义的,法律要尊重人权……吗?我不仅不会提出这种主张,而且也不相信有任何原则或任何规范性学说本身就能够保证这些。法律应当遵守各种各样的道德原则,展现诸多截然不同的道德价值。法治是其中的一个,但并非唯一一个。不存在任何其他原则或学说,仅凭遵守其本身就能够保证法律满足正义等要求。

让我用宾汉姆勋爵(Lord Bingham)对法治所提出的重要而富有影响力的讨论来帮助我们说明这一点。[5] 宾汉姆主张法治包含了八项原则:

(1)法律必须是公开的、可理解的、清晰的和预测性的。

(2)法律权利和法律责任的问题通常应由实施法律而非实施自由裁量来解决。

(3)法律应当平等地适用于所有人。

(4)大臣和公职人员必须出于权力被赋予的目的而真诚和公正地实施他们被授予的权力——合乎情理而不僭越权限。

(5)法律必须为基本人权提供适当的保护。

(6)国家必须为争议各方无法解决的争议提供解决方式。

(7)国家所设立的裁决程序应当是公正的。

(8)法治要求国家不仅在国内法中有义务遵守法治,而且在国际法中也有义务遵守法治。

这些原则中有很多是与我所列举的原则相重叠的,但我所列举的原则中明显少了两个,那就是法治包括了对基本人权的适当保护和要求国家在国际法中也有义务遵守法治。

对于宾汉姆勋爵的原则清单我们可以提出各种反驳理由。就当前的目的而言,其中的一个重要理由就是这些并非单个原则或单个学说,而是各不相同

---

〔5〕 Tom Bingham, *The Rule of Law* (Allen Lane 2010). 许多作者都类似地采取了这种路径。比如 Judge Barak's *The Judge in a Democracy* (Princeton UP 206) 54。

的原则的混合,它们背后的原理亦各不相同。

在支持宾汉姆勋爵对法治的这种理解时,尊敬的多米尼克·格里夫(Dominic Grieve QC)阁下(随后担任了英格兰和威尔士司法部长)解释道:

> 通过观察这八个原则,尤其是第五个原则"法治要为基本人权提供适当的保护",我们就能够避免由约瑟夫·拉兹教授在其1979年出版的作品《法律的权威》中所提出的困境。
>
> 拉兹教授似乎主张,在法治的框架内仍旧可能存在一些压迫少数、纵容奴隶制和支持性别不平等的社会——所有这些都是自由民主社会所不齿的。然而,通过遵守严格的法律体系和程序,这样的社会却仍旧可以正当地宣称很好地遵守了法治。[6]

正如你们所见,我并非是在指出一个困境,而只是指出了如下这个简单的事实:法律想要实现正义、正当或根本的善,应当遵守不止一个道德原则或道德学说。简单地将它们全部列出来,好像它们都共享了一个原理,或者具备了相似的重要性,或者又各不相同,我们不仅无法获得任何东西,而且还会失去很多东西。承认这些原则或学说的多样性,会让我们的理论和实践都变得清晰很多。

（二）对国际文件的误解

正如我已经指出的那样,对于法治的理解没有统一的看法,不仅学术上的讨论是这样,官方的文件也是如此。为了证明这一点,这个小节将举一些例子。此外,正如下文将会表明的那样,有时候人们的这个主张——认为在法律实践中对法治的流行看法是所谓的厚理解(thick understanding)(大体上就是认为法治就意味着良法之治)——却是基于对相关文件的误解。

《世界人权宣言》的前言包括了这些话:"鉴于为使人类不致迫不得已铤而走险对暴政和压迫进行反叛,有必要使人权受法治的保护。"[7]这是宣言当中唯一一次提及法治,但很不幸,人们经常援引这句话支持法治学说包括了对人权的保护这个观点。事实上,情况毋庸置疑是截然相反的:法治与人权是相分离的,只不过法治应当被用来保护人权而已。

有很多基本人权公约压根就不提法治(例如,《公民权利和政治权利国际公约》《经济、社会及文化权利国际公约》)。(即使提的话)有时候对法治的定义也很宽泛。典型的就是2004年联合国秘书长关于"冲突中和冲突后社会的法治

---

〔6〕 The Right Honourable Dominic Grieve, "The Rule of Law and the Prosecutor" (2013) https://www.gov.uk/government/speeches/the-rule-of-law-and-the-prosecutor.

〔7〕 https://www.un.org/en/udhrbook/pdf/udhr_booklet_en_web.pdf. (出于便捷和减少争议的需要,这句译文我直接引自《世界人权宣言》的中文版本,参见 https://www.un.org/zh/universal-declaration-human-rights/index.html,2020年4月28日访问。——译者注)

和过渡司法"的报告，报告指出法治

> 指的是这样一个治理原则：所有人、机构和实体，无论属于公营部门还是私营部门，包括国家本身，都对公开发布、平等实施和独立裁断，并与国际人权规范和标准保持一致的法律负责。这个概念还要求采取措施来保证遵守以下原则：法律至高无上、法律面前人人平等、对法律负责、公正适用法律、三权分立、参与性决策、法律上的可靠性、避免任意性以及程序和法律透明。[8]

然而，这段摘录的报告文本反复暗示出，法治并不包括正义。[9] 有时候，法治又被等同于"法律与秩序"[10]，类似地，报告还将法治与民主和人权区分了开来。例子如下：

> （1）"这样做是为了推动若干目标，包括将严重侵犯人权和人道主义法的责任人绳之以法；结束并防止再次发生此种侵犯行为；为被害人伸张正义和保障其尊严；建立过去所发生事件的记录；促进民族和解；重建法治；以及协助恢复和平。"（第38段）

> （2）"国际社会有义务在冲突破坏或阻碍国内法治的地方为保护人权和人的安全直接采取行动。"（第34段）

> （3）"为恢复人的安全、人权和法治而迫切需要采取的行动并不能拖延。"（第27段）

> （4）"为应付冲突后环境的挑战，必须采取一种能在诸多目标之间实现均衡的方法，其中包括追究责任、真相与赔偿、保全和平以及建立民主和法治。"（第25段）

简而言之：秘书长对"法治"这个术语的使用与他自己对"法治"的明确定义自相矛盾。

（三）得以辩护的法治学说

遵守法治学说及其原则的好处显而易见：

（1）法治学说适用于法律的所有方面，因而为创设法律、适用法律和执行法律确立了一个共同的样式，也将有利于个人生活规划和人际间的合作，为法

---

〔8〕 https://www.un.org/ruleoflaw/blog/document/the-rule-of-law-and-transitional-justice-in-conflict-and-post-conflict-societies-report-of-the-secretary-general/第6段。（出于便捷和减少争议的需要，此处的译文我直接引自联合国安全理事会秘书长报告《冲突中和冲突后社会的法治和过渡司法》中文版本的相应段落，参见 https://digitallibrary.un.org/record/527647? ln＝en＃record-files-collapse-header，2020年4月28日访问。下同。——译者注）

〔9〕 参见摘录的选段中将正义和法治放在了不同的条款中，联合国秘书长（注〔8〕）第11、12、13、14、17、19、20、23、37、49、56、和57段。

〔10〕 联合国秘书长（注〔8〕）第29、32、52和53段。

律从业者提供了一种共同语言和特定方法。

（2）使得需要法律的理由变得显而易见，因而相对来说，促进了对法律价值的讨论。

（3）提高了开明改革的几率。

（4）通过理性的法律执行程序，法治学说要求和鼓励了信息的收集，而且也鼓励通过（法律）解释实现渐进的改革。

（5）这是法律作为法律的普遍品性。所以，它促进了国家间的协调与合作。通过法律制度背后的相似原则，它有助于提升跨越国境的互相理解。

（6）最重要的一点自然还是法治（本身作为一种道德学说）与其他道德原则之间的关系。我认为可以将其描述为一种双向车道：法治需要借助其他的道德原则，反过来，法治也会促进新的——派生性的——道德原则的产生。法治如何借助于其他道德原则呢？我之前提到，法治学说的实施需要依赖于随时随地而变化的惯习。现在存在一个有一些分量的道德原则（以至于很难有正当理由违反这项原则，即使是通过法律制度），而且调节的对象之一就是制度的运行方式，那么将其当作一种惯习整合进法治学说当中就很合理。听取双方当事人的陈述（*Audi alterm partem*）这个例子或许可以支持这个论点：存在一般性的公平理由听取一个可能受到判决不利影响的人的意见。但这些理由只是初步理由。我没有必要听取每一个可能会受到我所做的某些事情不利影响之人的意见，尽管当此可行的时候我有理由这么做。要求法院和其他的法律机构应当这么做被普遍认为是法治的原则之一也就合乎情理：也就是说，如果一些法律机构的行动违背了听取双方当事人陈述这一原则，那么这种行为不仅可能是不公平的，而且也是专断的（因而违背了法治）。当然，还有一些其他例子。但是法治也会促进道德和派生性道德原则的产生。实现这一点有各种各样的方式。最常见的就是以下这个事实：当法治得到遵守时，就将产生其原则会得到遵守这样的预期，人们通常可以在各种不同的情况中正当地依赖这些得以遵守的预期，而且通过尊重正当预期这个原则，法治的惯习就获得了一种独立的道德力量——独立于我所阐明的那种法治学说原理。

我还必须要补充两点说明：第一，我的评论着重强调了法治学说适用于法律的各个方面以及各个国家的法律所带来的类似好处。但法治学说中的原则在适用时也为灵活性和适应性留有了大量空间：在不有损构成法治原则之原理的前提下，适用于银行法的法治原则或许在很多合适的方式上不同于处理青少年犯罪上的法治原则，适用于普通法区域的法治原则或许也不同于适用于大陆法区域的法治原则。在尊重国与国之间象征着当地传统的重要差异的同时，法治也同样得到了遵守。[11]

当我们想到法治学说不仅适用于国家法,也可以适用于比如自治组织的法律时,我们就很容易看到它在适用中的灵活性。它们的法律,也即自治组织的法律,目的也是服务于一些共同的善,也不应当专断行使或服务于自身。然而,我们不会期望自治组织应当遵守那些我们认为必须适用于国家法的一模一样的原则。

第二,借由惯习(确立了一些可被推翻的预设)实施法治这个事实也给适应当地的传统留下了充足的空间。所以,比如在一些国家,特定种类的争议是通过在法官和陪审团面前诉讼解决的。违反这一点就是违反了法治。但在另一些国家,并不需要陪审团听审,争议是通过专家组来解决的。在这些国家,违反这个程序就是违反了法治。

我之所以要强调法治对当地传统的适应性,是因为这是它有资格成为一个普遍的道德学说的条件,这也帮助我们反驳下述这个批评:认为法治是一种文化强行将其标准施加于其他文化的表现。现在是时候简要提一下我的第二点说明。尽管遵守法治会带来显而易见的道德好处,但它无法确保正义、民主和尊重人权的盛行。为了避免不正义和其他的道德缺陷,法律还需要拥有很多其他不同的品性。

很久以前,我就说过法治保护我们的是免受法律存在本身所创造的风险之害。[12] 法律被用来保障各种各样有价值的条件,这些条件的性质会随着环境和掌权者的观点而发生变化。法治并不直接促进这些条件的成功实现。但是,当法律被用来实现很多好的东西时,它的存在也会为很多坏的东西创造机会。这是众所周知的事。法律是一种强有力的构造,控制它的人拥有权力,这种权力和其他权力一样可能被滥用。法治帮助我们免受其中一些风险之害。

(四)得以辩护的法治学说:从副产品到品性

这也就是为什么法治有很大的价值。我所提及的遵守法治的所有好处都是其主要品性的副产品:根据保护和促进受治者利益这个显明意图行事。

基于主要品性的只有两个前提——政府只能为受治者利益行事,以及关于这个利益是什么和它的意涵的真诚的错误都是日常政治学的内容,而且这些真诚的错误并不违反法治——我的结论是法治的品性在于试图确保政府根据服务于受治者利益这个显明意图行事。

下面是一些解释:

(1)如果大家都同意这两个前提,自然很好。这将会巩固对法治的理解和

---

[11] 当然,不用多说,法治不可能与所有可能的传统相互兼容。

[12] Joseph Raz, *The Authority of Law* (OUP 1979) ch 11, 228.

尊重。但不是每一个人都同意这两个前提。我对法治学说的辩护并不依赖于每个人的同意,而是依赖于这两个前提的有效性。正如我所理解的那样,这个学说依旧也服务于保护那些对这两个前提有异议之人的利益。例如,如果某人坚信法律唯一的目的就是遵行上帝的旨意,那么尊重这个人的确信就是服务了他的利益,而且服务于人民利益的法律不仅服务于这个人的利益,也服务于其他人的利益。这当然不会消除关于法律目的的争议,但它会有助于维持和平相处。

(2)主张遵守法治就能完全消除权力的专断使用或法律权力的其他滥用形式是很荒谬的。仅仅是有帮助而已。

(3)或许这一点会让人更加不安,有时候违反法治的行为实际上也能服务于受治者的利益。有时候,违反法治是保护人民重要利益的唯一方式。法治是一个重要的道德学说。但有时候违反它在道德上却是正当的。

(4)我们这里阐释的法治原理能够回应开始对天真式地列举五项法治原则——其构成了我理解法治学说的第一轮尝试——的批评吗?我认为能。当时的批评是五个原则可以允许被不同程度地实施,但并非每一种程度都是可取的,我们缺乏任何标准用来判断它们的真正要求。我现在发展的这个学说提供了两个工具:第一,这些原则是通过不同国家的不同惯习得到实施的,而且也确实是通过不同法律部门得以实施的。不同的权力分立和分配的宪法学说意味着不同机构服从于不同样式的司法程序,还意味着普遍奉行的授权规则是由上级机构授权给下级机构等。第二,每一个惯习的解释和规范性力量都要从法治原理的角度来评估,也即从合理考虑受治者利益的视角出发来审定争议中的行动、惯习的边缘事例,或者哪个行动违背了惯习但依旧可以被正当化等。

最后做个总结:法治保护了我们免受法律权力的专断行使和类似的法律权力的滥用。这使得法治成为具有重要意义的道德学说。一般而言,信任法律能够遵守法治是信任法律和政府的条件之一,因而也是政府卓越治理能力的条件之一。所以,尽管法治无法确保法律会遵守它应当遵守的其他原则,它也近乎是法律有能力遵守其他原则的条件之一。无数国际文件都认可了这个观点,它们呼吁尊重人权、正义以及其他原则的条件之一就是确保法治。

或许这已是情理之中的事呢:正是法治保护我们免受法律存在本身所可能产生的恶之侵害这一事实,使得法治成为法律作为法律的特殊品性,使得法治成为适用于所有法律制度的普遍学说;只有尊重法律自身的这种品性,法律才能够拥有任何其他的品性。

(审稿编辑　谢可晟)

(校对编辑　李　旭　张玉琢)

《北大法律评论》(2020)

第 21 卷·第 1 辑·页 245—285

Peking University Law Review

Vol. 21,No. 1,2020,pp. 245-285

模范刑法典:量刑[*]

——大规模处罚的有效限制

凯文·R.莱茨　西西里亚·M.科林格勒[**]　著

郭耀天[***]　译

Model Penal Code：Sentencing
—Workable Limits on Mass Punishment

Kevin R. Reitz　Cecelia M. Klingele　Trans. by Guo Yaotian

内容摘要:这部《模范刑法典:量刑》(英文缩写:MPCS)改写了 1962 年版《模范刑法典》中关于量刑和惩教的规定。自 20 世纪 60 年代以来,包括监禁、社区监管、撤销监管、经济制裁和定罪附带后果等在内的处罚手段使用量激增。而 MPCS 为所有主要的刑罚手段提供了一个制度框架。这个框架包括量刑委员会、量刑指南、假释裁量权废除、量刑上诉审和惩教人口控制。它改进了量刑程序以增加公平性和透明度;它向州立法者们提供了广泛的建议,包括如何对

---

* 原文引文体例采 APA 格式,为更加符合中文学术习惯,译者将其置换为《北大法律评论》惯例体例。

** 凯文·R.莱茨,明尼苏达大学法学院"詹姆斯·拉维娅·安能伯格"(James La Vea Annenberg)讲席教授。西西里亚·M.科林格勒,威斯康星大学法学院副教授。

*** 邯郸市人民检察院第二检察部检察官助理,兼任中国人民大学虚假诉讼治理研究中心研究助理。

他们的系统进行整体改革,同时完善个案决策。对于新惩罚限制的制定,MPCS 建议如下:理性追求实用的减少犯罪目标、禁止不相称严刑、个性化处罚(甚至可打破强制性最低刑罚)、细化各处罚类型(以实现其核心目标)、抨击弊大于利的"引发或促进犯罪型"量刑,采取优序措施,将资源优先分配给最危险最需要惩教的罪犯,以及提升机构能力以监督、管理和逐步改进整个系统。

关键词:模范刑法典 量刑 大规模处罚 刑罚限制[*]

《模范刑法典》的名号在法律界具有权威性。初版法典为 40 个州的立法提供了灵感,成为各州以及联邦法院司法判例的圭臬。[1] 它是美国刑事司法史上最成功的法律改革项目,堪比商法领域的《统一商法典》或者合同、侵权和其他普通法领域的美国法学会"法律重述"[2]。《模范刑法典》曾是法学院几代人的主打课程,被缩编成数百册的法学生"入门书",且至今还在持续产出新的学问。

经过 15 年的研究、讨论、起草和再起草[3],新的《模范刑法典:量刑》(MPCS)在 2017 年获得了美国法学会的最终批准。它是初版《模范刑法典》全章节的首次官方修订,替换了原法典大约一半的——有关量刑和惩教的那一半——内容。[4]

MPCS 不具有法律效力,主要是针对美国各州立法机关的立法建议。它意在收集过往的最佳实践,并充满雄心壮志地提出改革建议,以推动法律进步。

本文并非试图概述整个 MPCS 项目,而是重点关注其几个特性,包括其基础部分,这些章节是理解其具体条文的关键。即使有 59 个条款着墨于量刑法

---

[*] 关键词为译者所加。

[1] Gerard E. Lynch, "Towards a Model Penal Code, Second (Federal): The Challenge of the Special Part", *Buffalo Criminal Law Review*, vol. 2, no. 1, 1998, pp. 297-98; Markus D. Dubber, *An Introduction to the Model Penal Code*, *2nd ed*, Oxford University Press, 2015, pp. 5-6.

[2] Sanford H. Kadish, "The Model Penal Code's Historical Antecedents", *Rutgers Law Journal*, vol. 19, no. 3, 1988, pp. 521-38.

[3] 引用新 MPCS 条款可能比较棘手。美国法学会正式批准的 MPCS"最终建议稿"(PFD)现在正在编辑更新当中,精装本将于 2019 年出版。尽管 PFD 不会有实质上的变化,但大部分条款已经重新编号,以体现最终次序——最终的编号与 PFD 中的编号不一致(经过多年的起草,临时的章节编号没有系统性)。因此,简言之,PFD 是 MPCS 及其评注的最完整来源,但对 PFD 的引用会很快过期。对于最终编号系统,是经过反复交叉参照才得以预核准命名的,参见美国法学会。本论文中的引用将采用 MPCS 的最终命名。当以 PFD 或其他预核准初稿作为来源时,将引用页码而非即将变更的章节编号。American Law Institute, *Model Penal Code: Sentencing, Official Statutory Text*, American Law Institute, 2017a; American Law Institute, *Model Penal Code: Sentencing, Proposed Final Draft* (Approved May 24, 2017), American Law Institute, 2017b.

[4] "惩教"条款是初版《模范刑法典》最不为人所知的部分。Paul H. Robinson, and Markus D. Dubber, "The American Model Penal Code: A Brief Overview", *New Criminal Law Review*, vol. 10, no. 3, 2007, p. 326.

律的多个技术层面，但 MPCS 是从人性而非教条的角度来处理量刑问题的。也就是说，这部法典关注的是被定罪者接受惩罚的全过程，这个观点扩大了视角的时间范围。根据 MPCS，"量刑"并非以法官在法庭上的量刑宣告而结束，而是延续并贯穿于量刑管理和服刑的始终。MPCS 认为直到我们能从事后去审视，任何一个量刑都不是完全确定的。一个量刑全面的轻重程度，它的类型和形式，它追求（或者未能追求）刑事法律政策的方式，不断地被展现出来直到量刑结束。在刑期内作出的许多官方决定也因此都被 MPCS 视为"量刑决定"。通常而言，确定最终量刑的过程要历时多年，在某种程度上，在美国的被定罪者所受到的法律处罚永远都不会结束。

本论文强调了 MPCS 的许多重大提议，包括在个案判决中引入合理限制，以及对总体量刑严厉程度的全系统控制。关于制度结构，MPCS 建议各州应设立一个常设量刑委员会，有权制定"推定的"量刑指南——具有一定法律效力，但又可忍受基于"实质性原因"之司法背离的指南。根据 MPCS，初审法庭量刑须接受上诉审查。MPCS 的独特之处在于，上诉法院有权以严厉程度不相称为由撤销任何量刑——即使它是立法强制规定的量刑。MPCS 还非常偏爱"确定的"量刑制度，假释委员会在其中几乎无权确定一个人在监狱服刑的实际时间。相反，根据 MPCS，监禁时长主要是由司法判决决定，对于保持相当干净的服刑纪录并参加狱内项目的囚犯则可以予以减刑。在其他优势之中，有一点在于，相比过去数十年美国其他类型的量刑制度，MPCS 所认可的制度结构一直与监禁率低增长有关。

另外，MPCS 解决的是个案层面的量刑法律和政策，密切关注的是各惩罚类型适用中的独特原则。例如，MPCS 的严格限制可能被用于监禁量刑正当化的实用主义目的。它想废除所有强制监禁法律，但由于这不可能一蹴而就，所以它提出了许多削弱强制性处罚适用效果的机制。在社区监督方面，MPCS 为人数较少的缓刑和假释群体提供咨询，并将更多资源投放给需求最大的委托人。MPCS 倡导更短的监管期、善用监管条件以及明确委托人可以获得提前结束刑期的激励。它还认为，许多目前正在服缓刑的人根本不需要监管，还有许多人在努力重返社区时受到缓刑限制的阻碍。作为法律改革的一个优先事项，将缓刑和监禁分流是 MPCS 的一个重大目标。MPCS 建议大幅削减正在扩展的对全美罪犯（有时候是嫌疑犯）实施的全套金钱处罚。或许其中最重要的规定是：如果支付罚款会妨碍被告满足自身及其家庭合理的财务需求，就不可以实施任何类型的经济处罚。在定罪的附带后果方面——即使这些后果通常被归类为"民事"措施——MPCS 赋予法院豁免被告受到此类处罚强制性影响的权力，它还赋予法院在几年后向前罪犯发放"改过自新证明"的权力，这将清除几乎所有附带处罚带来的影响。而且，MPCS 指示量刑委员会在其责任权限内描述出附带后果,从而要求有人收集和更新各州存在的成百上千的附带处罚的信息。量刑委员会也有责任为那些处罚的适用以及法官使用权力降低其打击力度而制定指南。

以下是本论文的组织方式。第一部分对整个 MPCS 项目进行了简要说明;第二部分对该法典诞生的历史背景进行了说明;第三部分着重介绍了 MPCS 打击量刑时种族和民族差异的条款;第四部分讨论了该法典为大规模处罚设定限制的总体政策框架。其余部分则讨论了 MPCS 寻求将此政策合理化的不同处罚模式:第五部分讨论了监狱和拘留所;第六部分讨论了缓刑;第七部分讨论了包括释放后监管在内的"后端"量刑事项和刑期延长因犯提前释放的条款(这些是 MPCS 与初版《模范刑法典》假释监管和释放条款对应的条款);第八部分讨论了经济处罚;第九部分讨论了定罪的附带后果;最后我们对美国监狱和拘留所的监禁条件这一 MPCS 未涉及的最重要主题进行了一些考量,以此结束本文。

一、MPCS 概述

我们不应把新 MPCS 视为单个项目,而应视其为跨量刑情节的一系列相关项目。其主题范围可以按以下标题分类,其中许多主题的内容自身单独拿出来就可以证明多年法律改革倡议的合理性:

- 量刑目的与量刑制度
- 量刑制度的制度框架
- 监狱和拘留所
- 缓刑、假释的监督和撤销
- 经济处罚
- 定罪的附带后果
- 非定罪的处置
- 解决处罚的种族和其他差异的机制
- 将少年犯按成人判刑
- 管理惩教资源的机制
- 量刑程序规则
- 削弱检察机关控制量刑结果的机制
- 作为量刑工具的风险评估
- 量刑时受害人的权利
- 量刑的上诉审查
- 量刑变更与监狱释放机制

正如最初的《模范刑法典》,MPCS 植根于对 50 个州的法律研究、广泛征求的从业者意见以及对相关法律和社科文献的研究。在某些地方,其通过比较研究的方法获得信息。[5] 总的来说,MPCS 反映出了大多数立法机构或刑事司法机构无法负担的时间和专业知识的投入。[6]

MPCS 的覆盖面之广是其成为宝贵资源的部分原因。在 MPCS 项目启动之前,在上面列出的 16 个主题中,有些一直受到政策制定者和研究人员的关注,但同样有许多主题被彻底忽视。在相当长的一段时间里,对所有主题进行统一研究是美国法学会程序的一个独特优势。这一整体范围使得 MPCS 能够制定出一种量刑方法,即通过评估多种差异化制裁手段的累积量——从罚款到缓刑到附带后果——即刑事被告因定罪而受到的处罚,以在内部贯彻减轻处罚的意图。

二、背景:21 世纪美国的刑事处罚

MPCS 正处于美国刑事司法史上的一个悲剧的、或说不容乐观的时期。几十年来,从 20 世纪 70 年代初到 2000 年后期,美国所有的州都以惊人的数量扩大了各种重大刑事处罚形式的人均使用量和严厉程度。[7] 这个时期被我们称为美国的"处罚加重时期"。全面爆发的处罚包括监禁、拘留、缓刑监管、受害者赔偿、罚款、诉讼和(各类)惩教费用、资产没收、假释监管、缓刑和假释监管的撤销以及定罪的附带后果。所有这些制裁类型在几个大致重合的时期内都大幅增加[8],它们的社会重要性也随之增加。

监禁增长是一个众所周知的基本事实。从 1970 年到 2008 年,美国监狱和拘留所的日均载荷人数从 357292 人增加到 2325633 人。去除人口增长的影响,这一数字系同期全国监禁率的五倍。[9] 在同一时期,没有任何其他国

---

〔5〕 此外,MPCS 包括对每项条款的官方评注和研究说明。这些内容合起来就是一本关于美国量刑法律和政策的专著,短期内很难被模仿。

〔6〕 MPCS 也从与 Robina 刑法和刑事司法研究所(Robina Institute of Criminal Law and Criminal Justice)的密切联盟关系中受益颇多。在过去 5 年中这显著增加了项目的资源,尤其是在社区矫正和经济处罚领域。

〔7〕 我们所说的"重大刑事处罚形式"是指接受该处罚的人口数量庞大。

〔8〕 美国的死刑也有类似的模式,在 20 世纪 60 年代和 70 年代初几乎消失之后,70、80 和 90 年代又死灰复燃。然而,即使是在最近的高峰时期,与在监狱和拘留所,或缓刑和假释中的数百万人相比,其只影响了很小一部分人。See Kevin R. Reitz, "American Exceptionalism in Crime and Punishment: Broadly Defined", in Kevin R. Reitz(ed.), *American Exceptionalism in Crime and Punishment*, Oxford University Press, 2018, p.6.

〔9〕 Margaret Werner Cahalan, *United States Historical Corrections Statistics: 1850—1984*, Bureau of Justice Statistics, 1986, tables 3-4, 4-1; William J. Sabol, Heather C. West, and Matthew Cooper, *Prisoners in 2008*, Bureau of Justice Statistics, 2009, table 5; Todd D. Minton, Scott Ginder, Susan M. Brumbaugh, Hope Smiley-McDonald, and Harley Rohloff, *Census of Jails: Population Changes: 1999—2013*, Bureau of Justice Statistics, 2015, table 2.

家经历过类似的监禁处罚激增现象,也没有任何国家——包括美国——出现过这样的历史现象。到 20 世纪 90 年代,美国与俄罗斯在世界监禁率的"领先"地位上并驾齐驱。[10] 美国在世纪之交成为无可争议的"赢家",且至今仍是第一名。

我们在其他方面也领先于国际。到 20 世纪 90 年代和 21 世纪初,根据现有数据,美国在刑事处罚所有主流形式的实施方面已经成为西方民主国家中的异类[11]。要描述这一局面,我们认为广为使用的"大规模关押"或"大规模监禁"这些术语非常适合。然而,遗憾的是这些术语没有充分反映美国目前的困境。我们更愿意这样形容:国家已经达到了一种超越监禁的"大规模处罚"的状态,受到影响的美国人口数量远远超过监狱和拘留所中的 200 万人。

例如,纵观 2016 年,全美每天都有 370 万成年人被判缓刑监管。[12] 1976 年,缓刑犯日均人数约为 92.3 万人。[13] 在这 40 年间,假释监管人数从 15.6 万人增加到 87.5 万人。换句话说,缓刑人数增加了四倍,假释人数增加了五倍——而同期,美国总人口增长了不到 50%。如此陡峭的趋势本身就令人担忧,但在社区监管建设兴起之后,美国与其他国家的比较同样发人深省。因为缺乏大部分国家的数据,我们并不知道美国的监管率是否(这是有可能的)领先世界。然而,MPCS 的有关研究发现,2014 年美国缓刑监管率是西欧和东欧国家的 5 至 10 倍——与监禁的比例大致相当。[14]

同样的增长趋势和同样迈向国际领先地位的步伐,在美国的经济处罚使用

---

〔10〕 The Sentencing Project, *US Continues to Be World Leader in Rate of Incarceration*, The Sentencing Project, 2004.

〔11〕 Kevin R. Reitz, "American Exceptionalism in Crime and Punishment: Broadly Defined", in Kevin R. Reitz (ed.), *American Exceptionalism in Crime and Punishment*, Oxford University Press, 2018.

〔12〕 Danielle Kaeble, *Probation and Parole in the United States: 2016*, Bureau of Justice Statistics, 2018, p.1.

〔13〕 Margaret Werner Cahalan, *United States Historical Correctional Statistics: 1850—1984*, *Supra* note 〔9〕, table 7-8A.

〔14〕 这项研究源于 Robina 刑法和刑事司法研究所的活动,计划要与 MPCS 的起草工作同时进行。从 2011 年到 2018 年,报告员 Reitz 和 Klingele 在履行其在美国法学会的职责之时,还大量参与了 Robina 研究所项目的规划和执行。See Mariel E. Alper, Alessandro Corda, and Kevin R. Reitz, *American Exceptionalism in Probation Supervision*, Robina Institute of Criminal Law and Criminal Justice, 2016; Edward E. Rhine, and Faye S. Taxman, "American Exceptionalism in Community Supervision: A Comparative Analysis of Probation in the United States, Scotland, and Sweden," in Kevin R. Reitz (ed.), *American Exceptionalism in Crime and Punishment*, Oxford University Press, 2018; Dirk van Zyl Smit, and Alessandro Corda, "American Exceptionalism in Parole Release and Supervision: A European Perspective," in Kevin R. Reitz (ed.), *American Exceptionalism in Crime and Punishment*, Oxford University Press, 2018.

量及其不断增加的一系列定罪附带后果方面的表现都很明显。[15] 这里仅说明一些发展情况:受害人权利运动在 20 世纪 80 年代首次形成势头,引发了一场刑事受害人赔偿判令的革命,即无论被告的支付能力如何,都应当给予受害人赔偿,目前这一命令在许多州都具有强制性。而随着地方法院、政府和刑事司法机构的财务压力增大,它们通过增加罚款、费用、成本和其他估计金额逐渐把被指控犯罪的人视为新的收入来源——这一趋势似乎没有减弱。警察和县治安官部门可以保留根据民事没收法(通常没有刑事指控)从公民手中没收的资产,因此其参与没收工作比以往更加积极。"经济处罚增加"与美国财富和收入不平等加剧的时期重叠,而这只会增强人们对这些新处罚措施力度的感受。我们认为,把经济处罚当作更广义的大规模处罚增加的一个重要部分是合理的。与经济处罚差不多,从 20 世纪 80 年代开始,联邦、州和地方各级颁布了规定附带后果的法律,逐渐削弱了刑满释放人员获得就业、保障住房、学生贷款和投票的能力。[16] 尽管很难获得有关其他国家定罪附带后果普遍性的数据,但现有证据表明,同其他所有处罚一样,美国在这个领域也是一个异类,其在较长的一段时间内,更自然而然地对被定罪的较大部分人强加了更多的后果。[17]

　　除了规模庞大外,美国的刑事处罚还存在种族和民族比例不相称的问题。一般来说,在美国的监禁、拘留、假释和缓刑制度中,种族和民族差异的幅度往往会随着所受处罚类型严厉程度的增加而增加。[18] 换句话说,越严厉的处罚往往伴随着越大的差异。在解释这方面的全州或全国统计数据时,需要做好心理建设。在少数群体中,与富裕人群相比,穷人遭受刑事处罚的

---

　　[15]　Alicia Bannon, Mitali Nagrecha, and Rebekah Diller, *Criminal Justice Debt: A Barrier to Reentr*, Brennan Center for Justice, 2010; Katherine Beckett, and Alexes Harris, "On Cash and Conviction: Monetary Sanctions as Misguided Policy," *Criminology and Public Policy* 10, 3: 505—37, 2011; American Law Institute, *Model Penal Code: Sentencing, Proposed Final Draft* (Approved May 24, 2017), American Law Institute, 2017b, § 6.04 and comment a.

　　[16]　Michael Pinard, "Collateral Consequences of Criminal Convictions: Confronting Issues of Race and Dignity," *New York University Law Review*, vol. 85, no. 2, 2010, pp. 457-534; Amy P. Meek, "Street Vendors, Taxicabs, and Exclusion Zones: The Impact of Collateral Consequences of Criminal Convictions at the Local Level," *Ohio State Law Journal*, vol. 75, no. 1, 2014, pp. 1-56.

　　[17]　Michael Pinard, "Collateral Consequences of Criminal Convictions: Confronting Issues of Race and Dignity," *Id.*; Alessandro Corda, "The Collateral Consequence Conundrum: Comparative Genealogy, Current Trends, and Future Scenarios," in Austin Sarat (ed.), *After Imprisonment*, Emerald, 2018; Nora V. Demleitner, "Collateral Sanctions and American Exceptionalism: A Comparative Perspective," in Kevin R. Reitz (ed.), *American Exceptionalism in Crime and Punishment*, Oxford University Press, 2018.

　　[18]　在判处死刑方面的黑人和白人差异与监禁和关押人口方面的差异相似。如果我们去掉普通人群的获刑比例的影响,2016 年死囚区的黑人比例是白人比例的 4.1 倍。与西班牙裔白人的差异比例则为 1.2∶1,但缺乏土著美国人的统计数据报告[Davis 和 Snell 2018,表 2,第 4 页;根据 Beck 和 Blumstein(2018,第 862 页)对黑人和白人中西班牙裔代表的估计]。

风险更高。在处境最不利的美国人中,尤其是非裔美国人,其所感知的刑事量刑政策强度远远大于官方统计数据的总和[19],而官方统计数据显示的情况很不乐观。

美国司法统计局报告称,2016 年全国非裔的监禁率是白人的 5.2 倍,是拉美裔的 2.6 倍,是土著美国人的 2 倍。[20] 司法统计局还报告了关押率的差异,但水平低于监禁率(差异比率分别为 3.4、1.1 和 1.2)。[21] 共有 200 多万人被监禁,总体上导致少数人口群体所经历的"监狱强度"的程度之高,成为社区生活的一个常见特征。皮尤慈善信托基金会报告称,2007 年每天大约"九名中有一名"(不是印刷错误)20—34 岁的黑人被送入监狱或拘留所。[22] 而在最贫穷的一些黑人社区,这一比例更令人震惊。[23]

种族和民族差异也遍及美国庞大的社区监管的大多数人口——2016 年每天总计 450 万。这一年,根据国家统计数据,非裔的假释监管率是白人的四倍;缓刑监管率的黑白比例大于 2∶1。西班牙裔和土著美国人在假释人口中的比例超过 10%,但在缓刑犯中的比例不足 9%。[24]

我们没有正式的"计数"或"比率"来比较不同人群中经济处罚的实施强度和定罪的附带后果,然而我们确实有相当多的地方性传闻作为证据。例如,美国司法部对密苏里州弗格森警察局的调查发现,市政罚款和费用的征收——主要用于支持地方政府——集中在贫困的少数族裔社区。同样的事情在全国其

---

[19] William Julius Wilson, *The Truly Disadvantaged: The Inner City, the Underclass, and Public Policy*, University of Chicago Press, 1987; Bruce Western, *Punishment and Inequality in America*, Russell Sage, 2006; Michael Tonry, *Punishing Race: A Continuing American Dilemma*, Oxford University Press, 2011; Alice Goffman, *On the Run: Fugitive Life in an American City*, Farrar, Straus & Giroux, 2015.

[20] Allen J. Beck, and Alfred Blumstein, "Racial Disproportionality in US State Prisons: Accounting for the Effects of Racial and Ethnic Differences in Criminal Involvement, Arrests, Sentencing, and Time Served", *Journal of Quantitative Criminology*, vol. 34, no. 3, 2018, pp. 853-88; E. Ann Carson, *Prisoners in 2016*, Bureau of Justice Statistics, 2018, table 5, table 6.

[21] Zhen Zeng, *Jail Inmates in 2016*, Bureau of Justice Statistics, 2018, table 1.

[22] Pew Center on the States, *One in 100: Behind Bars in America*, Pew Charitable Trusts, 2008, p. 6.

[23] Bruce Western, *Punishment and Inequality in America*, Russell Sage, 2006.

[24] 我们不知道如何解释这些缓刑的最终代表性不足,只能说监狱差异是由"特定群体更常被拒绝判以缓刑(与人们预期的不同)而是接受监禁判决"的趋势所引起。这一动态也可能有助于解释缓刑犯中相对"低"的 2∶1 黑白比例差异,此时监禁差异和假释差异至少是前者的两倍。See Danielle Kaeble, *Probation and Parole in the United States: 2016*, Bureau of Justice Statistics, 2018, table 4, table 8.

他地方也有发生。[25] 有许多新闻报道称，执法机构在全国各地使用资产没收法，且许多都证明了地方一级的穷人和黑人受害最深。[26] 在附带后果及其对被定罪者的终身影响方面，我们有强有力的间接证据可以证明存在种族和民族差异，皆因在美国被逮捕和定罪的人中非裔、西班牙裔和土著美国人的比例不相称。毫无疑问，间接后果引发的不利对穷人的影响比对那些有更多金钱提供庇护的人影响更大。[27]

今天，美国似乎处于处罚增加和不知未来会如何发展之间的历史转折点。全国监禁率连续增长 35 年且在 2007—2008 年达到顶峰，此后略有下降。不断扩大的社区监管率也在 2008 年达到顶峰，到 2016 年下降了 18%。[28] 虽然 MPCS 中不再包括死刑，但死刑的适用在 21 世纪已经减少，从 1999 年高达 98 起处决减少到 2017 年的 23 起。[29] 自 1992 年以来，全国的犯罪率大幅下降——这是在经历了一段非常长的糟糕时期后发生的巨大变化。在 90 年代早期之前的 30 年里，这个国家经历了十多年的犯罪率激增和二十多年的稳定高犯罪率。[30]

所有这些下降的趋势可能预示着，推动全国逐步走向大规模处罚的力量有

---

[25] US Department of Justice, *Investigation of the Ferguson Police Department*, DC: Civil Rights Division, 2015; Lawyers' Committee for Civil Rights, *Not Just a Ferguson Problem: How Traffic Courts Drive Inequality in California*, Lawyers' Committee for Civil Rights of the San Francisco Bay Area, 2017.

[26] Lexington, "A Truck in the Dock: How the Police Can Seize Your Stuff When You Have Not Been Proven Guilty of Anything", *Economist*, May 27, https://www.economist.com/united-states/2010/05/27/a-truck-in-the-dock; Sarah Stillman, "Taken", *New Yorker*, August 12 and 19, 2013; Radley Balko, "Chicago Data Show Problems with Civil Asset Forfeiture", *Chicago Tribune*, June 14, 2017.

[27] Michelle Alexander, *The New Jim Crow: Mass Incarceration in the Age of Colorblindness*, New Press, 2010; Michael Pinard, "Collateral Consequences of Criminal Convictions: Confronting Issues of Race and Dignity", *New York University Law Review*, vol. 85, no. 2, 2010, pp. 457-534.

[28] Danielle Kaeble, *Probation and Parole in the United States: 2016*, Bureau of Justice Statistics, 2018, table 1, pp. 11-12.

[29] Death Penalty Information Center, *Facts about the Death Penalty*, Death Penalty Information Center, 2018, p. 1.

[30] Ruth 和 Reitz 称之为 1962—1972 年的"犯罪高峰"，随后是 20 年的"高犯罪率稳定期"。在犯罪高峰期间，杀人率翻了一番，报告的抢劫、强奸和严重袭击的发生率飙升得更快。从 1972 年到 1992 年，严重暴力犯罪的比率在几年的时间里不断波动，但这种波动发生在犯罪高峰时设定的中间水平附近。See Kevin R. Reitz, "American Exceptionalism in Crime and Punishment: Broadly Defined", in Kevin R. Reitz (ed.), *American Exceptionalism in Crime and Punishment*, Oxford University Press, 2018, pp. 22-28; Henry Ruth, and Kevin R. Reitz, *The Challenge of Crime: Rethinking Our Response*, Harvard University Press, 2003, pp. 98-102.

所减弱。[31] 关于量刑改革和更广泛的刑事司法改革,两派政客都进行了大量的讨论。然而,到目前为止,法律和实践方面的变化都不大。好消息是,许多州和地方政府对改革持有非常开放的态度。人们普遍认为,过去几十年的刑事处罚路线是一个严重的错误。但看法并不总会转化为法律改革的可行想法,反而有可能无疾而终。

如果当前时代真的具有作为转折点的潜力,那么浪费这个机会就太可惜了。负责的官员需要了解他们可以采取哪些切实可行的措施来使其量刑制度不那么庞大、不那么具有破坏性,且更加人道、更加公正和更加有效。理想情况下,这些应该是持久的改革措施,而不是危机下的权宜之计。MPCS是为满足这种实际需求而努力多年的产物,虽然它没有法律效力,但它确实有一种力量——一种来自与急需革新的国民进行对话的力量。

三、处罚的种族和民族差异

MPCS处理处罚人口比例不相称的主要方法是确保这一问题永远不被忽视,要求量刑委员会持续调查量刑制度中种族和民族差异的原因,要求委员会在发现差异时提出改善措施建议,并规定每次提议变更量刑法律或指南时都要准备人口统计影响预测,即要随常规的财务影响陈述一起提交一份"人口影响陈述"。

人口影响陈述(DIS)本身可能会从根本上改变美国量刑法律的演变进程。DIS的目标在于让人们在最重要的时候去关注敏感信息:在新法通过之前引发辩论,并创造一个档案以备未来的立法问责。这些并不是盲目的奢望。在过去的几十年里,令人警醒的财政影响陈述(fiscal impact statement)已使许多州暂缓或放弃拟议的量刑立法或指南,在开发出最为精致的矫正模型工具且配置有量刑指南的各州,情况更是如此。反复几次,在一些州几乎就形成了惯例,因而我们已经看到了可信的后果预警可以影响立法对话的情况。

MPCS的基石条款之一:第8.07节,要求所有州的量刑委员会基于一些州已在用的最佳做法,开发一个"矫正预测模型"(根据我们的经验,拥有最先进软件的州并不将其视为专有)。更进一步——也是更大的一步——MPCS主张扩大预测模型的范围,以纳入按种族、族裔和性别细分的量刑结果的预期

---

[31] 很难说经济处罚的使用和定罪的附带后果是否总体上有所减轻,部分原因是没有相应的报告体系来跟踪其使用的广度。记录这些处罚使用范围的系统是可能的。我们猜测在大多数州,经济性的和间接的处罚仍在增加。然而,新的对抗力量已经出现,包括政策研究、学术研究、宣传、公众意识和法律改革倡议的高涨。如果我们把表达关切看作实践确实有所缓和的预示,那么,再次重申,可能会出现摆脱处罚增加的运动。

变化。[32]

2007 年,明尼苏达州成为第一个试验 MPCS 提案的州[33],该提案的性质是量刑委员会的政策而不是法定命令。[34] 在过去十年中,爱荷华州、康涅狄格州、俄勒冈州和新泽西州颁布了某种形式的"种族影响陈述"立法[35],这些州均未完全遵循 MPCS 的建议。大多数 DIS 立法是由各州与美国审判项目组织合作制定的,而且这些法律都带着政治妥协的痕迹。[36] 然而,对 DIS 立法感兴趣的州的数量令人鼓舞。我们现在可以统计出这五个州现行的各种形式的 DIS 法规或政策,而另外七个州已经提出了 DIS 提案,但至今没有通过。[37]

据我们所知,尚未有人研究"人口"或"种族"影响预测在五个采纳 DIS 州

---

[32] American Law Institute, *Model Penal Code: Sentencing, Proposed Final Draft* (Approved May 24, 2017), American Law Institute, 2017b, §8.07(1)、(3).

[33] Kevin R Reitz, "Demographic Impact Statements, O'Connor's Warning, and the Mysteries of Prison Release: Topics from a Sentencing Reform Agenda", *Florida Law Review*, vol. 61, no. 4, 2009, pp. 683-707; Catherine London, "Racial Impact Statements: A Proactive Approach to Addressing Racial Disparities in Prison Populations", *Law and Inequality*, vol. 29, no. 1, 2011, pp. 211-248.

[34] Minnesota Sentencing Guidelines Commission, Demographic Impact Statement Policy, Version 2.0. Saint Paul: Minnesota Sentencing Guidelines Commission. 尽管 MPCS 整体直到 2017 年才获得最终批准,但 DIS 提议可以追溯到 2002 年,其在 2007 年被"暂时批准"为官方 ALI 政策。See American Law Institute, *Model Penal Code: Sentencing, Preliminary Draft No. 1*, American Law Institute, 2002, §1.02(2)(e); American Law Institute, *Model Penal Code: Sentencing, Tentative Draft No. 1*, American Law Institute, 2007, 6A.07(3). DIS 的灵感来源于 Michael Tonry 的论点,即国会和其他立法者应该为其法令所导致的可预见的处罚种族差异承担道德责任。See Michael Tonry, *Malign Neglect: Race, Crime, and Punishment in America*, Oxford University Press, 1995, pp. 104-105.

[35] 见爱荷华州法规 §2.56(1); Conn. Gen. Stat. §2.24b; Ore. Rev. Stat. §§137.656, 137.683, and 137.685; and S. 677, 217th Leg. (N.J. 2018). DIS 有几个不同的名称。明尼苏达州量刑指南委员会在 2017 年之前一直使用"种族影响陈述"这一术语,后来改为"人口影响陈述"。在最近的新泽西州立法中,DIS 为"种族和民族社区刑事司法和公共安全影响陈述"(S. 677, 217th Leg. [N.J. 2018])。Marc Mauer, "Racial Impact Statements: Changing Policies to Address Disparities", *Criminal Justice*, vol. 23, no. 4, pp. 17-20; The Sentencing Project, "New Jersey Enacts Law to Examine Racial and Ethnic Impact of Sentencing Changes", DC: The Sentencing Project, 2018, https://www.sentencingproject.org/news/new-jersey-enacts-law-examine-racial-ethnic-impact-sentencing-changes.

[36] 例如,在康涅狄格和俄勒冈,当引入影响惩教人群的新法律时,并不例行编制 DIS。相反,在康涅狄格州,从 2008 年到 2018 年,只有在司法大会联合常设委员会大多数成员提出要求时才编制 DIS。在俄勒冈州,编制请求必须由立法议会中至少两名反对派的议员提出(Ore. Rev. Stat. §137.683(2)(a))。在康涅狄格州,由于缺乏常规触发机制,DIS 工具的使用极其有限。从 2008 年到 2014 年,该州只产生了一个 DIS,而同期爱荷华州有 45 个(Erickson 2014,第 1447—1448 页)。康涅狄格州最近修订了法律,规定大会任何成员都可请求编制 DIS,将于明年生效;参见 Conn. Gen. Stat. §2.24 b(a)(2019 年 1 月 19 日生效)。

[37] Jessica Erickson, "Racial Impact Statements: Considering the Consequences of Racial Disproportionalities in the Criminal Justice System", *Washington Law Review*, vol. 89, no. 4, 2014, pp. 1425-1465.

的使用及其效果。然而，比起其他任何州，明尼苏达州量刑委员会产生的关于DIS使用的信息最多。由此，除了财务影响陈述和DIS可为立法过程提供信息的确凿实例之外，我们还有证据证明编制DIS是可行的。

在该工具早期的使用中，明尼苏达州量刑委员会预测了立法提案的人口影响：会把对抢劫未遂的处罚提高到与既遂相同的水平（明尼苏达州量刑指南委员会2008）。[38] DIS包括对白人、黑人、西班牙裔、亚裔和印第安人的预期影响，为了说明，我们着重讨论非裔与白人之间的比较。

该委员会的影响报告在分析立法提案之前，列出了关于当前制度的一些基本统计数据。2006年，明尼苏达州总人口的4.3%是黑人，然而黑人在该州监狱人口中所占比例却高达32.1%。反过来，白人占总人口的86%，却占了监狱人口的61.6%。[39] 虽然该委员会的报告没有算出黑人与白人监禁率之间的"差异比"，但我们很容易计算出：当时明尼苏达州的黑人监禁率是白人监禁率的10倍以上。

委员会随后评估了新法（如通过）的效果。从抢劫未遂的重罪数据中来看，根据新法，预期将受到加重处罚的人有61.1%是黑人，只有25.9%是白人。此外，委员会预计黑人的平均刑期将增加10个月，白人将增加8个月。[40] 根据这些预测，明尼苏达州因抢劫未遂而受到加重处罚的黑人的比率将是白人的47倍，且黑人的平均刑期预计将比白人的加长25%。换句话说，预计的黑人与白人比率的差异令人吃惊。

2008年的抢劫未遂法案没有通过，也再没有被提起，但我们无法证明DIS是其终止的一个重要因素。目前还没有人发明一种统计办法或采用口述历史的方法来记录DIS在立法辩论或决策中实际发挥的作用。经过10年的使用，我们偶尔会从明尼苏达州政府内部人士那里听说，DIS在阻止特定法案方面发挥了重要作用。虽然这种轶事性的说法令人振奋，但对DIS的影响进行严肃研究应该是刑事司法研究议程上的优先事项。

关于2008年的抢劫未遂DIS，我们只能肯定地说，其中包含爆炸性的信息。虽然该法案可能因其他原因而失败[41]，但不妨想象一下类似的DIS在一项本来很受欢迎的法案辩论中会如何发展。我们坚定地认为，一个像2008年那样极端的DIS，在道德和政治上对许多立法者来说都是难以接受的。

---

[38] Minnesota Sentencing Guidelines Commission, *Racial Impact for HF3175: Robbery—Increased Penalties*, Minnesota Sentencing Guidelines Commission, 2008.

[39] *Id.*

[40] 黑人服刑时间的延长主要是由于：历史数据显示，在明尼苏达州，比起犯同样罪行的普通白人，被判犯抢劫未遂的普通黑人不知为何犯罪历史评分要高一些。*Id.*, pp. 1-2.

[41] 当时，我们得知，由于全州范围的财政危机，所有预计会增加监狱成本的法案都在州议会上"胎死腹中"。因此，DIS可能根本没有发挥任何作用，或者只是强化了一个预先确定的结果。

　　对于处罚的不相称，MPCS 还有两条处理路线。其中第一条很容易被忽视，但不可低估其重要性。在量刑委员会的数据收集职责中，MPCS 增加了一项重要职责，但目前没有一个州施行。各委员会都必须开发信息系统，以跟踪受害人和罪犯的人口特征——这项任务需要与其他刑事司法机构合作。[42] 受害人的人口信息具有潜在的巨大作用，我们从死刑判决的研究中知道，谋杀案受害人的种族是被告被判处死刑的一个强有力的预测因素。根据一项最著名的研究，在受害人为白人的谋杀案中，嫌疑人被判死刑的可能性要比受害人为黑人的谋杀案高四倍。这种基于受害人种族的影响所造成的差异比基于被告种族的强数倍。[43]

　　如果谋杀案受害人的种族不是死刑研究的焦点，那死刑管理中最令人震惊的种族事故就无人知晓。然而，在更大的非死刑判决领域，差异研究和统计追踪几乎完全集中在罪犯的个人特征上，却没有搜集受害人的人口数据。[44] 我们预测，收集基本的受害人数据可能会改变我们对量刑的种族和民族差异的理解——且可能是令人不安的变化。更中立地说，美国为打击刑事处罚差异付出的许多努力并不足以抵消目前受害人特征对量刑强度的未知影响。MPCS 会把这个问题放在每个州的议程之中——虽然这个问题至今根本不在优先考虑范围之内。

　　最后，我们认为，要减轻美国量刑政策对少数族裔社区影响，最重要的措施是全面缩减任意主流处罚形式的巨大规模和范围。总体减少可能会对区别处罚的不平等产生非常大的间接影响。例如，如果目前黑人和白人在监禁中的比例是 5∶1，在其他条件都相同的情况下，监禁和关押人口总数减少 25% 将使更多的非裔受益。让我们假设 5∶1 的差异比保持不变并且不会改善，根据这些假设，"相同的" 25% 的总监禁率下降，在黑人社区内的减少监禁影响将是在白人社区内的五倍[45]，在最弱势的黑人社区所感受到的处罚强度将降低好几个数量级。

　　根据这一推理，如果 MPCS 对大规模处罚施加的所有限制都能生效，会给

[42]　American Law Institute, *Model Penal Code：Sentencing, Official Statutory Text*, American Law Institute, 2017a, §§ 8.05(2)(c), 8.08(1)、(2).

[43]　McCleskey v. Kemp, 481 U. S. 279 [1987]; David C. Baldus, George G. Woodworth, and Charles A. Pulaski Jr, *Equal Justice and the Death Penalty：A Legal and Empirical Analysis*, Northeastern University Press, 1990.

[44]　Henry Ruth, and Kevin R. Reitz, *The Challenge of Crime：Rethinking Our Response*, Harvard University Press.

[45]　使用简化数字，假设普通人群中每 100000 名黑人中有 1000 名黑人被监禁，每 100000 名白人中有 200 名白人被监禁。在保持 5∶1 比例不变的情况下，监禁率降低 25%，将使每 10 万人中有 250 名黑人受益，但每 10 万人中只有 50 名白人受益（减少后的监禁率为黑人每 10 万人中 750 人，白人每 10 万人中 150 人）。

每个人口群体都带来好处，但给受处罚增加打击最大、处罚最不相称的少数群体带来的好处最大。

四、MPCS 的一般量刑政策

要理解 MPCS 对美国大规模处罚的重新审视，我们必须从驱动 MPCS 量刑制度中其他所有内容的首要原则开始。开篇的"目的条款"列出了量刑和量刑制度的积极目标，还有同样重要的，给追求这些目标设置了政策驱动的限制。[46] 事实上，一行又一行，该条款花费在限制原则上的笔墨要比在前进目标上的多，在这一方面，1.02(2)款不同于大多数现有的州立法。更重要的是，量刑的法定目的通过 MPCS 体系能够得以贯彻落实。在大多数州，情况并非如此——典型的目的条款与其说是法律，不如说是摆设。为了确保其在州量刑法律中的中心地位，1.02(2)被明确吸收到其后的几十个条款之中，并成为许多重要审查点的支柱。

MPCS 将其政策框架描述为"相称原则限度内的功利主义"[47]，中心思想是，合理的功利主义量刑是允许和可取的，只要不产生不相称的处罚。[48] 1.02(2)中最"超凡"的部分展示了 MPCS 思维过程的核心要素：

1.02(2)：量刑目的与量刑制度

量刑规范的一般目的，适用于量刑制度中所有官方主体，包括：

(a) 在影响个别罪犯量刑的决定中：

(i) 根据罪行的严重程度、对受害人造成的伤害以及罪犯的可归责性，在相应的严重程度内对所有案件进行量刑；

(ii) 在合理可行的情况下，实现罪犯改造、一般威慑、剥夺危险罪犯行为能力、对受害人的赔偿、家庭保护以及让罪犯重新融入守法社区，前提是

---

[46] American Law Institute, *Model Penal Code：Sentencing，Official Statutory Text*，American Law Institute, 2017a，§ 1.02(2).

[47] American Law Institute, *Model Penal Code：Sentencing，Proposed Final Draft* (Approved May 24，2017), American Law Institute, 2017b, p.370.

[48] Norval Morris 将这一理论命名为"限制报复性"——MPCS 不采用这一措辞。术语不同的一个原因是，自 Morris 第一次写作以来的几十年里，"报复"的概念已产生了负面含义。现在，许多人将报复与无限制的处罚性冲动联系在一起，或者将其视为法律不应该鼓励的报复情绪的伪装(Rubin 2001；Whitman 2003)。为了避免这种可能的解读，MPCS 对"相称原则"的使用突出了报复性思想的抑制力。Norval Morris, *The Future of Imprisonment*，University of Chicago Press，1974；Norval Morris, and Marc Miller，"Predictions of Dangerousness"，in Michael Tonry and Norval Morris (eds.)，*Crime and Justice：An Annual Review of Research*，vol.6，University of Chicago Press，1985；Richard S. Frase, *Just Sentencing：Principles and Procedures for a Workable System*，Oxford University Press，2013，pp.82-84.

在(a)(i)小节的相称原则范围内去追求这些目标;

(iii) 量刑不得重于实现(a)(i)和(a)(ii)小节中适用目的所需的程度;

(iv) 避免使用增加罪犯将来再犯可能性的制裁。

上面的最后两个细分条款具有本质上的限制作用,在此我们不作进一步讨论。它们都很重要——尤其第(iv)小节具有开创性——相信我们从其为哥特体所标识的话语(black-letter-language)中能很容易理解其基本思想。(i)和(ii)小节则更加复杂,它们阐明了通过刑事制裁积极追求目的的实现,但也通过两个重要方法来进行自控;它们为所有刑事量刑创造了一种"相称原则限制",还为追求功利目标创造了一种"评估限制",这些原则需要进行一些解释。

1. 相称原则限制

上文摘录中的(i)和(ii)小节确立了 MPCS 的"相称原则限制"。[49] 虽然相称原则在处罚中并不是一个初始概念,但 MPCS 试图以新的方式实施它,使其在美国法律中发挥真正作用。首先,MPCS 使相称原则成为量刑法律中一个有意义且可执行的要素,一个"有威力"的基准,其完全依照法令行事,而不依赖于宪法。这里的前提是,从 20 世纪 70 年代初到 2000 年后期,处罚中的相称性法律原则并没有作为抑制处罚增加的部分机制而发挥作用。在美国的处罚增加时期,相称性宪法减缩到了几近于无的地步——那恰恰是最需要它的时候。[50]

在过去的几十年里,对量刑不相称的挑战主要基于《美国宪法第八修正案》。其中的大多数结果都非常不成功。例如,最高法院在 *Harmelin v. Michigan* 案[501 U. S. 957(1991)]、*Ewing v. California* 案[538 U. S. 11 (2003)]以及 *Lockyer v. Andrade* 案[538 U. S. 63(2003)]中支持对因携带大量可卡因第一次被捕的毒犯判处无期徒刑且不得假释,并根据加州三振出局法[51](three-strikes law)对轻罪者判处数十年的有期徒刑。在这种情况下,如果要使量刑被裁定为违宪的"残忍和不正常",就必须认定该量刑与罪犯的罪行、犯罪记录以及被告未来可能构成的任何危险"严重不相称"。在应用这一标

---

[49] §1.02(2)(a)(i)中的相称原则也是处罚的确定依据。MPCS 考虑了"争议相称原则就足以进行某种刑事处罚"的情况,包括非常严重的情况,在这种情况下,除延长刑期之外的任何处罚都将过于宽松。See American Law Institute, *Model Penal Code*: *Sentencing*, *Official Statutory Text*, American Law Institute, 2017a, §6.11(2)(b).

[50] Alice Ristroph, "Desert, Democracy, and Reform", *Journal of Criminal Law and Criminology*, vol. 96, no. 4, 2006, pp. 1293-1352.

[51] "三振出局"原本是棒球运动的专业术语,被化用于表述美国关于累犯的一项特殊制度——"三振出局法"。它是一种规定对惯犯判处长期监禁的法律,其基本理念是通过使惯犯不再流落街头来消除其继续犯罪之客观条件。美国加利福尼亚州、华盛顿等均有此立法。各界对该立法设计褒贬不一,争议较大。——译者注

准时,法院已经养成了极其尊重立法授权和量刑法院裁决的习惯,撇开青少年和死刑案件不谈,严重不相称的考验几乎从未出现。

尽管宪法判例中存在空白,我们也知道很少有人愿意直面下列情景:"在……情况下,不相称的严重刑事处罚是合理的,并应在模范立法中予以推荐";或者,"当……时,我们赞成判处不应被如此处置的人以无期徒刑"。如果读者无法轻松地填写这些空白(省略号)处,或者只能想到非常极端的例子,那么他们基本上同意了 MPCS 的观点,即无论何时,是酝酿、用于威慑、执行还是修改,量刑都需要受到相称原则的限制。

更难的问题在于该想法的实现。(如果可能)如何定义相称原则,谁来定义,谁能在实际案件中应用这一原则?我们如何避免落入这个缺乏效力且从未使用过的原则设下的陷阱?

MPCS 采取的第一个重要步骤是将相称原则重新定义为一项法定要求,为了表明这是一项纯粹的法定权力,MPCS 的评注使用了"次于宪法的相称性审查"这个术语。第二步是规定法定相称原则审查的范围和力度,包括推翻强制性最低刑期的能力,以减少除州法律授权或要求以外的任何量刑。[52]

第三,根据 MPCS 进行的相称原则分析必须适用于刑事被告因定罪而面临的整套法律制裁,包括可能适用的名义上的"民事"附带后果。无论附带处罚是如何正式分类的,它们都会增加被告的主观处罚感受,并在所有功利主义的刑事处罚政策之中产生连锁效应。因此,MPCS 规定:"如果制裁组合的总体严厉程度会导致不相称的处罚,则法院不得实施任何组合制裁。在评估本小节规定的处罚的总体严厉程度时,法院应考虑根据州和联邦法律可能给罪犯带来的附带后果的影响,前提是能够合理确定这些影响。"[53]

最后,MPCS 很好地避开了宪法中的审查准入标准,并纳入了异常强硬的措辞,旨在排除"上诉法院尊重量刑法官决定"这一长期确立的规范——"基于量刑严重不相称的理由,上诉法院可以撤销、发回或修改任何量刑,包括根据强制性处罚条款作出的量刑。上诉法院在适用本条款时应使用其独立判断权"。[54] 对于受过法律训练的人来说,"独立判断"标准是授予上诉法院的一项不同寻常的权力。通常在像这样的主观问题上,除非上诉法院发现了"滥用自由裁量权""明显错误"或任何理性人都无法忍受的结果的存在,否则不会触发

---

[52] American Law Institute, *Model Penal Code：Sentencing, Proposed Final Draft* (Approved May 24, 2017), American Law Institute, 2017b, pp. 5, 9, 505-507, 523-524.

[53] American Law Institute, *Model Penal Code：Sentencing, Official Statutory Text*, American Law Institute, 2017a, § 6.02(4).

[54] *Id.*, § 10.10(5)(b).

撤销判断。不过,MPCS 的创新是有保证的。如今在美国,任何法律体系中还没有量刑相称原则的最终裁量者,只有"严重不相称"这一遥远的目标线一直受到监督——尽管启用次数很少。

MPCS 为这个问题提供了一个制度性解决方案。诚然,相称原则是 MPCS 体系中所有行为者都必须遵守的一项原则,但在最终处置权确定之前,其不会迅速成为一个有效的法律工具。责任传递必须在某个地方停下来,否则相称原则就失灵了。与大多数法律一样,即使事先没有统一的正确答案,决策机构的身份问题仍可以得到解答。在 MPCS 中,通过先例来给相称原则下定义以及撤销严重不相称的个别量刑的最终权力属于司法机关。赋予"仅次于宪法的"最终决策者这样一项权力是美国法律的一个重大进步。

2. 评估限制

MPCS 还对通过刑事量刑达成功利目标施加了一项新的"评估限制":只能在"合理可行的情况下"追求功利目的。[55] 该标准由 MPCS 创造,在美国的法律中没有先例。然而,正如评注中所解释的那样,评估限制以一种相对温和的方式引入了一项本就毫无争议的原则:

> 对功利主义处罚的合理可行性的一个检验是判断具体的功利主义目标可通过刑事制裁管理而得以实现这一假设是否有现实基础。因此,例如,对于被告将来会具有危险性(例如,由法官或假释委员会形成)的直觉不足以支持以剥夺行为能力为由的刑期延长。对未来犯罪行为的预测必须有合理的根据……合理可行性的门槛……不需要科学证据来证明对特定罪犯实施的特定制裁会产生一个既定的结果,只要求一些理由来支撑一个合理的信念,即功利利益将会实现。[56]

评估限制旨在将合理可行性问题置于前列,而在过去这一问题一直被忽视,几乎被人遗忘。即使是合理可行性的适度要求,也将给美国普通量刑实践带来巨大震动。例如,根据现有知识,最难以理解的功利主义辩护策略是通过使用或威胁使用加重处罚来追求普遍威慑。严肃的犯罪学家很少或根本没有发现"通过加重处罚形成威慑"假说的经验证据(与处罚速度和可能性的增加可

---

[55] 更通俗地说,合理可行性的概念也排除了对根本不适合某一特定案件的目的的考虑,例如在没有受害人的情况下的受害人赔偿目标。See American Law Institute, *Model Penal Code: Sentencing, Official Statutory Text*, American Law Institute, 2017a, § 1.02(2)(a)(ii).

[56] American Law Institute, *Model Penal Code: Sentencing, Official Statutory Text*, American Law Institute, 2017a, pp. 9-10.

以促进普遍威慑的结论相反）。[57] 类似地，一些用意良好的复归项目被证明是会增加而不是降低参与者再次犯罪的风险。[58] 当有说服力的证据表明功利主义干预不是实现其目标的可行方式时，可以调动评估限制来阻止其继续使用。正如目的条款中其他地方所述，MPCS 的一个初衷就是剔除本身会引起犯罪的量刑。[59] 但不幸的是，在对美国各地刑事量刑认真研究后我们发现了数量惊人的（类似）例子。

五、关于监狱和拘留所量刑的 MPCS

与 MPCS 起草过程有关的每个人都关注"大规模监禁"的问题（尽管该术语在 MPCS 及其评注中并未被正式采用）。一个开始就形成的、15 年来从未有人提出过质疑的共识是 MPCS 应致力于在全国范围内对监狱和拘留所量刑的使用和规模进行重大改革，而这种关切几乎贯穿整个 MPCS，甚至存在于没有明确提及监禁政策的条款中。[60]

1. 制度性"体系设计"

MPCS 的整个制度结构旨在将监狱规模、监狱人口和所有其他惩教资源的使用置于州决策者的精心控制和管理之下。概括地说，MPCS 体系包括一个常设量刑委员会，该委员会有权颁布具有推定作用的量刑指南。重要的是，要求该委员会必须制定使被判刑人口得以符合现有（或受资助的）惩教资源能力的指南。这个体系的一个重要组成部分是少量的指导原则，它们通过对初审法院

---

〔57〕 Andrew von Hirsch, Anthony E. Bottoms, Elizabeth Burney, and Per-Olaf Wikström, *Deterrence and Sentence Severity: An Analysis of Recent Research*, University of Cambridge, Institute of Criminology, 1999; Cheryl Marie Webster, and Anthony N. Doob, "Searching for Sasquatch: Deterrence of Crime through Sentence Severity", in Joan Petersilia and Kevin R. Reitz (eds.), *The Oxford Handbook of Sentencing and Corrections*, Oxford University Press, 2002; Daniel S. Nagin, "Deterrence in the Twenty-First Century," in Michael Tonry (ed.), *Crime and Justice in America: 1975—2025, vol. 42 of Crime and Justice: A Review of Research*, University of Chicago Press, 2013; Jeremy Travis, Bruce Western, and Steve Redburn, *The Growth of Incarceration in the United States: Exploring the Causes and Consequences*, National Academies Press, 2014, chap. 5; Center for the Study and Prevention of Violence, *CSPV Position Summary: D. A. R. E. Program*, Boulder, Center for the Study and Prevention of Violence, 2010.

〔58〕 Robert Martinson, "What Works: Questions and Answers about Prison Reform", *Public Interest*, vol. 35, 1974, pp. 22-54; Francis T. Cullen, Kristie R. Blevins, Jennifer S. Trager, and Paul Gendreau, "The Rise and Fall of Boot Camps: A Case Study in Common-Sense Corrections," *Journal of Offender Rehabilitation*, vol. 40, pp. 53-70; 2005.

〔59〕 American Law Institute, *Model Penal Code: Sentencing, Official Statutory Text*, American Law Institute, 2017a, § 1. 02(2)(a)(iv).

〔60〕 在进行起草的这些年里，美国法学会的领导层和成员们开始相信，美国所有其他形式的主流刑事处罚，连同监狱人口，已经突增到了会带来危机的程度。这将原本可能需要 8 到 9 年的项目延长到了整整 15 年。

判决的上诉复审产生效力。最后,几十年的经验表明,如果假释委员会是拥有决定服刑期间权力的中央决策者,那么要控制监狱的人口并非易事。由于各种原因,MPCS 主张取消州假释委员会对监禁释放的自由裁量权,因此刑期的长短在很大程度上取决于法官的判决和可预见的减刑。

MPCS 体系的一个基本目标是"确保有足够的资源用于执行判决,并为这些资源的使用建立合理的优先次序"[61],评注将其称为"惩教资源管理"(correctional resources management,以下简称"CRM")的能力。[62] CRM 工具可以按照预期抑制或逆转监禁的增长趋势,只要某个州有这样的需要。它们还可以变更现有床位使用的优先次序(例如,严重暴力罪犯使用时间更长,毒品罪犯使用时间更短)。诚然,为了实现某个州的政策目标,CRM 工具也可以用于推动监禁率上升[63],事实上整整 20 年,联邦量刑体系在这方面的工作一直非常成功;然而,在州量刑体系的历史上,CRM 通常被用于减缓或阻止监禁的增长。[64] 我们认为造成这种情况的主要原因是监狱和拘留所费用昂贵,它们占了州和地方各级总开支的一大部分,而州政府必须平衡预算。

重要的是,CRM 并非只关注总支出的底线,CRM 已被许多州用来将现有监狱空间"偏向"用于暴力罪犯。[65] 这样一来,对非暴力罪犯的宽大处理也会随之增加,因为非暴力罪犯在已判刑重罪犯中的数量更多。不论监狱是大是小,这种逐步的调整都是有可能实现的。在一个放松监禁的时代,它们是尽可能地响应政策,缩小监狱规模的一种方式。

CRM 不仅包括监禁,还涵盖了整个体系中社区惩教和复归项目所需的资源,这些问题是都相互联系的。例如,某个州可能希望把大量正在服刑中的毒品罪犯转移到他们各自社区的治疗项目之中。为此,州政府必须想办法让全体初审法官改变他们的判决模式,且州政府必须有能力预测成本并及时资助新进

---

〔61〕 American Law Institute, *Model Penal Code: Sentencing, Official Statutory Text*, American Law Institute, 2017a, §1.02(2)(b)(iv).

〔62〕 American Law Institute, *Model Penal Code: Sentencing, Proposed Final Draft* (Approved May 24, 2017), American Law Institute, 2017b, pp.16, 32-33.

〔63〕 Franklin E. Zimring, "Making the Punishment Fit the Crime: A Consumers' Guide to Sentencing Reform", *Occasional Paper no. 12*, University of Chicago Law School, 1977; Michael Tonry, "The Success of Judge Frankel's Sentencing Commission", *University of Colorado Law Review*, vol. 64, no. 3, 1993, pp.713-722.

〔64〕 Richard S. Frase, *Just Sentencing: Principles and Procedures for a Workable System*, Oxford University Press, 2013, pp.82-84.

〔65〕 Ronald F. Wright, "Counting the Cost of Sentencing in North Carolina, 1980—2000", in Michael Tonry (ed.), *Crime and Justice: A Review of Research*, vol. 29, University of Chicago Press, 2002; Richard S. Frase, "Sentencing Guidelines in Minnesota, 1978—2003", in Michael Tonry (ed.), *Crime and Justice: A Review of Research*, vol. 32, University of Chicago Press, 2005.

入的救济对象,为其提供必要的社区治疗时段。大多数州政府都非常不擅长这种中期规划,但也有几个州(北卡罗来纳州名列前茅)已经坚定地迈向有目的地在不同惩治机构之间进行资源分配(的道路)。[66] 在我们看来,成功的放松监禁政策往往取决于社区规划和服务的同步加强。

MPCS 中 CRM 的主要制度建设始于 1980 年的明尼苏达州,其构建模块吸取了几个州数十年来的经验。因此,MPCS 体系设计的主要元素在这个意义上可谓是"久经考验"。[67] 需要一个具备严肃研究能力的量刑委员会,其有良好的财政影响预测模型,并有能力制定至少是有法律效力的量刑指南。该委员会必须遵守命令,根据现有资源或州政府所期望投入未来的资金水平来调整其指南。为了保证指南执行的适当性,需要对量刑决定进行上诉审查,在一定程度上尊重初审法院(但不是全盘服从),并拥有纠正法律错误的完全权力。幸运的是,可以预见这种设置将产生一个量刑模式的贝尔曲线(Bell Curve),这个量刑模式以指南所示的"假定"量刑为中心。如果整体模式是可以合理预测的,那么未来的支出也可以被合理预测;而如果预期成本过高,委员会就可以相应地修改其指南。[68]

为了促使 CRM 发挥作用,还需要一些方法来预测刑罚实施后的实际平均时长,出于各种原因,MPCS 建议废除假释委员会的释放裁量权。在传统的框架下,假释委员会可以并且确实会因为管理者改换而改变监狱政策,就在每一个被释囚犯下重案登上头条新闻后、在选举临近时、在午饭前后,或在其他一些时候(发生变化)。[69]

与传统观念相反,假释委员会在 20 世纪八九十年代和 21 世纪初的职责并未涉及减刑工作,而是转向"拒绝假释委员会"。因为委员会更容易受到政治压力的影响,从而更多地选择规避风险,所以全国范围内的假释趋势是朝着更严厉和更长刑期的方向发展。宾夕法尼亚州的一名初审法官向我们抱怨说,他曾经判处一名被告 5—10 年监禁,假设这相当于实际服刑 5 年就释放,但事实上,

---

[66] Ronald F. Wright, "Counting the Cost of Sentencing in North Carolina, 1980—2000", in Michael Tonry (ed.), *Crime and Justice: A Review of Research*, vol. 29, University of Chicago Press, 2002.

[67] 当然,过去"久经证明"的成功并不能保证将来继续取得成功。然而,当一个彻底的不可知论者是错误的。我们认为,MPCS 体系的制度模式——基本上是明尼苏达州的模式——在许多州都行之有效,这是因为其设计合理、细节到位,并有支持其运作的理由。MPCS 中有数百页的注释,对更大范围内的每个"设计决策"进行了解释。

[68] American Law Institute, *Model Penal Code: Sentencing, Report*, American Law Institute, 2003.

[69] Jeremy Travis, *Thoughts on the Future of Parole*, DC: Urban Institute, Justice Policy Center, 2002; Kevin R. Reitz, "The 'Traditional' Indeterminate Sentencing Model", in Joan Petersilia and Kevin R. Reitz (eds.), *The Oxford Handbook of Sentencing and Corrections*, Oxford University Press, 2002.

5 年过去了,由于州假释委员会关押囚犯的时间比以前长得多,所以被告的实际刑期很可能接近 10 年。假释委员会对被告的实际生效惩罚超出了法官的预期,这与其自身几年前的标准不一致。这种模式似乎在设立假释的各州很常见。在监禁增加的高峰期,与废除了假释委员会裁量权的州相比,量刑体系不明确的州的监禁增长明显更多,平均监禁率也高得多。平均而言,在处罚增加时期,具有明确制度和量刑指南的州的监禁率增长最少。[70]

在解决体系设计和 CRM 作用的问题上,MPCS 依靠的是在明尼苏达、华盛顿、堪萨斯、北卡罗来纳和弗吉尼亚等各州数十年的经验。[71] 尽管只是在少数州,MPCS 的所有建议都是有记录可循的。据我们所知,美国法学会在体系设计方面并没有产生任何革命性的思想。[72] 相反,MPCS 抄袭了其他州成功的做法,并结合了所有报告员可以"借鉴"的好点子,这被视为示范立法工作中特别坚实的基础(我们希望这不是知识剽窃)。明尼苏达州创造的控制监狱人口增长的 CRM 工具在许多州的运行都相当良好,这是刑事司法改革中一个令人印象深刻的成就;其他大多数初衷良好的想法都遭遇了滑铁卢。[73] 也许还有其他方法可以控制受惩教人员的数量,包括我们自己的想法,但唯一经得起证明且可以复制的方法是由明尼苏达州首创的"推定量刑—指南运用—确定量刑"模式。

〔70〕 Don Stemen, and Andres F. Rengifo, "Policies and Imprisonment: The Impact of Structured Sentencing and Determinate Sentencing on State Incarceration Rates, 1978—2004", *Justice Quarterly*, vol. 28, no. 1, 2010, pp. 174-201; American Law Institute, *Model Penal Code: Sentencing, Tentative Draft no. 2*, American Law Institute, 2011, app. B.

〔71〕 Kay A. Knapp, "Proactive Policy Analysis of Minnesota's Prison Populations", *Criminal Justice Policy Review*, vol. 1, no. 1, 1986, pp. 37-57; Ronald E. Anderson, "Development of a Structured Sentencing Simulation", *Social Science Computer Review*, vol. 11, no. 2, 1993, pp. 166-78; Ronald F. Wright, *Managing Prison Growth in North Carolina through Structured Sentencing*, National Institute of Justice, 1997; Kim Hunt, "Sentencing Commissions as Centers for Policy Analysis and Research: Illustrations from the Budget Process," *Law and Policy*, vol. 20, no. 4, 1998, pp. 466-89; David Boerner, and Roxanne Lieb, "Sentencing Reform in the Other Washington", in Michael Tonry (ed.), *Crime and Justice: A Review of Research*, vol. 28, University of Chicago Press, 2001; *Supra* note 〔64〕.

〔72〕 可能的例外是 MPCS 关于惩教挤迫的条款,该条款创建了主要的行政机制,以减少超过运营能力的监狱、拘留所、缓刑和释放后监管的人口(美国法学会 2017a,第 11.04 章)。已有十几个州出台了针对监狱囚犯的紧急释放法规(也有几个州出台了针对拘留所的法规)。然而,这些法律的使用频率并不高,因此 MPCS 试图形成一种更有效的新方法。此外,没有任何一个州设立用于控制社区监管人数上限的"安全阀"。这可能是 MPCS 在制度设计上的主要创新,但我们还不知道它是否可以吸引州立法机构的注意,以及如果一经采纳,它是否可以获得成功。

〔73〕 David J. Rothman, *Conscience and Convenience: The Asylum and Its Alternatives in Progressive America*, Little, Brown, 1980; Malcom M. Feeley, *Court Reform on Trial: Why Simple Solutions Fail*, Basic, 1983; Thomas B. Marvell, "Sentencing Guidelines and Prison Population Growth", *Journal of Criminal Law and Criminology*, vol. 85, no. 3, 1995, p. 707.

2. 对强制性最低监禁刑期的多次攻击

一个好的量刑指南制度是精心控制监狱和拘留所人口规模的一种方法。然而,通过实施"凌驾于"指南之上的强制监禁法,指南的约束权力就被抛到九霄云外了。尽管有些是由选民提出的倡议,但大多数(强制监禁法)都是法定的。在一些州和联邦体系中,监禁增长在很大程度上是由强制性最低刑期法律推动的,这些法律一经生效便有了自己的生命。通常,量刑委员会必须在他们无权改变的量刑法规规定的框架内工作,而这将导致监禁率不受控制的后果出现。

美国法学会和其他法律改革组织一样,长期以来一直反对所有的强制性最低刑期法律。最初的《模范刑法典》以消极暗示表达了总体上的谴责:无论定罪的罪行有多严重,法官总是可以选择判处缓刑或是暂缓执行,这些有时会被称为"强制令",它们往往被遗漏而被排除在外。[74]

MPCS 延续了原始《模范刑法典》的全面政策,但增加了一些层面。首先,MPCS 包含了明确取代过去制定的所有强制性最低刑期的哥特体字表述:"根据本法典,法院不需要对任何罪行规定强制性最低刑期。法典中任何与本条相反的条款都依照本条处理。"[75]

然而,除了这种肯定的禁止和废除之外,MPCS 还解决了一个现实问题,即美国各州目前在其刑法中都规定了许多强制性最低刑期,并且当中的大多数规定在未来几十年内都不太可能被废除。尽管美国法学会、美国律师协会和其他机构在数十年的时间里已经划下了明确的界限,但情况依旧。因此,计划 A(完全废除计划)实际上应附有计划 B。假设大多数州都不会立即遵照 6.11(8)的规定,MPCS 建议采取十几个附加的渐进措施,可在强制性最低刑期继续存在的情况下消除其影响。[76] 按照先后顺序,这些措施为:

* 6.04(3)(即使被控罪行有强制性的监禁处罚,法院也可以下令对刑事案件延期判决)。

* 6.14(6)(当对犯罪时未满 18 周岁的被告判刑时,法官不受其他适用的强制性处罚的约束)。

* 6.16(5)(b)(量刑法官可批准在辩诉会议上商定的处置办法,即使这些处置办法不同于其他适用的强制性监禁处罚)。

* 9.03(6)(禁止量刑委员会根据强制性惩罚规章的严厉程度制定指南)。

---

〔74〕 American Law Institute, *Model Penal Code: Sentencing, Proposed Final Draft* (Approved May 24, 2017), American Law Institute, 2017b, p. 145.

〔75〕 American Law Institute, *Model Penal Code: Sentencing, Official Statutory Text*, American Law Institute, 2017a, § 6.11(8).

〔76〕 American Law Institute, *Model Penal Code: Sentencing, Official Statutory Text*, American Law Institute, 2017a.

- 9.08(3)（当通过精算风险评估确定罪犯的再犯风险异常低的时候，授权法官可不按强制性最低处罚判刑）。

- 10.01(3)(b)（给予法官"特别逾越权"，可不按强制性处罚规定判刑）。

- 10.09(2)（根据政府的动议，如果被告在调查或控告他人时提供了实质性的协助，初审法院可将量刑降低到低于任何强制性监禁的要求）。

- 10.10(5)(b)（在上诉法院设立一项新的法定权力，以量刑过重为由，撤销、重作或修改任何判决，包括符合强制性监禁处罚的判决；复审的标准是上诉法院独立于立法机关的"独立判断"。）

- 11.01(3)（可从强制性最低监禁刑期的最低刑期开始减刑）。

- 11.02(5)（MPCS对极长刑期的新判决修改权取代了最初实施的强制性最低处罚）。

- 11.03(8)（对年老、体弱囚犯或基于其他"特殊且令人信服的情况"而判处的"同情释放"，可取代强制性最低处罚）。

- 11.04(1.3)（授予惩教官员紧急权力，有时需要经过法院批准，可在监狱过度挤迫的情况下释放囚犯，取代对符合条件的囚犯实施的任何强制性最低刑期）。

3. 其他策略

我们无法对MPCS中数百页关于监禁的内容进行总结，我们仅在下文中讨论两个重点。

（1）普遍威慑和MPCS。MPCS最重要的建议之一是不允许量刑法官将普遍威慑作为判处某人监禁或延长监禁期限的理由；相反，MPCS只基于两个理由批准监禁和拘留——剥夺危险罪犯行为能力和犯罪的严重性。[77]

不能使用普遍威慑作为监禁的正当理由，这引发了整个项目最为广泛的辩论之一。[78]关于排除适用的一个决定性理由是，在任何具体案件中，量刑法官都缺乏合理可信的信息，无法证明更严厉的判决会减少外部世界的犯罪。法官可能有强烈的个人信念，认为更多的惩罚会产生更好的威慑，但评估约束恰恰旨在将这种未经权衡的功利乐观主义排除在外。即使我们相信严格威慑是一

---

[77]　American Law Institute, *Model Penal Code：Sentencing, Official Statutory Text*, American Law Institute, 2017a, § 6.11(2)、(3), § 10.02(4).

[78]　报告员初稿的第6.11(2)章省略了普遍威慑，因此得到了项目顾问（研究所亲自挑选的专家；美国法学会2015a，标为第6.06(2)章；ALI《模范刑法典》量刑顾问和MCG参与者，2016年）的一致支持。然而，提议在ALI委员会遭到了强烈抵制。许多有经验的法官（以及其他人）都认为：法官有自由裁量权，通过对判决（尤其是在白领案件中）进行调整以向潜在罪犯群体"传递信息"，这一点很重要。他们相信，即使通过严刑进行威慑在大多数情况下是一项失败的政策，在计算白领罪犯的风险利益时，它可能是一种有效的抑制因素（美国法学会2015b）。

项有潜力的政策,就在个案中需要什么程度的额外严刑才能达到预期效果而言,法官们也缺乏相关信息。"惩罚越多,威慑越大"的信念可以支持任何增加监禁的做法,正如 Patricia Wald 法官所说,建立在量刑普遍威慑基础之上的监狱政策是"一种没有目标机制的利器"。[79]

MPCS 并不表明,普遍威慑理论永远不可能在一个州的监狱政策中发挥作用。6.11(2)节针对的是量刑法院,不适用于整个体系层面的政策制定。因此,如果普遍威慑是为了支持监禁的某些用途,这应当通过法定授权的刑罚和推定指南的判决来表达。虽然我们不相信三振出局法或重罪谋杀规则等严重威胁的威慑效力,但起码这些措施传达了一种理念,即所有潜在的罪犯都难逃被处罚的命运。而通过逐案确定的具有法官特色的量刑强化来寻求普遍威慑则更不可能。然而,即使在最广泛的政策层面上,MPCS 也会在缺乏(最低)合理可行信息支持的情况下反对基于威慑的惩罚计划。但到目前为止,获致最低限度合理可行信息的支持仍有难度。[80] 或许对某些类型的犯罪或罪犯来说情况会有所改变。例如,如果有一天有合理的理由认为白领罪犯被重大刑期的威胁所威慑,量刑委员会就有理由根据这种方法来编写指南。[81]

(2)"基于证据的"风险预测与 MPCS。MPCS 赞同将剥夺危险罪犯的行为能力作为监禁的理由,但仅限于有限的"驯化的"方式。[82] 该法典的前提是,一个多世纪以来,美国的量刑体系一直对再犯风险的判决非常敏感,但这些判决的质量通常很差,而且往往最重要判决的执行程序几乎总是不公正、不透明的。基于风险的量刑具有典型的美式特征,但已经变质了。根据我们的经验,目前大多数美国监禁政策的驱动力都高估了风险,或者因为规避风险而存在严重偏见,这可能导致更多的监禁或服刑时间延长,而这对任何理性人来说都是不必要的。[83] 一些观察家认为,失控的剥夺行为能力政策是造成大规模监禁

---

[79] Patricia M. Wald, "General Deterrence Comments Sent to Stephanie Middleton (ALI Deputy Director)", November 16, 2015.

[80] Daniel S. Nagin, "Deterrence in the Twenty-First Century," in Michael Tonry (ed.), *Crime and Justice in America: 1975—2025, vol. 42 of Crime and Justice: A Review of Research*, University of Chicago Press, 2013; Jeremy Travis, Bruce Western, and Steve Redburn, *The Growth of Incarceration in the United States: Exploring the Causes and Consequences*, National Academies Press, 2014.

[81] Natalie Schell-Busey, Sally S. Simpson, Melissa Rorie, and Mariel Alper, "What Works? A Systematic Review of Corporate Crime Deterrence", *Criminology and Public Policy*, vol. 15, no. 2, 2016, pp. 387-416.

[82] American Law Institute, *Model Penal Code: Sentencing, Proposed Final Draft* (Approved May 24, 2017), American Law Institute, 2017b, pp. 377-388.

[83] Anne Morrison Piehl, Bert Useem, and John J. DiIulio Jr, *Right-Sizing Justice: A Cost-Benefit Analysis of Imprisonment in Three States*, Manhattan Institute, 1999.

的最大原因。[84]

从美国法学会的观点来看,通过剥夺行为能力来预防犯罪是任何美国司法机构都不愿意放弃的核心价值,也是监禁唯一合法的功利目的,应当允许在个案判决中使用。[85] 21 世纪的关键任务是找到适当的约束原则,要想降低美国的监禁率,任何现实的计划都需要对轻率的行为能力剥夺理论加以限制。

我们应该最先提到的、最明显的遏制策略是:即使面对非常可信又非常令人担忧的风险评分,基于风险的判刑总是受到 MPCS 相称性原则的限制。如前所述,MPCS 关于相称性的法定版本上限比在其之前的美国法律规定的要低,这也被认为是法庭应该且不受其他司法机构干扰而使用的工具。如果MPCS 成功地为"次于宪法的"相称性审查注入活力,那么基于风险的判决将是其运作的最重要背景之一。

作为道义论的深入切点,MPCS 拒绝对轻罪罪犯使用监禁措施,不论他们是否数量众多。除非针对"具有危险性"的再犯,否则剥夺行为能力就不是监禁或者拘留判决所要考虑的因素。[86] 虽然 MPCS 没有对"具有危险性"进行界定,但它假定很多常见的再犯风险不会被计算在内。"具有危险性"这个术语的确切含义取决于每个州的普通法程序,取决于每个个案的累积。[87]

MPCS 剥夺行为能力政策得到肯定的速度也受到评估的限制。除非有一种相当准确的方法来确定谁是危险分子,否则剥夺危险分子行为能力的监狱政策就不是"合理可行的"。MPCS 规定,除非"有理由相信"被告是"危险罪犯",并且监禁是"必要的",以防止严重的再犯风险,否则法院不得将某人送入监狱或拘留所[88],现今美国大多数的审判都无法通过这个审查。此外,根据 MPCS的规定,这是上诉法院在审查时必须执行的标准。

在量刑决定(包括释放的决定)中,如果对不可接受的再犯风险施加一个真

---

[84] Franklin E. Zimring, and Gordon Hawkins, *Incapacitation: Penal Confinement and the Restraint of Crime*, Oxford University Press, 1995.

[85] See American Law Institute, *Model Penal Code: Sentencing, Proposed Final Draft* (Approved May 24, 2017), American Law Institute, 2017b, pp. 151-153, pp. 175-180. MPCS 本身拒绝将融入社区作为监禁的正当目的,尽管它要求监狱和拘留所为服刑者提供合理的机会来参与融入社区改造活动。而且,正如前面所解释,它反对将量刑法官的普遍威慑作为监禁或延长刑期的理由。See American Law Institute, *Model Penal Code: Sentencing, Official Statutory Text*, American Law Institute, 2017a, § 6.11(4).

[86] American Law Institute, *Model Penal Code: Sentencing, Official Statutory Text*, American Law Institute, 2017a, § 1.02(2)(a)(ii), § 6.11(2)(a).

[87] Norval Morris, and Marc Miller, "Predictions of Dangerousness", in Michael Tonry and Norval Morris (ed.), *Crime and Justice: An Annual Review of Research*, vol. 6, University of Chicago Press, 1985.

[88] American Law Institute, *Model Penal Code: Sentencing, Official Statutory Text*, American Law Institute, 2017a, § 10.02(4)(a).

正的举证责任,那么美国的监禁率将会比现在的监禁率低。即使是一个宽大的举证责任,也会推翻当今大多数做法。在全国范围内,许多风险决策仅由"常识"和直觉支持[89],而目前使用的精算工具并不一定是解决问题的良方。一般而言,预测严重犯罪行为的最佳技术都具有中等以上程度的可靠性,而大多数刑事司法决策者并没有使用任何风险测量(方法)以接近目前的先进水平。有些工具糟糕得离谱:没有得到正在使用的州和地区的认可,或是在投入使用之前被非专家"修改"过。[90] 在认真对待评估限制的州政府中,针对这些通常做法未提出的问题有可能会被推到前台。

总的来说,比起如今大多数州(的做法),MPCS 将促使再犯风险判断成为美国量刑决定中受到更多限制的因素,各州特别关注基于风险来逐步提高监禁严厉程度的决定。然而,相比之下,MPCS 鼓励使用风险评估来识别和转移低风险罪犯,否则他们将面临监禁。从统计学上讲,发现低风险再犯的"真正积极因素"要比发现高风险再犯的容易得多,毕竟生活中不会犯重罪的人要比会犯重罪的人多得多。从概率上来说,不会犯重罪的人提供了一个更大的统计目标。[91] 根据可靠的研究结果,相较于确定长期监禁的高风险潜在人员的尝试,使用风险评估作为监狱分流工具更有可能被证明是"合理可行的",至少,有一个州(弗吉尼亚州)已经证明这行得通。[92]

在解决基于风险的监狱政策方面,MPCS 最有力的举措是将其诉诸法庭。在今天的监禁案件中,基于风险的量刑裁量权主要掌握在假释委员会手中,这些州的假释委员会在决定刑期长短方面享有很大的自由裁量权。但在其他问题中,假释判决程序缺乏规范的程度到了令人难以忍受的地步。例如,囚犯无权请律师,也没有机会挑战不利风险评分。事实上,他们无法接触委员会使用

〔89〕　*Supra* note〔87〕.

〔90〕　Kevin R. Reitz, "The 'Traditional' Indeterminate Sentencing Model", in Joan Petersilia and Kevin R. Reitz (eds.), *The Oxford Handbook of Sentencing and Corrections*, Oxford University Press, 2002; Sarah L. Desmarais, Kiersten L. Johnson, and Jay P. Singh, "Performance of Recidivism Risk Assessment Instruments in US Correctional Settings", *Psychological Services*, vol. 13, no. 3, 2016, pp. 206-222.

〔91〕　Stephen D. Gottfredson, and Michael Gottfredson, "Selective Incapacitation?" *Annals of the American Academy of Political and Social Science*, vol. 478, no. 1, 1985, pp. 135-49; Hennessey D. Hayes, and Michael R. Geerken, "The Idea of Selective Release", *Justice Quarterly*, vol. 14, no. 2, 1997, pp. 353-370.

〔92〕　Richard P. Kern, and Meredith Farrar-Owens, "Sentencing Guidelines with Integrated Offender Risk Assessment", *Federal Sentencing Reporter*, vol. 16, no. 3, 2004, pp. 165-169; Matthew Kleiman, Brian J. Ostrom, and Fred L. Cheesman II, "Using Risk Assessment to Inform Sentencing Decisions for Nonviolent Offenders in Virginia", *Crime and Delinquency*, vol. 53, no. 1, 2007, pp. 106-132; Kevin R. Reitz, "'Risk Discretion' at Sentencing", *Federal Sentencing Reporter*, vol. 30, no. 1, 2017, pp. 68-73.

的工作表、软件或评分工具，在许多州，囚犯无权查看他们档案的任何内容。如果有人填错了犯人的犯罪历史分数，他们也没有追索权；如果编制报告的人没有受过培训或缺乏经验，这种情况将永远不会被发现；如果工具本身的质量很差，在假释阶段任何人均没有资格发言；如果该工具在其应用中存在歧视，也没有人可以发现这个问题，更不用说发出对宪法平等保护的挑战。[93]

MPCS 建议在大多数情况下取消后端的释放裁量权，并将风险考虑重新纳入司法量刑阶段[94]，产生这种偏向的主要原因是程序公正。《第六修正案》规定被告在司法量刑时享有不容放弃的辩护权（包括在被告无力支付费用的情况下由州出钱聘请律师代理），以及在量刑听证前做好充分准备的权利。标准的法庭程序允许对个别案件的风险评分提出事实和法律上的质疑，也允许对整个量刑工具提出宪法上的质疑。如果需要对控方的风险指控进行交叉盘问，法庭甚至可以提供专家辩护证人，费用由州政府承担——程序公正要素的重要性由此进一步增加。同为决策者，法官承受的政治压力比假释委员会成员少，即使是选举产生的法官也不能被州长一纸通知就解雇。每个州都有权对判决提出司法上诉，虽然有些州的权利比较狭窄，有些州的权利比较广泛，但（在大家看来）任何情况都比因犯对假释延期提出上诉的权利更有意义。例如，我们无法想象美国假释制度中的任何现行行政上诉程序会认真考虑认为假释委员会的量刑工具违宪的主张。相反，在每一个州，违反宪法的司法判决都是上诉的理由。无论是从个别还是从整体的角度来看，在假释阶段，被告在量刑时的标准程序保障几乎是不可能的。[95]

MPCS 将"风险裁量权"置于法院的政策也得到了关于再犯现状研究的支持，研究表明，尽管假释委员会具有在一段时间内观察罪犯的优势，但量刑法官在评估再犯风险方面与假释委员会处于同样有利的地位。与传统观点相反，研究表明，从一个人在狱中的表现其实不太能看出其出狱后会如何表现。已故的 Hans Mattick 是 20 世纪六七十年代惩教领域一位颇有影响力的学者，他曾说过一句古老但却生动的话："你无法在潜艇上训练飞行员。"[96]如果我们试图在一个具体案件中决定一名犯人在服刑 2 年后是否应该被释放，并且我们致力于

〔93〕 Kevin R. Reitz, "'Risk Discretion' at Sentencing", *Federal Sentencing Reporter*, vol. 30, no. 1, 2017, pp. 68-73.

〔94〕 American Law Institute, *Model Penal Code: Sentencing, Tentative Draft no. 2*, American Law Institute, 2011, app. b.

〔95〕 Edward E. Rhine, Joan Petersilia, and Kevin R. Reitz, "The Future of Parole Release: A Ten-Point Plan", in Michael Tonry (ed.), *Reinventing American Criminal Justice*, vol. 46 of *Crime and Justice: A Review of Research*, University of Chicago Press, 2007.

〔96〕 Norval Morris, *The Future of Imprisonment*, University of Chicago Press, 1974, p. 16.

用循证的方法来处理严重再犯的风险,那么初审法院已经掌握了最可靠的信息来作出决定,没有理由再花费 2 年的时间来等待假释委员会的决定。在多年的预测科学中,因犯在监狱中进步的"动态"因素的增加并没有表现出预测价值的增加。当然,这些因素之存在于理论上还从未被确定下来。[97]事实上,认为假释委员会具有特殊的能力,能一个个辨别哪些囚犯已经改过自新而哪些没有的观点从来没有得到任何实证研究的支持。

"驯化"风险评估的一个好处是,当其转移到法庭时,可能会阻止新的机器学习风险预测工具的使用,直至它们被更好地理解和使用。目前,支持通过人工智能进行风险评估的人承认,人类不可能理解人工智能(AI)是如何作出具体决定的。我们或许能计算算法正确和错误的频率,而且其中有些结果令人印象相当深刻,但目前的技术无法告诉我们为什么它将个体分为高风险和低风险两个类别,人类也无法认识人工智能的"思考"方式。[98] 即便如此,当代假释委员会很有可能马上开始使用这种黑箱预测工具。[99]

毕竟,他们的程序一直不透明。但从程序公正的角度来看,机器学习的奥秘并没有降低。实际上,如果有一个有力的实证证据表明,人工智能预测比上一代的风险工具更准确,这对于美国假释文化来说肯定是值得庆贺的事。

我们相信,对于使用机器学习算法来作出"出入"和延长监禁的决定,比起在能见度低的假释环境下,在法庭上会受到更多的质疑。然而,无论读者如今对精算风险评估作为一种量刑工具感到多么不安(我们同意这种不安是有根据的),如果没有更高的透明度、对抗式审查以及决策者至少有一块对政治绝缘的遮羞布的话,事情可能会变得更加可怕。

---

〔97〕 Stephen C. P. Wong, and Audrey Gordon, "The Validity and Reliability of the Violence Risk Scale: A Treatment-Friendly Violence Risk Assessment Tool", *Psychology*, *Public Policy*, *and Law*, vol. 12, no. 3, 2006, p. 279; Thomas P. LeBel, Ros Burnett, Shadd Maruna, and Shawn Bushway, "The 'Chicken and Egg' of Subjective and Social Factors in Desistance from Crime", *European Journal of Criminology*, vol. 5, no. 2, 2008, p. 133; Jennifer L. Skeem, Patrick J. Kennealy, Joseph R. Tatar II, Isaias R. Hernandez, and Felicia A. Keith, "How Well Do Juvenile Risk Assessments Measure Factors to Target in Treatment? Examining Construct Validity", *Psychological Assessment*, vol. 29, no. 6, 2017, pp. 679-691. 正如两位主要研究人员所说,"文献中几乎没有动态风险的实证研究……该领域下一个最大的挑战是制定合理的方法来评估暴力风险的可变性。……迄今为止,科学家更多关注概念性的动态风险和风险管理,而不是经验性的……目前尚不清楚最有希望的动态风险因素有哪些"。Kevin S. Douglas, and Jennifer L. Skeem, "Violence Risk Assessment: Getting Specific about Being Dynamic," *Psychology*, *Public Policy*, *and the Law*, vol. 11, no. 3, 2005, pp. 347, 349, 352, 358.

〔98〕 Richard Berk, *Criminal Justice Forecasts of Risk: A Machine Learning Approach*., Springer, 2012; Trey Popp, "Black Box Justice", *Pennsylvania Gazette*, Aug. 28, 2017.

〔99〕 在撰写本文时,宾夕法尼亚州已经非常接近这个目标了。

六、缓刑

自 19 世纪中期首次在美国使用以来,缓刑一直是一种很受欢迎的处置方式,它具有监督缓刑犯和帮助他们改过自新、重新融入社区的双重功能。[100] 即使监禁率在整个 20 世纪后期居高不下,缓刑的受欢迎程度并没有减少,缓刑率也同样居高不下。[101] 1970 年到 2010 年间,被判缓刑的人数翻了两番多,从 80 多万增加到 400 多万。尽管美国的缓刑人数已连续 9 年下降,但截至 2016 年年底,仍有超过 360 万人处于缓刑状态。[102]

尽管传统上认为缓刑是监禁的替代选择——因此可与日益增长的监禁率形成对比——但它本身就是一种制裁。缓刑条件可以对个人自由施加重大限制,而对于缓刑犯所承受条件的数量和种类几乎没有法律限制。[103] 此外,由于缓刑犯犯了新罪或多次违反释放条件,往往导致许多缓刑判决未能成功结束,包括保外就医、居家监禁,以及禁止联系其他罪犯。当缓刑失败时,缓刑犯会发现自己面临监禁,从而增加了监禁人数。

制定缓刑的模范法律面临的挑战之一,是近几十年来学术界对这一课题的关注不足。[104] 为了帮助填补这一空白,MPCS 的报告员通过 Robina 刑法和刑事司法研究所,在 5 年的时间里主导了一系列项目,这些项目专注于更好地理解全国范围内的缓刑、假释和经济处罚的使用情况。这些项目不仅阐明了法院和惩教机构在缓刑监管方面所面临的日常挑战,而且揭示了美国和外国在缓刑监管方面存在的巨大差异。"缓刑监管中的美国例外论"的发现加强了 MPCS 制定监管缓刑和缓刑撤销新规定的努力。

MPCS 意识到美国有超过一半的刑事被告被判处缓刑[105],缓刑的撤销是影响监狱人口规模的一个重要因素,甚至可能是解决所有这些问题的关键所在。为此,MPCS 将其对慎用处罚的偏好扩大到了社区量刑。

---

[100] Cecelia M. Klingele, "Rethinking the Use of Community Supervision", *Journal of Criminal Law and Criminology*, vol. 103, no. 4, 2013, pp. 1015-1070.

[101] Michelle S. Phelps, "The Paradox of Probation: Community Supervision in the Age of Mass Incarceration", *Law and Policy*, vol. 35, 2013, pp. 51-80.

[102] Danielle Kaeble, and Mary Cowhig, *Correctional Populations in the United States, 2016*, DC: Bureau of Justice Statistics, 2018.

[103] *Supra* note [100]; Fiona Doherty, "Obey All Laws and Be Good: Probation and the Meaning of Recidivism", *Georgetown Law Review*, vol. 104, no. 2, 2016, pp. 291-354.

[104] MPCS 项目得益于与十几个州的州和地方司法部门开展的实践合作,通过明尼苏达大学法学院 Robina 刑法和刑事司法研究所的支持性研究,发表了 60 多篇出版物。我们认为,MPCS 关于社区监管和经济处罚的条款比原本更加有力,因为它们反映了美国法学会和 Robina 研究所的共同投入。

[105] *Supra* note [102].

首先,它明确指出,并非所有非监禁判决都适用缓刑。[106] 在许多司法管辖区,在不判处监禁或拘留的情况下,缓刑被视为默认判决。正如对 6.05 节的评注所表明的那样,"当制裁没有明确的目的时,法学会反对使用缓刑"。[107] 只有在需要加强问责或推进重新融入社区,或合理地减少再犯风险的情况下,才应当实施缓刑。

在需要监督的情况下,6.05 节规定了适用于缓刑及其附带条件的一般原则。由于认识到各州在授权的最大缓刑监管期限上存在巨大差异,MPCS 就刑期长短的适当性给法院提供了明确的指导:通过禁止重罪超过 3 年和轻罪超过 1 年的缓刑监管期限,它试图集中有限的缓刑资源,减少因强制执行超长缓刑而造成的"或有责任",因为这可能开始影响缓刑犯成功地重新融入守法社区的能力。

监管条件在 MPCS 中备受关注。法院保留广泛的自由裁量权来执行缓刑条件,以促进对犯罪行为的问责,促进惩教和重新融入社区,并减少再犯的风险。[108] 尽管如此,执行条件的能力并不是绝对的。MPCS 最重要的创新举措之一是要求法院将 MPCS 核心的相称原则和不伤害原则应用于在任何特定案件中所施加条件的累积权重,确保没有任何单一或一系列条件"对罪犯重新融入守法社区的能力构成不合理的负担"。[109] 由于考虑到慎用处罚的需要,MPCS 允许法院在缓刑期间随时减少监管条件,但除非有影响到治疗需求的重大情况变化,或者缓刑犯造成的再犯风险,不允许法院增加监管条件的数量或种类。

6.05 节(9)编入了一个日益完善的惩教实践:激励措施的使用。长期以来,父母、教育工作者和企业一直在利用激励措施来提高表现,所以不足为奇的是,激励措施也可以激励缓刑犯的积极行为。[110] 6.05 节鼓励法院向符合治疗目标并表现出遵守监管条件的缓刑犯提供激励。这些激励措施可能包括减少经济处罚、减轻监管条件或缩短刑期本身。

即使是量身定做的条件也无法保证缓刑犯完全遵守法庭命令,通常缓刑犯无法遵守他们所面临的部分或全部限制条件。发生这种情况该如何应对,是

---

[106] American Law Institute, *Model Penal Code: Sentencing, Official Statutory Text*, American Law Institute, 2017a, § 6.05(3).

[107] *Id.*, p. 66.

[108] *Id.*, § 6.05(2)(8).

[109] *Id.*, § 6.05(9).

[110] Thomas J. Mowen, Eric Wodahl, John J. Brent, and Brett Garland, "The Role of Sanctions and Incentives in Promoting Successful Reentry: Evidence from the SVORI Data", *Criminal Justice and Behavior*, vol. 45, no. 8, 2018, pp. 1288-1307.

6.15 节的主题,也同样适用于违反缓刑和狱外监管的情况。在这一节中,社区惩教机构被合理地视为对违反规则行为的首先反应机构。这些机构不仅能够发现违法行为,而且可以评估其相对的严重性。MPCS 鼓励各机构对违规行为采取一系列应对措施,包括口头谴责和申请撤销(缓刑)。

MPCS 认识到在寻求撤销时自由利益受到威胁这一问题的严重性,它确保在符合宪法标准和程序正义基本原则的前提下,为缓刑犯提供正当程序的保障,其中包括在撤销听证会上聘请律师的权利。当法院发现存在违规行为时,它也有一系列的应对措施:法院可以下令撤销,但也可以执行较轻的制裁,包括正式申斥、修改监管条件、家庭监禁期、间歇性拘留或指定地点监视。无论何时正式实施,无论是由缓刑机构还是法院实施,制裁都必须是"处理违法行为和罪犯在社区中造成风险所需要的最轻后果","要牢记最初量刑的目的"。[111]

根据 MPCS 法案,问责并不局限于缓刑犯。惩教机构必须履行其使命,为其所负责的缓刑犯提供适当的监管和服务。MPCS 意识到社区惩教人员的人数与机构受惩教人员的人数同样值得关注,它要求立法机构建立一种机制,当人口超过相关惩教机构的运作能力时,应当减少任何受监管人数的规模,包括正在执行缓刑人员的人数。在社区惩教的情况下,这意味着缓刑机构已经连续30 天达到了根据专业标准或全州标准,"监管机构不能对其管辖下的罪犯进行监督的门槛"。[112] 根据缓刑机构的请求,法院发现这种情况存在时,必须"宣布超越载荷的紧急状态",这授权了机构主管提前释放那些缓刑期即将结束或已基本遵守监管期限达 1 年或 1 年以上的人员。这一规定延伸到社区范围内,即一些州没有用于应对监狱过度拥挤的紧急释放机构。在这个过程中,它意识到,对自由缓刑的限制只有在制裁对被监督人提供实际监督或支持的情况下才是合理的。当缓刑代理机构由于极端的资源限制而失去了履行其职责的能力时,调整人数规模可能是恢复其履行其合法职能能力的唯一途径。

七、"后端"量刑问题

MPCS 的许多条款着眼于罚款、缓刑、拘留和监禁判决之后,通常被称为矫正体系的"后端"部分。尽管 MPCS 废除了不确定量刑,随之酌定假释也不存在,它承认了假释的重要性并重新创立了假释的两个合法功能:第一个功能是监管以及伴随监禁后一定监管时期的支持;第二个功能是在过长刑期或出现不寻常情况的量刑中,提供复审的机会,看法院所实施的整个监禁刑期是否是为达惩罚目的所真正必需的。

---

[111] American Law Institute, *Model Penal Code：Sentencing，Official Statutory Text*, American Law Institute，2017a，§ 6.15(4).

[112] *Id.*，§ 11.04(1.2)(b).

第一个功能"监视和支持"被规定在第 6.13 节中,该节授权法院在羁押期满后实施一段时间的释放后监管,罪犯要为自身行为担责,以促进"改过自新和重新融入守法社会",减少再犯风险,或者解决"从监狱到社区过渡期间住房、就业、家庭支持、医疗和心理保健"的需求。[113] 与缓刑的条件一样,释放后监管的条件可以范围广泛,但单独或结合在一起不得"给罪犯重新融入守法社区的能力造成不合理的负担"。[114] 尽管已经有人对假释监管的有效性提出了合理批评[115],但至少在一部分案件中,解除羁押的罪犯带来的较高风险和需求证明了释放后监管的合理性。为了尽可能降低释放后的监管期间对实现其意在促进之目标产生的干扰风险,MPCS 明确规定不需要释放后的监管期;如要实施释放后监管,则重罪不得超过 5 年,轻罪不得超过 1 年。

授权释放后监管的决定在美国法学会成员中没有引起争议,更有争议的是将授权法院重审依法量刑的条款纳入 MPCS 的决定。三个条款在不同范围内允许法院在各种条件下进行复审,包括在刑事法规被废除或宣告无效时(§10.09(3)(b)),出现疾病等令人信服的情况时(《立法的原则》§11.03),以及任何判处监禁刑罚的罪犯已服刑 15 年甚至更多年份时(《立法的原则》§11.02)。

第 10.09 节对 MPCS 来说是新内容,但对于州实践而言并不新鲜,这一节详细说明了可能会改变量刑的技术条件。其主要条款授权法院在大多数州允许进行调整的情况下减少刑罚,包括纠正算术、技术或其他明显错误,以及奖励在调查或起诉犯罪时提供实质性协助,但该协助价值在量刑时尚不可知或未得到充分体现。尽管 MPCS 比大多数州走得更远,它允许在刑期结束之前的任何时间内进行这些修改,只有最后的第(3)款最明显地拓展了现有法律关于量刑修改的适用。

10.09. 量刑修改

(3)除立法机构另有规定外,如果有利于达成第 1.02(2)节中所述的量刑目的,法院可在刑期结束前的任何时间内,在任何一方或惩教部门的请求下减轻对以下被告作出的量刑:

(a)正处于根据指导量刑范围确定,随后由量刑委员会调低并追溯施行的监禁、缓刑或释放后监管之中的被告;

(b)因违反刑事法规而服刑,但随后该法规被立法机关废除或由州最

---

[113]　American Law Institute, *Model Penal Code: Sentencing, Official Statutory Text*, American Law Institute, 2017a, §6.13(2).

[114]　*Id.*, §6.13(9).

[115]　Christine. Scott Hayward, "The Failure of Parole: Rethinking the Role of the State in Reentry", *New Mexico Law Review*, vol.41, no.2, 2011, pp.421-465.

高法院或美国最高法院解释为不符合该定罪行为的被告。

在立法机构作出追溯性改变,降低某一犯罪的最高处罚或缩小其指导范围时,以及在被告据以被定罪的法规已被废除或宣告无效的情况下,第(3)款赋予法院减轻刑罚的自由裁量权。在这两种情况下,法律的变更引起质疑:在通行的道德规范下,是否应要求被告服满此前所确定的刑期。尽管要求罪犯服满刑期是合法的,但这可能既不必要,也不公正。第10.09节赋予法院自由裁量权,将规范变化的好处适用于这些被告。

随着美国囚犯人数的增长,那些年老体衰的囚犯人数以及有子女需要抚养的囚犯人数也在增长。关于减轻刑罚的第二条规定是在第11.03节,该条款扩大了司法权力,当"囚犯年老、身体或精神虚弱、具有家庭紧急情况或其他令人信服的原因使修改量刑显得必要"(§11.03(1))时可修改量刑,这借鉴了州法规授权对面临临终问题和其他重大困难的囚犯酌情予以"同情释放"的规定。

第11.03节为在量刑修改中负责任地行使司法自由裁量权提供了一些保障措施。量刑委员会负责为基于令人信服的情况提出量刑修改的申请的处理制定指南。此外,该节还指导法院制定程序,以便及时处理根据本节所提交的案件,甄别和驳回显然无理的申请,以及在有必要的情况下安排听证。这一条款赋予初审法院的广泛权力受到了第1.02(2)节核心要求的制约,即只有在根据后者所规定量刑目的证明量刑修改合理时,才可行使该修改权力。因此,尽管年老、体弱或其他令人信服的理由是第11.03节所规定救济的前提,但它们并不能保证囚犯的量刑会减轻。那些情况反而为法院提供了一个机会,可以重新考虑最初量刑对于确保其量刑目的的实现是否仍有必要。

MPCS与量刑调整有关的最有争议的新内容无疑是第11.02节,俗称"第二眼"条款。该条款在任何州或联邦法典中都没有对应的条款,且仅因为这个原因,就遭到了一些人的反对。这一条款具有"立法原则"的风格,指导着立法机关成立司法小组或者授权司法决策者审理已服刑15年或以上监禁刑罚的囚犯提出的重新量刑申请。尽管尚未有任何州采用这一方法重新审查长期刑罚,该条款已经引起学者和政策制定者的关注。[116]

该条款相关部分的内容为:

---

[116] Margaret Colgate Love and Cecelia Klingele, "First Thoughts about Second Look and Other Sentence Reduction Provisions of the Model Penal Code: Sentencing Revision", *University of Toledo Law Review*, vol. 42, no. 4, 2010, pp. 859-80; Meghan J. Ryan, "Taking Another Look at Second-Look Sentencing", *Brooklyn Law Review*, vol. 81, no. 1, 2015, pp. 149-178; Charles Colson Task Force on Federal Corrections, *Transforming Prisons*, *Restoring Lives*, DC: Urban Institute, 2016.

11.02. 修改长期监禁刑；立法原则[117]

(1) 立法机构应授权司法小组或其他司法决策者审理并裁决已服任一监禁刑罚 15 年的囚犯提出的量刑修改申请。

(2) 在首次获得申请资格后，囚犯有权以不超过 10 年的间隔再次申请修改量刑……

(4) 应将根据本条款进行的量刑修改视为类似于根据目前情况重新判刑。应该探究的是比起囚犯服完最初刑期，第 1.02(2) 节中的量刑目的是否会因已修改的量刑而得到更好的实现。司法小组或其他司法决策者可以采用程序，审查和驳回根据此标准而显得无理的申请。

(5) 司法小组或其他司法决策者应有权修改最初量刑的任何方面，只要修改后量刑的待服刑罚部分不比最初刑罚的剩余部分严厉。该条款下量刑修改的权力不受州法律下任何强制最低监禁刑期的限制……

(9) 量刑委员会应颁布并定期修订与该法典第 6B 条一致的量刑指南，以供司法小组或其他司法决策者在审查本条款下的申请时使用。

(10) 立法机构应指导量刑委员会为本条款对在其生效之前被判刑囚犯的追溯适用推荐程序，并根据量刑委员会的建议批准追溯适用程序。

在大多数方面，MPCS 所包含的是一个确定的量刑体系。因此，毫不奇怪的是，对最长且可能是最严重的案件进行全面重新量刑，首先受到打击的是美国法学会的多数成员，因为这与更广大的 MPCS 结构不一致。但是，与将释放决定权交给行政部门主体的不确定释放机制不同，第 11.02 节将重新考虑是否需要将延长拘留期的任务交还给司法机关。由法官而不是假释官决定达到惩罚目的所需的监禁时长，他们在做这些时有能力去反思技术进步和惩罚敏感性转变所运用的方法，它们可能使人们对数十年前量刑的明智性产生怀疑。

重新考虑近几十年来施加的此类极长刑期有多个原因。与国际处罚规范和美国自身传统的量刑模式和实践相比，现代刑罚具有超级大的规模。今天的囚犯所服的许多长期刑罚都是在犯罪率高和公众强烈要求严惩的时期施加的。随着犯罪率稳步下降，对刑罚所需严厉程度的道德评估略有软化，使得对个案中长期监禁的必要性进行重新审查的要求具有了充分的理由。虽然惩罚极端不法行为有时候需要处以数十年的拘押，但随着时间的流逝以及惩教机构实施有效处理和监视能力的变化，继续拘押的必要性可能会减少或消除。正如MPCS 解释的那样："第二眼"机制"体现出一种深刻的谦抑感，当所施惩罚将达

---

[117] 该节在预审批起草过程中编为第 305.6 节。

到近一代人,甚至更长的时间时,这种谦抑感应该产生作用"。[118]

毫无疑问,在量刑实施许多年后改变量刑有可能使受害者和更广大的社区失望。为了确保合法关照不被忽视,"第二眼"机制要求法院考虑受害者在量刑时作出的陈述,可以辅以受害者已变化情况的信息。此外,指导各州制定程序,以保证整个第二眼程序的程序公平,以及指导量刑委员会为"第二眼"决定制定具体的指南。有了这些保障措施对自由裁量权行使的适当指导,美国法学会认为,美国前所未有的加重处罚所带来的挑战使得这一新机制得以正当化,因为其能确保长期刑罚保持公正,并且是促进处罚合法目的的实现的必需。

八、经济处罚

尽管未得到广泛应用,在处罚加重时期,美国对经济处罚的适用与其他处罚同时激增。在整个刑事司法系统中,对罪犯征收的罚款金额、资产没收、成本、费用和估计金额稳步增长。同时,作为刑事判决的一部分,一系列新法规和州宪法性条款授权或强制要求赔偿受害者。鉴于刑事罪犯不受欢迎,以及需要收入来维持刑事司法机构的增长,赔偿、罚款、费用和没收的"堆积"并不会自然地停止。更糟的是,随着贫富差距的不断扩大,陷入刑事司法体系的普通人变得越来越难以承受这些处罚。

在美国实施经济处罚的自由并非源于人们的普遍信念,即经济处罚除了对最不严重的犯罪以外,对任何犯罪来说都是适当的。在实践中,经济处罚很少带来报复的快感。相反,经济处罚的总体增长已是为需要而生:持续的预算短缺导致政府和惩教机构转向罪犯,将对其进行的经济处罚作为运作刑事司法系统各个方面(从法院到惩教机构)的新收入来源。

在这些新经济处罚政策之中,有许多政策引起了人们对刑法管理中利益冲突的质疑。最让人质疑的是一些机构有权从罪犯手中扣押或收取资产并保留部分或全部供自己使用。在 20 世纪 70 年代和 80 年代之前,很少使用资产没收以及各种费用、收费和估计金额这些处罚,而近几十年来它们已经成为地方和州刑事司法机构的主要收入来源。甚至在交通违法层面,罚款也成为地方政府的重要收入来源。

美国的一些司法管辖区向缓刑犯和假释犯定期收取监管费和项目费,所得款项用于资助缓刑和假释监管机构。一些地方的缓刑官被他们的委托人视为收费员,收费的职责取代了提供服务和执行非经济处罚的工作。即使所有其他缓刑条件已经满足,因为未支付经济处罚而延长缓刑期是通常的做法——即使

[118] American Law Institute, *Model Penal Code*: *Sentencing*, *Proposed Final Draft* (Approved May 24, 2017), American Law Institute, 2017b, p. 568.

有正当理由可以提前结束缓刑或假释,也要保持缓刑或假释中的"付款客户",这对机构有利。此外,当罪犯无法支付所需项目费时,他们通常会被禁止参加必要的治疗项目。

客气地说,研究和政策辩论并未跟上这些较大趋势的步伐,这导致了审查不足、缺乏原则以及与公共安全目标相悖的法律得到采纳并实施。[119] 据此,MPCS 呼吁全面重新思考经济处罚,并大幅减少它们总体上的使用。

尽管 MPCS 提供了有关赔偿、罚款、没收、费用、成本和其他财务估计金额施加和收缴的详尽指南,有一条最重要的经济处罚条款适用于所有经济处罚。第 6.06(6)条明确规定:"除非罪犯在遵守处罚后能保留足够手段来支付合理生活费用和履行家庭义务,否则不得对其施以经济处罚。"[120]该条款设置了"合理生存财务"(reasonable finanical subsistence,以下简称"RFS")的新限制原则,以约束政府评估各种经济处罚的权力,包括受害者赔偿。[121] RFS 的限制比美国法律中任何现有的宪法或法规命令更进一步[122],如果它被采纳,将防止全国范围内大多数刑事被告受到经济处罚。

在很多方面,显然要求法院先考虑满足被告自身基本需求及其家属需求的能力,再做出可能加剧其贫困的量刑。从理论上讲,这并非非法滥用自由裁量权,因为如今的量刑法官在许多案例中都会这么做。但是,实际上,法院和其他机构在考虑被告是否有能力支付经济处罚时——如果真的考虑支付能力的话,它们根本不计算合理的生活费用。这导致在很多案件中,对被告收取的刑事司法债务总额显然会成为坏账。一发生这种情况,经济处罚总体上就成了一种法律拟制的无谓之举,从被告的角度来看这种行为合法性极低,且极大地伤害了他们的情感。

但是,RFS 限制的基本原理是功利的,它旨在防止经济处罚干扰罪犯重返富有成效的守法生活这一至高目标的实现。现有的最有力的证据表明,经济处罚如果破坏了稳定的工作、住房和家庭生活这一基本面,或激励了人们在非法经济中谋取收入,则会对罪犯的改过自新和重返社会产生消极影响。与破产法很像,量刑制度的主要目标应该是重新安置前罪犯,以便他们可以成为守法经

---

[119] American Law Institute, *Model Penal Code: Sentencing, Proposed Final Draft* (Approved May 24, 2017), American Law Institute, 2017b.

[120] American Law Institute, *Model Penal Code: Sentencing, Official Statutory Text*, American Law Institute, 2017a.

[121] RFS 条款补充了 MPCS 中对量刑严厉程度的其他限制,例如前面讨论的法定的"次于宪法"相称原则。

[122] 理论上,联邦宪法性法律禁止在罪犯缺乏经济处罚"支付能力"时因未支付而被监禁。这为公共政策目的设定了过低的底线。再者,该规定的执行情况也参差不齐。

济中富有成效的成功的参与者。[123] RFS 标准消除了对罪犯的"进行犯罪，从而破坏公共安全"这一首要目标的不当激励，转而通过确保罪犯不会被迫在履行对刑事司法系统的缴费义务和满足其家庭的基本需求之间进行选择，促使其重返社会。

MPCS 还建议大规模废除可增加收入的用户费和其他附加费。[124] 实际上，从短期或中期来看，少数司法管辖区会遵从 MPCS 的指导，这已是最好的情况。因此，MPCS 针对未全面禁止此类收入来源的州提出了一系列次优建议。[125] 减少刑事司法系统对成本、费用和估计金额依赖的每一个渐进步骤都使它们的最终废除更加可行。

现有六个次优建议。第一，RFS 标准首先取消了许多成本、费用和附加费用的征收。第二，MPCS 规定所有成本和收费必须事先获得量刑法院的批准，此后不得征收、增加或补充附加费用。相关条款还要求量刑法院对可能向个人被告收取的所有经济处罚设定一个美元总额上限。第三，在犯罪案件中，不得处以超出实际边际支出的成本、费用或估计金额。第四，禁止收取费用的机构或实体保留所收取的款项，且不得额外征收附加费用或罚款。第五，成本、费用和估计金额的征收不得违反法定的刑罚相称原则。第六，不得将受害者赔偿以外的经济处罚作为缓刑或释放后监管的正式条件，这意味着未支付不构成撤销量刑的依据。

尽管理论上很简单，行政障碍严重阻碍了各州全面采用 MPCS 经济处罚的规定。许多法院、惩教机构、警察部门和其他政府实体已形成对被定罪者征收罚款和"使用费"[126] 以及有利可图的资产没收的依赖，而这些通常不需要控告或定罪。结束政府机构对收取罪犯资金的依赖，需要立法机构加大对核心政府机构和职能的财政支持。

九、附带后果

将近 8000 万美国人有犯罪记录。[127] 由于与刑事司法系统的这些往来，个人经常面临持续的就业和许可限制、没有资格获得公共福利、无法满足注册要

---

[123] 1967 年，总统犯罪委员会最著名的陈述中有一句话是"向贫穷开战……就是向犯罪开战"。在与此言相因的 50 年里，有很多关于贫穷和犯罪之间联系的研究和讨论。

[124] American Law Institute, *Model Penal Code*：*Sentencing*，*Proposed Final Draft*（Approved May 24, 2017），American Law Institute，2017b．

[125] American Law Institute, *Model Penal Code*：*Sentencing*，*Official Statutory Text*，American Law Institute，2017a，§ 6.10.

[126] Theodore M. Shaw, *The Ferguson Report*：*Department of Justice Investigation of the Ferguson Police Department*，DC：Civil Rights Division，2015.

[127] Brian M. Murray, "Unstitching Scarlet Letters? Prosecutorial Discretion and Expungement"，*Fordham Law Review*，vol. 86，no. 6 2018，pp. 2821-2871.

求以及（对某些人来说）被驱逐出境。自 20 世纪 80 年代以来，定罪的"民事"附带后果很少，而州和联邦法律授权的附带后果曾有过爆炸性增长。MPCS 的附带后果规定旨在减轻这些法律的惩罚力，这些法律位于量刑过程的边缘（或完全在量刑过程之外），但仅因刑事定罪而生效。

虽然依法律定义，附带后果表面上是"民事"的，但它们完全属于刑事量刑政策。在一些案件中，附带处罚结合起来的惩罚性远比正式刑事量刑的要强。[128] 它们的影响范围广且效果持久：许多附带处罚在被定罪者的余生中都会存在，只能通过越来越难得的执行豁免这一补救措施来解除。[129] 第 7 条认为附带后果政策与监禁和社区监管政策同等重要，并通过三种方式处理附带后果：首先，它要求进行关于因定罪而产生的民事限制的公众教育；第二，它限制着立法机构通过选举和陪审服务限制被定罪者参与民主进程权利的程度；最后，它创建了一种机制，法院（或其他指定的政府机构）可以通过这种机制针对强制性附带后果提供个性化救济。

第 7 条要求各州正视与任何特定罪行有关的附带后果的数量。在大多数司法管辖区内，它们分散存在于各种法规和条例当中，使得决策者无法轻易确定特定罪行对被定罪者的累积影响。第 7.02 节要求量刑委员会"汇编、维护和发布"一个纲要，针对各州刑法典中包含的每种犯罪，列出由州或联邦授权或要求的不属于法院量刑的，不论其名称如何，将其作为个人定罪直接结果的处罚、资格限制或不利条件。MPCS 要求立法者至少以这样的方式，来面对每一个违反刑法典行为的附带后果的数量及分量。

第 7.04 节是第 7 条的核心，规定了法院必须尊重并遵守，在量刑时以及刑罚期间向被告人告知附带后果并给予附带后果救济的基本规则。就何时给予附带后果救济，本节提供以下指导：

7.04（2）附带后果通知；救济令。

在刑期届满前的任何时候，任何人都可以向法院申请，要求发出救济令，消除该州法律所施加的与就业、教育、住房、公共福利、登记、职业许可或商业行为有关的任一可能强制适用的附带后果。

（a）法院可以立刻全部或部分驳回或准予该申请，或可以选择根据需要提起诉讼，以裁定申请的是非曲直；

（b）提交申请时，应向检察官发送申请及任何相关程序的通知；

[128]　Gabriel J. Chin, "The New Civil Death: Rethinking Punishment in the Era of Mass Conviction", *University of Pennsylvania Law Review*, vol. 160, no. 6, 2012, pp. 1789-1833.

[129]　Margaret Colgate Love, "Managing Collateral Consequences in the Sentencing Process: The Revised Sentencing Articles of the Model Penal Code", *Wisconsin Law Review*, Issue 2, 2015, pp. 247-287.

（c）如果法院在考虑了第 7.02(2)条中量刑委员会的指导后,认定个人已通过明确且令人信服的证据证明:附带后果与犯罪的要素和事实无实质关联,可能给个人重新融入守法社会的能力造成重大负担,以及对公共安全的考量不要求强制施加附带后果,则法院可以免除强制性附带后果;

（d）不应随意地或出于任何惩罚目的拒绝救济。

除了允许法院根据第 7.04 节的规定在刑罚期间给予救济外,MPCS 还提供了应对各种不同情况下原本具有强制性的附带后果的救济机制。对于已服完刑或正在其他司法管辖区服刑的人来说,如果强制性附带后果将对该人寻求或维持就业、经商、保障住房或公共福利产生不利影响,那么法院可以根据第 7.05 条的规定给予救济。

第 7 条的其他规定严重限制了司法管辖区限制投票权和出任陪审员权利的能力,这些权利深刻影响着被定罪者重新融入社区的能力。这两个限制对少数族裔社区的不同影响证据确凿。[130] 第 7.03 条强烈鼓励司法管辖区消除因定罪而产生的剥夺公民选举权的行为,并除在因重罪而被判处监禁的期间外,禁止阻碍个人参与投票。仅在法院所施加的刑罚（包括任意时长的社区监管）已经服刑完毕时,才允许各州施行强制性的禁止参与陪审团服务。

最后,第 7.06 条授权法院或其他指定机构对最近的刑罚结束后四年或以上且当前未受到指控的个人予以救济,免除大多数强制性附带后果。为了最大程度地提供救济,MPCS 指示法院"不(要)要求非凡成就",并对"任何影响申请者的文化、教育或经济限制"表现出敏感性。[131]

最初,项目顾问和美国法学会成员关于是否将第 7 条纳入 MPCS 的辩论足以媲美他们关于"第二眼"制度的辩论。美国法学会就刑事法院应在多大程度上关注民法问题进行了深入的讨论,他们对于法院是否拥有足够的专业知识来确定在不损害公共安全的情况下,何时取消对住房、就业、许可和福利的限制也提出了许多严肃的问题。然而,随着时间的流逝,随着成员们意识到过度的附带后果将持续妨碍前罪犯成功地融入社会,对建立有限救济机制的支持也增加了。

据此,第 7 条谨慎地限制了在是否应禁止个人罪犯获得任何特定福利或机会方面法院发挥的决定作用。法院裁定仅根据法律,不得绝对禁止个人寻求有

---

[130] Ann Cammett, "Shadow Citizens: Felony Disenfranchisement and the Criminalization of Debt", *Penn State Law Review*, vol. 117, no. 2, 2012, pp. 349-405; Anna Roberts, "Casual Ostracism: Jury Exclusion on the Basis of Criminal Convictions", *Minnesota Law Review*, vol. 98, no. 2, 2013, pp. 592-647.

[131] American Law Institute, *Model Penal Code: Sentencing, Official Statutory Text*, American Law Institute, 2017a, § 7.06(3)(b).

关利益或机会。任何命令都不能阻止被授权决策者在决定是否授予酌定福利时，考虑据以定罪的行为。因此，MPCS 在法院对特定案件事实材料的了解与专门机构（例如许可委员会）的专业知识之间达成平衡，以明确任意个案的事实是否可以合理化拒绝给予特定福利或机会这件事。

十、结论

最后，如果量刑被定义为包括对数量着实庞大的人群（数以十万或百万计）所施加的那些惩罚，那么 MPCS 几乎涉及美国量刑所有的方面。（量刑）这一人类活动的后果总量巨大，对于如此庞大的群体，即使渐进式的改进也可以带来可观的收益。从必须服满刑期、从开始到结束、从法庭宣告到最终释放的人的角度出发，MPCS 也将"量刑"当成一个最容易理解的主题。据此，MPCS 处理了大规模的正在进行的、有时甚至是永无止境的后果，它们在法庭正式"量刑"后很长一段时间里还起着处罚的作用。在 MPCS 看来，司法判决只是一条线上的一个点，这条线延伸向未知的未来。法院履行它们的职责后，许多其他官员会作出嗣后决定，这些决定会对罪犯的服刑体验产生深远的影响。从个人扩展到关心政策的社会层面，这种经验观点才是真正重要的，即一次量刑的整个生命过程中所采取的所有措施累积起来，才决定了刑事处罚的最高目的是得到实现还是落空。

MPCS 几乎没有触及"量刑体验"这一主要领域，而这是美国监狱和拘留所监禁条件的主题。该主题在初版《模范刑法典》中得到了解决，但解决得并不全面。20 世纪 60 年代结束后五六十年，美国的总监禁人口大约是之前的七倍多。可以说，监禁条件主题的重要性也扩大了七倍。

然而，当 15 年的 MPCS 项目期间进行到大约 10 年时，美国法学会决定，如果要认真审查监狱和拘留所的条件，就必须作为一项单独的工作来进行。一方面，它会给历时已久的项目增加数年的时间。此外，一个合理的问题是：为 MPCS 项目配备的报告员、顾问和其他团体是否具有必要的专业知识，以应对全国监狱和拘留所都存在的各种各样的困难（有人形容为棘手之事）。进一步说，美国法学会作为一个机构是否具有能力在这一领域做出巨大贡献，或者说这样一个项目最终是否会成为一种善意的资源浪费，人们对此表示严重怀疑。

我们以本文作者（而不是美国法学会报告员）的非正式身份，希望美国法学会能够认真考虑并最终启动一个有关美国监禁条件的新项目。让我们假设一下，美国的监狱和拘留所在未来几十年仍保持庞大的体系，即使量刑改革开始产生影响，在"狱中生活"的人们风险仍然巨大，在某些地方人们甚至处于危机之中。

美国地区与地区之间的监禁和拘留体验截然不同。毫无疑问，我们要确定

"最佳实践",也要找出"最差实践"。我们担心其中最坏的情况不仅是有些糟糕,而且是极端值得关注的那种情况。守法社区之所以能忍受这些现实中最黑暗的部分,很大程度上是因为人们看不到它们,这可能也是监禁作为一种刑罚的最大吸引力。仅在此基础之上,一个关注美国监禁条件的项目将做出一份贡献。

我们也相信,取得巨大进步是可能的。乐观的一面是,比起美国的普遍做法,有许多国家处理(少得多的)监狱人口的方法更为人道和有效。而监禁条件项目不是乌托邦式的实践;它会符合标准的美国法学会范式:立足于先例,同时立志于做得更好。现有大量原材料可以用于监狱和拘留所改革,但需要在资源充足的情况下努力将其分门别类,并总结成可行的建议。

至于对美国法学会能力的质疑,我们想知道还有谁(其他具有类似地位的组织)可以担负起这个责任。美国法学会非常擅长为其大型项目招募所需专家(被任命为 MPCS 顾问的团体中有许多人不是美国法学会的成员,还有许多人也不是律师)。探索如何组成监禁条件项目的报告员和起草小组,部分重点在于跨国专家,这将是值得迈出的一步。

最后,这样一个项目需要一笔巨大的投资,如果没有来自美国法学会内部及外部赞助者的大力支持,该项目无法启动。我们满怀希望,希望如此广泛的支持会产生实质成果,并以此结束这篇论文。别的不说,前述项目将完成 MPCS 自身无法完成的很大一部分任务。

(审稿编辑　刘继烨)

(校对编辑　郭镇源)

引 征 体 例

(2019 修订版)

一、援用本刊规范：

苏力:《作为社会控制的文学与法律——从元杂剧切入》,载《北大法律评论》第 7 卷第 1 辑,
北京大学出版社 2006 年版,第 132 页。

二、一般体例

1. 引征应能体现所援用文献、资料等的信息特点,能(1)与其他文献、资料等相区别;(2)能
   说明该文献、资料等的相关来源,方便读者查找。

2. 引征注释以页下脚注形式连续编排。

3. 正文中出现<u>一百字</u>以上的引文,不必加注引号,直接将引文部分左边缩排两格,并使用<u>楷
   体字</u>予以区分。一百字以下引文,加注引号,直接放在正文中。

4. 直接引征不使用引导词;其他情况,分别按照以下规则处理:

   (1) 间接引征(概括引用大意)的,须在所引征的文献前加引导词"参见"(see; vgl)。

   (2) 同一文献有不同出处,需要互相印证的,可以写"又见"(also see; siehe auch)。

   (3) 引征二手文献、资料,需注明该原始文献资料的作者、标题,并在其后标注"转引自"
   (cited in; zitiert nach)及该援引的文献、资料等。

5. 文章来源于期刊(含以书代刊的连续出版物以及独立作品组成的文集)、报纸和网络,文
   献来源一律标注"载"。

6. 作者(包括编者、译者、机构作者等)为三人以上时,仅列出第一人,使用"等"予以省略。

7. 引征信札、访谈、演讲、电影、电视、广播、录音、未刊稿等文献、资料等,在其后注明资料形
   成时间、地点或出品时间、出品机构等能显示其独立存在的特征。

8. 不提倡引征作者自己的未刊稿,除非是即将出版或已经在一定范围内公开的。

9. 引征网页的出处仅限于大型学术网站或新闻网站,但应附有准确的网页链接地址,并注

明文献资料的上传时间,如无上传时间的,注明最后访问时间(从学术网站上下载的单篇完整引文献的,可直接参见下述相应的引征体例进行标注,无须注明访问日期)。一般不提倡引征 BBS、BLOG 等普通用户可以任意删改的网络资料。

10. 翻译文章中,译者需要对专有名词进行解释说明,并以【＊译注】的方式在脚注中表明;如译者对原文内容进行实质性补充论述或举出相反例证的,应以【＊译按】的方式在脚注中表明。

11. 同一注释里如需罗列多条同类文献的,一般按时间顺序排列,用分号隔开(但依论证重要程度排列的文献次序除外)。同一注释里中外文文献混合排列的,结尾所使用的句号以最后文献的语种所对应的格式为准。

12. 英文、德文、日文和法文以外作品的引征,可遵从该文种的学术引征惯例,但须清楚可循。

13. 其他未尽事宜,参见本刊近期已刊登文章的处理办法。

三、脚注格式

(一) 中文

1. 著作

- 朱慈蕴:《公司法人格否认法理研究》,法律出版社 1998 年版,第 32 页。

2. 译作

- 〔法〕孟德斯鸠:《论法的精神》(下册),张雁深译,商务印书馆 1963 年版,第 32 页。

3. 编辑(主编)作品

- 朱景文主编:《对西方法律传统的挑战——美国批判法律研究运动》,中国检察出版社 1996 年版,第 32 页。

4. 杂志/报刊

- 张维迎、柯荣住:《诉讼过程中的逆向选择及其解释——以契约纠纷的基层法院判决书为例的经验研究》,载《中国社会科学》2002 年第 2 期,第 40 页。
- 刘晓林:《行政许可法带给我们什么》,载《人民日报》(海外版)2003 年 9 月 6 日,第八版。

5. 著作中的文章

- 宋格文:《天人之间:汉代的契约与国家》,李明德译,载高道蕴等主编:《美国学者论中国法律传统》,中国政法大学出版社 1994 年版,第 32 页。

6. 裁判文书

【仅标注与裁判文书本身相关的信息】

- 最高人民法院指导性案例 93 号:于欢故意伤害案,2018 年 6 月 20 日发布。
- 江苏省无锡市滨湖区人民法院(2015)锡滨民初字第 01033 号民事判决书。
- 《陆红霞诉南通市发展和改革委员会政府信息公开答复案》,载《最高人民法院公报》2015 年第 11 期。

7. 网上文献资料引征

【一般在末尾注释文献发布或上载日期,如无,则标注最后访问日期】

- 梁戈:《评美国高教独立性存在与发展的历史条件》,http://www.edu.cn/20020318/3022829.shtml,最后访问日期:2008 年 8 月 1 日。

8. 古籍

- •(清)汪辉祖:《学治臆说》(卷下),清同治十年慎间堂刻汪龙庄先生遗书本,第 4 页 b。
- •(清)薛允升:《读例存疑》(重刊本),黄静嘉编校,台湾成文出版社 1970 年版,第 858 页。

9. 档案文献

- •"沈宗富诉状",嘉庆二十二年十二月二十日,巴县档案 6-2-5505,四川省档案馆藏。
- •"傅良佐致国务院电",1917 年 9 月 15 日,北洋档案 1011-5961,中国第二历史档案馆藏。
- •"党外人士座谈会记录",1950 年 7 月,李劼人档案,中共四川省委统战部档案室藏。

(二) 英文

【著作名、期刊名用斜体,其他不斜体】

1. 英文期刊文章 Consecutively Paginated Journals

【一般格式为…vol. ♯, no. ♯, 2010, p. X.】

- • Frank K. Upham, "Who Will Find the Defendant if He Stays with His Sheep? Justice in Rural China", *Yale Law Journal*, vol. 114, no. 7, 2005, p. 1677.

2. 文集中的文章 Shorter Works in Collection

【注意区分例二和例三】

- • Lars Anell, "Foreword", in Daniel Gervais, *The TRIPS Agreement*:*Drafting History and Analysis (3rd edition)*, Sweet & Maxwell, 2008, p. 10.
- • Robert J. Antonio, "KarlMarx", in George Ritzer and Jeffrey Stepnisky (eds.), *The Wiley-Blackwell Companion to Major Social Theorists (volme I)*:*Classical Social Theorists*, Blackwell Publishing, 2011, pp. 116—125.
- • John Rawls, "Kantian Constructivism in Moral Theory", in John Rawls, *Collected Papers*, Samuel Freeman (ed.), Harvard University Press, 1999, p. 300.

3. 英文书 Books

- • Richard A. Posner, *The Problems of Jurisprudence*, Harvard University Press, 1990, pp. 456—457.

4. 非英文著作的英译本 English Translations

- • Otfried Höffe, *Kant's Cosmopolitan Theory of Law and Peace*, Alexandra Newton (trans.), Cambridge University Press, 2006, p. 100.

5. 英美案例 Cases

【正文中出现也要斜体】

- • *New York Times Co. v. Sullivan*, 76 U.S. 254 (1964).
- • *Kobe, Inc. v. Dempsey Pump Co.*, 198 F.2d 416, 420 (10th Cir. 1952).

6. 未发表文章 Unpublished Manuscripts

【尽量少引或不引此类文献】

- • Yu Li, *On the Wealth and Risk Effects of the Glass-Steagall Overhaul*:*Evidence from the Stock Market*, New York University, 2001 (*unpublished manuscript, on file with author*).

7. 信件 Letters

- • Letter from A to B of 12/23/2005, p. 2.

8. 采访 Interviews

- Telephone interview with A，(Oct 2，1992).【如该采访刊载于网站等平台上，须参照前述有关引征网页资料的格式进行标注。】

9. 网页 Internet Sources

【应注明公布(上载)日期，如无可标注最后访问日期】

- Lu Xue，*Zhou Zhengqing Talks on the Forthcoming Revision of Securities Law* (*XXXX*，5 July 2017)，at http://www.fsi.com.cn/celeb300/visited303/303_0312/303_03123001.htm (last visited Aug. 1，2018).

(三) 德文

【著作名、期刊名用斜体，其他不斜体】

1. 教科书：作者、书名、版次、出版年份、章名、边码或页码

- Jescheck/Weigend，*Lehrbuch des Strafrechts Allgemeiner Teil*，5. Aufl.，1996，§ 6，Rn. 371/S. 651ff.

【注意：ff. 之前没有空格】

2. 专著：作者、书名、版次、出版年份、页码

- Roxin，*Täterschaft und Tatherrschaft*，7. Aufl.，2000，S. 431.

3. 评注：作者、评注名称、版次、出版年份、条名、边码

- Crame/Heine，in：Schönke/Schröder，27. Aufl.，2006，§ 13，Rn. 601ff.

4. 论文：作者、论文题目、刊物名称、卷册号、出版年份、首页码、所引页码

- Schaffstein，Soziale Adäquanz und Tatbestandslehre，*ZStW 72* (1960)，369，369.

5. 祝寿文集：作者、论文题目、文集名称、出版年份、页码

- Roxin，Der Anfang des beendeten Versuchs，*FS-Maurach*，1972，S. 213.

【文集名称保留简写方式。例如，*Festschrift für Küper zum 70 Geburtstag* 简写为 *FS-Küper*】

6. 一般文集：作者、论文题目、编者、文集名称、出版年份、页码

- Hass，Kritik der Tatherrschaftslehre，in：Kaufmann/Renzikowski（Hrsg.），*Zurechnung als Operationalisierung von Verantwortung*，2004，S. 197.

7. 判例：判例集名称或者发布判例机构名称、卷册号、首页码、所引页码

- BGHSt 17，359 (360).
- BGH NJW 1991，1543 (1544).
- BGH NStZ-RR 1999，185.

8. 法律法规：具体条文序号、法典(规)名

【原则上以"§"标明条文数，以罗马数字标明所引款，以"Nr."标记所引项。对于《基本法》以及国际条约等以 Art. 表示条文数的，以 Art. 标明条文数。】

- § 32 II StGB.
- § 58a I Nr. 2 StPO.
- Art. 2 II GG.

【法典或法规名称，有惯用缩写的，使用缩写。没有惯用缩写的，注明全称】

(四) 日文

【「」『』为繁体字输入法状态下 shift+[ ]组合键】

1. 书籍：作者、书名、版次、出版社、年份、页码

- 我妻栄『新訂担保物権法（民法講義 III）』，有斐閣 1971 年版，50 頁。
- 我妻栄＝有泉亨『民法総則物権法（法律学体系・コンメンタール篇）』，日本評論社 1950 年版，31 頁。
- 参照我妻栄＝有泉亨『民法総則物権法（法律学体系・コンメンタール篇）』，日本評論社 1950 年版，31 頁。

【对作者进行提炼或解读时的格式】

【如系多位作者合著的，则在作者之间加＝】

2. 论文：作者、文章名称、杂志名称、出版年份（卷号）、页码
- 於保不二雄「付加物及び従物と抵当権」，民商法雑誌 1954 年 29 巻 5 号，1 頁以下。

【论文名加"「」"，杂志名称不加符号，杂志名称用全称】

【多位作者合著的参照前述体例】

3. 文集：作者、文章名称、编者、文集名称、出版社、年份、页码
- 佐藤英明「一時所得の要件に関する覚書」，金子宏ほか編『租税法と市場』，有斐閣 2014 年版，220 頁。

4. 案例：判决机构名称、判决日期、所在法律文件名称（卷号）、页码
- 大審院 1919 年 3 月 3 日判決，大審院民事判決録 25 輯，356 頁。
- 最高裁判所 1982 年 7 月 15 日判決，最高裁判所民事判例集 36 巻 6 号，1113 頁。

5. 官方文件：文件名称
- 「平成 26 年版犯罪白書」による。

【による为固定格式】

6. 新　报纸：名称、发行时间、刊物类型（朝刊/夕刊の別）、版面
- 『日本経済新聞』1992 年 6 月 23 日朝刊。

（五）法文

【著作名、期刊名用斜体，其他不斜体】

1. 书籍：作者、书名、出版社、版次、出版年份、页码
- Marc Chevallier, *L'État de droit*, Montchrestien, 4e éd., Paris, 2003, pp. 16—29.

2. 论文：作者、论文题目、刊物名称、卷册号、出版年份、页码
- Marc Poisson, « Le droit de la mer », *RGDIP*, 2015, pp. 15—47.
- Claire Badiou-Mouferran, « La promotion esthétique du pathé tique dans la seconde moitié du XVIIe siè cle », *La Licorne*, n°43, 1997, pp. 75—94.

【« » 为英文半角状态下的双引号格式】

3. 文集文章：作者、论文题目、编者、文集名称，出版年份、页码
- Marc Poisson, « Le droit de la mer «, in R. Lapieuvre (dir.), *Le droit des Océans*, Eyditions de la mer, 2015, pp. 12—48.

4. 会议报告：作者、报告名称、会议名称、报告日期、页数
- Marc Poisson, Le droit de la mer en Méditerrané, Congrès de Marseille, juillet 2016, pp. 228—229.

5. 博硕士论文：作者、论文名称、毕业学校（院系）、毕业（通过答辩）年份
- Marc Poisson, Le droit de la mer appliqué à la Méditerrané e, Theèse de l'Université de Marseille, 17 juin 2016.

6. 法典法规：条款，编号，法典（规）名称
- Art. 78 et s. de la Constitution du 24 juin 1793.
- Art. 6 de la Charte de l'é lu local codifié à l'art. L. 1111-1-1 CGCT.

7. 案例：法院名称、审判庭名称、日期、案件名称和案件号
- CE. 15 février 2008, Commune de La Londe-les-Maures, req. n°279045.
- CIJ, Délimitation maritime en mer Noire (Roumanie c. Ukraine), 3 février 2009, CIJ Recueil 2009, p. 61.

【例二表示该案件已被载入案例汇编(Recueil)，须标注具体页码】

8. 网络信息：作者、题目、网址、上传（公布）日期或最后访问日期
- Béatrice Joyeux-Prunel, « L'histoire de l'art et le quantitatif », Histoire & mesure, vol. XXIII, n°2, 2008, En ligne: http://histoiremesure. revues. org/index3543. html. Consultéle 17 mars 2010.

【只有在无法查明上传（公布）日期时，才需注明最后访问日期】

四、重复引注规则

（一）中文文献一律为"同前注〔X〕，第 2 页。"

【如被重复引用的脚注中不止一个文献，则仍需标明具体所引文献的作者姓氏和文献名称信息，具体格式按照上述相应规则处理】

（二）同页次第紧连文献

注释中重复引用文献、资料时，若为注释中同页次第紧连援用同一文献的情形，应根据文献语言类型，按以下方式分别标明：

1. 英文文献：*Id.*, p. 2.
2. 德文文献：Kaser/Hackl, a. a. O., S. 35.
3. 日文文献：同正文格式，但字体应为日文汉字
4. 法文文献：*Ibid.*, p. xx—xy fait reéférence àplusieurs pages de ce même ouvrage.

【如被重复引用的脚注中不止一个文献，则仍需标明具体所引文献的作者姓氏和文献名称信息，具体格式按照上述相应规则处理】

（三）非次第紧连文献

若为非次第紧连的文献，可将文献的作者、名称、版次、出处等简略，根据文献语言类型，按以下方式分别标明：

1. 英文文献：*Supra* note〔X〕, p. X.
2. 德文文献：Leenen (Fn. X), Rn. X.
3. 日文文献：前揭注〔X〕，X 页。
4. 法文文献：Marc Poisson, Le droit de la mer, op. cit., p. 212.

【如被重复引用的脚注中不止一个文献，则仍需标明具体所引文献的作者姓氏和文献名称信息，具体格式按照上述相应规则处理】

五、其他

本体例未尽事宜，可参照《法学引注手册》一书的相关规定（法学引注手册编写组编，北京大学出版社 2020 年版）。